地方改革创新实践案例研究丛书

2021卷

系统集成改革
推进高质量发展

SYSTEM INTEGRATION REFORM PROMOTES
HIGH-QUALITY DEVELOPMENT

潘治宏　主编

社会科学文献出版社
SOCIAL SCIENCES ACADEMIC PRESS (CHINA)

2021 "地方改革创新实践案例研究"
课题组

组　　　长：彭　森　中国经济体制改革研究会会长、十二届
　　　　　　　　　　全国人大财经委副主任委员、国家发改
　　　　　　　　　　委原副主任

顾　　　问：宋晓梧　原国务院振兴东北办副主任、原国务院
　　　　　　　　　　职工医疗保险制度改革领导小组办公室
　　　　　　　　　　主任

副　组　长：赵　艾　中国经济体制改革研究会常务副会长兼
　　　　　　　　　　秘书长、国家发改委区域开放司原司长

执 行 组 长：史克毅　中国经济体制改革杂志社总编辑
　　　　　　潘治宏　中国经济体制改革杂志社社长、地方改
　　　　　　　　　　革创新研究院院长、中国经济体制改革
　　　　　　　　　　研究会副秘书长

专　　　家：孔泾源　中国经济改革研究基金会理事长、国家
　　　　　　　　　　发改委原经济体制综合改革司司长
　　　　　　汪玉凯　中央党校（国家行政学院）教授
　　　　　　银温泉　国家发改委体政所所长
　　　　　　党国英　中国社会科学院农村发展研究所研究员、
　　　　　　　　　　乡村公共服务研究创新团队首席研究员
　　　　　　常纪文　国务院发展研究中心资源与环境政策研
　　　　　　　　　　究所副所长

耿　云　中央财经大学政府管理学院副教授

徐照林　中国经济体制改革杂志社地方改革创新
　　　　研究院学术秘书、博士后

黄根兰　中国经济体制改革杂志社《改革内参》
　　　　执行主编

谭智心　农业农村部农村经济研究中心副研究员

改革为高质量发展开辟道路 [*]

（代序）

彭　森 ^{**}

习近平总书记指出："改革是解放和发展社会生产力的关键，是推动国家发展的根本动力。"党的十九届五中全会建议将"改革开放迈出新步伐"作为"十四五"时期经济社会发展主要目标之一，对"全面深化改革，构建高水平社会主义市场经济体制"做出全面部署。在"十四五"时期全面深化改革，必须立足新发展阶段，着力解决发展不平衡不充分问题，以更大的决心和勇气、更多的政策和举措破除深层次体制机制障碍，靠改革为高质量发展开辟道路。

改革为高质量发展开辟道路，要构建高水平社会主义市场经济体制。社会主义市场经济体制是中国特色社会主义的重大理论和实践创新。改革开放 40 多年来，社会主义市场经济体制不断完善，极大地促进了生产力发展，极大地增强了国家的生机活力。同时也要看到，与中国特色社会主义进入新时代、社会主要矛盾发生变化、经济已由高速增长阶段转向高质量发展阶段的新形势新要求相比，我国市场体系还不健全，政府和市场关系还没有完全理顺，市场和社会发挥作用不够充分。"十四五"时期，要解决市场激励不足、要素流动不畅、资源配置效率不高、微观经济活力不强等问题，实现高质量发展，必须充分发挥市场在资源配置中的决定性作用，更好地发挥政府作用。加快构建高标准市场体系，夯实市场准入负面清单制度、公平竞争审查制度等市场体系基础制度，在市场能够高效配置

---

　* 本文刊于《光明日报》2021 年 1 月 5 日。

　** 彭森，中国经济体制改革研究会会长、十二届全国人大财经委副主任、国家发改委原副主任。

资源的领域、在市场机制可以有效调节的事项上，让企业成为真正的市场主体和资源要素配置主体；加快转变政府职能，最大限度地减少政府对市场资源的直接配置和对微观经济活动的直接干预，维护公平公正的市场竞争环境，完善宏观经济治理，有效弥补市场失灵。

靠改革为高质量发展开辟道路，要在产权制度和要素市场化配置改革方面取得重大进展。现代产权制度是市场经济的基石。健全归属清晰、权责明确、保护严格、流转顺畅的现代产权制度，是提振市场信心、激发市场活力的基本保障。产权制度改革的重点是健全各种所有制经济产权制度，健全以公平为原则的产权保护制度，加强对知识产权创造、运用、交易、保护等一系列活动的制度供给和保障。要素市场化配置的实质是破除阻碍要素自由流动的体制机制障碍，实现资源配置方式的优化和创新。要根据不同要素属性、市场化程度和新时代经济社会发展需要，构建更加完善的要素市场化配置体制机制，实现要素价格市场决定、流动自主有序、配置高效公平。在土地要素市场化配置方面，加快建立健全城乡统一的建设用地市场，深化产业用地市场化配置改革，完善土地管理体制。在劳动力要素市场化配置方面，深化户籍制度改革，畅通劳动力和人才社会性流动渠道，着力引导劳动力要素合理畅通有序流动。在资本要素市场化配置方面，加快建立规范、透明、开放、有活力、有韧性的资本市场，推动以信息披露为核心的股票发行注册制，完善强制退市和主动退市制度；加快发展债券市场，探索实行公司信用类债券发行注册管理制；健全多层次资本市场体系，增加有效金融服务供给。在技术要素市场化配置方面，健全职务科技成果产权制度，完善科技创新资源配置方式，培育发展技术转移机构和技术经理人，促进技术要素与资本要素融合发展，支持国际科技创新合作。在数据要素市场化配置方面，加快建立数据资源产权、交易流通、跨境传输和安全保护等基础制度和标准规范，推进政府数据开放共享，提升社会数据资源价值，加快数据资源整合和安全保护。

"十四五"时期我国进入新发展阶段，改革又到了一个新的关头，改革的推进方式也将出现一些新特征新要求。要更加注重处理好顶层设计和专项改革的关系。党的十九届五中全会明确了未来5年和到2035年我国发展的主要目标、优先领域和重点任务，这是高瞻远瞩的顶层设计。各部门、各地区还要从自身实际出发，抓纲带目，统筹谋划战略战役性改革，提出战术层面的专项规划和务实管用的重大改革举措，真正把改革任务落到实处。更加注重处理好中央和地方关系。基层是改革创新的源头活水。要坚决维护党中央权威和集中统一领导，注重激发基层的改革创新活力，增强基层推进改革的思想自觉和行动自觉。

·目录·

1

第一部分

四川天府新区公园城市
系统集成改革研究

2018年2月11日，习近平总书记视察四川天府新区时指出，"天府新区是'一带一路'建设和长江经济带发展的重要节点，一定要规划好建设好，特别是要突出公园城市特点，把生态价值考虑进去，努力打造新的增长极，建设内陆开放经济高地"。天府新区坚定贯彻落实习近平总书记"一点一园一极一地"重要指示精神和战略定位，全面深化改革，推动改革系统集成、协调配套，系统构建公园城市建设工作体系、规划体系、生态体系、创新体系、开放体系、公共服务体系、基层治理体系和政务服务体系，努力建设践行新发展理念的公园城市先行区。天府新区通过系统集成改革创新推动公园城市建设实践成效显著，对引导我国新时代新型城镇化发展新趋势、推动我国城市高质量发展、完善我国经济发展新布局都具有重要推广与借鉴意义。

2022 年是天府新区诞生 8 周年。八年来，天府新区认真落实创新改革试验区重大部署，始终走在时代前列。新区城市规划建设先后经历了建设谋划期、发展初创期、战略提升期三个历史阶段。2014 年 10 月 2 日，国务院批复设立四川天府新区，要求将天府新区"打造成为内陆开放经济高地、宜业宜商宜居城市、现代高端产业集聚区、统筹城乡一体化发展示范区"。2018 年 2 月 11 日，习近平总书记视察天府新区时指出，"天府新区是'一带一路'建设和长江经济带发展的重要节点，一定要规划好建设好，特别是要突出公园城市特点，把生态价值考虑进去，努力打造新的增长极，建设内陆开放经济高地"。这是总书记首次提出"公园城市"的概念。四年来，四川天府新区牢记习近平总书记殷殷嘱托，切实肩负"公园城市首提地"时代使命，全面贯彻新发展理念，生动践行"山水林田湖城"生命共同体营城理念。坚持以习近平新时代中国特色社会主义思想为指导，引领公园城市理念创新、规划建设创新，勾勒大美城市形态，精雕细琢城市细节，构建和而不同、精明增长的公园城市新空间，营造出"出门即公园、处处皆场景"的高品质宜居生活典范。

2021 年 10 月，中共中央、国务院正式印发《成渝地区双城经济圈建设规划纲要》，明确"支持四川天府新区在公园城市建设中先行先试"。2021 年 12 月，国家标准化管理委员会印发《关于支持四川天府新区开展公园城市标准化综合试点的复函》，正式批准四川天府新区开展公园城市标准化综合试点（期限 2022～2025 年）。天府新区努力通过改革创新公园城市发展新模式，塑造公园城市大美形态，丰富公园城市发展内涵，彰显公园城市核心价值等创新实践，全力打造"新时代公园城市典范"。如今，天府新区已成为西部地区最具人居魅力、最具创新活力、最具开放张力、最具发展潜力的城市新区，经济活跃度、社会关注度、区域识别度不断提升。天府新区通过系统集成改革创新推动公园城市建设实践成效显著，对引导我国新时代新型城镇化发展新趋势、对新阶段推动我国城市高质量发展、对完善我国经济发展新布局都具有重要推广与借鉴意义。

一 天府新区公园城市系统集成改革的重大意义

公园城市是习近平新时代生态文明思想的城市发展最新探索和实践，反映了新时代新阶段城市发展最新要求，充分体现以人民为中心的发展思想和社会主义制度"共同富裕"的本质要求。作为"公园城市首提地"，四川天府新区加快公园城市发展，必然要求全面深化改革，加强改革系统集成、协调配套，努力打造地方系统集成改革的最新范例。

（一）公园城市是习近平生态文明思想的城市发展最新实践

公园城市理念具有鲜明的新时代特征和原创性，与习近平总书记"山水城市""绿水青山就是金山银山"等论述一脉相承，是习近平总书记洞察人类社会发展规律、人与自然关系演进规律、城市文明发展规律，吸取并丰富"天人合一、道法自然"哲学思想，提出的未来城市可持续发展范式，集成体现了习近平生态文明思想的丰富内涵，深化了马克思主义中国化理论成果在城市发展领域的创新应用。只有不断拓展时空视野，在历史前进的逻辑中把握公园城市理论脉络和发展走向，坚持面向未来、着眼长远，天府新区才能在不断开辟公园城市发展新境界中锚固"首提地"历史印记。

公园城市理念具有鲜明的时代性，集成体现了"创新、协调、绿色、开放、共享"的新发展理念要求，提供了变革城市发展模式、破解"大城市病"的科学方法，回应了"站位新发展阶段，贯彻新发展理念，构建新发展格局"的时代要求，为高标准推进社会主义现代化城市建设指明了前进方向。只有胸怀"两个大局"，准确把握中国特色社会主义建设的历史进程和时代要求，抢抓成渝地区双城经济圈建设等一系列现实机遇，天府新区才能在公园城市建设先行先试中探索出一条新时代高质量发展路径，充分彰显"首提地"示范效应。

（二）公园城市反映新时代新阶段城市发展新要求

城市是人类最伟大的发明与最美好的希望，城市文明总是伴随着农耕文明、工业文明而向前发展。特别是工业文明时代，世界人口有一半以上进入了城市生活，加速了人类城市化进程，但同时也带来交通拥挤、环境污染、生态恶化、秩序混乱等诸多"成长烦恼"。进入生态文明新时代后，如何解决城市发展空间的野蛮生长、要素资源的低效利用、公共服务的供给不足、风貌形态的千城一面、永续发展的难以为继等热点问题，自然成为全球城市发展共同关注的重大课题。作为一个从不缺乏创新精神、从来勇于责任担当的大国，中国深入践行新发展理念，引导城市发展从工业逻辑回归人本逻辑，从生产导向转向生活导向，不断满足人民日益增长的美好生活需要，为世界城市发展提供中国范式。

公园城市理念具有鲜明的系统性，体现了"一尊重五统筹"城市工作总体要求，蕴含着山水林田湖草生命共同体、人与自然生命共同体、人类命运共同体的系统观念，在全球系统性风险加剧、不稳定性不确定性显著上升的背景下，为世界城市发展开辟了全新路径，高度契合"实现人的全面发展"这一马克思主义终极价值追求。公园城市以绿色空间为底色，以山水田林为景观，以历史人文为特质，以公园街区为场景，内蕴营城理念、外显气韵特质，精准标定新时代城市的空间形态。公园城市贯彻"一尊重五统筹"城市工作总要求，引领城市发展方式变革，引领领导工作方式变革，引领经济组织方式变革，引领市民生活方式变革，引领社会治理方式变革，创新重塑新时代城市的科学内涵。只有强化愿景导向，坚定不移地把天府新区建设成为"宣传习近平生态文明思想的重要窗口、展示世界城市可持续发展的中国方案、彰显中国特色社会主义制度优越性的未来城市样板"，努力为人类发展贡献"中国智慧"，才能切实担负好"公园城市首提地"的责任使命。

（三）公园城市充分体现以人民为中心的发展思想

公园城市理念具有鲜明的政治性，是对以人为核心的新型城镇化之路的创新探索，其出发点是人民对美好生活的向往，落脚点是以彰显人本价值为导向筑造理想家园、增进人民福祉，体现了"人民群众是历史的主体，是历史的创造者"这一马克思主义唯物史观，蕴含着"人心是最大的政治"这一历史真谛，更是深刻诠释和体现了社会主义制度坚持"共同富裕"这一本质要求。只有坚守建设公园城市和实现人民利益的一致性，充分尊重人民群众的主体地位，充分发挥人民群众的首创精神，坚持"人民城市人民建、人民城市为人民"，天府新区才能在"让生活更美好"的城市理想引领下，凝聚起共建"首提地"的磅礴力量。

公园城市理念蕴含大历史观、体现哲学辩证思维、充满为民情怀，是新时代城市发展的高级形态，是新发展理念的城市表达，是城市文明的继承创新，是人民美好生活的价值归依，是人城境业高度和谐统一的现代化城市，具有极其丰富的时代内涵。公园城市将人本逻辑和生活导向作为逻辑起点和根本落点，让蓝天碧水成为永久风景，让绿色生态成为普惠福祉，让简约健康成为生活时尚，让诗意栖居成为城市信仰，精准标定新时代城市的价值取向。作为"全面体现新发展理念城市"首倡地和"公园城市"首提地，党中央赋予四川天府新区"建设践行新发展理念公园城市示范区"的历史使命，是对新时代成都战略目标和发展方向的充分肯定，是天府新区在生态文明建设新境界和成渝地区双城经济圈建设战略中的国家定位。

（四）公园城市建设必然要求全面深化改革

全面深化改革覆盖经济、政治、文化、社会、生态文明、党的建设和国防军队等各领域，改革任务之全面、内容之深刻、影响之广泛前所未有。党的十八届三中全会以来，改革呈现全面发力、多点突破、蹄疾步稳、纵深推进的生动局面。经济体制改革整体推进、重点突破，激发发展动力活力的作用逐步显现；政治体制改革稳步推进，社会主义民主政治继续完善；文化体制改革纵深推进，文化创新创造活力进一步释放；社会体制改革立足保障和改善民生，人民群众的获得感持续增强；生态文明体制改革加快推进，生态环境保护制度框架基本形成；党的建设制度改革扎实推进，管党治党正在实现制度化规范化；国防和军队改革取得历史性突破，改革强军战略全面实施。

注重系统性、整体性、协同性是全面深化改革的内在要求，也是推进改革的重要方法。改革越深入，越要注意协同，既抓改革方案协同，也抓改革落实协同，更抓改革效果协同，促进各项改革举措在政策取向上相互配合、在实施过程中相互促进、在改革成效上相得益彰。在谋划推动改革过程中，注重厘清重大改革的逻辑关系，推动在有条件的领域和地方实现改革举措系统集成，提高改革整体效益。从专项（单项）改革试点，到综合配套改革，再到系统集成改革，从方法论角度，越来越强调改革的系统性、整体性和协调性，避免改革空转、打滑，解决改革"肠梗阻""最后一公里"等突出问题，越来越强调系统集成，要求"五位一体"整体推进改革。

地方改革在新时代全面深化改革中有着突出的地位与作用。习近平总书记高度重视基层改革创新，指出"改革创新最大的活力蕴藏在基层和群众中间"，"全面深化改革任务越重，越要重视基层探索实践"，"要坚持眼睛向下、脚步向下，鼓励引导支持基层探索更多原创性、差异化改革，及时总结和推广基层探索创新的好经验好做法"，"要及时总结经验，把基层改革创新中发现的问题、解决的方法、蕴含的规律及时形成理性认识，推动面上的制度创新"，"要把鼓励基层改革创新、大胆探索作为抓改革落地的重要方法，坚持问题导向，着力解决好改革方案同实际相结合的问题、利益调整中的阻力问题、推动改革落实的责任担当问题，把改革落准落细落实，使改革更加精准地对接发展所需、基层所盼、民心所向，更好地造福群众"。公园城市建设涉及"五位一体"总体布局的方方面面，必须进行系统集成、全面深化改革，从而推进公园城市全面可持续发展。

（五）公园城市系统集成改革是地方改革的最新范例

2016年3月，习近平总书记在参加人大代表团审议时强调，要着力加强全面深化改革开放各项措施系统集成。这是习近平总书记基于三中全会以来改革实践、深入思考之后提出的一个深刻命题。他在2016年3月22日的中央深改小组第22次会议明确提出，"推进改革要树立系统思想，推动有条件的地方和领域实现改革举措系统集成。"至今多次提出，推动改革已经不再是仅对"有条件的地方"提出的要求。党的十九届四中全会《决定》为全面深化改革系统集成、协同高效提供了根本遵循。最近的一次强调，是总书记在浦东开发开放30周年庆祝大会上的讲话中提出的，浦东要在改革系统集成协同高效上率先试、出经验。要探索开展综合性改革试点，统筹推进重要领域和关键环节改革，从事物发展的全过程、产业发展的全链条、企业发展的全生命周期出发来谋划设计改革，加强重大制度创新充分联动和衔接配套，放大改革综合效应，打造市场化、法治化、国际化的一流营商环境。

系统集成改革是指相关各类专项改革要集中到综合改革平台落地，形成改革系统集成和叠加放大效应。以前，各类单项性改革多综合性改革少，有的改革还存在政策不集成、举措不协同、试点不同步的问题，影响了改革效果；有的改革牵头单位相互交叉，内容相互重叠；有的改革设计特殊性、地方性较强，普遍性不足，致使有的改革试而不广、试而难推，是值得深入研究和探讨的重大问题。简而言之，系统集成改革是比单项改革、综合系统改革更为复杂、难度也更大的改革推进方式，但也是最能彻底解决矛盾问题根源的综合性改革。进入新时代以来，全国很多地方充分借鉴全国改革先进经验，成为改革实践与改革经验措施的集大成者，系统高效、统筹协调深化改革，突出改革实效。

党的十八大以来，各地高举习近平新时代中国特色社会主义思想的伟大旗帜，响应和贯彻习近平总书记关于全面深化改革系列重要讲话精神，按照中央深改委系列会议精神，加快改革落实和创新，地方改革从解决实际问题的角度出发，坚持问题导向、目标导向、结果导向，紧紧围绕加快完善社会主义市场经济体制，推进国家治理体系和治理能力现代化建设，进行了有益的探索实践，全面深化改革取得历史性成就，地方涌现出一批又一批改革开放典型案例典型经验，这些改革经验为全面深化改革、全面扩大开放注入源源不竭的驱动力。各地各具特色的地方改革创新加快推进，地方发展改革特色试验区成效显著。"天府新区深化改革创新奋力打造新时代公园城市典范"入选中国改革 2020 年度 50 个典型案例，天府新区法院"创新院庭长办案示范"入选最高人民法院司法改革案例，天府新区公园城市一系列系统集成改革措施是新时代新阶段地方贯彻新发展理念、推进系统集成改革的最新实践和最新范例，总结天府新区公园城市系统集成改革经验，对全国推进改革系统集成、协同高效具有重要的示范引领和参考借鉴意义。

二 天府新区公园城市系统集成改革的主要内容

天府新区坚定贯彻落实习近平总书记"一点一园一极一地"重要指示精神和战略定位，全面深化改革，推动改革系统集成、协调配套，系统构建公园城市建设工作体系、规划体系、生态体系、创新体系、开放体系、公共服务体系、基层治理体系和政务服务体系，努力建设践行新发展理念的公园城市先行区。

（一）全链条构建公园城市建设工作体系

天府新区以生态文明引领新时代城市发展的全新范式，聚焦"公园城市"规划建设、经济发展、营商环境、创新动能、社会治理等五项重点改革路径，发挥国家级新区先行先试和大部制体制机制优势，以特色化、专业化、集成化构建组织架构和职能运行体系，为全面建设人城境业和谐统一大美"公园城市"夯实体制机制支撑。

2018 全球独角兽企业高峰论坛现场

说明：第一部分照片均由四川天府新区管理委员会提供。

1. 健全公园城市建设组织领导体系

天府新区积极创新"党委政府主责主导、专业部门专责抓总、人才智库技术支撑"的统筹方式，率先构建党工委主导下的公园城市建设组织领导体系。完善工作机制，党工委管委会成立建设践行新发展理念的公园城市先行区领导小组，主要领导亲自挂帅，下设6个工作组，领导小组办公室设在自然资源和规划建设局（公园城市建设局），并从党群工作部、新经济局、社区治理和社事局等部门抽调专业人才到领导小组办公室开展日常工作。形成行动方案，系统梳理公园城市理论研究和创新实践成果，充分征求各部门意见，结合新区实践，形成先行区推进总体方案和5个行动计划，形成"1+5"行动方案体系。编制任务清单，按照成都市建设践行新发展理念的公园城市示范区领导小组工作要求，加快梳理编制机会、政策、改革、项目"四张清单"，高效高质推进公园城市建设。

2. 构建公园城市现代高效管理体制

天府新区机构改革和机构编制工作锚定以生态文明引领新时代城市发展的全新范式，创新公园城市规划建设管理：设立"公园城市建设局+公园城市研究院"，引领规划建设变革；完善经济高质量发展服务管理职能，设立"主导产业局+功能区管委会"，引领经济发展变革；设立"企业服务局+行政审批局"，引领营商环境变革；设立"科技创新+人才服务局"，引领创新动能变革，优化社会事业综合服务管理；设立"社区发展治理+社会事业局"，引领社会治理变革；深化街道改革，推动基层治理。完成13个镇街整合为9个街道，推进村社改革融合，促进社区减负提能，加强社区发展和居民服务。加快基层治理变革，积极补齐村社公共服务设施短板，促进公共资源配置，完善村社便民服务体系。

专栏1　四川天府新区街道"四个一"管理机制改革试点

为健全"党建引领、双线融合"治理机制，天府新区社区治理和社事局在华阳、万安两个街道开展试点，深入推进"四个一"管理机制改革，积极推动治理重心下移和效能提升。

一是实施"一支队伍统管"，整合了基层治理力量。会同党群工作部、政法委、财政金融局等部门，全面清理并核定职能部门、街道聘用人员员额数，并将各类人员相关聘用关系、资金保障渠道全部转移至街道，推动建立起街道统一管理的社会治理工作者队伍。建立试点街道社会治理工作者队伍"基础工资＋季度绩效＋年终奖金"薪酬机制，绩效奖金与工作考核挂钩，推动形成人员能进能出、岗位能上能下、待遇能高能低的"扁平化"管理考核体系。

二是实施"一张网格统管"，优化了综合治理网格。统筹整合街道综治、城管、民生服务等各类网格职能，综合考虑人口规模、工作任务、管理便利等因素，按照城市和农村社区不同类型，优化设置627个网格。根据城市网格与农村网格、专职网格员与兼职网格员特性，制定新区专（兼）职网格员职责"三张清单"，将党的建设、城市管理、治安维护、公共服务、应急处突、小区（院落）治理等工作纳入网格职责。同时，建立网格动态调整机制，实行每年一评估、每年一调整。

三是实施"一个平台统调"，融通了信息平台系统。成立试点街道智慧治理中心，整合网格化服务管理中心、综治中心、综合便民服务中心、城市治理中心等接单派单联络、事件信息收集研判整理、事件处置等职能职责，抽调相关科室人员进行集中办公。依托所整合平台功能对相关事务进行统筹协调和指挥调度，推动构建起街道层面统一指挥、分级响应、分类处置的社会治理事件指挥调度工作格局。

四是实施"一套机制统筹"，强化了统一指挥调度。建立由党工委书记任组长，党工委副书记任常务副组长，相关委领导任副组长的工作推进领导小组，统筹部署和系统推进"四个一"管理机制改革试点工作。同时，改变原社会治理和社区治理分头管理模式，建立新区、街道两级一名党工委副书记同时分管社会治理和社区治理的统筹协同工作机制。建立社会治理事件定期分析研判制度，每月召开领导小组会议，通报当月情况，集中解决平台难以解决的社会治理问题。

资料来源：四川天府新区战略研究局。

3. 完善专业技术支撑体系

设立专门责任机构，在全国首设公园城市建设局，负责公园城市规划设计统筹协调工作。组建首个公园城市研究院，建立"5＋10＋N"专业技术支撑架构（即总规划师、总建筑师、总经济师、总色彩师、水生态建设总顾问等 5 位总师技术统领，同济大学、中国美术学院等 10 家一流高校院所专业研究机构，中国城市规划学会等若干顶尖规划设计团队技术服务），依托公园城市论坛搭建聚智聚力工作平台，形成全链条协同的公园城市工作推进机制。健全"5 位总师技术统领"工作机制，聘请知名专家分别担任总规划师、总建筑师、总经济师、总色彩师、水生态建设总顾问，领衔相关领域专业指导和技术把关。同时，做强 3 个专设研究机构基础支撑，聘请 10 家一流高校及研究院所、100 家国内外顶尖设计团队，持续开展公园城市理论研究和技术服务。

（二）系统化构建公园城市建设规划体系

天府新区以遵循"城市让生活更美好"初心使命，按照"城市设计贯彻始终"的工作思路，形成了"总体城市设计、片区城市设计、专项城市设计"三级城市设计编制体系，已开展 20 余项城市设计，初步构建了"大开大阖、显山露水，高低错落、疏密有致"的公园城市大美格局。

1. 明确公园城市建设总体思路

2018 年 4 月，习近平总书记在参加首都义务植树活动时提出，"一个城市的预期就是整个城市是一个大公园，老百姓走出来就像在自己家里的花园一样"。习近平总书记描绘的公园城市生活场景，从历史演进、文明进步、社会发展、开放合作、价值追求等不同视角，阐述未来城市特别是公园城市应当遵循的新思想、新理念和基本要求，蕴含着大历史观、体现哲学辩证思维、充满为民情怀，是建设践行新发展理念公园城市的根本遵循。天府新区探索形成公园城市"1436"总体思路，即坚持公园城市"1 个发展范式"，习近平生态文明思想、新发展理念、"一尊重五统筹"城市工作总要求、以人民为中心的发展思想"4 个基本遵循"，生态属性、空间属性、公共属性"3 个实践路径"，生态、美学、人文、经济、生活、社会"6 个价值目标"。

2. 科学构建公园城市规划体系

按照习近平总书记"一定要规划好建设好，特别是要突出公园城市特点"的战略要求，天府新区全面落实公园城市理念，加快建设践行新发展理念的公园城市示范区，构建以天府新区（县区级）—城乡融合发展单元（乡镇级）两级、总体规划—专项规划—详细规划为基础的"两级三类"

总体框架，进一步加强城市设计贯穿始终工作路径，精细化城市管理，系统开展天府新区成都直管区国土空间总体规划、天府新区公园城市总体规划，提升公园城市顶层规划。依托公园城市顶层规划，全面统筹引导专项规划、详细规划、城市设计等工作开展，推动天府新区高质量发展、高水平建设。

在延续天府新区规划基础上，坚持"不策划不规划、不规划不设计"的原则，构建涵盖"两级三类""城市设计贯穿始终""体现公园城市特色技术标准"的公园城市特色规划体系。"两级三类"规划充分对接了成都市国土空间规划体系，包括天府新区、城乡融合发展单元两个层级和总体规划、专项规划、详细规划三类规划。构建"1536"规划体系（即公园城市总体规划、国土空间规划"1组顶层规划"，总体安全、自然生态、宜居环境、城市形态、产业能级"5大核心维度"，特色地形保护、自然生境空间体系等"36项重点规划"），首创"城市设计图则＋公园城市图则"的双重规划控制引导机制，强化对自然生境、滨水岸线、绿色建筑、第五立面、TOD一体化的引导和管控。

3. 探索构建公园城市规划标准体系

在建设践行新发展理念的公园城市先行区背景下，天府新区积极把握政策优势和示范先行意义，加快完善公园城市规划各类技术规程和导则，搭建"管理规定、设计导则"的公园城市技术标准体系。发布全球首个公园城市指数框架体系和公园城市规划建设白皮书，形成多样性、开放性的公园城市标准体系。

制定《四川天府新区成都直管区公园城市规划管理技术规定》，构建具有公园城市特色的规划管理体系，实现公园城市的精细化规划管理，提升天府新区城市建设品质。管理规定从公共环境、城市风貌、建筑功能三大方面，特色地形保护、色彩管控、夜景工程、停车位设置、环卫设施等30个指标进行管控，精细化管控城市建设。同时，天府新区积极探索规划管理体制机制智慧化发展，实现平台简洁化和流程连续化，稳步推进的技术平台建设和各项政策之间存在的同步耦合需求，使规划管理部门能够通过软件直接审查建设单位报建项目的技术指标完成情况，提高了审批效率。目前，天府新区以"一张图"体系为起点，有计划地以此推进完善规划信息共享平台、规划审批平台、城市建设引导平台，并形成线上线下数据同步、实时动态、可视化强、参与性高的"智慧管理"。

天府新区为保障规划设计标准统一,各类规划无缝衔接,形成公园城市特色技术标准与设计导则。目前已形成天府新区规划技术标准、无障碍规划建设导则、综合管廊规划建设标准与导则、市政基础设施设计技术导则等10余项建设导则,对天府新区规划编制、项目管理、建设运营、工作评估等工作,具有重要指导作用。

(三)特色化构建公园城市生态环境体系

天府新区作为"公园城市"首提地,应秉持"绿水青山就是金山银山"理念,牢固树立新时代生态文明观,围绕四川省委"五个城市""五个示范"决策部署,紧扣建设践行新发展理念的公园城市先行区总体目标,统筹兼顾、整体施策、多措并举,全方位、全地域、全过程地开展生态文明建设,倡导绿色生产生活方式,坚定不移地探索以生态优先、绿色发展为导向的高质量发展道路,实现经济社会发展和生态环境保护的协同共进。

1. 构建大生态专项规划体系

天府新区坚持大生态与大安全的统一,保护"山、水、林、田、湖、草"生命共同体,编制生态格局类规划,实现以生态优先铺筑公园城市底色。其中,《天府新区生态体系专项规划》通过创新"生态保护维度、生态维育维度、生态结构维度和文化生态维度"四重叠图方法,提炼"一山三廊五湖六河"的生态框架,构建三大类28项生态指标体系,明确全域公园、多级生态廊道等空间载体,构建天府新区综合生态格局。《天府新区特色地形保护专项规划》遵循自然规律,承袭"因天材就地利"的筑城智慧,以"浅丘为底,中丘成带,深丘侧立"规划原则,尽可能保留原生地貌,保护特色地形,高效保障原生地貌保护落地。《天府新区公园城市水系总体规划》首次系统性建立"水历史、水安全、水生态、水经济、水文明""五位一体"的工作理念,将河湖水系规划、防洪排水规划、水资源利用规划、海绵城市规划等相关规划统筹,构建公园城市水系创新实践工作方法。

坚持人与自然和谐共生,践行压缩生产空间、调优生活空间、扩大生态空间工作路径,编制公园体系类规划,恪守70%蓝绿空间基底。《天府新区全域森林规划》基于公园城市目标下的规划认知，通过"空间、增绿、特色"三大路径，增加森林覆盖总量、构建森林空间骨架、塑造天府特色彩林、提升森林生态质量、强化森林复合功能，实现森林化全覆盖。《天府新区全域公园体系规划》立足天府新区的生态条件，落实公园城市理念，构建天府新区全域公园网络体系，提出各层级公园的规划建设指引，实现全域公园均覆盖。《天府新区自然生境空间体系与功能研究》坚持城市也是本地动物的美好家园，首次尝试从本地生物视角，融合景观生态学、城乡规划学等学科，探索新类型的自然生境空间体系与自然系统网络在城市空间中的构建方法，确定了天府新区林水生境的标准并在中观尺度片区城市规划中实践。

2. 筑牢公园城市绿色生态本底

生态兴则文明兴，生态衰则文明衰。良好的生态环境是经济持续健康发展的前提，同时也是最普惠的民生福祉。天府新区自然禀赋优异，生态本底良好，更应保护好、规划好、建设好，以满足人民日益增长的优美生态环境需要。一是深入推进森林生态保护，筑牢生态安全屏障。按照夯实绿色生态本底的要求，印发《四川天府新区成都直管区城市绿线管控办法（试行）》，编制和修订完善《天府新区成都直管区处置森林火灾应急预案》，编制形成《"十四五"期间森林防火规划》。二是创新推行"林长制"改革，层层落实管理责任。在全市范围率先推行"林长制"改革，采取林业园林保护网格化管理监管模式，按照"分级负责、属地包干、重点突出、网格管理"的工作机制和"定区域、定职责、定人员、定任务、定考核"的工作要求，建立"管委会—街道—村（社区）"三级林业园林保护监管体系，实现林业园林保护监管全覆盖。三是构建森林生态监测体系，指引森林优化方向。根据天府新区的地形、地貌和森林分布格局，采用固定监测与流动监测相结合、一站多点的布局方式，构建森林生态定位站监测网络，结合监测数据，形成《天府新区森林生态监测及服务功能评估报告》，为科学认识与健康经营天府新区森林生态系统提供数据支持，同时对优化森林生态空间布局、促进"山水林田湖草一体化"协调发展、提高森林生态系统综合服务功能具有重大意义。

3. 积极构建全域森林生态体系

天府新区始终遵循"山水林田湖草生命共同体"和"人与自然和谐共

生"两个基本理念，稳固森林生态屏障体系，优化森林生态系统空间结构，构建高品质、大尺度的绿色生态空间。一是全域森林化引领新区森林生态体系建设。高水平编制《天府新区森林生态建设发展规划（2021—2035 年）》（含天府新区森林生态建设三年行动计划、天府新区森林生态建设技术导则、"森林银行"政策体系研究），创造性地从宏观规划、中观方案、微观技术三个层面回答如何打造天府森林体系、构建全域森林生态网络、改善城市生态服务质量、促进公园城市林城交融、建立森林"营建管"机制等诸多问题。同时将《森林建设发展规划》纳入新区"十四五"规划当中，计划在 2021～2023 年开展首个三年行动计划，到 2035 年将直管区森林覆盖率提升到 40%。二是全域公园助力新区森林生态骨架构建。加快建设"特色公园＋支撑网络"的全域公园体系，科学布局综合性公园、郊野公园、小游园等生态公园系统，新区成立期间共新增小游园微绿地 22 个，创建公园城市特色示范街区 6 个，市级园林式居住小区 4 个。集中化、特色化、多样化推进"增花添彩"工程，完成天府大道、规划展示厅、城区街道等区域的鲜花绿植氛围营造工作，完成花卉栽植约 1.6 万平方米，播撒花籽 5 万余平方米。加快绿道建设，打造"回家的路"和"上班的路"，结合梓州大道、剑南大道等骨干路网森林化改造完善绿道体系，天府大道（天府五街—牧华路段）景观提升工程计划于年内完成。三是全域增绿推进森林生态空间修复。按照"强点、补廊、成网"工作思路，组织 8 个街道完成造林作业设计编制，龙泉山城市森林公园范围内增绿增景 2000 余亩。

4. 探索新区生态价值转化路径

在践行"绿水青山就是金山银山"理念基础上，不断探寻生态价值、挖掘生态潜力、夯实生态地位，探索生态效益、经济效益和社会效益的多赢模式，促进绿水青山转化为金山银山。一是畅通森林人家发展道路。为更好地引导、扶持、服务和推动森（竹）林人家发展，加快构建新型林业经营体系，促进森林资源价值转化，天府新区依托森林景观资源，结合森林乡村建设，充分发挥生态优势和资源优势，打造生态优良、林相优美、景观宜人、功效明显的森林康养环境。在 2020 年度市级森（竹）林人家评定工作中，新区的"栖肆"和"苕猎户"项目分别以"花艺美景、森林康养、品质美食、仪式体验""古法烹之道、华夏味之源"为亮点，成功评选市级森（竹）林人家。二是落实森林银行运行机制。探索构建以"林票"为载体的森林银行体系，通过森林银行运行机制，设立准入门槛，创新鼓励社会资本参与森林建设、拓展森林资源融资渠道的政策措施，吸纳民间资本、鼓励公众参与，将森林生态产品由供给区转向需求区、由低价值区转向高价值区。三是探索绿色资产管理模式。以绿色资产管理制度为指导，以《天府新区成都直管区树木移植管理办法（试行）》《领导干部自然资源资产离任审计规定（试行）》为抓手，对新区绿色资产的规划管控、过程监管、动态更新、分类巡查等多个方面进行规范化、全面化、精准化管理，系统评估核算各街道辖区内绿地及林木资源价值，实现生态价值变化预警，保证天府新区生态总值持续增长，实现新区绿色资产高质量发展、促进生态价值高效率转化、生态资源高水平管控重要目标。

（四）内涵式构建公园城市创新发展体系

以高质量发展为目标、功能区建设为引领、产业动能集聚为支撑，加快主导产业培育，服务"双循环"新发展格局。坚持创新生态链，补强产业链，打造技术创新集群，聚焦都市工业和生产性服务业。瞄准产业高端和高端产业，精准招引优质企业，形成优势企业带动示范、小微企业齐头并进的产业发展局面。

1. 积极打造区域研发创新集群

四川天府新区坚定践行科技自立自强的时代使命，坚持把校院地协同创新项目作为建设综合性国家科学中心和西部（成都）科学城的重要支撑，瞄准前沿关键技术和重大科研项目，聚焦"科学研究、实验开发、推广应用"三大维度，全力构建"智力群协同发展、多主体共生共赢"的校院地协同创新生态，初步形成以中科院系为支撑、国内高校集聚为主体的研发创新集群。

坚持统筹谋划，布好协同创新"一盘棋"。把校院地协同创新项目作为支撑高质量发展的战略性工程，围绕策划招引、促建保障等重点环节，高位推动工作落地落实。一是在推进机制上，成立以党工委管委会主要负责同志为双组长的人才工作领导小组，在领导小组办公室加挂校院地合作推进办公室牌子，形成"领导小组＋主管部门＋产业功能区""三位一体"

组织架构。二是在空间统筹上，以成都科学城为核心承载地，规划布局七大功能组团，努力打造物理空间集聚分布、学科技术内涵关联的协同创新高地。三是在目标引领上，聚焦世界科技前沿和区域产业发展需求，制定高校院所项目招引分布图并纳入目标管理体系，全方位强化项目统筹和招引力度，截至 2021 年底，累计引进校院地协同创新项目 72 个，吸引两院院士等高层次人才 857 人。

2. 完善多元化区域创新生态

面向综合性国家科学中心、国家实验室等国家重大战略需求，加快推动创新资源链式聚集，提升资源要素融合浓度。一是建设重大平台。充分发挥中科系、中核系、中物系等高校院所的支撑作用，成功引进重大科技基础设施 6 个、交叉研究平台 5 个、科教基础设施 27 个。二是汇聚高端人才。设立 10 亿元人才发展专项资金，构建形成"天府英才计划"+创新创业、住房安居等"1 + N"人才政策体系。截至 2021 年底，吸引科研团队 74 个、集聚科研人才 5000 余人，宫声凯、罗先刚依托协同创新平台当选中国工程院院士。三是支持原始创新。发挥高校院所在创新策源中的引领作用，先后承接国家级科研项目 31 个、省市级科研项目 141 个，获得省部级以上科技奖励 15 项，突破关键核心技术 31 项，申请发明专利 367 件，推出创新产品 63 件。航空发动机叶片热障涂层电子束物理气相沉积设备打破国外技术垄断。坚持创新驱动，以建设天府实验室为抓手，集聚中科系、中核系等国家级创新平台 33 个，校院地协同创新平台 48 个，努力打造原始创新策源高地，带动集聚青年创新人才 16 万人，市场主体年均增长27.6%，多元协同创新生态加快形成。

3. 培育高端现代产业集群

成都科学城围绕技术研发、国际交流、知识产权、产业孵化、科技金融等领域，聚焦数字经济、人工智能、新一代信息通信技术等主导产业，以科学城孵化转化产业为主的优势特色产业集群聚集成势。天府总部商务区大力发展总部经济、会展博览两大主导产业，积极培育创新型金融、体验式文创两大生态配套产业，同步发展会计、律所、咨询、广告等商务服务体系，大企业大集团集群发展格局初步呈现。天府文创城围绕创意设计、数字影视、文博旅游三大主导产业，出台天府文创城产业概念规划、产业发展总体规划及"两图一表"，产业发展脉络清晰。有序推进新兴产业园 5G 项目、物联网产业公园社区、高品质科创空间产业基础和配套设施项目落地实施。

突出高端引领，引进高能级产业项目 753 个，形成电子信息、汽车制造等 2 个千亿级产业集群和生物医药、装备制造等 8 个百亿级产业集群，2021 年完成地区生产总值 4158.8 亿元，提前 2 年完成省委、省政府确定的 2022 年奋斗目标。强化责任意识，务实推动重大产业项目建设，加快提升总部经济集聚度，进一步推动天府总部商务区建设提质见效。截至 2021 年底，总部商务区集聚高能级 500 强企业 29 家，引进总部项目 58 个，总投资额近 2000 亿元，投资 300 亿元的招商局总部基地项目加快建设。

主动融入新发展格局，聚焦市场化、法治化、国际化、便利化，以总部商务区、天府中央法务区、西部博览城为核心，汇集法律服务、产业咨询、会展博览、现代金融、科技服务等高端优质生产性服务业，塑造公平、开放、统一、高效的市场环境，增强新区对资金、信息、技术、人才等要素的配置运筹能力，打造内陆开放门户，引领天府新区在发展格局之变中抢占高地。

（五）全方位构建内陆开放体系

天府新区认真贯彻落实习近平总书记关于打造内陆开放门户重要指示精神，立足国内大循环为主体、国内国际双循环相互促进新发展格局，抢抓成渝地区双城经济圈建设等战略机遇，对表四川省委、省政府"四向拓展、全域开放"立体全面开放战略部署，坚持以服务国家对外开放战略、服务区域协同开放发展、服务城市高质量发展为目标，实施政策赋能、聚力成势、提能增效、辐射示范、联动协同"五大行动"，系统集成改革打造开放层次更高、营商环境更优、辐射作用更强的开放新高地，促进天府新区由"内陆洼地"向"开放高地"转型发展。

1. 创新构建集成化开放平台体系

坚持把平台作为内陆开放门户打造的关键支撑，按照"整合资源、完善功能、拓展领域"的思路，以打造多维度通道链接、国际化会展博览、高能级总部协同、全方位国际合作等平台为突破，全方位增强新区集聚运筹国内国际资源要素的能力。一是坚持因势利导构筑平台。牢牢把握成都建设国际门户枢纽城市的发展机遇，联动东部新区天府国际空港新城、青白江国际铁路港经开区、宜宾港、泸州港、两江新区果园港、北部湾港口群，进一步发挥天府新区位于成都交通网络中心的区位优势，探索构建东西高效链接空中丝路、南北无缝贯通陆上动脉的通道体系，着力做强交通导向下的多元要素集聚平台，大幅提升国际交流合作的便利度。二是坚持提能增效升级平台。围绕强化全球资源要素集聚配置，聚焦提升天府总部商务区复合功能，高标准建设天府国际会议中心、共建"一带一路"文化交流中心，全面提升服务国家主场外交能力。西博城通过 UFI 认证、ICCA 认证，国际性会展突破 20%，具备国家主场外交活动承载能力的天府枢纽站、城市候机楼等重大功能设施加快建设，在意大利、新加坡等 5 个国家实现布点，自贸试验区 5 条改革创新案例在全国复制推广，保税物流中心（B 型）封关运营，开放载体建设体现"国际化"。三是坚持协同联动壮大平台。以深度融入成德眉资同城化发展为突破，以四川区域协同发展总部基地为依托，以共建产业生态圈、共享创新生态链为着力点，全面加强与省内各市（州）的战略合作。设立区域协同处，落实专人专班，与两江新区围绕成渝地区双城经济圈建设，成功召开共同打造内陆开放门户助力成渝地区双城经济圈建设第三次联席会议，正式启动"汽车制造、电子信息、科技创新、文创会展、现代金融、数字经济、总部经济、生物医药"八大产业旗舰联盟。联合举办首届成渝地区双城经济圈发展论坛、成渝地区双城经济圈产业服务峰会等重大交流活动 10 余场，互访 50 余次，对接签订了警务合作、自贸区法检协作等 23 个合作协议。

2. 创新构建现代化开放产业体系

坚持把构建现代化开放产业体系作为内陆开放门户打造的核心支撑，以融入全球产业链高端和价值链核心为导向，以坚定不移地推进功能区主战场为抓手，着力构建以新经济突破发展为带动的现代化产业体系，全方位提升外向型经济发展效度。一是坚持"生态圈"理念做强功能区支撑。以功能区为主体加快完善产业生态全景图，深入开展系统性的产业设计，大力实施"强链补链延链"行动，全力支持具备强大整合能力的头部企业把专业性、地区性总部和研发机构、创新基地布局新区，大力提升全要素生产率，切实推动内涵式发展，做强产业功能区"带动全域、链接全球"的引擎功能。二是坚持"朋友圈"理念增进国际经贸合作。差异化推进中意、川港等国际（地区）产能合作平台建设，充分发挥功能集成、资源融通和多向连接作用，加强与日韩、欧洲等更大范围的国际交往合作，借力各类商协会、企业联盟等广泛推动外事、外资、外经、外贸资源共享，积极建设具有国际影响力的国际合作生态系统。成功举办"2020 成都国际友城青年音乐周"等重大外事活动 21 次，引入全球 5G 产业创新峰会等展会活动 45 个，西博城国际性会展占比突破 20%，与美国国际产投总商会、新加坡天府会、英国川商联合总会、澳大利亚昆士兰州川渝协会共同组建国际化社区联合会。三是坚持"要素圈"理念完善国际化产业配套服务。以聚力天府中央法务区建设为牵引，以提升发展天府国际基金小镇为支撑，以天府国际会议中心群落为载体，集群发展法律、金融、商务等高端配套服务，大力引入国际知名法律服务机构、争端解决机构和证券风投培育基地等现代金融服务机构，全景图打造一站式集成化商务政务平台，全方位做优国际化产业发展环境。全国首个中央法务区已落地推进，天府国际基金小镇已聚集各类金融机构 648 家、基金管理规模达 5700 亿元。

3. 创新构建国际化开放制度体系

坚持把开放制度作为内陆开放门户打造的重要支撑，充分发挥国家级新区优势，结合新区对外开放的现实需要，以重点领域为突破口，依靠体制机制改革、政策制度创新，加快形成对外开放与制度创新相互支撑、良性互动的格局。一是着力构建接轨国际的贸易制度体系。充分发挥自贸试验区先行先试优势，探索建立同国际投资和贸易通行规则相衔接的制度体系，协调推进投资管理、贸易便利化等制度创新，积极探索"保税 + 会展""保税 + 研发"等新型贸易模式，积极争取服务贸易、技术贸易更大程度开放自主权，成功获批国家进口贸易促进创新示范区。二是着力优化灵活高效的营商制度体系。坚持以市场主体获得感、幸福感为基本评价标尺，深入落实国际化营商环境 3.0 版本，全面实施准入前国民待遇加负面清单管理制度，全面落实包容审慎柔性监管制度，深入推动政务服务事项"一网通办""全程网办"改革，依托新加坡等海外布点机构分环节累进式探索"电子居民"改革，初步实现企业离岸注册。启动实施"天府大脑"数据天府行动计划，加快推进政务服务流程再造优化，形成全税种电子退税等创新案例 78 个，"证照通'1 + X'审批模式改革""集群注册企业信用预审监管模式"2 个案例入选 2020 年全省第四批可复制、可推广制度创新成果。三是着力形成系统集成的营城制度创新体系。坚持营城理念，以制度创新赋能城市发展内陆开放门户建设。"天府新区法院创新院庭长办案示范"入选最高人民法院司法改革案例，"以产出为导向的土地资源配置制度改革试点""省级教育综合改革试验区建设"等有关改革创新经验被省委、市委改革办专刊推广；新区检察院"检察机关搭建专业平台服务保障自贸区建设"被最高人民检察院刊发，"公证参与法院民事执行工作三项机制""基于区块链技术的知识产权融资服务平台"等 4 个案例申报全国自贸试验区第四批最佳实践案例。

天府中央商务区总部基地项目集中签约仪式

（六）高效能构建公园城市公共服务体系

天府新区始终把保障和改善民生作为建设践行新发展理念公园城市的出发点和落脚点，推进城乡均等就业服务和基本保障机制不断完善，教育、医疗、养老、育幼等公共服务支出效率持续提高，"15 分钟公共服务圈"切实优化布局，人民群众共享发展成果，幸福感、获得感持续增强。

1. 加快完善城市公共服务体系

构建天府新区高品质生活圈，推行"人城境业"和谐统一发展目标，编制公共服务、科创空间等 10 余项规划，为新区全面建设奠定坚实基础。

其中，《天府新区公共服务设施专项规划》满足国家级新区及国家中心城市高质量、高标准要求，立足成都、辐射四川、面向全球，建设一批天府特色、国际领先、世界一流的重大公共设施。《天府新区高品质科创空间专项规划》聚焦未来人群特质，以高品质科创空间为载体，提供"个性化、国际化、绿色化"的特色精准配套和创新交流空间。聚焦新区人口特征，按照 500~800 米服务半径，规划建设 118 个"15 分钟生活圈"，形成资源布局普惠公平的发展导向。

2. 教育综合改革试验区建设引领教育改革

天府新区成都片区是全省教育综合改革试验区，启动建设以来，天府新区成都片区围绕"一年建示范、两年成体系、三年树标杆"的工作目标，紧扣各项改革任务，整体谋划、系统推进、重点突破，创新办学、多校划片等改革探索走在全省前列，教育改革示范作用初步彰显。

一是以国有教育企业为平台，创新教育供给模式。探索搭建国有企业教育投融资平台，解决教育供给不足和优质资源缺乏的双重难题。拓宽投资渠道，由国有企业成都天投集团成立二级子公司天投教育公司，教育主管部门根据教育学位需求，以协议委托天投教育公司举办的学校、幼儿园承担教育任务，约定单个学位成本及数量，天投教育公司凭借协议采取银行借贷等方式融资，资金用于学校基础建设、设施设备配置和办学运营，教育主管部门的委托经费划拨学校，由学校以租金方式支付天投教育公司建设成本，留存经费用于办学运营并自主管理。统一建设移交标准，出台《四川天府新区成都直管区中小学、幼儿园建设和装修标准》，统一全区公建配套项目、国企代建等不同建设方式、校园用地面积、生均建设面积、功能需求、装修装饰等标准，并明确根据标准及经行政主管部门审定后的施工图，进行交付验收，积极构建"设计有品位、建筑有特色、文化有标识"的公园城市学校形态。针对区域短时间大量新学校开办带来经费、师资紧缺现状，大胆创新办学体制，初步形成传统公办、公办两自一包、社会资本民办、国企民办市场型、国企民办公益型、委托企业管理公办、委托企业管理民办等 7 种办学体制，先后新开办学校 59 所，新增学位 5.5 万个。

二是以教育引流人口为导向，大胆尝试招生改革。打破"唯户籍、唯社保、唯划片"的招生方式，全面开展全域多校划片、分类供给，从保障户籍人口向服务常住人口转变。公办中小学实施"多校划片"，小学入学打破街道边界、原单校学区划分，按照相对就近、学位均衡、城市发展的原则划为12个学区，其中多校划片5个学区、单校划片7个学区。民办学校小升初优先面向区内招生，区内5所民办初中提供1470个小升初学位，优先面向新区户籍学生、企事业单位员工子女（含个体工商户）、学历落户人才子女等招生，每个符合条件的小学毕业生可自愿选择填报3所学校志愿，每校填报志愿人数超过招生计划实行电脑随机录取。专项保障重点人才子女入学需求，在全面保障户籍人口、随迁子女入学需求基础上，提供麓湖小学及幼儿园学位增加学历落户人才子女、重点企业员工子女等入学选择，开放天府一小、元音小学、天府实验幼儿园等学位保障重点区域周边企业员工子女入学，允许企业高管和高层次人才子女入学填报6个义务教育学校志愿或3个幼儿园志愿，"一年一策"允许学位充裕学区持购房合同登记入学。

三是以优质教育资源为牵引，探索多样办学形式。深入探索集团化办学、一校两制等办学新形式，激发各方办学活力。深化集团化办学，打破体制壁垒、校际壁垒、学段壁垒，组建纵向贯通、横向联盟、公民办学校融合的首批教育集团，以优质学校天府中学、天府七中、华阳中学为龙头，校长担任教育集团总校长，各自成员学校分别为9所、7所、6所，涵盖公民办中小学、幼儿园，探索治理一体化、课程一体化、教师交流、综合评价等方面的集团办学体制机制，带动形成更多优质教育资源。探索一校两制办学，破解存量学校及其新校区两种体制治理难题，探索在南湖小学及北区、教科院附小及西区等学校试行一个校长、两个校区两种人事体制的"一校两制"办学形式，统筹调配编内编外教师，统筹使用人员经费，统一考核兑现岗位绩效。

四是以普惠学前教育为靶向，探索四类保障体系。构建保底线、强基础、优普惠、促多元的学前教育分类保障体系，探索形成系统破解"入园难""入园贵"问题新路径。保底线，以提供公益学位的民办公益园、社区资源举办公益园为主体，发展形成17所民办公益园和9所社区公益园，分别提供学位3330个、2500个，生均保教费分别为560元/月、600元/月。强基础，以提供公办学位的公办园、执行公办收费标准的创新体制园为主体，目前共有37所，提供学位15510个，生均保教费分别为650元/

月、600 元/月。优普惠，以提供普惠性民办学位的普惠性民办幼儿园为主，目前共有 14 所，提供学位约 2800 个，生均保教费按办园等级划分为1500 元/月、1200 元/月、900 元/月。促多元，以提供民办学位的民办幼儿园为主，目前共有 44 所，提供学位约 8500 个，生均保教费实行市场调节价。保底线、强基础、优普惠类幼儿园实行政府定价，财政补贴每生每年 2100 元。

3. 大幅提升医疗综合服务水平

天府新区坚持深化健康城市打造，深抓公园城市建设，深入推进供给侧改革，以提升公共服务满意度等工作为重点，努力转"治病为中心"为"健康为中心"，建设发展人民满意的卫生健康事业。持续加强医疗综合改革，按照《成都市深化医药卫生体制改革工作领导小组关于开展建立健全现代医院管理制度市级试点工作的通知》精神，2019 年天府新区人民医院正式获批市级综合试点，2021 年四川大学华西天府医院开院，省二医院天府院区等优质医疗卫生项目加快建设，推动新区公立医院进入医院管理现代化新阶段。持续推进现代医院管理制度试点，落实公立医院人事薪酬制度改革，实施取消药品、耗材加成政策。助力医药健康新兴技术发展，创新"RWD＋医保精细化智能服务平台"，实现监管与服务横向融合、纵向贯通。深化直管区分级诊疗体系建设。

2019 年 4 月，在 2019 "蓉漂·人才日系列活动——蓉漂·高峰荟"上，正式启动蓉港澳人才合作示范区——"蓉港青年创新创业梦工场"项目招引计划书。

（七）精细化构建社会综合治理体系

突出公园城市特色，构建共建共治共享治理格局，积极探索政企合作和"泛社区"新模式，加快建设数字城市、智慧城市，实现法治、自治、德治、数治"四治融合"，持续推动公园城市治理体系和治理能力现代化。

1. 全面推进法治社区建设

牢固树立"以法为纲"和"良法善治"理念，全面推动法治新区建设。积极开展"七五"普法，广泛拓宽法律服务领域，开展基层法律服务，完成 13 个规范化司法所及公共法律服务工作站建设及 13 个一类村（社区）法律之家建设；推行"一社区一律师"，实现所有建制村（社区）全覆盖，开展法律援助案件 873 件、法律咨询 2.38 万件；深化人民调解，建立起行业性、专业性、区域性调解组织，实现各类调解成功率达到 90% 以上。2020 年人民调解案件数量 2575 件，化解率 100%，较 2018 年增加 1992 件，成功创建省级"法治示范街道"1 个。同时，依托中央法务区建设，增强市民学法知法守法意识，着力提升区域法治营商环境和依法治理水平。

2. 加强城市社区智慧治理

智慧城市建设进一步提档加速，建成成都天府云计算数据中心、城市 5G 汇聚机房 1 个、光缆交接箱约 150 个、无线（包括 5G）站点 100 余个，"5G + 光网双千兆"网络实现区域全覆盖，成为推动智慧城市治理的关键信息基础设施；建成纵向贯通、横向集成、优势互补、资源共享的政法信息网络、语音、视频系统，1037 个摄像头接入区级"雪亮工程"系统平台，在数据治理、智慧社区、智慧消防等方面取得突破，规建管一体化基本实现，形成动态监测、智能预警、协同联动、快速处置、精准监管的城市管理体系，实现"一网统管"；完成 6 个智慧小区建设，推动城市智慧治理向小区延伸，进一步提高城市现代化治理能力。

3. 创新公园城市基层治理体系

在治理机制创新上，建立"1 + 2 + N"治理体系（即社区党组织核心引领，社区治理委员会、社区公共议事会平台支撑，各类社会主体积极参与），创新"五线工作法"（即凝聚"党员线"、健全"自治线"、壮大"社团线"、发动"志愿线"、延伸"服务线"）等全国经验，广泛凝聚公园城市发展强大合力。完善网格化服务管理工作模式，积极探索网格整合，开展"三张清单"攻坚化解，着力破解了基层社会治理、流动人口、重点人员等服务管理方面的难题。

专栏2　华阳街道安公社区"五线工作法"经验做法

安公社区面积0.4平方公里，辖11个小区，总户数3347户，常住人口1.2万人，在册党员145名。过去面临流动人口多管理难、老旧院落多整治难、商品房物业矛盾多调解难、征地拆迁遗留问题多解决难、特殊和重点人群多稳控难等"五多五难"的困境。社区党委通过创新"五线工作法"，实现由"乱"到"治"的巨大转变，形成了共建、共治、共享的基层治理新格局，找到了一条党建引领城市社区发展治理的新路子。

一是凝聚"党员线"，强化党建引领。通过优化党组织设置，社区党委下设小区、街区党支部和非公企业、社会组织联合党支部，建立特色服务党小组30个，设立党员示范岗48个，统筹居民自治、社会治理、资源整合、公益力量；通过建立互联互动机制，与四川航空、成都血液中心等21个党组织签订共建责任书，实现组织联建、活动联办、资源联享；推行"基础任务＋服务任务"党员"双积分"模式，党员志愿服务时长超8000小时/年。

二是健全"自治线"，强化居民主体。组建社区、小组、小区三级议事会，推选各级议事代表303人，实现民事民议、民事民决；创新设置社区教育、小区自治、公共管理、公共服务等委员会，吸纳社会精英86人，为社会各界广泛参与社区治理搭建有效平台；开展微中心、微平台、微组织、微机制、微服务"五微"治理，打造小区活动室、文化馆等微中心5个，订立垃圾分类、违建治理等居民公约10个，实现小区治理规范化。

三是壮大"社团线"，强化多元参与。围绕文化、教育、关爱等服务领域，孵化培育"根系式"社会组织8家，采取"财政资金少量补贴＋提供有偿服务"的方式，有效提高社会服务功能；建立"三个一"机制，成立川剧社、读书会等自组织86个，年均开展活动1400余场；鼓励社区离退休干部、专业人才、企业高管等进入社区团委、老协、妇联、残联等群团组织，通过引智借力、撬动资源，不断丰富服务活动平台载体。

四是发动"志愿线",强化供需对接。采取"中心＋站点＋服务队"模式,设立志愿者服务站点5个,组建志愿者服务队41支,注册志愿者2000余人;成立"志愿银行",制定志愿积分兑换办法,积分可在12个点位兑换商品和15处公共服务空间兑换有偿社会服务;按需设置志愿服务"订单",先后创建"安公孝老行""小小设计师"等品牌志愿服务活动,实现居民需求与服务提供精准对接。

五是延伸"服务线",强化高效便民。社区党委采取公建配套、共建共享、商业运作等方式,打造党群服务中心、社区图书馆、儿童托管中心等公共空间,引导培育老年食堂、慈善超市、平价菜市等社区配套服务主体,形成了涵盖老中青幼的"15分钟社区生活服务圈";设立社区基金,定期举办慈善义卖、公益晚会等活动,年募集服务资金30余万元;搭建红色公益走廊等线上线下众筹平台,实现服务项目自筹自给。

资料来源:四川天府新区战略研究局。

4. 探索全域国际化社区建设

按照"全地域覆盖、全领域提升、全行业推进、全人群共享"全域国际化社区建设总体思路,基本建成麓湖、麓山、兴隆湖3个市级国际化社区示范点和安公、南山、天府中心3个国际化社区,持续推进老龙村、茅香村、南新村、合江场社区等9个区级国际化社区示范建设。累计完成73个城乡社区党群服务中心布局优化提升;社工证书持有者比例达13.2%,社区专职工作者专业化水平不断提升;搭建"1＋1＋9"的社区发展治理组织架构,构建"1＋3＋5"的配套政策体系,建立公园城市国际化社区治理国情调研基地,成立天府新区国际化社区联合会,链接全球16个国家、境内外150余家商会资源,凝聚起高品质和谐宜居生活社区建设强大合力。

(八) 高标准构建天府政务服务品牌

紧扣政务服务创新发展,着力构建具有国际标准和新区特色的政务营商环境,深化行政审批制度改革,以审批服务全流程的"融合"再造,创新构建突破性、引领性的政务服务"天府新标准",为打造效率高、服务优、企业和群众获得感强的法治化、国际化、便利化营商环境提供保障。

1. 角色融合构建"一门办结"新标准

以成立行政审批局为契机，深化相对集中行政审批权改革，将分别代表某个部门的单一审批者角色，融合为行政审批局"一门办结"的联合审批者。一是涉企服务融合"e窗"。近年来，通过行政审批与税务系统联合，采取"一套指南、一号咨询、一窗受理、一表集成、一站办结、一局归档"的管理服务模式，打造充分赋权、业务联办的"e窗通"服务功能专区。创新推出"e窗"可办的套餐式事项，将企业登记48个事项和税务登记17个事项共65个事项整合为15个套餐式事项，企业资料提交缩减20%；通过对窗口工作人员赋权"一人双机"同步审批，企业开办时间由原来的8小时缩短至4小时，压缩50%。目前"e窗通"已能够实现相关业务全程线上自助填报、自助验证，企业、银行、税务同时同地三方网签等涉企服务功能，大幅提升服务效率和企业便利度。自实施以来，日均接受咨询230余人次，日均为130余家企业办结150余件业务。二是涉企勘查"多勘合一"。通过创新审批主题联合、审批层级联合、审批类型联合、审批远程联合、审批监管联合五大联合勘查方式，将原有勘查模式下分别代表多个部门、勘查单项内容、审批单个事项的勘查者角色，融合为行政审批局"一站式"勘查全部事项内容、审批"一件事"的联合勘查者，实现"多勘合一"。同时，按业态有机整合审批勘查环节，探索建立更加高效专业的联合勘查工作机制，实现相同地址只核一次，相同主题多个事项一次勘查，大大缩短办理时间，提高企业的获得感。

2. 流程融合构建"一次办成"新标准

以服务型政府转型为契机，以群众和企业眼中的"一件事"为基准，将多个行政审批事项流程融合再造，实现跨部门事项"无缝对接、集成办理"。一是持续推进"证照分离"改革。及时梳理523个涉企经营许可事项，形成新区123项改革事项清单，按照"取消审批、审批改备案、告知承诺制、优化审批服务"四种改革方式，对服务事项、办事环节和审批流程进行整体再造，将传统模式下由部门立场主导的服务流程，通过再造融合，转化为由企业立场主导的全新服务流程，有效破解企业"办照容易办证难""准入不准营"等突出问题，进一步降低企业制度性成本，构建简约透明的营商环境。通过改革，受理量达1537件，其中采取告知承诺的110件、优化准入服务的1377件。二是持续深化"证照通"改革。实施

"证照通 1 + X"证照联审联办服务模式改革,将过去营业执照和许可证分别申请、逐一办理的传统审批模式,改为一次申请、同步办理的新审批模式,采用"一张清单、一号申请、一套资料、一次办理"的主题式审批服务模式,通过加速部门间信息数据共享,以及引入链条式审批等技术手段,压缩减少内部运行环节,精简审批材料,实现从"审批中心"到"客服中心"的跨越。进一步扩大改革事项至营利性培训学校、餐饮、药店、医院、诊所等 100 个业态,编制简单、直观、易懂的证照联办办事指南,上线运行了主题式审批平台。改革实施以来,共接受咨询 4826 人次,受理"证照通"事项 214 个,办结事项 190 个。

3. 应用融合构建"一网通办"新标准

以省一体化政务服务平台应用为契机,构建便捷、高效、协同的"互联网+政务服务"体系,进一步推进政府部门之间、政府与企业之间的数据互通、信息互认和资源共享,让企业和群众"上一张网,办所有事,最多跑一次,一次能办成"。一是启动电子证照、电子印章应用试点。落实减证便民、优化服务,优先梳理一批高频证照,取消没有法律法规规定的证明事项,促进网上办事材料减免、环节合并、时限压缩;围绕实现"全程网办",初步确定"自助终端办理+领取 U 盾电子印章""窗口现场办理+领取 U 盾电子印章""主题式审批平台办理+领取手机盾电子印章"三种电子印章服务模式,为企业"无纸化"经营、政府部门"不见面审批"奠定基础。二是高效推进数据治理。牵头建成全市范围内首个区级大数据平台,累计归集 2352 万条数据,先后为各级部门共享数据 3720 万条,为新区的疫情精准防控、城市经济运行、政务数据资源的整合、共享、开放和创新应用等提供智慧支撑基础。通过数据分析建模,推动城市治理智能化,在新区经济运行、城市建设、安全监管等领域形成了 6 个专题,接入新区大联动微治理、雪亮工程及天网等系统及视频资源共 30 个,拓展"天府大脑"城市神经末梢。

4. 功能融合构建"全域通办"新标准

以助力产业功能区发展为目标,拓展政务服务空间、延伸政务服务深度,建设"全地域覆盖、全流程提升、全周期跟进"的管家式政务场景。一是创新设置政务 CEO。借鉴企业市场化的管理模式,将企业 CEO 引入政务服务,在成都科学城政务中心设立首个政务 CEO,授予其所有处级职能的审核权，将原来业务窗口受理后需要审核的多个环节简化为政务 CEO 直接审核，打造"一条龙"的贴心服务链，即时跟进企业发展过程中遇到的问题，面对面解惑答疑并提供全方位的帮扶，实现对企业全生命周期的深度服务。二是提升全域政务服务品质。组织召开营商环境政务服务专题会，通过基层街道调研，指导基层把政务服务工作与加快产业功能区建设、满足人民群众美好生活向往等相结合，围绕"减量、赋能、增效、便民"制订政务服务特色工作计划，提升基层的政务服务主动性和创新性。研究《四川天府新区成都直管区政务服务体系建设工作方案》，积极推动为企业群众服务提供线上线下统一、服务标准统一、服务品质统一、品牌形象统一的政务服务标准，从品牌形象一体化、办理事项标准化、审批行为规范化、总体布局区域化等方面制定新区政务服务体系，努力打造具有全球影响力、全国领先、宜居宜业宜商的公园城市营商环境品牌。

2020 年 4 月，重庆两江新区、四川天府新区战略合作协议签约。

三 天府新区公园城市系统集成改革的阶段成效

天府新区牢记习近平总书记嘱托、砥砺奋进，深化学习新思想、践行新理念，紧紧围绕"五位一体"总体布局和"四个全面"战略布局，推动改革系统集成、协调配套，建设全面体现新发展理念的公园城市，城市规划布局、生态保护、经济发展、对外开放、文化服务、社会民生、公共服务等各方面都取得显著成效，为进一步全面深化改革、加快公园城市建设发展奠定坚实基础。

经济总量实现大幅跃升，2021 年四川天府新区完成地区生产总值突破
4000 亿元、增长 9.7%，总量居国家级新区第 5 位，直管区经济总量由
2014 年的 217 亿元增至 2020 年的 519 亿元，年均增长 15.6%，始终保持
高于全省、全市平均水平的引领发展态势，力争到 2025 年直管区经济总量
突破 1000 亿元，四川天府新区经济总量突破 6000 亿元。公园城市建设已
具雏形，构建起"大开大阖、城绿共融"的城市架构，基本形成了组群布
局、美丽宜居的公园城市形态，创新"1436"公园城市建设总体思路，构
建"1536"规划技术支撑体系，发布全球首个公园城市指数框架体系、公
园城市高质量发展指标体系，形成以彰显生态价值为核心的公园城市标准
示范。创新策源能力加快提升，布局"大装置"、集聚"国家队"、拓展
"高校圈"、引进"大企业"。引进华为鲲鹏等高能级产业项目 385 个、总
投资超 8000 亿元，聚集中科系、中核系等科研院所 25 家，引育清华能源
互联网研究院等校院地协同创新平台 48 个。开放平台功能不断增强，建成
投运西博城、天府国际会议中心、成都超算中心等重大功能平台，加快天
府中央法务区、进口贸易促进创新示范区建设，"双创"示范基地连续 3
年获国务院通报激励。城市治理体系加快构建，规划建设 118 个"15 分钟
生活圈"，新开办学校 59 所，布局建设华西天府医院等优质医疗机构 9 家，
建立"1+2+N"治理体系，出台"1+3+5"配套政策、建成 6 个市级示
范点位，"五线工作法—华阳经验"荣获全国创新社会治理优秀案例称号，
麓湖国际社区成为全国首个"国际化社区警务全要素标准"试点，共同幸
福美好公园城市生活方式已成为新时尚。

（一）公园城市空间布局框架更加定型

天府新区聚焦诠释公园城市核心价值，着力塑造宜业宜居宜商宜游公
园城市空间形态，营造出望山亲水的城市商业交往空间格局和诗意栖居的
未来社区生活场景。构建拥绿亲水、规模适度、精明营城的公园城市新空
间，锚固 70.1% 的蓝绿空间，科学确定城市保护"三线"，渗透式引入水
系水脉，延展式布局绿楔绿带，以山绵水延的自然生态构建大开大阖、城
绿共融的空间架构，将成都科学城、天府总部商务区生态空间占比提升至
42%，着力构建"三生"空间有机融合的城市格局。协同公园体系、城市

麓湖生态城

规模和营城模式，构建"城市组团—公园片区—公园社区—公园街区"四级空间体系，将新区全域建成一个大公园，形成城市产业、城市生活和生态环境互促互荣的现代城市建设新格局。以东望龙泉、西眺雪山为目标，开展片区及重点地段城市设计，通过对天际线、轮廓线、山水通廊等进行整体设计和规划管控，立体多维贯彻公园城市理念，塑造大美城市形态。

着力构建产城融合、职住平衡的城市新空间，在临绿空间布局"生态＋生活"和"生态＋生产"两类融合单元，建设新型特色化城市空间，实现由"社区中建公园"到"公园中建社区"的转变。天府公园片区，设计定位为城市新客厅、新区景观门户、新城文化名片，是成都市中轴线上唯一的大型综合性生态公园，依托生态廊道、湖泊水体等生态场景叠加生态性、体验型消费场景，周边规划金融商务、国际会展、国际交流、总部经济等高端服务业。兴隆湖片区，以兴隆湖为核心构建蓝绿生态网络，规划六条放射绿廊，控制环湖建筑高度，形成高低起伏、错落有致的皇冠形天际线，实现显山露水、透绿见蓝的城市愿景。全力构建以军民融合为特点的综合性国家科学中心及国家技术创新中心。麓湖片区，以生态资源为基底，聚合居住、产业、休闲娱乐配置于一体的新城，围绕区域各类人群需求及未来人群需求的生活方式，精准营造公园城市的生活场景。

天府新区高标准设计，精心打造一批识别度高、极具地方特色的地标性建筑。中海超高层大厦，位于天府总部商务区，拟建集观光、旅游、办公于一体的大型城市综合体，定位是"丝路经济带上具有全球竞争力的西部明珠与增长引擎"，总建筑面积 56 万平方米。兴隆湖湖畔书店，位于天府大道东侧兴隆湖湾区，是"公园城市"概念"一公三生"的良好载体，同时兼具城市生活方式、生态价值与精神旗帜的三重属性，设计理念源于一本半开状的书，意为毫无保留地欢迎任何人走进它，宛如掉落湖面的一本书，独特而新奇，既遗世独立又超凡脱俗；天府国际会议中心，位于天府总部商务区核心区域，传承中国文化精髓，体现四川地区特色，兼具国际一流标准、亚洲最大胶合木单体建筑；独角兽岛，位于兴隆湖东侧，是全球首个以独角兽企业孵化和培育为主的产业载体，建成后将成为成都又一地标性建筑组群和新经济发展面向世界的标志性名片；西部博览城，被誉为"公园中的会展载体"，独有的飘带型屋面凸显"水浣蜀锦"的锦绣意象，展翅腾飞的空间造型给外界留下深刻印象。

（二）公园城市建设指标体系日益成熟

天府新区作为"公园城市"首提地，深悟总书记系统集成改革思想，按照总书记"尊重城市发展规律"要求，着眼系统集成改革创新推动公园城市高质量发展，借鉴国内外未来城市指标结构和先进城市做法，联合国务院发展研究中心、中国经济体制改革杂志社、四川省发展和改革委员会等单位，创新构建"1＋5＋1"高质量发展指标体系，形成"1"个综合质效总体衡量、"5"大新发展理念、"1"个以效果印证为支撑的三大维度，涵盖 7 个一级指标、21 个二级指标和 72 个三级指标体系，努力探寻公园城市发展模式由模糊定性评估走向科学定量评价的方法路径。

从"公园城市首提地"进阶到"践行新发展理念的公园城市先行示范区"，天府新区紧扣"五大城市"发展要求，将新发展理念与公园城市建设相结合，形成公园城市"1－5－15"的目标体系。"1"是指践行新发展理念的公园城市先行区的总体目标；"5"是指按照"五大城市"要求，形成"绿色共生典范、和谐宜居标杆、创新发展高地、文化传扬窗口、现代治理示范"五大发展目标；"15"是指在"五大城市"指引下的具体子目标，实现天府新区公园城市全方位的方向指引。

从"传统规划指标"进阶到"公园城市特色指标"，天府新区在"1－5－15"公园城市目标体系指引下，全面落实联合国 2030 年可持续发展目标的指标要求，高标准标定雄安新区规划纲要、杭州未来社区建设方案、深圳建设中国特色社会主义先行示范区等城市在各方面具体定量或定性的指标，形成具有公园城市特色的指标体系，指导天府新区开展公园城市各项工作，成为天府新区领先探索公园城市的实践指南。

（三）生态优先环境保护呈现超高颜值

天府新区聚焦擘画公园城市的大美形态，强化山水延绵的自然生态基底，构建蓝绿交融、产城相融的灵秀画卷，构筑生态文明的制度体系，生动践行"山水林田湖草"生命共同体理念。

坚持先绿后城，聚焦彰显"生态属性"，秉持"山水林田湖草"生命共同体观念，以生态优先铺筑公园城市底色。大力推进龙泉山森林公园、十里香樟大道、北部组团生态隔离、道路沿线绿化带、锦江生态景观带等"森林化"工程建设，建成兴隆湖、天府公园、锦江生态带、鹿溪河生态区等大型城市公园，公园城市形态逐步呈现，生态环境品质逐渐提升，新增生态绿地 1.83 万亩、动植物 20 余种，建成区人均公园绿地面积达 17.6 米^2/人；全域森林覆盖面积提升至 143.8 平方公里，全域森林覆盖率达 25.56%，较 2018 年（25.40%）提升 0.16 个百分点，森林储积量达 57.31 万立方米，较 2018 年（55.49 万立方米）增加 1.82 万立方米。

坚持生态优先，污染防治攻坚战成效初显。积极推动大气面源污染管控、城市除霾系统等试点，持续实施压减燃煤、治污减排等专项污染治理行动，2020 年底，天府新区 PM2.5、PM10 浓度同比分别改善 15.3%、19.5%，空气质量优良天数达到 290 天，比 2018 年增加 51 天。严格落实"治水十条"，以河长制管理为抓手，强化生产、生活、生态"三水共治"，编制重点流域水污染治理"清单"，形成权责清晰、目标明确的治污"行动路线"，2020 年底，江安河、锦江流域两个地表水考核断面水质类别分别由 2018 年的Ⅴ类、Ⅳ类提升至Ⅲ类，其中锦江公路断面氨氮、总磷分别下降 55.05%、38.46%。建立污染地块和疑似污染地块负面清单制度，高质量完成成都科学城起步区、紫光芯城及鹿溪智谷土壤环境质量现状调查，2020年，受污染耕地安全利用率、污染地块安全利用率分别达到94%、90%，土壤环境质量总体稳定可控。

多措并举优化完善生态环境保护机制。一是强化协同共治，促进跨区域安全绿色生态体系建设。推进天府新区成眉生态环保工作一体化发展进程，开展同城化建设生态环境保护合作，形成天府新区成都直管区与眉山市水、大气、土壤污染联防联治体系。二是推动资源核算，实现生态增值。探索实施生态效能评估，全面推进自然生态系统调查监测和确权登记，建立生态产品目录清单、生态产品价值评估体系，加大生态产品价值评估技术标准和方法研究，试点生态系统生产总值（GEP）核算，推动环境资源向资产、资本转变。三是严格落实河长制。深入贯彻落实"河长巡河制度""河长多走一公里"等制度，实现河长制管理从"有名"到"有实"，加强河长办与检察机关协作，面向社会公开招募10名民间河长参与天府新区水环境治理工作，努力营造生态环境共治共享局面。

2020年11月，四川银行在天府新区正式挂牌成立

（四）内陆开放经济高地建设有序推进

着眼内陆开放高地的构建，结合区位、产业、生态、营商环境等领域深入开展研究，形成《勇担国家使命加快打造内陆开放门户》调研报告，提出打造具有显著国际标识性的内陆开放门户典范的战略目标和"两大空间策略、八大平台体系、四大战略行动"的总体谋划。创建进口贸易促进创新示范区，举办中意地方政府合作对话会，推进新加坡、中国香港、中国澳门等境外布点工作，加强中意文化创新产业园、川港设计创意产业园等合作载体，外向型经济发展效度显现。

围绕区域重点产业布局，积极适应产业发展新趋势，拓展在产业布局、招商引资、商务服务三大领域的交流与合作；建立健全联络交流常态化、利益分享互惠化、资源共享均等化三大制度，形成《四川区域协同发展总部基地与市州利益分享办法》等方案；探索以3个产业协同平台、3个流量聚合平台、2个企业服务平台为核心的"332"功能平台，开拓市州招商引资新渠道，培育开放合作新优势。天府总部商务区、成都科学城、天府文创城等重点产业功能区建设实现速度能级双项提升，已聚集世界500强企业122家、新经济企业15160家。

（五）高品位文化服务展现新活力

坚持以文商会旅体融合发展为导向，以中国西部国际博览城为牵引，以建设天府文创城文创高地为重点，以构建公园城市公共文化服务体系为支撑，助力成都"三城三都"建设。

全面保护世界文化遗产、历史文化名镇（村）、历史文化街区等11个类别的历史文化资源，形成"一环、两轴、四线、六片"展示体系。重点保护成都历史城区，保护范围由13.6平方公里扩大到24.66平方公里，增加历史文化街区及风貌区的数量和范围，实现全域历史文化遗产应保尽保和突出展示。深入挖掘"创新创造、优雅时尚、乐观包容、友善公益"的天府文化内涵。打造"双核两带十九片"文化创意集群和200条文创特色街区，建设国际性文创产业生态圈。

天府国际会议中心建成投运，填补成都乃至四川超大型会议场馆的布局空白，与西博城一期国际展览展示中心共同构建形成全国规模最大、功能最完善的展会一体综合体。累计举办全国糖酒会、成都国际车展、慕尼黑环博会、中国西部国际博览会等重大展会279个，其中UFI认证展览达10个，国际展会比例超20%，展陈总面积超520万平方米，西博城一次性通过 UFI 认证，四川天展公司成功加入 ICCA，英富曼、智奥等 105 家国内外知名会展机构先后落户，全球前 30 强会展企业已有 5 家在新区注册分支机构，与全球会展业 30 强中 10 家在新区开展项目合作。

按照"传承天府文化、彰显中意特色、整合全球资源、引领文创趋势"的总体思路，重点发展创意设计、数字影视和文博旅游三大主导产业，着力打造"一带一路"文明互鉴枢纽、世界文创 IP 孵化高地、国际文博都市旅游度假区。引进清华大学中意设计创新基地、浪尖 D + M 国际设计港等 40 个国际合作项目，聚焦中意合作构筑竞争优势，探索"双向开放"新路径。与意大利驻华使领馆建立常态化联络机制，赴米兰、罗马等地开展海外推介会 3 场，举办中意地方政府合作对话会、中意高校合作交流会等高能级中意文化交流活动 20 余场。设立佛罗伦萨、米兰 2 个离岸招商中心，签约搭建意大利奇柯集团中意文化孵化中心、中国意大利商会成都中心、意大利 I.C.E 国际交流促进会等国际交流平台 5 个。大力引进"浪琴杯"国际马术公开赛、美国职业棒球大联盟（MBL）First Pitch 青少年全国总决赛、耐克 2020 青少年网球巡回赛等国际品牌赛事活动。加大"天府公园城市（TPC）"和"天府杯"两大赛事 IP 培育，成功举办百村（社区）足球联赛（连续举办六届）、世界围棋职业锦标赛、网球邀请赛、网球赛等系列赛事，有力提升公园城市首提地的知名度、美誉度，彰显休闲乐活、国际时尚的文化特质。

（六）全面创新改革引领作用日益突出

坚持高校主导、政府参与、专业机构运营、创新探索四大合作模式，加速引聚高能级校院地协同创新项目。围绕做强中国西部（成都）科学城"一核四区"原始创新功能，全力推动综合性国家科学中心创建工作，推动电磁驱动聚变大科学装置等 5 项重大科技基础设施、成都超算中心等 5 项交叉研究平台、川藏铁路技术创新中心等 11 项科技创新基地、中国科学院大学成都学院等 27 项重点项目签约落地。聚焦西部科学城建设，促进高端创新资源聚集，签署《关于共建天府国际技术转移中心项目的实施协议》，启动首批多态耦合轨道交通动模试验平台等 6 个创建综合性国家科学中心支撑性项目，落地重大科技基础设施 5 个、科技创新基地 11 个。

大力提高科技成果转化率、促进科技成果产业化，彰显校院地协同创新项目成果现实价值。制定实施《促进高校院所科技企业成果转移转化若干政策措施》，充分赋权校院地协同创新项目在完善成果评价机制、健全收益分配机制等方面先行先试，打通"产学研用"协同创新通道，先后培育孵化高成长性科技企业 41 家。围绕科技成果所有权和长期使用权改革，对接清华四川能源互联网研究院和国家成都农业科技中心，支持高校院所与发明人自主分割确权，充分调动科技人员及团队的积极性、创造性。聚焦源头创新，加快科研机构落地，促进高端创新资源聚集。瞄准重点领域汇聚人才、学科、平台资源，夯实产业前端支撑。

（七）要素市场化改革有效激发发展活力

推进以产出为导向的土地资源配置改革。在全市率先启动国土空间规划编制工作，相继完成国土空间"双评估""双评价"等 20 余项专题研究。坚持"亩产论英雄"，以两图一表为指引，精准制定产业准入条件，细化落实业态能级、建设规模等 5 项关键指标。初步形成产出效益与差异化供地紧密挂钩的新机制、基准地价修编推动构建差异化土地资源配置新格局。全面清理批而未供和供而未用土地情况，大力开展促建工作，强化土地供后监管盘活存量土地。

深化农村土地制度改革。推行农村集体经营性建设用地入市，建立"农贷通"及农村产权抵押融资平台，完善农村承包地"三权分置"制度，创新村集体经济所有权与经营权分离的运营机制，深化村级集体经济组织调整改革。围绕国家成都农业科技中心建设以及特色镇、川西林盘，探索具有新区特色的乡村振兴发展路径，打造具有国际范、天府味的乡村振兴示范，打造成新时代公园城市乡村表达典范。

开展以效率为导向国资经营评价制度改革。完成《成都天府新区投资集团经营评价白皮书》，构建战略支撑、资本运营、市场经营等六个维度的国资经营评价考量指标，完善以利润总额、营业收入和净资产收益率为核心的国资经营考核体系，实现国资经营评价指标体系的初步确立和首次运用。

推进以绩效为导向的财政预算制度改革。完善预算编制体系，启动国有资本经营预算编制，推进预算管理信息化，深化财政国库集中支付改革工作，预算单位改革完成率 100%。持续优化财政资源配置，完善镇街财政管理体制，提升财政统筹能级，加大国有资本经营预算统筹力度，将国有资本收益上缴一般公共预算的比重由 25% 调整为 30%。实施预算绩效管理，明确申报预算时须填报绩效目标，并以绩效目标为重要参考进行预算审核。

推进以成长为导向的企业扶持激励制度改革。依托产业功能区积极对接不同发展阶段的企业需求，围绕政策体系构建、专业平台搭建、营商环境创建，分层分级实施差异化要素供给。疫情期间出台涵盖复工复产综合性政策和新经济企业、科技企业等领域的"1+6"暖企帮扶政策体系，有效激发市场主体活力，推进产业高质量发展。积极组织动员新区企业参与成都市新经济梯度培育企业申报，入选"双百工程"企业 8 家，入库梯度培育企业 41 家。

专栏3 天府新区探索以产出为导向的土地资源配置制度改革

四川天府新区成都片区坚持把土地资源作为城市发展最稀缺的资源、最珍贵的要素，探索以产出为导向的土地资源配置制度改革，大力促进土地要素科学高效配置，提高产业用地亩均产值。近三年来，出让土地 63% 用于产业功能区建设，年均税收达到 91 万元/亩，生态投入按照 1:20 比例放大社会投资效应，为加快建设全面体现新发展理念的公园城市示范区提供了有力支撑。

第一，优化国土开发格局，引领城市永续发展。创新划设"三七用地"规划红线，将"三分建设、七分绿化"作为新区发展"最珍贵的底色"。一是以创新城市设计为规划先导。坚持统筹"空间、规模、产业"三大结构，将城市设计先导编入城市规划，加强城市空间结构、高度分区、山水通廊以及天际轮廓线等设计管控，突出"总体安全、健康永续，生态优先、绿色发展"的规划编修要求，在深入开展土地综合整治与生态修复等 36 项专题研究基础上，初步形成具有公园城市特色的国土空间规划框架。二是以创新功能组团为城市单元。坚持统筹"生产、生活、生态"三大布局，以"人"字形绿廊串联"北部天府总部商务区、中部成都科学城和南部天府文创城"三大产业功能区，改变"摊大饼式"传统城市空间布局，采取组群嵌套布局、城乡融合发展方式，组成各具特色、功能复合的城市组团单元。三是以创新拥绿亲水为城市形态。坚持走"内涵式、集约型、绿色化"发展道路，着力构建"城在景中、景在城中、人在画中"的大美城乡形态，布局大尺度生态廊道、高标准生态绿道，注重城市空间"留白"，实现城市发展疏密有度、人景辉映相得益彰。

第二，突出土地价值呈现，推动城市精明增长。牢固树立并践行"绿水青山就是金山银山"理念，按照未来城市科学发展时序，将"生态价值考虑进去"作为新区发展"最亮丽的名片"。一是坚持生态项目优先开发。狠抓高能级生态重大项目建设落地，累计投入生态建设资金400余亿元，从南到北构建起面积达70余平方公里的二绕、鹿溪河、北部三大生态绿隔走廊；自东向西构建起东风渠、鹿溪河、锦江三大生态带。建成兴隆湖等17个重大生态项目，形成绿地湿地1.5万亩、河湖水体1.3万亩，绿地率平均每年提高3.7个百分点，生态投资价值转化吸引社会投资近7000亿元。二是坚持基础设施重点开发。完成以"六纵六横"为骨架的道路路网400余公里、桥梁100余座、地下管线380余公里、污水管网420公里，4条地铁线建设加快推进。积极配合推进川藏铁路、成达万铁路、成自铁路天府新区段建设前期工作。三是坚持产业布局综合开发。以"多点开发"提升城市开发整体效益，从根本上转变"单点突破、圈层递进"传统模式，联合知名城市运营商实施产城单元整体开发，探索实施混合用地，推动土地资源在有限空间形成最优配比，推进以现代服务业为主导的产业体系加快发展，第三产业占比达78.71%。

第三，严格用地准入机制，促进城市高效管控。"紧平衡"节约土地要素资源，将"建设高品质宜居地"作为新区发展"最美好的愿景"。一是开展土地价格梯度管控。细化完善土地价格引导机制，按用途分类开展土地定级和基准地价动态更新工作，形成5个等级、4大类、13小类的差异化土地价格，相同区位不同产业类型土地价差扩大到27%，促进土地资源与产业生态圈的重点领域、新兴业态精准匹配。二是开展项目投入产出准入。严格项目评审机制，实行项目组、功能区、管委会三级评审，坚持把业态能级、建设规模、投资强度、自持比例和亩均产出效益5项关键指标作为产业准入和土地供应的重要衡量标尺。按照"谁引进谁牵头""项目归口、部门联动"等原则，对项目建设实行动态监管，分类处置36个未充分履约项目，动真碰硬收回3300亩闲置土地。三是开展城市资源合理保护利用。助力政府投资平台公司加大城市运营调控力度，自持临河临绿高生态价值资产达 28 万平方米，完成定制化产业载体开发 140 万平方米，引入成都产投等国有企业实施 1076 万平方米安居工程建设，新区地下综合管廊建设模式入选庆祝新中国成立 70 周年大型成就展，体现新发展理念的高品质公园城市正加快推进。

资料来源：四川天府新区战略研究局。

（八）民生保障改革成效显著

聚焦民生基础，提供高品质均等化公共服务。积极回应上学难、就医贵等急难愁盼问题，在公共服务普惠供给上补量提质。一是锚定改革创新优教天府。高质量打造省级教育综合改革试验区，探索"公民融合"集团化办学增强优质均衡教育供给，实施"全域多校划片"首开先河重构教育生态，构建体育教师共享平台多元引聚教育人才，以省级教育综合改革试验区建设为统揽，5 年时间实现学位从 6 万个到 12.89 万个、教职工从 5700 余人到 9800 余人的跨越式发展，2022 年将新办、迁办学校 23 所，新增学位 1.9 万个。通过打破"唯户籍、唯社保、唯划片"的招生方式，全域开展多校划片，化解了区域内入学难的问题，真正让优质教育资源每个家庭可选可及。

二是锚定提质增效健康天府。聚焦增强高品质医疗健康服务供给，多渠道引进优质医疗项目，高水平建设优质医疗项目，华西天府医院、省二医院天府院区（质子治疗中心）、匹兹堡国际医院等 9 家三甲医院将在 3 年内陆续开业，新增床位 10300 张，"以医融养、以养融医、医养结合"的医养融合改革试点持续深化，立足天府新区、服务成都、辐射全川的优质三甲医院、区、街、社"四位一体"全覆盖高品质医疗体系初步成型，成为"小病不出社区，大病不出新区"的健康高地。

三是锚定诗意栖居安居天府。为市民提供家门口、浸润式的文体场地，让新天府文化成为精神引领。四川天府新区通过打造新时代公园城市文旅目的地，推进建设四川省博物院新馆（总馆）、成都科学馆、雪莲堂美术馆、中意文化交流城市会客厅等天府文化地标 15 座以上，成功签约中意设计创新基地等 30 个文创项目。高效率增强住房保障，以政府投入牵引产业园区、商品住宅配建等方式筹建人才公寓 1 万套、续建 2 万套，逐步构建起产城融合、职住平衡、生态宜居的天府样板。

天府实验室、天府兴隆湖实验室揭牌仪式

（九）高品质基础设施加快完善

天府新区依托城市道路主干线，密织交通路网。规划 16 条线路、总里程 291 公里的"九纵五横一环"的天府新区"环加放射"轨道交通线网已初具规模，已建成投用地铁 1 号线、5 号线、6 号线、18 号线和西部博览城地铁综合交通枢纽；深入推进公交服务供给侧结构性改革，科学研判郊区群众出行规律，先后创新开行"果蔬公交专线"5 条，有效改善了群众日常赶集的出行难题，获《人民日报》点赞；开行四川首条城际公交线路 T50，推动天府新区成都片区与眉山片区同城化发展；建成区公交站点 500 米覆盖率达 100%，公交正点率达 99.04%，实现了与五城区和高新区同质化的公交服务；率先开行准点公交线路 32 条，实现区内五环路以南准点公交网络化运行，覆盖所有建制村（社区），打造出高效便捷、安全舒适、智能绿色的公交系统；累计建成连片城市森林、河湖水体 7.5 万亩，生态绿道 290 公里。

市政道路基础设施建设成效显著，累计建成各级道路 420 公里，形成以天府大道南延线、武汉路等"六纵六横"为骨架的路网体系，中央商务东区、锦江西沈阳路以北片区和科学城起步区路网基本全覆盖，中央商务西片区、正兴北片区和万安南片区基本形成骨架路网格局，中优片区逐步改造完善片区毛细路网建设。规划综合管廊150公里，已建、在建61公里（达规划公里数的41%），基本建成51公里，廊体基本形成，投入运行28公里，核心区综合管廊密度达每平方公里1.12公里，且公园城市地下综合管廊建设模式入选庆祝新中国成立70周年大型成就展。新建排污水管道约450公里。排洪方面已完成七里沟、青里沟、谭家沟等10余条排洪渠改造整治，整治里程约40公里。雨水管道随道路建设，新建地下雨水管道约500公里，全省第二个、成都市首个地埋式污水处理厂——天府新区第一再生水厂建成投用。

（十）持续优化营商环境取得突破

对标学习国际国内先发地区先进经验，高位谋划公园城市营商环境建设有关工作，着力打造具有新区特色的营商环境生态。坚持营城理念，以制度创新赋能城市发展内陆开放门户建设。获批国家进口贸易促进创新示范区，成为全省唯一获批的4个国家级新区之一、仅有的2个西部示范区之一。四川银行成功落地新区，发挥天府国际基金小镇作用，加强金融创新，管理基金5500多亿元。加快天府新区自由贸易试验区建设，推行"证照分离"，压缩企业开办时限，搭建"天府大脑"平台，出台新区2.0版营商环境行动计划。首创社区卫生服务机构国际保险直接结算机制，"e窗通"被列入省市创新改革试点，完成自贸试验区创新改革任务113项，"知识产权类型化案件要素式快审机制"等2项改革经验在全国复制推广。

全国首创中央法务区并积极招引相关法律机构入驻，落实《院庭长办案实施细则》，通过细化办案规则、强化配套保障等举措，构建起推进院庭长办案常态化、实质化、示范化的长效机制。加强自贸审判机制体制改革，建立健全金融、知识产权等案件专业化审判机制，构建金融案件全链条要素式审判新模式，实现金融类要素式起诉状的推广和适用。建立知识产权大保护机制，引入律政公证处建立知识产权司法审判辅助事务中心，引入技术官参与复杂知识产权案件庭审，加大知识产权保护力度。制定《信用激励、信用承诺和信用修复实施办法（试行）》，促进执行案件的根

天府中央法务区揭牌仪式

本解决。推动成都市行政执法与刑事司法衔接工作，建立行政执法与刑事司法相衔接信息共享平台以及联席会议及联动工作制度等，明确各相关部门在两法衔接中的职责和程序。

专栏4　创新建设天府中央法务区 努力打造一流法治创新和法律服务高地

习近平总书记强调："法治是最好的营商环境。"天府新区作为未来城市中心、经济中心，需要法务资源汇聚助力。天府中央法务区建设将为四川省法律服务业发展开拓空间、提供平台，对于提高公共法律服务和法治保障水平、营造良好的经济秩序和营商环境、推进高质量发展具有十分重要的意义。

第一，深化习近平法治思想研究实践。深入贯彻习近平总书记"坚持党对全面依法治国的领导"重要指示精神，加强组织领导，系统谋划推进，确保天府中央法务区建设有力有序。将天府中央法务区建设为习近平法治思想研究实践先行区，坚持把习近平法治思想贯穿新区规划建设、运行管理各方面全过程。积极推进与中国人大、中国政法大学、西南政法大学、国家律师学院、司法鉴定总部＋基地等的项目合作，推进天府中央法务区法治人才聚集，加快建设天府中央法务区智库。推动设立"治蜀兴川"等高端法治论坛永久会址，通过举办习近平法治思想研究与实践主题论坛推动学术交流。建设综合性成果展示平台，全面展示习近平法治思想引领超大城市法治建设实践探索的制度成果、改革成效、治理成就。

第二，构建"一站式"司法服务矩阵。推进"五庭五院"入驻天府中央法务区，即成都金融法庭、成都商事法庭、成都互联网法庭、大熊猫国家公园生态法庭、成都知识产权法庭在新区兴隆湖畔落地。推进公证机构参与国际性公证联盟设立中法公证天府中央法务区研究中心筹备处、国际公证联盟天府中央法务区论坛筹备处等业务机构入驻，推进落实中国（四川）知识产权维权援助中心、成都仲裁委员会等机构入驻。全层级布局审判机关，最高人民法院在法务区内专设第五巡回法庭审判点，一体规划建设四川省高级人民法院、成都市中级人民法院、天府新区法院，牵引带动28家律师、公证、司法鉴定等法律服务机构集聚成势。组建专门法庭，挂牌成立知识产权、金融、破产、互联网、四川大熊猫国家公园生态等5个专门法庭，争取设立全国第三家国际商事法庭，实行刑事诉讼、民事诉讼、行政诉讼"三合一"集中管辖，为专业领域提供权威一流审判服务。创新打造司法确认中心和非诉讼解决纠纷多元服务中心"双中心"，探索"民事纠纷公益化＋商事纠纷市场化"的"双轨"调解机制。

第三，推进中央法务区产业生态共育。对标伦敦金融城、纽约曼哈顿等世界级城市法律服务集聚区先进经验，构建"平台驱动层＋核心产业层＋关联功能层＋衍生配套层"法律服务产业生态圈，以司法行政服务和审判业务集中入驻为驱动，以集聚律师、公证、仲裁、司法鉴定等领域优质要素为核心，以会计、税务、审计等关联功能为助力，以高端会展、酒店等配套服务为保障，推动形成集公共法律服务、法治理论研究创新、法治论坛交流合作、智慧法务、涉法务全链条服务等功能于一体的专业化、国际化、市场化法治创新聚集区。与天府总部商务区高度耦合、共生发展，将天府国际商务中心B栋6~40层约8万平方米物业作为二期载体；预留375亩公共法律服务中心用地；高效复合利用天府总部商务区规划建设的1000万平方米。

第四，打造"一带一路"国际法律服务中心。专设"一带一路"涉外服务专区，协同建设"一带一路"国际法律教育学院，积极引入中法公证研究中心、"一带一路"律师联盟等机构，聚集可精准提供涉外法律服务机构超过 10 家。成立省、市、区三级税收法律服务中心，聚焦调处重大涉税争议、预防国际税收纠纷、提供"一带一路"涉税指引等服务。设立"一带一路"商事调解中心，制定律师服务、调解和解等规范标准，筹备国际公证联盟天府中央法务区论坛，形成参与国际法律合作竞争新优势。联合法检、海关、中国（四川）知识产权保护中心等签署合作协议，聘请20 名高校专家学者组成智库团队，共同开展"企业知识产权法律体检"专项活动，为企业"走出去"提供国际化法律服务。

第五，实施"十百千万"法治文化工程。根据《中共成都市委办公厅成都市人民政府办公厅印发〈关于加强建设天府中央法务区的实施意见〉的通知》中关于实施"十百千万"法治文化工程相关工作要求，制定了《四川天府新区关于进一步落实"十百千万"法治文化工程实施方案》，方案明确了建设"十百千万"工程建设的阶段性任务、建设标准等。2021年，新区将结合四川天府新区幸福美好"十大工程"目标任务，建设万安体育公园、锦江生态带等法治文化公园 4 处，完成市级民生工程正兴火石岩法治文化广场 1 处，新区有法治主题乐园 1 处、法治街区 2 处、法治走廊 4 处等法治文化阵地。

资料来源：四川天府新区战略研究局。

霞光中的独角兽岛

四 天府新区公园城市系统集成改革的经验与启示

天府新区坚定贯彻落实习近平总书记重要指示精神，建设践行新发展理念的公园城市先行区，推动改革系统集成、协调配套，在党建引领、发展理念和规划体系集成、标准体系建设、生态民生、基层治理等众多方面，都取得了可供全国其他地方和国家级新区借鉴的集成改革做法和经验启示。

（一）坚持党建引领公园城市建设

公园城市是中国特色新型工业化、城镇化、信息化、农业现代化同步发展道路的最新探索，是新时代城市生产生态生活空间相宜和自然经济社会人文相融的最美形态，是实现人民对美好生活向往的最新路径，对党建工作提出了更高的标准和要求。天府新区始终坚持以党的政治建设为统领，旗帜鲜明地将政治融入公园城市建设各方面全过程。精心组织"不忘初心、牢记使命"主题教育，常态化制度化推进"两学一做"学习教育，树牢"四个意识"、坚定"四个自信"，自觉做到"两个维护"。

新区各级党组织坚持把学习贯彻习近平总书记视察天府新区重要指示精神作为首要政治任务重大政治责任，认真学习贯彻习近平新时代中国特色社会主义思想和党的十九大精神，按照中央和省委、市委、新区党工委部署，紧紧围绕建设公园城市这个目标，全面加强党的建设，纵深推进全面从严治党，突出党建引领城乡社区发展治理，坚持抓班子带队伍、抓基层强基础、抓点位带全面，新区党建工作取得了明显成效，涌现出安公社区、基金小镇、茶花微党校等一大批先进典型，全国机关党建工作座谈会、全市城乡社区发展治理现场推进会、全市党建引领居民小区发展治理现场推进会分别到新区现场观摩，扩大了新区影响力，有效服务保障了新区建设发展。

天府新区创新"四融入"机制，探索党建引领产业功能区高质量发展新路径。在产业发展中突出党建引领，积极拓展产业功能区党建外延，将成都科学城作为产业功能区党建共建基地，通过创新实施政策引领融入产业、精准服务融入企业、资源共享融入商圈、党群互动融入社区"四融入"机制，更好地实现党建与社会经济的良性互动，把党建的制度优势转换为生产优势，奋力以党建工作高质量提升助推产业功能区健康持续高质量发展。

（二）坚持发展理念理论集成创新

2018年2月11日，习近平总书记视察天府新区时首次提出"公园城市"这一全新的城市发展理念。同年4月2日，习近平总书记在参加首都义务植树活动时指出"一个城市的预期就是整个城市是一个大公园，老百姓走出来就像在自己家里的花园一样"，生动诠释了公园城市的发展内涵。公园城市理念具有鲜明的原创性、系统性、时代性、政治性，是习近平新时代中国特色社会主义思想的有机组成部分。天府新区坚定践行"公园城市首提地"使命担当，坚持以系统集成的改革思维，深入开展公园城市理论探索与建设实践，推动公园城市品牌影响不断扩大。

党的十八大以来，在习近平新时代中国特色社会主义思想的指引下，四川天府新区践行新发展理念，顺应人民新期盼，把握城市发展规律，按照"一尊重五统筹"城市工作总要求，突出改革系统性、整体性、协同性，在准确诠释公园城市丰富内涵的基础上，彰显公园社区的时代价值，打造践行新发展理念的公园城市—社区—市民共同体，加快建设幸福美好生活家园，实现改革目标集成、政策集成、效果集成。天府新区始终坚持以习近平新时代中国特色社会主义思想为指导，以时不我待、只争朝夕、奋勇争先的使命感，当好先行者和排头兵，承载新发展理念的城市表达，系统解决"大城市病"；根植成渝地区双城经济圈建设，打造西部地区高质量增长极和动力源；回应人民美好生活需要，塑造天府新区持久竞争优势；诠释习近平生态文明思想，凝聚生态文明思想的价值认同和全球共识，为世界城市可持续发展提供"中国方案"。

以人为本的科学发展观、习近平新时代生态文明思想，新发展阶段、新发展理念、新发展格局，新型城镇化、城市高质量发展等一系列新思想、新理念集成于公园城市建设的指导思想中，可以说是马克思主义中国化、习近平新时代中国特色社会主义理论，特别是习近平生态文明思想的又一重要理论创新成果。天府新区专门成立了公园城市研究院，持续加强公园城市理论、政策和实践路径研究，强化发展理念、理论持续集成创新。

一代人有一代人的长征路，一座城有一座城的愿景图。天府新区作为公园城市建设的首提地和先行者，准确把握新发展阶段，坚定践行新发展理念，主动融入新发展格局，始终坚持以创新为动力源泉、以协调为内在要求、以绿色为发展本底、以开放为鲜明特色、以共享为价值取向，分步骤、分阶段、分层次、分形态地建设创新引领的活力城市、协同共荣的和谐城市、生态宜居的美丽城市、内外联动的包容城市、共建共享的幸福城市，从理论范式、路径选择、指标体系等方面学理化地阐释了公园城市的实践逻辑和理论逻辑，生动实践了习近平生态文明的重要思想，系统提供了世界城市可持续发展的中国方案，全面展示了中国特色社会主义制度优越性的未来城市样板，在世界城市规划建设史上具有开创性意义。

（三）坚持规划体系协调集成

公园城市，公园在先，城市在后，必须坚持规划先行、规划引领，在公园中建城市，城市建设让公园更加美丽，更富生机与活力。天府新区以公园城市理念为引领，构建以天府新区—城乡融合发展单元两级、总体规划—专项规划—详细规划为基础的"两级三类"总体框架。坚持城市设计贯穿始终，精细化城市管理，系统开展天府新区成都直管区国土空间总体规划、天府新区公园城市总体提升规划、公园城市顶层规划。依托公园城市顶层规划，探索构建了"1536"公园城市规划体系，全面统筹引导专项规划、详细规划、城市设计等工作开展，推动天府新区高质量发展、高水平建设。

（四）坚持完善公园城市标准体系建设

天府新区高度重视标准体系建设和标准体系的规范引领作用，探索形成公园城市"1436"总体思路（即坚持公园城市"1个发展范式"，习近平生态文明思想、新发展理念、"一尊重五统筹"城市工作总要求、以人民为中心的发展思想"4个基本遵循"，生态属性、空间属性、公共属性"3个实践路径"，生态、美学、人文、经济、生活、社会"6个价值目标"）。构建"1536"规划体系（即公园城市总体规划、国土空间规划"1组顶层规划"，总体安全、自然生态、宜居环境、城市形态、产业能级"5大核心维度"，特色地形保护、自然生境空间体系等"36项重点规划"），首创"城市设计图则＋公园城市图则"的双重规划控制引导机制，强化对自然生境、滨水岸线、绿色建筑、第五立面、TOD一体化的引导和管控，发布全球首个公园城市指数框架体系和公园城市规划建设白皮书，形成多样性、开放性的公园城市标准体系。

（五）坚持生态优先保护环境

良好的生态环境是公园城市的基本特质。天府新区，突出生态属性，把保护放在第一位，促进人与自然和谐。坚持先绿后城，聚焦彰显"生态属性"，秉持"山水林田湖草"生命共同体观念，以生态优先铺筑公园城市底色。天府新区坚持"良好生态环境是最普惠的民生福祉"观念，积极探索"城市让生活更美好"的天府新区实践路径。依循自然肌理，突出原生丘陵地形保护，系统性开展全域水环境治理，筑牢"一山两楔三廊五河六湖多渠"生态安全格局。坚持厚植生态底色，以兴隆湖、天府公园等重大生态项目先期导入为带动，打造连片绿地湿地、河湖水体、城市森林，形成林湖串联、蓝绿交织的城市本底。坚持涵养生态底蕴，以生态价值为核心制定公园城市高质量发展指标体系，积极推动生态资源价值核算和多元转化，积极探索生态产品价值实现机制，引领绿色低碳生产生活方式。

突出产城融合建设魅力天府，突出配套均衡建设舒美天府，突出城绿交融建设生态天府。天府新区严格坚守70.1%生态红线，高位谋划"大开大阖、显山露水，高低错落、疏密有致"的公园城市大美格局，围绕兴隆湖、天府公园等重大生态项目，科学布局700多公里"游憩绿道""通勤绿道""社区绿道"三级绿道体系，7.5万亩蓝绿空间、百个公园示范工程，探索人与自然和谐共生的现代化城市发展之路，打造推窗见绿、开门见山的理想生活家园。

（六）坚持始终以人民为中心

公众的幸福感受是公园城市的不懈追求。公园城市是对城市发展"人本"价值取向的理性回归，包含着中国特色社会主义的政治逻辑、文化逻辑和历史逻辑，以人的获得感和幸福感为根本出发点，回应人民向往美好生活的新期待，把以人民为中心的发展思想落实到城市规划建设的各个环节，体现出中国特色社会主义制度的优越性。天府新区突出公共属性，坚持一切为了人民，促进人与城市和谐共处。坚持优化配置公共服务资源，按照一个城市组团就是若干个公园社区的理念，根据人口聚集趋势适度超前布局重点公共服务配套项目，夯实基本公共服务精准供给基础；坚持匠心营造公共友好空间，将全域公园体系与绿道、水体等各类开敞空间有机连接，实现公园、街道、建筑"无界相融"，构建形成市民生活新场景，让"在公园中流连"成为主流生活方式；坚持创新构建公共治理格局，遵循"政府主导、市场主体、商业化逻辑"原则，探索"城市合伙人"、片区综合开发等方式，吸引各类主体参与城市运营，依托全域国际化社区建设引导各界人士参与社会治理，形成共建共享的城市发展治理格局。

（七）坚持持续增强城市发展新动能

天府新区深入贯彻落实习近平总书记"一点一园一极一地"重要指示精神，紧抓成渝地区双城经济圈战略发展机遇，持续构建完善公园城市发展的动能体系，增强公园城市综合竞争力。通过"搭平台、优服务、聚人才"激发双创全要素活力，加快完善双创平台全要素服务体系，着力构建科技、教育、产业、金融紧密融合的创新体系，深入推动科技创新支撑能力和创业带动就业能力升级，加快打造西部地区最具活力的新兴增长极和面向全球的一流创新创业高地，双创示范基地建设连续3年获国务院通报表扬。

突出高端引领，引进高能级产业项目753个，形成电子信息、汽车制造等2个千亿级产业集群和生物医药、装备制造等8个百亿级产业集群，2020年完成地区生产总值3561亿元，提前2年完成省委、省政府确定的奋斗目标。坚持创新驱动，以建设天府实验室为抓手，集聚中科系、中核系等国家级创新平台33个，校院地协同创新平台48个，努力打造原始创新策源高地，带动集聚青年创新人才16万人，市场主体年均增长27.6%，多元协同创新生态加快形成。强化开放赋能，携手两江新区打造内陆开放门户，中意、中德、中韩等合作园区加快建设，天府中央法务区、区域协同发展总部基地、西部国际博览城等开放平台集聚效应充分显现。

（八）坚持持续优化营商环境

天府新区坚持持续优化营商环境，着力打造市场化、法治化、国际化、便利化的营商环境，打造创新创业雨林生态。聚焦打造内陆开放门户，优化创业生态、深化改革创新、健全服务体系，加快构建与高标准投资贸易规则相衔接的营商环境。坚持系统谋划，持续推出一系列改革政策，连续 3 年出台优化营商环境 1.0、2.0、3.0 版改革政策，共推出 300项改革措施，破解关键难点问题。深化"放管服"改革，营造创新创业氛围。组建全省首个 5G 公园城市智慧理政中心，建成全市范围内首个区级大数据平台；大力推行"互联网＋政务服务"，完成 E 窗通、主题式审批、电子证照电子印章应用和联合勘查四项融合式政务服务改革，企业登记 70个事项整合为 15 个套餐式事项，企业资料提交缩减 20%，开办时间缩短至 4 小时立等可取。健全双创服务体系，拓展专业服务领域。印发《天府新区全面优化提升国际化营商环境建设实施方案》，形成双创环境顶层设计，营造良好科技创新生态环境。落实 183 项企业税务"全程网上办"。围绕做好"六稳"工作，落实"六保"任务，开展"送政策、帮企业、送服务、解难题"专项行动，提高双创服务效能，增强主体创新动能。

（九）坚持营造公园城市多维场景

天府新区深入贯彻公园城市理念，构建多维度场景体系，增强公园城市价值示范力。遵循"生态打底、产业支撑、数字赋能、美学呈现、生活活化"的路径，着眼打造未来城市样板，加快建设鹿溪智谷公园社区示范项目，率先集成化呈现公园城市立体场景。坚持美学引领和设计导向，突出全市活力的品质城市塑造，创新中央商务公园、文创公园等生态化开发模式，探索人本视角下的"理想街区"街道一体化设计模式，建成一批新锐建筑、城市地标、高品质科创载体，形成众多独具特色的滨水空间、田园绿地、艺术聚落，以极具示范效应的场景体系引领生态价值多元转化，充分满足市民多样化需求。

着力构建产城融合、职住平衡的城市新空间，在临绿空间布局"生态＋生活"和"生态＋生产"两类融合单元，建设新型特色化城市空间，实现由"社区中建公园"到"公园中建社区"的转变。天府公园片区，设计定位为城市新客厅、新区景观门户、新城文化名片，是成都市中轴线上唯一的大型综合性生态公园，依托生态廊道、湖泊水体等生态场景叠加生态性、体验型消费场景，周边规划金融商务、国际会展、国际交流、总部经济等高端服务业。

（十）坚持基层服务治理持续创新

天府新区聚焦基层治理、服务为民，高效能构建基层治理服务体系，增强公园城市发展感召力。在顶层设计上，按照 500～800 米服务半径，规划建设 118 个 "15 分钟生活圈"，形成公共资源布局普惠公平的发展导向。在重点突破上，深入推进教育综合改革试验和医养结合模式创新，近三年新开办学校 59 所，布局建设华西天府医院等优质医疗机构 9 家，有序推动基本公共服务全覆盖。在体制机制创新上，建立 "1 + 2 + N" 治理体系（即社区党组织核心引领，社区治理委员会、社区公共议事会平台支撑，各类社会主体积极参与），创新 "五线工作法"（即凝聚 "党员线"、健全 "自治线"、壮大 "社团线"、发动 "志愿线"、延伸 "服务线"）等全国经验，广泛凝聚公园城市发展强大合力。

五 天府新区推进公园城市建设存在的困难与问题

近年来，天府新区始终把贯彻落实习近平总书记系列重大要求作为根本遵循，深入落实中央、有关部门、四川省、成都市各项决策部署，通过 8 年的建设发展实现了由 "起步开局" 向 "全面成势" 的重大跨越，从 "白纸绘图" 成长为一座 "公园画卷" 的国际化现代新区，成为四川省乃至西部地区的一张亮丽名片。天府新区公园城市建设取得了重要阶段性成果。但是，源于制度供给不足与行政位势低、投入大、产业基础薄弱等自身推进存在的很多困难、问题制约，天府新区距离满足人民对未来美好生活的向往的目标、圆满完成国家一系列重大战略还有一定距离。当前，厘清这些困难与问题对于深入推进天府新区公园城市建设显得尤为重要。

（一）天府新区承担国家战略使命

2018 年 2 月 11 日，习近平总书记视察天府新区，提出了 "一点一园一极一地" 战略定位和重大要求，系统谋划了天府新区的发展蓝图。中共中央、国务院印发的《成渝地区双城经济圈建设规划纲要》（以下简称《双圈纲要》）、《国务院办公厅关于支持国家级新区深化改革创新加快推动高质量发展的指导意见》（国办发〔2019〕58号），四川省委、省政府出台的《中共四川省委四川省人民政府关于加快天府新区高质量发展的意见》（川委发〔2019〕14号），为未来天府新区发展提供了根本遵循和重要指引。四川省委、省政府将天府新区建设明确为治蜀兴川的"百年大计、省之大事"，四川省委书记彭清华先后10余次亲临视察指导。历届市委全会均对天府新区发展提出了系列要求，明确天府新区在建设公园城市示范区中的先行地位。

1. 筑强节点功能方面

明确要求天府新区构建双城经济圈发展新格局，全面提升发展能级和综合竞争力，引领带动双城经济圈发展，提升双城发展能级。培育发展现代化都市圈，加快天府新区成都片区和眉山片区融合发展，打造成眉高新技术产业带；协同建设现代产业体系，支持承接产业转移示范区重点园区的基础设施和公共服务平台建设，整合优化重大产业平台，发挥四川天府新区旗舰作用。探索完善地区间投入共担、利益共享、经济统计分成等跨区域合作机制，采取共建园区等形式深化产业合作。

2. 关于建设公园城市

明确要求探索绿色转型发展新路径，开展绿色发展试验示范，支持四川天府新区在公园城市建设中先行先试，开展可持续发展创新示范，实施城市生态用地改革创新，探索建立公园城市规划导则、指标评价、价值转化等体系。创新土地集约利用方式，强化开发强度、投资强度、产出强度、人均用地指标等要求。建立"人地挂钩""增存挂钩"机制，鼓励探索土地利用全生命周期管理制度。创新生态环境管理制度，推动开展气候投融资工作，提高生态环境质量。

3. 关于打造动力源和增长极

明确要求赋予新区更大改革自主权，发挥综合功能平台优势，加强改革系统集成探索，加快发展战略性新兴产业，培育发展一批特色产业集群，提高专业化和创新发展水平。聚焦战略性产品开发，集中布局建设若干重大科技基础设施和一批科教基础设施，引导地方、科研机构和企业建设系列交叉研究平台和科技创新基地，打造学科内涵关联、空间分布集聚的原始创新集群。

4. 关于构筑内陆开放高地

明确要求支持新区率先复制自贸试验区改革开放经验，对接国际先进规则，深度参与全球产业分工，高水平推进开放平台建设，优先布局国家重大战略项目、试点示范项目，创建内陆开放型经济试验区，加快建设中意等双边合作园区，培育进口贸易促进创新示范区，建设"一带一路"进出口商品集散中心，提升国际市场影响力和竞争力。

（二）天府新区建设面临的主要困难、问题

根据以上天府新区承担的国家战略使命，以及当前天府新区的进展状况，课题组研究后得出，当前，天府新区面临着公共服务配套供给不足与聚人兴产需求的矛盾日益凸显、资源要素配置能力与综合改革战略任务不匹配、政府建设投入强度与项目产出效益短期难以实现正循环等多重矛盾叠加的挑战。

1. 筑强节点功能方面面临的困难和问题

主要是在规划、政策、项目方面统筹力度较弱，战略性、枢纽性、国际化的重大产业平台、科技创新平台、国际商贸服务平台、区域公共服务平台布局聚集不够，城市交通枢纽功能亟须提升。

2. 公园城市建设方面面临的困难和问题

主要体现在推动职住平衡、片区综合开发等方面手段不多、资源配置能力较弱，在城市运营、土地改革、住房等领域先行先试存在政策瓶颈，重大产业化项目落地难，国家级新区的政策"洼地效应"尚未凸显。目前天府新区平方公里聚人不足，严重制约了产业的集聚与发展。比如，天府新区564平方公里房地产全部限购，而其他离主城区30~50平方公里的地区就没有限购措施。限购措施严重制约了人的集聚，也间接影响了产业的积聚。课题组建议，对天府新区在住房、土地供应方面给予差别化地对待倾斜政策。比如，对华阳镇人口密度的地区采取限购，其他人口密度小的地区正在凝城聚人，在这些地方给予天府新区一些支持政策，解决制约产业落地掣肘的问题。

3. 打造动力源和增长极方面面临的困难和问题

主要体现在产业发展资金保障不足，科技创新策源能力较弱，主导优势产业正处于培育阶段，战略性新兴产业引育不强，科研前期投入大，成

果转化率低，推动区域经济高质量增长的核心引擎尚未成型。

4. 构筑内陆开放门户方面面临的困难和问题

主要体现在建设"大通道"、打造"大平台"存在短板，引领性、带动性、标志性重大功能性平台支撑不够，区域协同发展深入推进尚存在一定难度，全方位、宽领域、多层次的开放型经济优势尚未显现。天府新区目前产业发展的基础不够牢，开放型经济的实力还较弱。2020年，天府新区进出口总额56.2亿元，在成都全市占比非常低。2021年，从进出口贸易的结构来看，绝大部分是一般进出口贸易、加工贸易，增值服务的这一块比较少。目前，天府新区开放的通道和平台不够多，开放的口岸相对来说比较少，储备外销经济项目不够多。

5. 建设过程中面临的其他改革发展困难和问题

一是天府新区行政主体法律地位不明确。天府新区是四川省派出机构，成都市代管。同时，天府新区是跨区性新区，需协调新区整体发展，愈益凸显目前的行政位势与所肩负的历史使命相比显得较低，难以适应系统集成打造公园城市的时代要求。

二是天府新区建设阶段存在对外过度输血问题。天府新区目前还处在前期建设过程，产业基础较差，基本上还是土地财政。目前新区的土地收入占财税收入的70%以上。2020年新区土地出让300亿元左右，占到成都全市的30%~40%，但是用到天府新区的只有100多亿元。国家级新区建设前期一般是以输血为主，国内其他十几个国家级新区，或者省市财税收入、土地收入全返，或者省市另给一笔钱给国家级新区推进建设。当前，资金短缺成为制约天府新区发展的重要瓶颈，300亿元土地出让金，对推进天府新区公园城市建设至为重要。

三是天府新区控规权没有下放给天府新区。天府新区的边界亟须尽快划定，否则这也是一个制约新区建设与可持续发展的问题。

四是天府新区改革发展制度供给不足。目前，天府新区公园城市建设最大特色是以"生态价值实现"为核心的绿色低碳式发展方式，因此面临很多体制突破创新，新区建设过程中遇到的困难和问题采用传统的问题倒逼式推进方式，已经不能适应公园城市建设的时代要求。

五是研究机构人才职称评定制约创新驱动战略落地。天府新区近年来积极打造作为孵化转化产业基地的成都科技城，进行了大量科研力量投入，特别是像国家实验室，还有国家重大的基础设施建设。国家实验室解决的是"卡脖子"科技攻关关键难题，需要全国甚至全世界领军人才，需要形成科技攻关团队。科技团队一旦形成，进入天府新区便面临职称评定问题。但是新区刚刚成立的机构没有资格评审职称，这个问题严重制约了西部科学城的建设。

六是天府新区多头执法问题凸显。天府新区正在积极争取碳中和实验室和气候投融资试点，但是存在的主要困难是新区环境执法、街道城市管理执法等环节比较多，权责不统一，造成多头执法，执法不到位。

六 深化天府新区系统集成改革的政策建议

面向新时代，立足新阶段，贯彻新发展理念，天府新区要始终坚持以习近平总书记重要指示精神为根本遵循，进一步全面深化改革，加强公园城市改革理论方法创新和系统集成，加快建设绿色、低碳、生态、宜居新城区，努力推动公园城市建设发展迈上新台阶、实现新跨越。课题组针对天府新区公园城市深入推进从以下两方面提出政策建议。

（一）针对四个战略定位方面的政策建议

1. 筑强节点功能的建议

建议四川省、成都市支持天府新区打造链接双循环的重要节点，重点给予新区"只予不取"的特殊优惠扶持政策，加大高质量发展财政保障力度，加大规划、政策、项目市级层面统筹力度，支持天府新区优先布局国家、省级重大战略项目、试点示范项目，强化区域交通枢纽功能，推动高端创新资源要素加速向天府新区集聚。

2. 建设公园城市的建议

建议四川省、成都市支持天府新区打造新时代公园城市典范，统筹优化国土空间结构，给予天府新区建设用地指标政策倾斜，探索集体建设用地全域统筹的流量化管理机制，构建新型住房供给体系，实施精准化、差别化房地产调控政策，创新提升土地要素配置效益，开展城市生态用地改革创新，探索生态价值多元转化路径，构建具有公园城市特征的规划导则、指标评价等标准体系。

3. 打造动力源和增长极的建议

建议四川省、成都市支持天府新区打造创新策源高地，创建综合性国家科学中心，加快科技创新改革试验，打造军民融合创新核心示范区，加快创建数字经济试验区，创建绿色金融和知识产权改革先行示范区，快速提升产业能级，探索区域协同发展新模式，以"研发＋生产""总部＋基地"等模式发展"飞地工业园区""飞地科创园区"。

4. 构筑内陆开放门户的建议

建议四川省、成都市支持天府新区打造内陆开放高地，出台专项政策支持重大展会活动优先布局中国西部国际博览城与天府国际会议中心，创建国家海外人才离岸创新创业基地，支持领军企业、机构在创新资源集聚地发展"科创飞地"，探索"线上线下、前店后仓"等跨境电商新模式，发展进口商品免税展示店、市内免税店等消费新业态，支持天府新区争取自贸区扩区范围，开展保税研发业务，支持天府新区服务业开放创新试点等。

另外，课题组建议国家层面出台指导天府新区和两江新区联合打造内陆开放门户的意见。深层原因是双城规划纲要虽然明确提出要以两江新区和天府新区为重点打造内陆开放门户，两地目前互动也在不断深入，但在内陆开放方面，比如中欧班列共享机制，如果没有国家顶层设计规划和指导，现实推动起来比较困难。

（二）针对制度供给与部分具体困难的建议

1. 提升天府新区行政级别的建议

统筹各级政府与全社会力量，高位推进天府新区建设已成为新时代的客观现实要求，建议提升天府新区行政级别，由四川省有关领导或者成都市有关领导兼任天府新区主要领导。

2. 给予天府新区资金或金融政策支持的建议

天府新区初期建设阶段存在巨大投入问题，急需国家、四川省、成都市的强力支持。比如，天府新区建设创新研发产业功能区，目的是汇集、整合和利用创新要素的区域中枢，率先实现创新驱动发展。打造创新驱动的发动机——西部科学城等载体需要巨大投入，建议有关部门、四川省、成都市给予天府新区设立一系列产业基金等支持。

3. 进一步加强公园城市改革理论创新的建议

新时代系统集成改革再出发，推动公园城市高质量发展，必须更加注重目标导向与价值导向改革的引领作用，为新时代改革再出发提供更多典型示范案例、提供更多的制度供给。未来的改革不仅要经济转型、技术创新、产业升级，转变发展动力和方式，更要以人为中心，注重推进地方治理体系和治理能力现代化，注重法治政府建设，让改革在法治的轨道上推进。要针对不同发展阶段的差异，确定不同的改革重点任务和激励考核导向与方式。要继续加强公园城市规划、建设和管理理论研究和理念创新，丰富和发展习近平生态文明思想，继续探索完善公园城市规划、建设和管理标准体系，包括制度体系、规划体系、技术标准体系、指标体系等，为全国乃至世界公园城市发展提供"中国范例"、"中国路径"和"中国方案"。

4. 给予天府新区公园城市国家试验区（或示范区）建设任务的建议

习近平总书记强调，改革需要树立系统思想，在有条件的领域和地方应实现改革举措系统集成。可以在功能互补、领域相近的区域进行综合配套试点。在习总书记提出的集成改革思想中，有三个关键词不能忽视，即试点、地方基层和系统集成。也就是说，来自地方基层的系统集成改革试点，是重要的改革方法和路径选择之一。这些重要论断为天府新区开展集成改革指明了前进方向、提供了重要遵循。习近平总书记指出要坚持通过深化改革来破难题、解新题，加快改革创新，推动任务落实，强化制度集成。这是对"集成改革"思想的深化与升华，是对当下全面深化改革的阶段性特征的深刻概括。天府新区要深入贯彻"开展集成改革、形成改革集成效应"的总要求，以新区治理体系和治理能力现代化为目标，坚持问题导向，以行政管理体制改革为突破口，统筹其他众多领域改革，在体制机制层面进行制度集成，为新区经济社会高质量发展奠定体制和制度基础，探索国家级新区治理体系治理能力现代化的新路径，努力形成系统集成改革的"天府样本"，为全国国家级新区治理现代化提供经验和范例。源于此，课题组建议结合成渝双圈规划推动天府新区成为公园城市建设国家试验区或者叫示范区，或者叫系统集成改革的示范区，在很多体制重大问题上就可能得到突破和解决。

5. 进一步强化以人民为中心的发展导向的建议

为人民服务是我们党的根本宗旨，也是各级政府的根本宗旨。当前，我国社会主要矛盾已经转化为人民日益增长的美好生活需要和不平衡不充分的发展之间的矛盾，人民对美好生活有更多新期待，对公平正义、平等和谐、共同富裕的要求更加迫切。这就要求把加快转变政府职能放在更突出位置，坚持以人民为中心的发展思想，不断优化政府服务，创造良好发展环境，抓住人民最关心最直接最现实的利益问题，大力保障和改善民生，促进社会公平正义，加快推动共同富裕持续取得新进展，让人民群众有更多获得感、幸福感、安全感。

公园城市是对城市发展"人本"价值取向的理性回归，要满足人民以健康为中心的素质需要，提升人们的身体素质、智力素质、创新素质和文明素质，完善公共教育服务体系和公共医疗保障体系；要满足人民以民生为导向的就业需要，完善公共就业服务体系；要满足人民以宜居为目标的环境需要，建设宜人宜居宜商宜游的生态环境，完善公共住房、公共服务设施与公共交通、环境保护体系；要满足人民以富裕为核心的收入需要，完善社会保障体系和公共服务型财政体系；要满足人民以平安为基础的安全需要，完善公共文化服务体系和社区公共服务体系，使人与人之间团结友爱、和睦共处，平安幸福。

6. 推动公园城市努力实现共同富裕的建议

依托天府新区公园城市良好营商环境和发展基础，进一步激发各类市场主体活力，提高发展质量效益，使经济增长更上一个台阶，通过高质量发展夯实共富物质基础。通过"提低、扩中、调高"，提高就业质量，提高人民收入水平，畅通向上流动通道，给更多人创造致富机会，着力构建"橄榄形"收入分配结构。促进就业稳定增长，通过多渠道增加收入实现高品质生活。坚持按劳分配为主体、多种分配方式并存的分配制度，着重保护劳动所得，完善要素参与分配政策制度，在不断提高城乡居民收入水平的同时，持续缩小收入分配差距。加大税收、社保、转移支付等调节力度和精准性。探索利用集体建设用地和企事业单位自有闲置土地建设租赁住房，扩大保障性租赁住房供给。充分发挥第三次分配作用，发展慈善事业，完善有利于慈善组织持续健康发展的体制机制，畅通社会各方面参与慈善和社会救助的渠道。推动实现公共服务优质开放共享，推进社会福利全覆盖均等化。不断完善先富帮后富的帮扶机制，建设新时代开放创新的共同富裕高地，打造共同富裕的天府新区公园城市样本。

7. 推进公园城市率先实现碳达峰碳中和的建议

坚决落实国家、省、市碳达峰碳中和战略部署和工作要求，加快建立直管区碳达峰、碳中和工作机制和"1＋N"政策体系，制定直管区碳达峰行动方案，加快推动相关工作落地落实，推广绿色低碳增效提质的发展方式，促进集约节约高效循环的资源利用。以"碳达峰""碳中和"为目标，推进能源结构、产业结构、交通出行结构低碳化调整，严控高耗能、高污染项目建设，建设碳中和实验室，打造碳中和应用场景示范区，积极探索零碳产业功能区、零碳社区建设，努力在"双碳"建设上先行先试。探索构建涵盖生态安全、绿色发展、幸福人居的公园城市生态效能评估指标体系。建设天府能源智慧大脑，实现"碳足迹"全程追踪；建立全绿电供应体系、分布式储能系统，优化供给侧清洁能源配置。推进绿色建筑，推广应用装配式建筑方式。推广绿色低碳交通，引导市民绿色低碳出行。

严格落实能源消费总量和强度"双控"制度，强化清洁能源基础设施建设，推动氢能、核能等新能源开发利用，打造清洁低碳高效的能源体系。落实严格的水资源管理制度，加快构建再生水有机平衡系统，推进供水水源工程建设，推动发展方式和用水方式转变，建设节水型社会。强化土地利用规划管控和用途管制，建立土地产出效益与新增建设用地计划分配挂钩制度，完善低效用地评估、腾退机制，加强地下空间开发利用与管理，提高土地综合利用率。推广循环经济发展模式，完善再生资源回收和循环利用体系，提高全社会资源产出率，探索建设"无废城市"。

8. 加快推进公园城市治理信息化智能化的建议

信息化在新时代改革再出发中已成为经济转型升级与推动全面深化改革的重要驱动力。习近平总书记曾做出"没有信息化就没有现代化""要以信息化推进国家治理体系和治理能力现代化"等科学论断。在中央深改委第十次会议上，习近平总书记指出，现在要把着力点放到加强系统集成、协同高效上来，巩固和深化这些年来我们在解决体制性障碍、机制性梗阻、政策性创新方面取得的改革成果，推动各方面制度更加成熟更加定型。随着全面深化改革进入施工高峰期，传统的推进模式、推进路径难以满足改革举措落地落实的要求，必须依靠信息化推进寻求突破。同时，全面深化改革是一项系统性工程，越往纵深推进越要发挥信息化的基础保障作用。

可以看到，信息化手段的应用、信息化思维的实践，对地方全面深化改革的总体设计、协同推进、高效运行、系统集成以及任务调度、落实督察等具体工作环节往往具有事半功倍的效果，对于一些体制性障碍、机制性梗阻等痼疾可以起到"四两拨千斤"的"柔性"化解作用，已经从助推改革技术手段意义上升到了深化改革的方法论意义。信息化建设在推进改革、制度建设、改造流程、创新模式以及助推行政体制改革、脱贫攻坚等各个领域的工作中发挥出越来越显著的作用。要以现代治理理念不断提升"放管服"的技术水平，推动以"互联网＋放管服改革"为特征的智慧政府、服务型政府建设。

9. 推动新区公园城市管理体制创新的建议

适应新时代新阶段公园城市建设现实要求，进一步创新完善天府新区公园城市管理体制。依法依规加大赋权力度，支持天府新区以综合改革、批量授权方式，在经济管理、营商环境、市场监管、城市建设等重点领域推进开放创新。推进过程中涉及需要调整现行法律的，由有关方面按法定程序向全国人大或其常委会提出相关议案，经授权或决定后实施；需调整有关行政法规、国务院文件和部门规章规定的，按法定程序办理。重大事项按程序向党中央、国务院请示报告。四川省和成都市要切实加强组织领导，完善并创新管理体制机制，强化对天府新区的协调管理，统一规划、统一监管，积极探索行政区和经济区适度分离下的管理体制问题。加大行政审批、科技创新、规划管理、综合监管等方面的放权力度。要完善体现新发展理念和正确政绩观要求的干部考核评价体系，建立激励机制和容错纠错机制，旗帜鲜明地为敢于担当、踏实做事、不谋私利的干部撑腰鼓劲。要持之以恒正风肃纪，强化纪检监察工作，营造风清气正良好的政务环境。

10. 建立健全公园城市发展改革的"第三方"评估机制的建议

2018年2月11日，习近平总书记视察天府新区，首提"公园城市"理念，蕴含着继承创新城市文明的大历史观，体现出人城境业高度和谐统一的哲学辩证思维，充满着实现人民群众对美好生活向往的价值归依，是新思想、新理念的城市表达。天府新区承担着公园城市规划、建设、管理的重大历史使命，具有鲜明性、探索性、开创性，任务艰巨、工作复杂、涉及面广，需要建立完善的推进工作机制以及专业技术支撑体系，更需要建立独立的"第三方"定期评估机制，对公园城市建设和发展改革进行定期诊断、评估和体检，以确保公园城市能够持续开拓创新、行稳致远。

同时，中国社会正处于重要的转型期，亟待进行社会治理方式的转变，应由过去的单纯依赖政府的单方治理转变为社会合作共同治理。基层治理离不开政府的有效治理，但这种治理不是过去的大包大揽，而是需要有为政府和社会合作共治。应明确政府职能的边界，明确社会事务的责任主体。未来"政府工作不能自拉自唱"，需要继续完善改革评估机制，尽快建立健全"独立、客观、公正"的第三方评估机制，真正发挥"第三方"评估对公园城市发展改革的助推作用。

11. 加强公园城市改革经验宣传推广的建议

进一步完善改革政策，加强制度标准化建设。天府新区已取得的众多改革好经验、好做法，需要按照标准化工作要求，进一步探索改革事项在环节、流程、推进、把关方面的规范化做法，打造集成改革"天府标准"，形成清晰完整的流程图与文本指南，为改革经验的复制推广提供便利。基层改革创新实践经验得不到及时有效推广，是改革领域长期存在的老大难问题。根据我国当前改革推进状况及行政体制框架，建议中央各专项改革领导小组、有关部委与省级改革部门建立、健全基层改革创新实践经验总结推广机制，对各类地方改革经验进行及时总结与推广。要加强与中央部委对接沟通协调，汇报建设成效，及时总结推广天府新区公园城市规划建设经验。加强公园城市贯彻新发展理念建设成效的舆论宣传和引导，进一步扩大天府新区影响力、吸引力和号召力。国家级新区要坚持新发展理念，进一步系统整合、高效集成现有政策，推动新区加快发展、高质量发展，成为新时代城市高质量发展的示范引领区。

12. 其他解决一些具体问题的政策建议

建议天府新区改革执法体制、机制，尽快下放执法权到街道、乡镇，同时组建执法局，把各个部门的执法力量整合起来，统一指挥，统一执法；把控规权下放给天府新区，确保天府新区建设的可持续性、确定性；有关部门应尽快落实天府新区新进入科研机构人才职称评定问题等。

报告执笔：刘现伟（国家发改委体改所企业室主任、研究员）

贾存斗（中国经济体制改革杂志社调研部主任、地方改革创新研究院副院长）

李红娟（国家发改委体改所企业室副主任、副研究员）

第二部分

济南市深化"放管服"改革打造
国际化营商环境研究

────────────────◪────────────────

近年来，山东省济南市积极响应党中央政策引导，将营商环境建设作为提升区域竞争力的突破口，逐渐深化"放管服"改革，以打造国际化营商环境标杆城市为建设目标，以"后发优势"高起点、高效率、高集成推进营商环境优化。在改革进程中，济南市坚持以人民为中心，从统一改革品牌、统一规范引领、统一标准集成、统一协同机制"四个统一"系统规划入手，以简化审批为主抓手，以优化服务为突破口，以多元监管为支撑点，致力于打造全国性的"在泉城·全办成"审批服务品牌，构建"1234＋N"的三年行动计划，以"标准"为重点推进制度改革、流程再造、服务提升，构建"1+4+6"事中事后监管体系，依托内部业务、横向部门、纵向层级和社会多元主体四个层级协同治理，构建营商环境建设共同体，形成新时代营商环境建设可参考借鉴的典型样本。

自党的十八届三中全会首次提出"建立法治化营商环境"的目标以来，党中央、国务院高度重视优化营商环境建设。习近平总书记指出，必须善于通过改革破除发展面临的体制机制障碍，改善营商环境，推动简政放权，加强事中、事后监管，优化服务，把蛰伏的发展潜能激活。李克强总理强调营商环境就是生产力，必须持续推进市场化、法治化、国际化营商环境建设，更大力度推进"放管服"改革。党的十九大提出进一步优化营商环境，强调以深化"放管服"改革为抓手，多推"啃硬骨头"的举措，持续激发市场活力和社会创造力。党的十九届四中全会强调："深入推进简政放权、放管结合、优化服务，深化行政审批制度改革，改善营商环境，激发各类市场主体活力。"疫情防控常态化背景下，我国经济发展仍处于疫后恢复期，投资整体上稳步修复向好，但尚未恢复至正常水平，消费上受收入增速拖累，增长动力有待进一步释放。当前，我国经济高速发展阶段已然过去，在经济下行压力增大、国际环境纷繁复杂的挑战下，如何以市场主体与人民群众的民生需求为导向，以减缓释放国内外双重压力为目标，探索长期性、常态化、特色化的中国特色营商环境建设已成为国家发展的核心议题之一。

山东省作为我国人口过亿、GDP 过万亿的省份，具有我国最全的工业门类，其省会城市济南市作为黄河流域生态文明高质量发展的实验区、环渤海经济圈的区域支点、山东半岛城市群的中心城市，兼具营商环境建设的战略机遇与新型挑战。31 个省份公布 2020 年的经济数据后，增速层面"南快北慢"的局面再次凸显。在 GDP 增速最快前十名的省份中，只有河北是北方省份，而 GDP 增速靠后的地区分别是黑龙江、辽宁和内蒙古。如何发挥北方中心城市在区域经济发展中的辐射带动作用，探索具有区域特色的改革路径，济南市交出了一份满意的答卷。在深化"放管服"改革的逻辑下，作为区域风向标，济南市的营商环境建设在改革品牌、系统规划、标准规范、协同机制等方面积极探索，形成了可供借鉴的区域特色营商环境建设样本，对北方地区乃至全国地区建设营商环境具有重要的启示意义。

一 济南市深化营商环境改革的背景与目标思路

当前，我国的营商环境建设在经历了逐步探索的萌芽期、拉开改革序幕的探索期、完善评价体系的全面实践期后，已经迎来打造优质营商环境的优化提升期。我国营商环境建设取得了显著的成绩，但仍面临政策供给碎片化、要素整合程度不够、领域发展分化、区域发展失衡、评价体系唯指标论、"放管服"协同性不足等困境挑战。从济南情况看，济南市营商环境建设也存在人才数量不足、政企供需错位、政务能力有待提升、法治保障仍需完善等发展困境。济南市立足自身经济、区位、科创、环境等优势，深刻把握国家战略机遇勇担城市使命，积极发挥区域价值，打造了一流的国际化营商环境标杆城市。

济南奥体中心

说明：第二部分照片均由中共济南市委员会提供。

（一）我国营商环境改革的发展阶段与困境

营商环境是衡量政府行政行为对市场经济所产生影响的重要指标，良好的营商环境能够有效激发市场主体活力和社会创造潜力。从中国国情看，在国内社会主要矛盾发生变化的客观背景下，我国营商环境建设不断走向深化，营商环境改革面临的矛盾也逐步进入攻坚阶段。

1. 我国营商环境改革的发展阶段

我国营商环境建设的起步探索主要从 1992 年全面确立市场经济体制改革的目标开始，伴随着政府职能转变和"放管服"改革的不断推进，在改革领域、改革主体、改革内容等方面不断向纵深发展、优化提升。

（1）起步探索阶段（1991~2012年）：逐步尝试探索营商环境建设

改革开放以来，我国市场经济体制改革为营商环境建设在政策环境、人才集聚、基础设施等方面积累了良好的基础，具体表现在以简政放权为中心的体制改革陆续推进、为外商投资经营活动营造较为宽松的政策环境、恢复高考后区域人才聚集、城市基础设施建设快速推进等方面。

1992 年，党的十四大正式提出建立社会主义市场经济体制改革和国有企业建立现代企业制度的目标，我国营商环境的建设正式进入起步探索阶段。1992~2012 年的 20 多年间，我国市场呈现多主体、快速性发展，市场经济规模迅速增长，非公有制经济飞跃式发展；政务呈现便利化、规范化管理，截至 2012 年 8 月，国务院已分批取消和调整了 2497 项行政审批项目，占原有总数的 69.3%，极大地简化了行政审批程序，提高了政府审批效率；人才资源等要素呈现多元化、集约化发展，各地区开放人才政策吸引人才不断涌入，投融资体制和政权市场的改革规范促进地区金融要素资源进一步集聚；公共环境呈现全面化、完善化发展，"让城市更美好"成为新的发展理念；创新环境呈现持续性、稳定性发展，为地区营商环境创新资源集聚提供有利条件。①

（2）逐步深入阶段（2013~2017年）：拉开优化营商环境改革序幕

党的十八大以后，优化营商环境的重要性被反复提及，我国营商环境改革迈入快车道。2013~2017 年，我国在行政审批制度、法治化建设、政府职

---

① 丁鼎、高强、李宪翔：《我国城市营商环境建设历程及评价——以 36 个省会城市、直辖市及计划单列市为例》，《宏观经济管理》2020 年第 1 期，第 55~66 页。

能转变等方面陆续拉开优化营商环境改革的序幕。首先，推动以"放管服"为核心的行政审批制度改革。改革内容涉及经济性和社会性规制改革领域，具体表现为审批事项的全面清理、事中事后监管的相应强化、行政审批法治化手段的持续应用等。[①] 其次，加强营商环境的法治化建设。2013 年，党的十八届三中全会审议通过的《中共中央关于全面深化改革若干重大问题的决定》审议通过并首次提出"建立法治化营商环境"的目标，实行统一的市场准入制度，在制定负面清单基础上，各类市场主体可依法平等地进入清单之外领域。最后，积极转变政府职能，推动政务环境的多方位突破。政府部门积极推动机构重组和流程再造，"不见面审批""一窗通"等措施开始实施，节省企业时间和成本、提高办事效率成为政府部门考虑的重要问题。

  经过不断探索，我国在这一阶段营商环境改革成效显著。根据世界银行的《全球营商环境报告》，2013 ~ 2018 年，中国营商环境在 190 个经济体中的排名从 96 位上升到 46 位，各项指标排名也逐渐上升（见图 1），出现了经济从高速发展转型为高质量发展、政务环境从单点突破到多面"开花"、人力资源及金融环境从规模集聚到流量提升的变化。

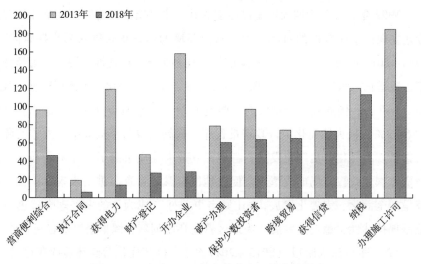

图 1　2013 年和 2018 年中国营商环境各项排名

资料来源：世界银行。

---

① 胡世文：《改革开放以来中国行政审批制度改革：历程、特征与经验》，《大连干部学刊》2020 年第 9 期，第 58 ~ 64 页。

（3）全面实践阶段（2018～2019 年）：完善营商环境建设评价体系

营商环境评价体系在世界范围内的推广得益于世界银行的推动。世界银行 2001 年正式提出"营商环境"这一概念，并自 2003 年起每年发布一份《全球营商环境报告》，对全球众多经济体进行营商环境评价。各国迫于世界经济下行压力，愈加重视对营商环境的评估和改革，但各国在践行世界银行评价体系的过程中往往表现出不同的国情特点。中国自 2001 年加入 WTO 以来，也积极顺应国际环境进行营商环境评估，但世界银行的评价体系在测量维度、指标内涵等方面与我国国情也表现出不适应性。

2018～2019 年，我国为提高评价指标在中国情境下的适用性，不断完善并验证有中国特色的营商环境建设评价体系。首先，对标世界银行的评估指标，建立有中国特色的评价体系。2018 年 1 月，国家发展改革委立足中国国情，在学习借鉴国际营商环境评价方法的基础上，本着国际可比、对标世行、中国特色原则，建立并不断完善以市场主体和社会公众满意度为导向的中国营商环境评价体系。其次，根据设立的评价体系分批次开展试评价，验证在不同地区实施评估的效果。2018 年 3 月，在东、中、西部和东北地区 22 个城市开展了两批次营商环境试评价；2019 年 5 月，在直辖市、计划单列市、省会城市和部分地县级市等 41 个城市开展全国营商环境评价；2019 年 8 月，又组织对东北地区 21 个城市开展了营商环境试评价。这些评价快速推进了我国营商环境评价体系的完善进程。2019 年 10 月，国务院颁布《优化营商环境条例》，这标志着中国特色营商环境评价体系在立法层面取得突破。

（4）优化提升阶段（2020 年至今）：全面提升打造优质营商环境

2020 年至今，我国迎来全面提升打造优质营商环境阶段。这一时期，环境的不稳定性与不确定性增强，新冠肺炎疫情突发、国际进出口贸易受到限制、中美经贸摩擦升级等，给优化营商环境带来更大挑战。为应对这些挑战，我国明确提出加快形成国内大循环为主体、国内国际双循环相互促进的新发展格局。[①]

为推动双循环的相互转化，我国从国内和国际两方面打造优质营商环

---

① 余淼杰：《"大变局"与中国经济"双循环"发展新格局》，《上海对外经贸大学学报》2020 年第 6 期，第 19～28 页。

境。面向国内，出台营商环境评价领域首部国家报告，指导各地营商环境实践。2020 年，国家发展改革委组织编写的《中国营商环境报告（2020）》公开出版，该报告全面展示了我国优化营商环境的突出成果和典型做法，成为各地区、各部门借鉴和创新的抓手。面向国际，依靠国内营商环境建设成果，积极打造国际化营商环境。2020 年 5 月，中共中央、国务院印发《关于新时代加快完善社会主义市场经济体制的意见》，要求加快打造市场化、法治化、国际化营商环境。李克强总理也指出，"放、管、服"改革已经为经济发展动力增强等做出了突出贡献，营商环境竞争力就是国际竞争力，要坚持打造更优开放环境，放出活力、放出创造力。

截至目前，我国营商环境建设已经取得显著成果。全国各地探索打造优质营商环境的实践层出不穷，涌现出"在泉城·全办成""浙里办"等成功案例，营商环境逐步从改革目标转变为行政理念，并进一步细化为有计划、分步骤的改革部署，行动节奏与改革路径逐渐明晰，成为一整套有机联系的系统工程。

2. 我国营商环境改革的发展困境

当前世界处于百年未有之大变局，国际格局加速演变，我国发展外部环境中的挑战因素明显增多。同时我国经济由高速增长转向高质量发展，"六稳"成为重要工作要求。营造国际一流的营商环境，是顺应国际形势新变化和国内改革发展新趋势的重要举措。[①] 虽然我国营商环境建设已经取得显著成效，但建设国际化营商环境仍然面临诸多困境和挑战。

（1）政策供给碎片困境

营商环境涉及主体众多、内容广泛。世界银行对营商环境的评估包括开办企业、办理施工许可证、获得电力、登记财产、获得信贷、保护少数投资者、纳税、跨境贸易、执行合同以及办理破产 10 个一级指标以及诸多二级指标。这些指标内容涵盖多个部门的职责，各部门推出的政策在横向上应该互补协同相互促进、纵向上应该统一连续兼顾差异，方能发挥政策体系的合力效应。然而，我国营商环境在快速发展的过程中，因缺乏统筹、政出多门等原因，出现不同程度的政策碎片化困境。有些部门优化营

---

① 王昌林、赵栩：《加快营造国际一流的营商环境——关于当前深化"放管服"改革、优化营商环境的一些思考》，《中国行政管理》2019 年第 7 期，第 19～20 页。

商环境的政策频出，而有些部门的相关政策却屈指可数，不同部门制定的政策之间可能出现"政策打架"现象，难以形成政策合力，限制了营商环境优化作用的发挥。解决政策供给的碎片化困境，需要加强顶层政策设计与统筹，建立方向更加明确、层次更加清晰、结构更加完整、力度更加均衡的营商环境政策体系。

（2）要素集成整合困境

科层制根据组织目标进行劳动分工并实现专业化、实行等级制原则建立合法权威，并且通过稳定的规章程序运作。[1] 这种科层制下横向部门和纵向等级间对权力和运作有严格的限制，各部门独立开展业务，掌握的资源要素较为分散。优化营商环境，要求将现有信息、资源、权力等要素进行集成与整合，这对传统的官僚体制构成挑战。一是之前国家各部委大多基于自身业务需求建设网上政务服务平台及其分平台，专网林立，质量也参差不齐；二是不同渠道、不同载体办事标准不统一、信息数据更新不同步。[2] 在传统科层制体制下，各部门分别开展业务、掌握独立资源有利于提升专业化水平，但在优化营商环境的新目标下，这导致平台之间难以互联互通和相互整合，信息孤岛、数据烟囱等问题阻碍了营商环境的系统优化，增加了企业和社会公众负担。

（3）领域发展分化困境

营商环境评价指标体系的"指向标"作用可能导致不同领域的发展分化。营商环境评价指标体系作为评价导向指引着营商环境的有序优化，但是也可能导致营商环境改善的机械化和片面化。具体表现为，政府部门热切追捧改善评价指标覆盖的内容，使得这些领域对标高要求快速发展，但对未被指标覆盖的领域和内容关注不够，导致指标体系外的领域发展缓慢、出现分化。与此同时，营商环境指标覆盖领域内的内容也会因发展程度和改革难易程度的不同而出现发展分化，那些本身基础好、易于改善的领域发展迅速，而本身基础差、难以改善的领域则发展缓慢。从世界银行报告衡量领域的全球排名可以看出，中国在执行合同、获得电力、开办企

---

[1]　王春娟：《科层制的涵义及结构特征分析——兼评韦伯的科层制理论》，《学术交流》2006年第5期，第56~60页。

[2]　陆生宏、井胜、孙友晋：《协同研究政务服务　助力优化营商环境》，《中国行政管理》2021年第8期，第146~148页。

业等领域排名较高，在获得信贷、纳税等领域则排名相对靠后，这些短板领域制约了营商环境的整体提高。在全面提升打造优质营商环境阶段，单个领域营商环境的改进对整体改善已经效果式微，需要全面推进营商环境各领域的协同发展。

（4）区域发展失衡困境

营商环境创新试点在优化区域营商环境的同时，也带来了区域发展的失衡问题。2021 年，为支持地方先行先试、更大力度惠企利民，中央在北京、上海、重庆、杭州、广州、深圳等城市开展营商环境创新试点。这些试点城市在带动区域营商环境不断优化的同时，不同区域之间的差距也逐渐扩大，使我国营商环境水平在区域分布上呈现"南高北低、东高西低"的局面，① 区域发展失衡困境凸显。同时，地方保护主义和区域壁垒的存在加剧了区域发展失衡现象。一些地方在招投标、资质许可、标准制定、基础设施等方面对民营企业和非本地企业仍存在一些歧视性壁垒限制。② 这不仅不能激发市场主体的活力，反而变相加强了政府对市场的干预。外地企业难以进入，区域之间缺乏流动性，助推了区域发展的失衡。

（5）评价体系唯指标困境

任何评价指标体系都有一定的局限性。世界银行营商环境评价指标体系因其组织权威性、长期跟踪性等原因而被广泛使用。我国也通过对标世界银行和在各地区验证，不断完善有中国特色的营商环境评价体系。这从侧面反映了评价体系在契合地区营商环境实际方面的困境：国外的评价体系，如世界银行评价体系，要考虑兼顾中国情境下营商环境表现出的独特性，国内通用的指标体系也需要结合地区特色加以调整和创新。现实中，营商环境评价指标体系很难兼顾营商环境评价的全局性和地方不断涌现的差异性。一方面，公众和企业对营商环境的感知呈现"多维叠加"的特征，但有限的指标可能无法覆盖营商环境全局，③ 有些切实的影响因素因难以用指标量化而被排除在评价体系之外；另一方面，营商环境随经济社会发

---

① 丁邡、周海川：《我国优化营商环境成效评估与建议》，《宏观经济管理》2020 年第 2 期，第 59～65 页。
② 王昌林、赵栩：《加快营造国际一流的营商环境——关于当前深化"放管服"改革、优化营商环境的一些思考》，《中国行政管理》2019 年第 7 期，第 19～20 页。
③ 曹现强、李烁：《创新优化理念和评价机制 构建营商环境新格局》，《中国行政管理》2021 年第 8 期，第 19～21 页。

展不断表现出新的阶段特征,指标体系的调整常常滞后于现实的发展。

(6)"放管服"协同困境

营商环境优化是党的十九大之后"放管服"改革的新目标,但"放管服"本身既矛盾又统一。"简政放权"要求减少政府对经济活动的直接干预,将不该由政府管理的事项交给市场;"放管结合"要求加强事中事后监管,变"严进宽管"为"宽进严管";"优化服务"要求提升政府服务水平,为企业和公众提供高效便捷的政务服务。[①] 现实中"放管服"不协同可能出现两种情况:一是放开的权限过大,管理的事项增加、难度提高,一旦监管不到位,可能会出现破坏市场秩序的行为;二是放权不彻底,就无法充分激发市场活力,优化服务也无从谈起,导致"放管服"难见成效。所以"放管服"不是三者独立的操作,如何把"放开"和"管好"以及"服务保障"的界限、力度拿捏好,是现阶段需要持续探索的问题。这不仅需要很强的组织性、协调性和技术性,而且需要把"放管服"纳入规则体系之中,提高政府治理的标准化水平。

济南市 24 小时无人工干预秒批秒办系统

① 沈荣华:《推进"放管服"改革:内涵、作用和走向》,《中国行政管理》2019 年第 7 期,第 15 ~ 18 页。

3. 济南市启动营商环境改革的现实困境

自党的十八大以来，随着中央的重视，地方政府也纷纷将优化营商环境作为提高区域竞争力的重要手段。山东省委、省政府于 2018 年印发了《山东省优化营商环境推进信息共享专项行动方案》《山东省营商环境评价实施方案》等纲领性文件，积极落实各项政策条例，为济南市推行营商建设改革提供了良好的制度环境。然而，济南市在加快营商环境改革的过程中，既面临着我国营商环境改革的一些共性问题，也在人才、政企关系、政府能力、法治建设等方面面临着一些地域性、差异性的问题，亟待探索和创新，以提升城市竞争力和区域影响力。

（1）人才数量不足困境

人才是城市发展的第一资源，高素质青年人才的数量从侧面反映一个地区的经济发展阶段和水平。济南市常住人口超过 920 万人，省属高校和市属高校数量亦排在全国前列，但部分高校毕业生相较于留在济南发展更倾向于去机会更多的北上广、沿海城市发展和就业，人才流失现象严重。同时，落户门槛较高、落户手续繁杂、人才就业大数据平台缺失等对于济南吸引外来人才留驻、保持人才数量稳定增长等提出了诸多挑战。2020 年 6 月以来，济南实施了落户新政，但对各类"高精尖"人才的吸引力仍有待加强。人才数量不足制约了济南市的长远发展。

（2）政企供需错位困境

增强政府部门服务意识是推进营商环境优化的关键环节。改革初期，济南市一些政府职能部门对市场主体缺乏服务意识，政府职能转变不到位。首先，由于政府相关法制建设不够完善，政府在履职过程中仍然存在越位、缺位和错位现象。这不仅需要济南市加快制度建设的步伐，同时也对政务服务人员根据实际情况精准施策提出了更高的能力要求。其次，传统条块分割的行政体制下，某些审批事项权限下放存在互为前置的现象，制约了政府部门办事效率和服务质量的提升。例如，有些企业申请的事项经过层层审批，最后问题依然没有解决，甚至出现互相推诿扯皮的现象。最后，部分政府部门官员对改善营商环境的重要性认识不足，工作中易受"官本位"思维主导。现实中缺乏常态性、规范化的互动机制，政企之间信息不对称，政务资源的供需存在错位现象，难以形成营商环境优化合力。

（3）政务能力提升困境

改革之初，济南企业和社会公众对地方政府政务服务平台的服务获得感和体验感不强。几年前，济南市政务服务平台在回应性、效率性、效果性等方面都面临着较大提升空间。随着互联网以及自媒体发展的日新月异，"以消费者为中心"的引导式、集成式、个性化套餐式服务模式日趋流行，作为为企业和社会公众服务的政务平台也应与时俱进，注重体验式服务。与此同时，济南市政务服务缺乏统一规划和资源整合，部门间协同效率不高。尤其是上下级政府部门或者同级部门间存在放权力度不统一、放权标准不同步的问题，政务服务职能、服务资源、服务供给等没有充分集成，影响了服务效率提升。

（4）数字政府转型困境

济南市政府办公数字化转型程度不足，统一的政策咨询、解释、受理、兑现、评价平台尚未建成，未能充分体现政务服务的"互联网＋"改革。例如，济南市政府官方网站新闻多但服务少，除"一网通办"政务服务平台外，再无其他企业服务平台入口，"济企通""接诉即办"等重点企业服务平台，只能从部门网站或搜索引擎找到入口；政府网站首页的"政商直通车"功能单一，只是通向市民服务热线的中转；线上服务"统一身份认证"功能不健全，"一网通办"平台跳转到一些部门业务系统，仍需要重复注册用户、重复身份验证，跳转过程不稳定、易出错，等等。

（5）法治保障完善困境

法治保障不完善是我国营商环境改革领域近年来面临的共性问题，济南市要想在营商环境改革中获得突破性发展，必然要面临完善营商环境法制和制度建设的压力。一方面，济南对市场主体关心的问题虽然普遍有规定，但制度内容的完善程度和具体化程度不能满足市场主体的需要。另一方面，政策内容规范的法制化水平有待加强。规范的规制政策应该对不同约束方的激励与惩罚机制、权利义务内容等进行明确规定。改革之前，济南大量地方政府规范性文件在明确企业的权利义务、操作程序以及奖惩方式和奖惩强度等方面规定过于笼统，这类规范性文件让企业只明确文件的约束力，但具体要求什么、怎么做、能不能不做、不做的后果、能不能提出异议等问题都不够清晰，也给政府的权力寻租留下了灰色空间。

（二）济南市打造国际化营商环境的战略机遇与基础

济南市具有悠久的历史，自明代划分为新的行政区后，其因得天独厚的地理优势与浓郁的政治氛围，成为山东省的政治中心。清末民国时期，由于主动开埠和交通枢纽带来的便利，济南跻身中国十大城市之列。随着时代的变迁与发展，经济发展的空间结构正在发生深刻变化，中心城市和城市群逐渐成为承载发展要素的主要形式。作为山东半岛城市群的重要中心城市，济南市身负防止南北发展差异持续扩大的北方防线重任与推动沿黄地区高质量发展的责任担当，迎来了新一轮战略机遇。

济南市 120 名营商环境社会监督员、市民体验官"持证上岗"

1. 济南是黄河流域生态文明高质量发展的重要实验区——国家战略

在中央全面深化改革委员会第 16 次会议上，习近平总书记强调，要"以落实'十四五'时期重大发展战略任务为牵引，多策划战略战役性改革，抓纲带目"。济南市作为黄河流域生态文明高质量发展的重要实验区，应当充分发挥改革的突破和先导作用，全面推动黄河流域生态保护和高质量发展重大国家战略落实落地，全方位提升改革的辐射带动能力。济南市谋划建设了新旧动能转换起步区、打造节水型典范城市、推动黄河流域要素市场一体化建设、推进黄河滩区生态综合整治、强化与沿黄区域协同合作等重大举措，推进了区域协同发展、资源要素改革、金融改革、水资源管理体制机制改革等重大改革，不断积聚了未来发展的新优势，为济南市打造国际化营商环境提供了战略机遇。

2. **济南是防止南北发展差异持续扩大的北方防线——中央关切**

近年来，以秦岭、淮河为南北分界线，南北经济发展存在较大差距——黄河流域的经济发展水平和长江流域形成了巨大区别。从城市 GDP 看，2020年 GDP 十强城市没有一个位于黄河流域，GDP 二十强城市只有郑州和济南位于黄河沿线（见表1）。为了防止南北发展差异持续扩大，中共中央、国务院于 2021 年 10 月 8 日印发的《黄河流域生态保护和高质量发展规划纲要》指出："黄河流域生态保护和高质量发展是强化全流域协同合作、缩小南北方发展差距、促进民生改善的战略需要。"其中，黄河流域"一轴两区五极"的发展动力格局被明确认定为区域经济发展增长极，济南市作为沿黄区域的三大核心城市之一，是实施区域战略的重要支点，也是战略红利的受益者，应当牢牢把握住该战略发展机遇期。

表1　2020 年中国 GDP 二十强城市排行榜

单位：亿元，%

排名	城市	GDP	名义增速
1	上海	38700.58	1.43
2	北京	36102.60	2.07
3	深圳	27670.24	2.76
4	广州	25019.11	5.88
5	重庆	25002.79	5.92
6	苏州	20170.50	4.86
7	成都	17716.70	4.14
8	杭州	16106.00	4.77
9	武汉	15616.10	−5.66
10	南京	14817.95	5.62
11	天津	14083.72	−0.01
12	宁波	12408.70	3.53
13	青岛	12400.56	5.61

续表

排名	城市	GDP	名义增速
14	无锡	12370.48	4.37
15	长沙	12142.52	4.00
16	郑州	12003.00	3.57
17	佛山	10816.47	0.61
18	泉州	10158.66	2.13
19	济南	10140.91	7.39
20	合肥	10045.72	6.76

资料来源：国家统计局。

3. 济南是山东半岛城市群的重要中心城市——城市使命

城市群是新型城镇化的主体形态，是经济社会发展的重要载体。山东半岛城市群具有四大功能定位：一是深化对外开放，推进与"一带一路"沿线地区互联互通；二是强化与京津冀和长三角城市群多通道联系，建设成为京津冀和长三角重点联动区；三是以"蓝黄"两区和青岛西海岸新区为依托，培育壮大海洋优势产业集群；四是深入实施创新驱动战略，发展成为环渤海地区重要增长极。济南市作为山东半岛城市群的核心城市、山东省会经济圈的龙头城市，应当扛起重要中心城市的使命担当，深入贯彻落实省委、省政府"强省会"战略，在"东强西兴南美北起中优"城市发展新格局破题起势背景下，以"十四五"发展蓝图为引领，建设新时代现代化强省会，以国际化营商环境为起点，增强城市影响力、辐射力、带动力。

4. 济南是环渤海经济圈的重要区域支点——区域价值

从区域位置看，山东省所处经济区域可划归于环渤海经济圈。山东省作为环渤海经济圈"箭头"，应该以环渤海经济圈为根据地面向海洋图发展，使经济圈的内陆地区其他城市和处于沿海区域的山东可以互相支撑，从而获得互补性双赢发展。2021年上半年，山东省GDP达38906.35亿元，超过了东北三省GDP（24715.17亿元），占到京津冀三省市GDP总值的85.9%，决定了山东省在环渤海经济圈中的领头羊地位。济南市作为山东省省会，更是环渤海经济圈发展的重要区域支点，应当把握机会，以自身发展带动整体区域价值的提升。

5. 济南市具备营商环境系统改革的基础条件——改革基础

（1）经济优势——财政收入增速居全省之首

近年来，济南市经济持续较快增长，主要经济指标占全省比重稳步提高，城市能级和核心竞争力明显提升。从2015年至2020年，济南市的地方财政收入从664.5亿元增长为906.1亿元，同比增长了36.36%，占据山东省各城市之首。五年翻了一番以上，规模（限额）以上企业突破1万家，市级认定的总部企业达到181家，成为总部企业"强磁场"。济南市的经济发展实现了新突破，"四新"经济（新技术、新产业、新业态、新模式）占比达到36%，数字经济占比超过40%，培育了多个千亿级、2000亿级、4000亿级的优势产业集群，新动能加速汇聚、厚积成势，为济南高质量发展注入了澎湃动力。区县经济不断发展壮大，地区生产总值过1000亿元区县（含功能区）由1个增加到5个。坚实的经济基础为济南市开创营商环境改革建设提供了有力保障。[①]

（2）区位优势——四通八达的交通枢纽要道

济南地处黄河生态走廊与京沪经济动脉、黄河文化纽带与中华文化枢轴的交汇点，是黄河流域唯一沿海省份的省会城市，也是黄河流域"一字形"东西大通道的起点，北接京津冀，南连长三角，东承环渤海经济圈，西通中原经济区，是衔接南北动能传导、联动陆海双向开放的战略要地。铁路方面，"米字形"高铁网初具雏形，济南西站是京沪高铁五大枢纽站之一，每天有300多趟高铁车次直达全国254个城市。市域高铁运营里程达到284公里，新建改扩建高速公路273公里，115.7公里城区快速路闭环成网，瓶颈路打通136条。航空方面，济南国际机场有204条航线通达海内外120个城市，二期扩建后年吞吐量可达8500万人次。轨道交通方面，总长84.1公里的"H"形轨道交通骨干网络建成使用，6条线路159.6公里的轨道交通二期启动建设。有利的地理区位优势为济南市进行营商环境改革提供了交通便利，有助于营商环境迈向国际化。

（3）科创优势——良好的科创产业聚集基础

济南市具备良好的科研产业聚集基础。综合科技创新水平指数、技术合同交易额、新布局创新创业共同体数量、省重点实验室总量均居全省首

---

① 资料来源：济南市委改革办。

位和全国前列。国际医学科学中心、齐鲁科创大走廊、中科院济南科创城、山东大学龙山校区（创新港）等重大创新载体正在加快建设。中科院在济南集中布局"中科系"院所 15 家，"电磁驱动高速测试装置""大气环境模拟系统"等进入国家"十四五"重大科技基础设施选项。以山东产业技术研究院、山东高等技术研究院为引领的新型研发体系逐步完善。规划建设"量子谷"，全球首个可移动量子卫星地面站在济南与"墨子号"对接成功，全球首个集成化量子频率转换芯片在济南成功研制。大科学装置实现零的突破，"济南国科中心号"（天启 11 号）物联网卫星成功发射。5A 级物流企业达到 16 家，居全国副省级城市首位。实力雄厚的科创基础为济南市提升营商环境的国际竞争力夯实了改革基础。

（4）环境优势——全国独一无二的山体泉城

党的十九届五中全会提出到 2035 年基本实现社会主义现代化的远景目标，生态文明建设是其中的重要内容。济南市得天独厚的自然资源优势有利于生态文明建设的发展、有利于响应中央"双碳"战略的号召。济南城市风景优美，济南的生态资源优势得天独厚，山、泉、湖、河、城融为一体、浑然天成。济南处在山东省的心脏地带，泰山北麓地区的地表水、地下水遇到地下不透水的闪长岩突出体，压力增大，在地表浅层处泄压喷出，造就了泉城七十二泉的美景，也造就了济南独一无二的山体泉城，这样的城市风貌全国独有、世界少有。近年来，济南城市环境质量也在不断改善。济南市东部老工业区工业企业搬迁改造基本完成，空气质量综合指数累计改善 34.7%，单位地区生产总值能耗五年累计降低 35.8%。在全国率先完成水生态文明城市建设试点，在全省率先消除省控河流劣 V 类水体。得天独厚的环境优势为济南打造国际化营商环境提供了良好的生态环境。

（三）济南市打造国际化营商环境的目标思路

济南市委、市政府始终坚持以便民利企为中心，以改革创新为主线，持续强化系统集成，不断加强协同工作，逐渐提升政务服务标准化、规范化和便利化水平，总体思路在于坚持"四个统一"整体规划，即统一改革品牌，统一规范引领，统一协同机制，统一标准集成（见图 2）。首先，以统一改革品牌为核心。济南市围绕持续优化营商环境，全力打造"在泉城·全办成"审批服务品牌，在市、区县、街镇、村居四级，统一规范标识，牢固树立"只说 OK 不说 NO"服务理念，全面推行"窗口无否决权"，打造高效透明的政务服务环境。其次，统一规范引领。济南市研究制定了《济南市行政审批服务局工作计划纲要（2019—2021 年）》，形成"1234＋N"三年行动计划，"1"是明确一个目标，争创省内领先、国内一流服务品牌，"2"是审批和服务两大主题，"3"是一年基础规范、两年创新提升、三年品牌突破的工作步骤，"4"是实施创新发展、标准规范、协同推进和智慧引领四大战略，"N"是每年结合实际推行多项改革创新举措，持续提升审批服务能力水平。再次，统一协同机制。济南市在国内首创了"四维协同"机制，通过强化内部业务、横向部门、纵向层级和社会多元主体四个维度的协同配合，推动形成审批服务"共同体"。之后，随着改革的不断推进，内部资源逐步整合到位，协同的重点又转化为部门、区域、层级和社会多元主体。通过协同机制的推动，使审批服务从方便政府管理向方便企业群众办事转变，从部门分散管理向协同治理转变。最后，统一标准集成。济南市坚持以标准化赋能改革，以标准推动制度创新，以标准优化流程再造，以标准助力服务提升，结合全市政务服务工作特点和要求，重点推进服务事项、大厅建设和服务、内部管理、队伍建设、监督考核、信息建设和体系建设 7 个方面的标准化任务。

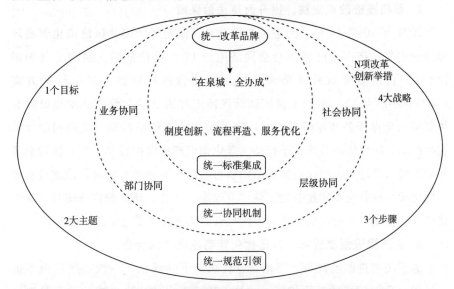

图 2　济南市打造国际化营商环境标杆城市思路示意

二 济南市打造国际化营商环境的主要做法

为加快转变政府职能，济南市从法治保障、简化审批、降低成本、创新监管、优化服务、集成标准、数字建设等方面入手，系统协同推进营商环境持续优化，取得了显著的改革效果，企业及社会公众满意度持续提高。在 2019 年、2020 年度山东省营商环境评价中，济南市蝉联第一；在 2020 年全国纳税人满意度调查中，济南市位列副省级城市、省会城市第一；在 2020 年中国城市政商关系排行中，济南位居全国第五；在全国 100 个大中城市人才吸引力排名中，济南位居全国第八；在央视财经频道《中国经济生活大调查》中，济南入选中国十大美好生活城市，市民幸福指数排名全国第三。

（一）法治改革赋权，强化制度基础

法治化既是优化营商环境的重要内容，也是优化营商环境的具体手段。济南市为强化法制保障，从改革立法、系统制度、工作专班等层面加强建设，不断完善营商环境的制度基础。

1. 积极推进改革立法，提升改革法治保障

2021 年 10 月 14 日，为进一步提升自贸试验区济南片区法治化营商环境建设水平，济南片区管委会会同济南市 12 个单位部门，制定了《中国（山东）自由贸易试验区济南片区法治化营商环境提升三年行动方案（2021—2023 年）》，明确了自贸试验区济南片区法治化营商环境建设的总体要求、重点任务和保障措施，从完善法律法规体系行动、提高司法保障能力行动、优化执法监管水平行动、强化知识产权保护行动、提升法律事务开放发展水平行动、深化自贸法治创新行动六个方面进行规范，推动现有地方性法规、政府规章和规范性文件"立改废"工作，研究制定济南片区法治化营商环境建设评价评估体系，为优化营商环境提供了有效法治保障。

2. 系统推进制度改革，打出优化营商环境"组合拳"

为系统推进制度改革，济南市迭代出台了《深化"一次办成"改革进一步优化营商环境的若干措施》《关于持续深化"一次办成"改革打造金牌营商环境的实施方案》《济南市营商环境提升行动实施方案》《济南市建

设一流营商环境实施方案》《济南市进一步改善营商环境十条措施》等制度文件，打出优化营商环境"组合拳"（见表2）。

表 2　济南市关于营商环境建设的主要政策汇总

出台时间	文件名称	主要内容
2018 年 6 月	《深化"一次办成"改革进一步优化营商环境的若干措施》	聚焦总体建设规划，对推进商事登记便利化、提高建设项目审批效率、构建高效政务管理体制、加强企业经营要素保障、减轻企业税负负担、建设诚信法治环境、完善惩戒评估体系提出要求
2020 年 1 月	《关于持续深化"一次办成"改革打造金牌营商环境的实施方案》	对标世界银行指标建设，在获得用气用水、劳动力市场监管、政府采购、招标投标、政务服务、知识产权创造、保护和运用、市场监管、包容普惠创新方面提出独具特色的八项建设任务
2020 年 4 月	《济南市营商环境提升行动实施方案》	细化任务，抓住法治建设、流程再造、数据应用、精细化服务四个关键点，明确 32 项具体任务
2021 年 4 月	《济南市建设一流营商环境实施方案》	突出系统集成、协同高效理念，围绕市场准入、企业发展、投资建设、法治保障、涉外服务和普惠民生六大环境建设提出 33 个方面，288 条举措；组织各指标专班，制定各指标领域专项改革方案
2021 年 6 月	《济南市进一步改善营商环境十条措施》	聚焦当前企业和公众反映最强烈、最为关注的重点领域，从服务企业全生命周期、提升投资吸引力、优化监管服务等维度，推出涉企、居民、人才服务"一口办理"，工程建设项目"集成审批"，新旧动能转换起步区"新区特办"机制等亮点举措

3. 强化改革保障，实行"一个专班、一套制度"

为保证改革措施有效落地，济南市成立了优化营商环境工作专班，制定优化营商环境实施方案，聚焦优化场景集成服务、提升建筑许可服务、升级打造不动产"云登记"品牌等指标，加强统筹、细化措施、销号管理，着力落实政务服务"双全双百"工程①。此外，为配合专班工作，加强工程项目全生命周期制度创新，围绕项目策划生成、设计方案审查、标准地供应与带方案出让"多证连发"、"多审合一、多测合一"、用地清单制等，推出改革文件56套、创新举措23项。

（二）简化审批赋速，激发市场主体活力

为建设具有长远利好属性的营商软环境，济南市在简化审批层面加大建设力度，打造了"极简审批"模式，在不动产登记服务标准化试点工作、"拿地即开工、建成即使用""独任审批师"制度等在多个领域实现全国首创，极大地激发了市场主体活力。

1. 以"五减一接"为抓手，开展"豁免清单、清零行动"

济南市以"五减一接"为抓手（削"减"申报材料、清"减"证明材料、压"减"审批环节、缩"减"办理时限、"减"少办事成本，实现企业、群众办事"一次办成"），通过制度创新、流程再造，进一步压缩审批时限、压减申报材料、减轻企业负担。目前承担和受委托实施的27项审批事项，均实现全程网办、不见面审批，有效降低企业准入门槛，释放市场主体创新活力。济南先后取消47类工业产品生产许可、1类计量器具制造修理许可、1类人员资格确认、1项药品生产企业备案，完成6类工业生产许可改强制性认证，工业产品生产许可由5年前的63类压减至目前的10类。取消、停征了产品质量监督定期检验费、工业产品生产许可证审查费和发证检验费、计量强制检定收费，仅工业产品生产许可一项平均为每家企业减负2万余元。食品相关产品等4类工业产品生产许可告知承诺发证，申报材料由15项缩减为3项，审批时限由2个月缩短为5个工作日；对符合条件的特种设备生产企业推行自我声明承诺换证；2019年12月起对自贸区检验检测机构实施告知承诺发证，平均发证时间缩短为7个工作日，比一般程序发证压缩时限超过95%。

济南市发布了建设工程规划许可和设计方案第一批"豁免清单"，对5大类、39项建设内容免予规划审查审批，对3类建设工程免予提交设计方

---

① 2021年4月17日，山东省人民政府办公厅印发了《山东省政务服务"双全双百"工程实施方案》，对简化事项办理流程、优化场景集成服务、编制工作规范、强化数据共享应用、线上线下协同推进提出要求。

案,对社会投资简易低风险项目实行设计方案告知承诺。开展存量审批事项"清零行动",采取提前介入、先行审核、容缺受理、并联审查等方式,确保规划审批3个工作日办结;加快征地报批,指导各区县、功能区加快推进补偿安置协议签订等基础性工作,确保市级审查5个工作日办结。企业投资项目在办理用地手续的"时段",实行容缺受理,提前介入进行审核、审批,待建设单位取得土地出让合同后,即可办理施工许可。采取"拿地即开工"模式,从取得使用土地批准文件到获取施工许可证为止,工业项目政府审批时间不超过15个工作日,其他投资建设项目不超过30个工作日。同时,精简审批事项和条件,取消施工合同备案、建筑节能设计审查备案等事项。实行区域综合评价评估制度,在各开发区、功能区和连片开发区域,对环境影响评价、水土保持方案、地质灾害危险性评估、地震安全性评价、雷电灾害评价、节能评价、文物保护、交通影响评价、泉水影响评价等事项,由建设单位"逐一"编报变为由各功能区、开发区或连片开发区"统一"编报,实现区域整体评价评估成果区域内建设项目共享共用。

2. 多维推进审批简化模式,减轻企业负担

济南市从开办企业、办理建筑许可、获得电力、获得用水用气、登记财产等多维度共同推进审批简化模式,确保企业办事高质量、高效率进行(见表3)。

表3 济南市营商环境简化审批模式内容

简化维度	主要内容
开办企业	压缩企业开办时间,实行企业开办"全城通办""全域通办"模式,拓展"政银合作"模式
办理建筑许可	创新"三减三加"工作机制,强化协同共享,审批系统功能显著,加强帮办服务,创新"项目管家"帮办
获得电力	政企信息共享共用,压减办电环节、办电成本
获得用水用气	推行"三零服务""一门"办理;优化燃气报装服务,拓展完善业务受理渠道,强化部门协同,规范燃气接入管线工程施工时限
登记财产	开展不动产登记服务标准化试点工作,实行"零资料办理""不见面办理","无排队服务大厅"实现随时就近办

一是在开办企业方面，围绕减环节、缩时限，实施开办企业流程再造，通过"互联网＋政务"的网络运行模式和设立"开办企业专区"的形式，形成多元化、立体化的申报审批渠道。推行审批服务"济泰一体化"工作模式，首批 52 个行政审批事项率先实施"一体化"通办；探索商事登记"即时审批"工作模式，将企业登记由工作日 8 小时向"全天候"延伸。将医保和住房公积金登记延伸至银行服务网点，逐步试点实施"异地申报、联动办理"，扩大"政银合作"服务网点数量和事项覆盖面。截至2021 年 10 月，济南市"政银合作"服务网点已达 200 余个，共为 5000 余家企业提供帮代办服务。

二是在办理建筑许可方面，坚持把"三减三加"工作机制作为推进改革的关键抓手，进一步优化流程，实现审批服务提速提效。在审批环节、申报材料、审批时限上做减法，在项目监管、服务方式、保障机制上做加法，截至 2021 年 10 月已制定出台告知承诺、容缺受理、并联审批、多审合一、多测合一、区域评估、联合验收等 46 项配套制度。创新推出工程建设项目"分段限时联合验收"模式，获得住房和城乡建设部肯定并在全国复制推广。社会投资简易低风险项目压减为 2 个环节、8 个工作日、"零费用"。推行重点建设项目全过程"项目管家"帮办服务，建成三级四层审批服务体系，组建 222 人帮办服务队伍，对全市 270 个重点项目进行一对一帮办服务，累计服务企业 300 余家。

三是在获得电力方面，政企信息深度共享共用，率先实现居民和企业客户"零证办电"，实现营业执照、身份证件等全部 9 类用电业务办理信息实时获取。取消工程建设项目电力接入申请环节，供电企业在工程建设许可阶段提供主动服务。延伸投资方面，低压接入"零投资"实施范围扩大至全市 160 千伏安及以下小微企业。压减办电环节、办电成本，取消工程建设项目正式供电的申请环节，供电公司在项目施工许可阶段主动服务建设单位，提供电力接入方案和审查意见；电网企业投资界面延伸至用户规划红线，实现企业客户用电报装电气部分"零投资"。

四是在获得用水用气方面，社会投资简易低风险项目供水报装服务实行零上门、零审批、零投资"三零"服务，建设单位无须办理任何许可手续，由相关市政公用服务单位负责。供水企业抽调业务熟、素质高的精兵强将，成立专办部门，实行"一门办理"，实现流程扁平化、管理一体化、人员专业化。持续优化燃气报装流程、精简申请材料、压缩办理时限。配合工程建设项目审批制度改革，优化新建工程建设项目燃气报装。强化部门协同，获得用气涉及的相关行政审批手续实行并联审批和简易程序办理制。燃气企业简化、优化、扁平化内部程序，建立并联协同工作机制，限时完成燃气接入管线工程的设计、施工、置换、验收等环节。

五是在登记财产方面，推行不动产登记"网上办""掌上办"，实现新建商品房"交房即办证"，依托"济南政务信息资源共享平台"，打通与住建、公安、民政、税务、法院等10多个部门的数据端口，通过信息化方式调用共享相关部门40余项数据和证照，近80%的业务类型可实现网上办理、自助办理，每年减少申请资料近350万份。通过出台政策文件，清理价值确认书、维修基金缴存凭证等20余项无法律法规依据的证明事项，对保留的法定证明事项通过信息共享、网上核实、告知承诺等方式予以简化，实现重点登记事项的"零资料办理"。打通与不动产登记密切相关的多个部门之间的联系，实现企业或群众"进一门，办多事"。深化与法院系统业务联办，建立"点对点"网络查控机制。

案例一　最大限度深化为民服务　获得用气立起"济南标杆"

济南市深入践行以人民为中心的发展理念，针对社会主体期盼燃气服务的效率更高、质量更好的客观实际，立足用户思维，聚焦用户体验，深化流程再造，将获得用气改革覆盖从报装到使用直至过户的全生命周期，进一步提升用户的获得感和办事体验。"获得用水用气"指标在2020年全国营商环境评价中取得全国第11名、全省第1名。省住建厅印发文件，"获得用气"相关工作被列为第一批典型经验在全省推广

一　主要做法和创新举措

（一）压缩时限，装上燃气服务"加速器"

在燃气报装压减至"用户申请、制定方案、通气使用"3个环节基础上，进一步梳理流程规范，压缩办理时限。一是在全省率先取消新建工程建设项目燃气报装申请环节。在新建工程建设项目的许可阶段，燃气企业即可通过市行政审批服务平台获得项目信息，并立即启动报装流程。改革后，新建工程建设项目燃气报装的环节优化成仅"通气使用"1个，办理

时限压缩至 1 个工作日以内。二是最高标准压缩办理时限。对照国家和省营商环境评价认定的最短时限，将用户参与办理的报装环节办理时限压缩至 2 个工作日以内，通气使用环节压缩至 1 个工作日以内。三是最大限度地压缩施工时间。统筹考虑国家规范标准的强制规定和工程施工实际情况，改变原有"用户申请后再招标引入施工队伍和材料"的方式，创新实施"提前招标"，燃气企业对施工单位及物资材料等实行定期招标，制定施工单位入围名录，物资材料实物储备，变"用户等招标"为"招标等用户"，确保施工队伍和材料实时到位。

（二）拓宽渠道，打通燃气服务"快车道"

为提升申请报装至通气使用的全过程、整体性满意度，以用户需求为导向，广泛征求企业意见建议，打通服务"快车道"。一是在全省率先纳入"爱山东"App。积极与省住房和城乡建设厅、"爱山东"App 工作团队及相关燃气企业沟通协调，率先将燃气企业相关业务纳入"爱山东"App，实现了燃气报装业务在线申请、查询进度。二是全面推行"一站式""一窗办"服务。整合燃气、供热企业营业厅资源，融合主城区主要燃气、供热企业业务，实现燃气、供热业务"一站式"办理，促进中期用气服务更加便捷。三是创新实施过户业务"点餐式"服务。多个市直部门单位和相关企业数据联动，在济南市政务服务网上线"水电气热联办"功能，用户除了在办理不动产登记时可以选择协同过户外，事后也可以随时"点餐"办理水电气热的协同过户。

（三）管家服务，配齐燃气服务"贴心人"

秉承"在泉城·全办成"的服务理念，燃气报装全流程优化与燃气企业"管家式"服务融合，推行全流程管家式服务，将"贴心服务"贯穿燃气报装全流程。一是"贴心管家"主动上门。燃气企业在获得新建工程建设项目的信息后，无须申请即启动报装流程，燃气管家主动联系建设单位，上门提供燃气服务。二是提供全流程跟踪服务。管家提前全面掌握用户需求，一对一提供用气方案、辅助办理开户手续，负责督促燃气企业内部工程进度、验收通气等，提供全过程管控服务，并将工作进展情况通过短信、电话及时向用户通报。三是提供全方位代办服务。管家为用户提供"代办"服务，免费为图纸不全的用户测绘，代替用户办理外线工程涉及的占据城市道路、绿化等行政审批手续，让用户足不出户、安享服务。

（四）实施评估，量化燃气服务"监督表"

将用户反馈作为重要指标评价燃气报装改革成效，注重收集分析用户意见建议，更好地指导燃气报装服务改进优化。一是创新探索行业服务第三方社会评价机制。发挥驻济高校科研优势，实施校地合作，综合运用暗访、电话调查、专家座谈、资料分析等方法，从服务内容、服务形式、服务品质、服务可持续性等不同维度对燃气企业开展综合评价。二是注重评价结果运用。根据第三方评估反馈的报告，组织各企业召开评价结果发布会，推广亮点工作，通报发现问题，跟进企业整改落实。三是落实用户回访。聚焦用户获得用气全流程体验，燃气企业严格落实用户投入使用后15个工作日内开展回访客户，对报装服务、管家代办指导等的服务态度、服务过程进行评价，分析项目获得用气工作成效，把监督权交给燃气用户。

二　取得的成效

（一）办理时限大幅缩减

小型工商户、普通工商户燃气报装全流程时间由原来的80多天优化调整到9个工作日、11个工作日以内，办事效率大大提高。

（二）办理渠道进一步拓宽

"政务＋公共服务"业务受理模式日趋成熟，不动产登记、水电气热过户等业务实现协同办、网上办，燃气业务入驻"爱山东"App，相关业务实现省内通办。19个气暖融合营业厅已建设完成，市政务服务中心窗口可受理燃气业务更加丰富，"一站式""一窗办"服务模式初成规模。

（三）群众评价更加满意

"管家式"服务贯穿服务全过程，工商业用户无须投入过多精力，即可享受优质服务，整个过程省心省力。

（四）燃气服务更加规范

通过落实一系列改革措施，燃气服务质量全面提升，燃气企业公开公示更加标准、规范，市场环境更加公开、透明。

（五）助力营商环境优化

获得用气的便捷快速，助力更进一步优化营商环境，有力地确保了全国营商环境大考的成绩。

资料来源：济南市委改革办。

3. 审批服务制度创新，首创"独任审批师"制度

济南市在审批服务制度创新上实现突破，国内首创"独任审批师"制度，变简易事项"一审一核"为"独任审核"，规范独任审批师遴选、业务评查及退出全流程管理，市、区两级遴选产生176名独任审批师；梳理公布754项独任审批事项，平均审批时限压缩67%。推行容缺受理、告知承诺制度，济南市行政审批服务局梳理公布首批755项容缺受理事项清单，占市级进厅事项的89%，可容缺受理材料1496件，涉企事项实现100%容缺受理，重点建设项目实现容缺受理常态化。

济南市大力推行相对集中行政许可权改革，实现"一枚印章管审批"

（1）强化队伍管理，确保"独任审批师"的专业性。一是健全领导机制。成立"独任审批师"工作委员会，负责遴选、配置、聘任、评查、退出工作，依据独任审批事项确定"独任审批师"配备。二是严格遴选聘任程序。明确"独任审批师"应具备的包括工作年限、业务能力等在内的四项条件。各业务处室择优推荐"独任审批师"人选，经组织人事处、政策法规处、监督考核处审核通过后，提交工作委员会综合考核。经公示后，

工作委员会主任签署授权书和聘书,明确该"独任审批师"负责的审批事项。三是建立完善退出机制。明确"独任审批师"自然退出和应当退出的具体情形,保障"独任审批师"享有自愿申请退出权利。"独任审批师"退出由工作委员会进行备案管理。

(2)明晰职责边界,确保"独任审批师"职责的明晰化。一是明确独任审批事项范围。独任审批事项范围为法律关系明确、材料简单、事实清楚的行政审批事项,不涉及技术审查(包括现场查验、现场考评、鉴定评审等)、利害关系人提出异议、需要举行听证、重大执法决定法制审核等特殊情形的事项。二是实行终身负责制。按照"谁审批、谁负责"的原则,"独任审批师"对独任审批事项审批决定实行终身负责制。"独任审批师"必须在公开承诺时限内核准办结,符合当场办结条件的,要当场办结;严禁越权审批,严禁随意提高或降低法定条件。三是"独任审批师"自觉接受监督。"独任审批师"自觉按照承诺书要求,独立开展行政审批服务工作,并主动接受服务对象及评查工作专班的日常监督。凡超越授权权限滥用职权或违反规定程序实施审批行为的,依法依规对其追究责任。

(3)完善监督考核,确保"独任审批师"评查的科学化。一是加强制度设计。出台"独任审批师"管理办法、"双随机"评查工作细则、承诺书等制度规范,建立完善遴选、配置、聘任、评查、退出机制,确保创新成果合法有序运行。二是采取双随机评查机制。评查工作通过随机抽取评查对象、随机选派评查人员,依照法定职责对被评查对象进行监督检查的工作机制。监督考核处负责牵头组建"独任审批师"审批业务质量评查工作专班,全面负责"双随机"评查工作相关事宜。"双随机"名录库实行动态管理。三是建立"一评查一通报"制度。确定随机评查的比例和频次。随机评查比例原则上不低于评查对象名录库的20%,随机评查频次原则上每年不少于2次。评查结果作为年度考核的重要依据。双随机评查全程留痕,实现责任可追溯。对评查中发现的问题,及时予以通报,督促"独任审批师"纠正或补救。

深化审批制度创新,打造具有济南特色的"极简审批"模式,产生了良好外溢效应。济南市行政审批效率显著提升,审批环节和流程极大简化,提交材料大幅减少,审批时限大为缩减,办事成本明显降低,为市场主体创造了良好的发展环境,企业群众的获得感显著增强,行政审批市民服务热线办理满意度 99.58%。截至 2021 年 10 月，行政审批局各分厅及窗口受理申请 33 万件，现场受理件即时办结率达 80% 以上。"极简审批"提升了审批速度和服务温度，擦亮了"在泉城·全办成"服务品牌，推动了营商环境持续优化，济南市在 2019 年山东省营商环境评价中获得第一名，获得了 2020 年中国"国际化营商环境建设标杆城市"荣誉称号。

（三）降低成本赋资，减轻交易主体负担

为降低民营企业及中小企业税收成本、通关成本、融资成本，让企业轻装上阵，济南市释放了一批有分量、有温度的政策红利，持续推动减税降费，降低企业经营成本，以此激发企业活力，最大限度地发挥市场主体的积极性。

1. 降低税收成本，激发内生动力

2020 年，济南市税务部门累计落实新增减税降费 137.5 亿元。其中，2020 年出台的支持疫情防控和经济社会发展税费优惠政策新增减税降费 40.2 亿元。同时，落实原有的金融资本市场、高新技术、小微企业、出口退税等税收优惠政策 722.6 亿元，全力支持企业复工复产、加快发展。全面落实社保减免降费政策，积极落实阶段性减免三项社会保险费、降低社保费率和调整基数口径政策，减轻企业和职工负担，全年共计为企业和职工减负 157.25 亿元。税收成本的降低有效激发了市场主体内生性活力，为落实营商环境建设举措提供了源头保障。

2. 降低通关成本，推进收费公开透明

济南市通过降低通关成本，降低了企业运行成本，提高了收费的公开透明程度。一是推进口岸收费公示。组织相关部门，督导口岸经营服务单位梳理收费环节、收费项目，完善口岸收费目录清单。目前，所有口岸相关企业全部在口岸现场、口岸网站和山东国际贸易"单一窗口"向社会公布了通关环节各项收费标准，企业可通过"单一窗口"口岸收费公示系统实现收费项目的自主维护、发布，实现口岸收费公示动态管理。二是降低企业通关费用。一方面，协调机场公司、国储物流公司等口岸运营主体针对包舱、包机企业及中欧班列大客户给予优惠，并针对欧亚班列，实行监管场站（口岸）集装箱基本操作费实施政府购买服务，市政府承担对海关查验无问题集装箱吊装、移位、仓储费用等措施，降低监管场站操作成本，推动口岸收费降低。另一方面，积极发挥政策扶持作用，帮助企业参

与改革试点，享受政策福利，推广一般纳税人试点、企业集团财务公司担保模式、自贸区出口退税专班制度等，保障高效的现金流，提高竞争力。三是加强口岸收费检查。建立口岸收费监管协作机制，成立由发改、财政、商务、市场监管、海关等部门组成的清理口岸收费工作小组，加强口岸收费检查，杜绝违规乱收费行为。

3. 降低融资成本，建立知识产权服务机制

首先，济南建立了融资补贴机制，省、市两级资助政策叠加，最大可将融资成本降低为零。实施中小微企业融资费用补助，对中小微企业流动资金贷款按年度实际融资费用的 40%（小微企业按照 50%）给予补助，单户企业年补贴额最高不超过 30 万元。加大担保机构业务补助及奖励力度，支持担保机构发展，降低融资担保费用，对为中小微企业提供融资担保服务的担保机构，给予不超过 200 万元的业务补助，并按照当年新增中小微企业担保业务增量给予不超过 200 万元的奖励，政府性融资担保机构年化担保费率原则上不超过 1.8%。其次，建立风险补偿机制，对因知识产权质押方式所产生的不良贷款项目补偿标准再提高。建立"政银"信贷风险分担机制，就合作银行对支持小微企业贷款产生的风险给予补偿。最后，建立企业专利权质押融资需求信息库及知识产权联盟服务机制，为企业量身定制知识产权运用方案。

案例二 创新"信易贷"济南模式

为落实党中央、国务院缓解中小企业融资难、融资贵有关部署，济南市创新打造"信易贷"模式，成效显著。2020 年 8 月，国家发展改革委专刊通报推广济南市"信易贷"工作经验。10 月，济南市在全国"信易贷"工作会议上作典型发言。2021 年上半年，济南市企业信用贷款占全部贷款比重的 34.69%，占比高于全国平均约 18 个百分点。其中，全国"信易贷"平台（济南站）发布融资需求笔数 885 笔，需求金额 155.79 亿元，成功授信 360 笔，授信金额 107.14 亿元，保持了持续高速增长的良好态势。

济南市多措并举，创新推广"信易贷"模式，在畅通资金直达实体经济渠道、降低中小微企业融资成本、激发市场主体活力等方面取得了积

极效果。

一　以信用数据为核心，创新信用贷款模式

济南市依托大数据、云计算等金融科技手段，以数据为核心，以制度为引领，创新金融服务产品，不断提升信用贷款占比。截至 2021 年 6 月 30 日，济南市企业信用贷款余额 5617.45 亿元，较 2020 年末增长 5.26%，占全部贷款比重的 34.69%，信用贷款占比高于全国平均约 18 个百分点。

（一）以制度为引领

会同人民银行济南分行营管部出台《关于在全市银行业金融机构中推广应用济南市公共信用信息平台的通知》（济银部发〔2019〕101 号），依托金融城域网开展全市商业银行公共信用信息平台推广应用工作，为全国"信易贷"服务示范平台开发单独接口，在企业授权前提下，为金融机构共享企业公共信用信息。

（二）搭建"信易贷"业务信息数据库

基于"一网四库一平台"架构，搭建起全市统一公共信用信息平台，为政府部门、金融机构等提供信用信息查询、共享、应用一体化服务。截至 2021 年 10 月，市信用平台归集信用信息近 7 亿条。

（三）创新信用贷款产品

全国"信易贷"平台（济南站）上线以来，着力增加普惠金融和产品供给，涵盖税融 e 贷、流动资金贷、线上供应链保理融资、轻松 e 贷、政采 e 贷、人才贷、科技精英贷、鲁智贷、鲁易贷等金融产品 205 个，搭建起丰富的普惠金融产品体系。

二　以政策激励为引领，严防金融机构贷款风险

济南市通过组建"信易贷"推进专班，出台"信易贷"财政资金补贴专项支持政策，引入融资担保、财产保险等专业金融机构，搭建起"风险补偿＋担保增信＋财政补贴""三位一体"风险缓释体系。

（一）"信易贷"专项财政补贴政策落地见效

印发《关于支持全国中小企业融资综合信用服务平台有关事项的通知》并出台了实施细则，成为全国首个以市政府文件出台的"信易贷"平台专项支持政策。2020 年度，"信易贷"专项补贴 102.33 万元，覆盖 8 家

金融机构 110 笔小微企业贷款，贷款金额 4.37 亿元。

（二）建立"融资担保＋补偿资金"风险共担模式

将"信易贷"平台全面纳入工信、人才、科技等领域风险补偿体系，对依托平台形成的、符合规定条件的不良贷款，最高按 70% 的比例给予风险补偿。与济南融资担保集团实现信用数据互联互通，降低小微企业担保费率，推进批量业务担保互信流程，100 万元（含）以下的项目，实现"见贷即保"，100 万元（含）以下年化保费率降低 50 个基点。

（三）筑牢"信易贷"协同推进工作机制

市发展改革委牵头，会同市地方金融监管局、人民银行济南分行营管部、山东银保监局支持服务济南市金融改革发展工作专班成立了"信易贷"工作推进专班，将各区县"信易贷"工作评价结果纳入经济社会发展综合考核和区县信用状况监测；按季度对金融机构开展"信易贷"工作情况进行通报。

三　以优良服务为基础，当好企业融资"店小二"

以优化营商环境、提升社会治理水平为核心，市发展改革委牵头，搭建起"三个一"服务体系，即成立一个专门机构，推荐一份企业名单，共享一份评价结果。指导成立"信易贷"运营中心面向企业宣传推广"信易贷"政策、平台，为企业提供免费服务；建立金融监管部门、地方政府部门联动名单推荐机制，为金融机构推荐信用状况良好的中小微企业；创新探索信用分级分类评价结果在金融领域的应用，共享评价结果信息。

（一）成立专业推广机构

成立"信易贷"平台济南运营中心，组建高素质专业团队，负责平台的推广、运营和宣传工作。几年来，累计举办"信易贷"专项推广会 40 余场，开展"金融服务街镇行，普惠金融进基层"活动，实地走访企业 300 余家，培养了政府部门、金融机构、运营中心专业化"信易贷"推广队伍。

（二）建立推荐企业名单常态化机制

建立名单推荐机制，加强金融监管部门、地方政府部门、银行及企业之间的多边互动和深入沟通，依托"信易贷平台济南运营中心"微信公众号开发融资模块，为企业提供注册、发布需求、对接银行等一站式融资服务。2021 年 1～6 月向全国"信易贷"平台（济南站）推荐企业名单共有 642 家中小微企业，其中获贷企业 308 家，获贷比例 47.98%，获贷金额共计 15.98 亿元。

（三）探索共享信用评价结果

2020 年，以市政府文件印发实施《济南市企业信用分级分类监管办法（试行）》。几年来，我们创新探索信用分级分类监管评价结果在金融领域应用，按照金融机构业务需求，将公共信用评价 B 级以上，纳税、营收等金融信贷信息良好的企业，共享至试点金融机构。在企业授权的前提下，将企业公共信用评价等级推送至全国"信易贷"示范平台，供金融机构参考使用。

资料来源：济南市委改革办。

（四）包容监管赋力，构建全流程监管体系

为推行包容审慎监管，济南市招标投标推行一标一评、标后评估和绩效评估，以"双随机、一公开"为核心，建立了"1 + 4 + 6"的事中事后监管体系，全国首推行政处罚"四张清单"制度，构建了高效有力、精准实施的全流程监管系统。

济南市牵头成立黄河流域省会城市审批服务联盟，企业登记实现跨省通办

1. 聚焦系统改革问题，建立事中事后监管体系

济南市市场监管局联合市委改革办，认真研究分析"放管服"改革推进过程中产生的监管问题及原因，结合济南审管分离等特点，聚焦系统改革、机制优化、流程再造，以构建全市"监管一张网"为支撑，以部门职责边界清单、重点监管事项清单、行政执法事项清单、年度行政执法检查计划为基础，以审批监管联动、事权履职联动、部门执法联动、监管评估联动、响应惩戒联动、协同共治联动为重点内容的"1 + 4 + 6"事中事后监管体系为抓手，整合各项监管改革工作任务，加强改革措施的联动协同，推动改革成效叠加释放，助力全市营商环境持续优化，增强企业、群众对改革的获得感和幸福感。

（1）审批监管联动。对审管分离事项，按照"谁审批、谁负责，谁主管、谁监管"的原则，审批部门对审管分离事项的审批行为、审批过程和审批结果负责，对于采取虚假承诺或违背承诺取得审批的，由审批部门负责处置，主管部门负责后续监管，建立审管互通共享和信息双向反馈机制。对取消行政审批、审批改为备案的事项，主管部门按照"证照分离"改革要求履行监管职责，杜绝出现监管空白。

（2）事权履职联动。健全监管工作联动和履职协调机制，推进跨领域跨部门综合执法，破解部门监管职责不清、边界不清等问题。

（3）部门执法联动。建立综合监管机制，健全跨部门、跨区域案件移转、情况通报和执法联动工作机制，完善行政处罚与刑事司法衔接机制。

（4）监管评估联动。建立监管预警机制，加强对风险较高、无安全指标或与人民群众生命健康及公共安全密切相关的行业、领域、市场、产品的风险跟踪预警。加强对新技术、新产业、新业态、新模式发展规律研究与评估，量身制定监管规则和标准。严格落实精准执法、预警提示、容缺执法、柔性执法等措施，规范监管行为。推进重点领域监管，实行全主体、全品种、全链条严格监管，引导经济社会健康有序发展。

（5）响应惩戒联动。加快市场主体信用体系建设，完善以统一社会信用代码为标识的市场主体信用记录，实行信用承诺制度，推行"信用 + 政务服务""信用 + 行政监管"等，实施跨部门联动响应机制和失信惩戒机制，使失信企业"一处违法、处处受限"。同时，健全信用修复、异议申诉等机制。

（6）协同共治联动。强化市场主体责任，提升行业自治水平，发挥社会监督作用，建立"吹哨人"、内部举报人等制度，引导更多社会力量参与市场秩序治理，加快构建市场自律、政府监管、社会监督互为支撑的社会共治格局。

2. 以"双随机、一公开"为核心，持续推进联合监管

市场监管方面，济南以"双随机、一公开"监管（在监管过程中随机抽取检查对象，随机选派执法检查人员，抽查情况及查处结果及时向社会公开）为核心，探索"事前承诺、事中抽查、事后修复"监管机制。全国首推行政处罚"四张清单"制度，28个市级执法部门编制不予处罚、减轻处罚、从轻处罚、从重处罚等"四张清单"，涉及808项处罚事项。一是持续完善规章制度。进一步健全抽查事项清单、科学制订抽查计划，规范抽查工作流程，制定双随机抽查工作考核规定（试行），加强考核督导、保障任务落实。二是持续整合关联事项。会商研究、充分考虑监管检查事项的耦合性和监管职责的关联性，将具有市场监管职能的市级部门全部纳入，将更多检查事项纳入联合抽查范围，尤其是各部门对同一类市场主体实施检查频次高、对企业干扰大且适合合并的检查事项。三是全面实施差异化监管。全面应用省企业信用风险分类管理系统，科学实施分级分类的差异化监管，确定双随机抽查的范围、对象和比例，对风险等级高的监管对象，提高抽查比例和频次。在保证必要抽查覆盖面和监管效果的前提下，尽量减少抽查频次，进一步提高双随机抽查工作的精准度。四是推进"五个全覆盖"。积极推动监管部门、部门联合监管事项、抽查事项计划结果公示、风险分类、包容审慎等五个全覆盖。

2021年，济南市市场监管系统已完成1.4万户市场主体抽查，抽查的精准度和有效性显著提升。参与联合抽查的部门从2020年的23个扩展到了目前的36个；联合抽查事项达到146项，是2020年联合抽查事项的2.7倍。

3. 建立评估惩戒体系，加强督促整改落实

济南市从监测评价、投诉举报、问责惩戒等方面完善了评估惩戒体系。一是建立营商环境监测评价体系。参照世界银行营商环境评价指标体系，选取开办企业、办理施工许可、市场开放度等指标，建立营商环境监测评价体系，推进相关部门进一步减环节、优流程、压时限、提效率。二是建立营商环境投诉举报平台。组建全市统一的营商环境投诉平台，精准发现影响和破坏营商环境的问题，加强督促整改、反馈落实和跟踪监控。企业对损害营商环境的投诉举报，在 5 个工作日内予以答复。三是建立营商环境问责惩戒机制。实行定期考核制度，进行常规月、季、半年考核，建立考核台账。将政务服务"好差评"结果纳入考核范围。定期组织业务、规范考试，将考试成绩列入绩效考核内容。不定期开展明察暗访，严肃工作纪律。纪检监察机关加强对优化营商环境落实情况的监督检查，加大对不担当、不作为、乱作为等突出问题的整治力度，将问责情况纳入党风政风行风正风肃纪民主评议，对典型问题进行通报曝光，确保各项改革措施取得实效。

济南市在全国省会城市中率先成立首个市级企业服务中心

（五）优化服务赋效，务实提质惠企便民

济南市政府立足于企业诉求，强化权利保障，全方位、高标准优化提升服务，实现了市、区、街（镇）、社区（村）四级政务服务体系全覆盖，有效保障了各类投资者的权益。

1. 聚焦企业需求，开拓创新多元服务

济南市聚焦于企业自身利益需求，从保护中小投资者、纳税、跨境贸

易、优化金融服务、劳动力市场监管、包容普惠创新、外商投资企业登记服务等方面加强建设（见表4），持续优化服务供给。

表4　济南市营商环境优化服务内容

服务层面	主要内容
保护中小投资者	立案登记制改革、建立"三位一体"服务体系、实施"提质增效"工程
纳税	创新服务模式，压缩纳税时间，构建"2+7+24"组织体系
跨境贸易	"一物一码"技术探索贸易新模式，实现"无感通关"，推广"单一窗口"应用
优化金融服务	提供"101"模式金融服务，运用数字金融一贷通金融综合服务平台，提供"一站式"融资服务
劳动力市场监管	推进"不见面办理"服务、线上"互联网+调解"，搭建网上举报投诉系统
包容普惠创新	完善科技成果转化"1+6+N"平台，深化科技计划改革，打造"零干扰"的项目评价工作模式
外商投资企业登记服务	开展外商投资企业登记帮办服务，推进外商投资企业登记便利化，进行流程再造

（1）保护中小投资者方面，创建"示范判决+诉前调解+平行化解"模式，实现繁案精审、简案快审、诉前调解、合并审理，有效提升案件审判质效。深化立案登记制改革，全面升级诉讼服务，建成诉讼服务中心、诉讼服务网、诉讼服务热线"三位一体"服务体系。扎实推进多元化解纠纷机制改革、案件繁简分流机制改革。两级法院持续推进诉调对接平台建设，全部建立诉调对接中心，并依托人民调解组织体系，建立四级诉调对接机构，大力实施"提质增效"工程，全面构建繁简分流机制，施行简案快审、繁案精审，促进审判质效提升。

（2）纳税方面，创新服务模式，压缩纳税时间。济南开发了电子纳税信用证明，通过"中台集成"，办理时间压缩50%以上；通过"后台赋能"，打造"智慧调度中心"。创新推出增值税留抵退税确认制，通过大数据分析和流程优化，对于符合退税条件的纳税人，企业只需核实确认便可实现"一键退税"。秉承"非接触式"办税缴费服务的理念，充分利用网站、微信、鲁税通等平台,做好各项非接触式办税业务。开发"济南税务百度小程序",让纳税人获得"搜索、问答、出行即服务"的体验。

(3)跨境贸易方面,探索贸易新模式。利用"一物一码"技术探索贸易新模式,以"货物出区便利化、一物一码可追溯、展销商品可退回、交易完成才缴税"的监管模式,实现对进口商品全流程追溯,在山东自由贸易试验区济南片区实施"链上自贸"保税展销模式。济南机场北指廊口岸查验基础设施顺利通过联合验收,采取出境"海关+安检,一次过检",进境"先期机检+人脸识别"模式,助力实现"无感通关"。通关举办企业培训班等形式,推广"单一窗口"应用,并积极对接省有关部门,完善相关功能。截至2021年10月,主要业务应用率稳定保持在100%,税费支付、出口退税、出口信用、保险服务、银行服务等业务已被纳入"单一窗口"。

(4)优化金融服务方面,建设"一贷通"综合金融服务平台,为小微企业提供纯线上"101"模式(1分钟申请、0人工干预、1秒钟放款)金融服务。济南市搭建普惠金融、供应链金融、应急转贷、股权投融资和动产质押等五大特色融资服务平台,拓宽企业融资渠道。组建政府性融资担保集团,提高融资担保能力,构建省、市、区三级融资担保体系。运用数字金融一贷通金融综合服务平台,上架17家金融机构、33款金融产品,为中小微企业及个人提供无抵押、纯信用、在线办、快审批"一站式"融资服务。创新推出"区块链技术赋能泉城链助企惠民",为个人或企业精准画像,将"静态数据"转变为"流动资产",促进大数据与实体经济深度融合。

(5)劳动力市场监管方面,推进"不见面办理"服务。疫情期间,通过梳理业务流程,打通技术手段,将培训、求职招聘、各类就业创业补贴申请全部实行全程网办。充分发挥"互联网+"远程信息技术作用,搭建静默认证平台,开启社保待遇资格无感认证服务新模式。推进线上"互联网+调解",组织举办了全市劳动人事争议"互联网+调解"信息服务平台管理员培训班。多元化畅通维权渠道,搭建网上举报投诉系统,建设手机App举报投诉系统,向社会公布欠薪举报二维码,农民工通过手机扫描二维码就可以举报欠薪线索,实现了欠薪案件一点举报投诉、全市联动受理。

(6)包容普惠创新方面,加快推进科技创新平台建设,持续完善科技成果转化"1+6+N"平台,支撑和推动"聚、联、转、孵、办"创新局面。整合资源，首创"金卡"服务，延伸"指尖"服务，跟进"有求必应"服务，实现人才服务"一键直达"。深化科技计划改革，打造新的科技计划框，科技计划体系调整为七大类，并逐步减少立项数量，加大重大创新平台的单体支持强度。打造"零干扰"的项目评价工作模式，支持中小企业公共服务平台发展。市中小企业公共服务中心近三年年服务企业数量均在 1.5 万家次以上，打造"小微企业之家"公共服务品牌及两个子品牌，年开展活动数量均过"双百"。截至 2021 年 10 月，济南市中小企业公共服务平台数量达到 92 个。

（7）外商投资企业登记服务方面，围绕登记帮办、登记便利化、流程再造等方面推行系列措施。一是开展外商投资企业登记帮办服务。组建市级及各区县、经济园区外商投资企业登记注册三级帮办服务队伍，对重点外资项目实行"一对一""全过程"帮办服务，让每个外商投资企业都能享受到高水平、高质量的帮办服务，助力打造全市对外开放新高地。二是持续推进外商投资企业登记便利化。积极支持具备条件的区县市场监管局向国家市场监管总局申请外商投资企业登记授权，对暂时不具备条件的区县市场监管局开展外商投资企业登记委托初审工作，方便外商投资企业就近办理登记业务。三是进行流程再造。制定《济南市市场监督管理局简化外商投资企业市内迁移登记流程实施方案》，流程优化升级，解决外商投资企业迁移登记过程中"两头申请""往返跑"等问题。

2. 提升政务服务效能，提供"一站式服务"

济南高标准通过了政务服务标准化国家级试点验收，形成包含 1296 项标准的政务服务标准体系，实现市、区、街镇、村（社区）四级便民服务场所大厅服务、事项办理、运行保障全面规范。打造政务服务智惠导服体系，研发上线政务服务"智享地图"，实现企业群众办事一键查询、咨询、办理，全力助推网上政务服务能力提升。

一是持续完善大厅功能布局。立足企业、群众办事需求，各分厅根据工作实际优化窗口配置，设置了咨询区、投诉区、"找茬"窗口等多种功能区域。完善便民服务硬件设施，设置了绿色通道、军人窗口、爱心妈妈小屋等特色窗口、区域，为办事群众提供贴心、温馨的政务服务。

二是扎实推进"一窗受理"。完善各分厅政务服务大厅综合窗口设置，统一实行"前台综合受理、后台分类审批、统一窗口出件"模式。例如，为给企业群众提供高效便捷的"一窗受理"服务，济南市住房和城乡建设局开发了"济南住建一窗受理服务平台"，通过数据平台规范前台业务需求收集，提升后台业务审批效率，加强前台后台互联互通，保障综合受理、统一出件的准确性与便利性。目前，济南住房和城乡建设局依申请政务服务事项均已实现全程网办。

三是建立健全工作规范。各分厅强化服务规范，制定标准化文件，编制完成《济南市政务服务大厅建设大厦分厅工作规范汇编》《房产交易大厅管理办法（试行）》《建设大厦分厅服务人员绩效考核办法》等，对分厅工作人员服务要求、工作标准等予以规范，落实首问负责制、一次性告知、限时承诺、容缺受理、限时办结、公开承诺、告知承诺等工作机制。

3. 强化权利保障，优化司法服务

2020 年 4 月，山东省内首家破产法庭在济南挂牌成立，建立了府院联动工作机制和破产简化审理机制，全面提升破产审判质效，推动"僵尸企业"快速出清，从立案受理到终结破产程序最短仅用时 34 天。同时，深化立案登记制改革，全面升级诉讼服务中心、诉讼服务网、诉讼服务热线"三位一体"服务体系，完善多元诉调对接体系，建立金融保险等多发性联动机制，推进投资者纠纷多元化解。

（六）标准集成赋能，打造样板流程

济南市践行"整体政府"理念，通过打造标准化样板流程，深化办事流程、部门职能、涉企政策、数字资源和服务方式集成，实现"异地通办""一键查控""一链办理"，加快推动政府治理体系和治理能力现代化。

1. 打造标准样板流程，大力推进"异地通办"

优化企业开办流程，将企业开办涉及的 7 部门 8 事项合并办理，全市范围内企业开办半日办结。一是完善"企业开办大礼包"，为新开办企业提供市长署名的一封信及全套印章、税控设备和涉企综合服务卡等。二是持续深化"政银合作"，与 27 家银行合作设立企业登记代办点 200 余家。三是在山东省内率先实现企业开办"全城通办"，实现省会经济圈 7 地市"全域通办"。2020 年 11 月 19 日，济南与西安、太原等沿黄 6 省会城市成立"审批服务联盟"，颁发黄河流域省会城市首张"跨省通办"营业执照，为构建黄河流域"跨省通办"政务服务"生态圈"蹚出了新路子。四是精简

合并审批、审查环节，全面推行多诺合一、多审合一、多验合一。改水热气电通信等报装审批为主动服务；工改系统打通 35 个自建业务系统，实现全流程网上办理。2020 年 7 月 10 日，济南首个"带方案出让"项目——"山东省标识创意文化产业园"一日之内"四证连发"。

2. 强化系统集成，实现线上业务"一键查控"

济南市建立了"一码关联"体系平台，完成 230 余个项目的编码工作，集成 2003 年以来批地和供地图形数据 3.4 万宗、2009 年以来规划许可图形数据 7300 个，贯穿"选址预审、用地报批、土地供应、用地许可、工程许可、竣工验收、确权登记"全过程，实现了全链条追溯和全方位关联。与此同时，优化"多规合一"平台功能，以国土空间规划、控制性详细规划等成果数据为底图，梳理已编、在编专项规划，叠加建立数据集中、标准统一、信息共享、部门协同的"一张蓝图"规划体系。

3. 深化集成式流程再造，推进"一链办理"

济南市深化集成式流程再造，实现"一张表单整合申报、一个窗口综合服务、一套标准并联审批、一个系统统一管理"的"四个一"标准化流程改革。"一张表单""一窗受理"等前端服务优化升级，后端审批改革多措并举，围绕一套标准实施并联审批，通过"多规合一""多评合一""多诺合一""多审合一""多测合一"等集成式改革，最大限度地优化后台审批办理效率。社会投资简易低风险项目全流程审批整合为两个阶段各 1 个事项。

推进"一链办理"改革，选择与企业群众生产生活密切相关的重点领域和高频事项，将不同部门、不同层级的事项关联整合，变"一事一流程"为"多事一流程"，157 个事项实现"一链办理"。济南市在 50 个行业推行"一业一证"改革，将一个行业经营涉及的多张许可证整合为一张行业综合许可证，加载集成有效许可信息的二维码，实现许可信息一码覆盖。企业只需填报一张表、提交一套材料、申领一张许可证，即可实现"拿证即经营"。

案例三 以"标准化"引领不动产登记"加速度"

济南市不动产登记中心围绕近年来出台的一系列创新服务举措，结合优化营商环境要求,积极谋划"互联网+"时代背景下的标准化建设工作,从信息共享、流程优化、服务延伸、窗口服务、队伍建设等方面进行全面梳理,分别制定相应的操作规范、步骤流程,建立了覆盖不动产登记服务全过程的标准化体系,解决法律法规、政策文件"最后一公里"的落地问题,推动不动产登记发展"加速度"。

该模式已在济南全域推广,95%以上的不动产登记业务实现当日办结。自然资源部将济南列为不动产登记规范化标准化综合创新联系点建设试点城市、国家公共服务和社会管理综合标准化试点单位。2020年11月,济南市不动产登记服务国家级社会管理和公共服务标准化试点项目以95分高分顺利通过国家标准委终期验收,成为全国行业首创。在2020年全国营商环境指标评价中,济南市因财产登记指标而荣获全国标杆城市,名列第五名。

一　主要做法

（一）信息共享标准化,零资料办理登记事项

一是统一共享数据的标准。依托"政务信息资源共享平台",制定统一的授权访问标准和文档,通过信息化方式,共享住建、公安、税务、法院等10多个部门40余项数据和证照,并应用于具体的登记业务中。在济南市大数据局和人民银行配合下,利用人民银行征信专线互联的模式,一次打通全市50家金融机构（含金融资产公司）的网络互通,为开展金融机构不见面办理提供保障。

二是制定标准的资料提交清单。针对96类不动产登记业务,制定详细的业务办理的标准化文件。将20余项无法律法规依据的证明事项全部剔除,对保留的法定证明事项通过信息共享、网上核实、告知承诺等方式予以简化。通过共享取得的,不再要求群众提交原件,实现"为群众提供资料"的改革目标。

三是实施线上办理的标准化。入驻政府统一组织开发的"山东政务服务网""泉城办"手机App等线上系统,使用国标体系下的身份认证、电子签名等技术;制定各类标准合同范本,形成了标准的电子化申报材料,保证"零资料申请"顺利实施。

（二）办理流程标准化,全业务高效办理

一是完善业务标准体系。建立服务和管理互为补充、相辅相成、协调

推进的综合标准体系。打通新建商品房群众办证难的问题，率先推出了开发商预申请，业主后期可随时申请转移登记和抵押登记，杜绝了强制代理现象发生。

二是统一登记业务的流程。将标准化体系纵向延伸到市、区，形成全市统一的服务规范和服务流程，充分体现全覆盖、重创新、高统一的特点。制定《不动产登记标准流程及时限》规范，将不动产登记登簿和制证环节、缴费和领证环节合并，使用电子证照取代传统纸质证书。将面向服务对象的受理、见证、收缴税费、发证、查询等环节纳入统一管理。

三是建立标准化审核规范。汇集成近十万字的《济南市不动产登记业务操作手册》，使不动产登记各项业务、各个过程均实现程序化、标准化。率先编纂不动产登记业务"零基础审核"标准文件123个，建立登记官会审、业务例会的标准化制度，形成了一线人员参与、中层充分讨论、领导集体决策的模式，使业务疑难问题、遗留问题得到规范解决。

（三）延伸服务标准化，"全链条"拓展服务空间

一是实现交易、税收业务的"交互链动"。将交易、登记、税务三个部门的工作"串联改并联"，集成至"综合窗口"一窗办理，采取委托授权的方式，窗口人员统一受理办理事项、统一对外答复、统一规范操作，实现多个部门业务办理的"交互链动"。

二是实现多个业务的"承前链动"。与公证部门联动，办事群众在办理委托、继承等公证事项时，可同时申请不动产登记；与法院对接，建立"点对点"网络查控机制，济南市各级法院可以通过网络查询及网络办理不动产查封、续封、解封等业务；与建设工程审批验收部门联动，新建房屋在申请项目竣工验收时，可实现"验收即办证"。

三是实现相关公用服务的"继后链动"。利用不动产登记"一网通办"平台，进一步加强不动产登记系统与水、电、气、热、有线电视等公用服务系统对接，实行不动产登记与相关公用服务事项网上协同办理过户，并逐步扩大联动过户事项的覆盖面。

（四）窗口服务标准化，有效提升口碑形象

一是人性化服务立标准。建立《服务大厅管理规范》等通用规范，引入7个标准动作和7句标准用语的"7＋7"流程，通过晨会持续训练，固

化为服务习惯，窗口服务质量和群众满意度持续升高；设立全国首辆流动服务车，制定了针对流动服务的标准化管理措施，为大型企业社区和特殊群体提供上门服务，体现窗口服务的人性化。

二是答疑解惑亮标准。统一咨询标准化，针对不动产登记业务复杂、群众咨询难的问题，制定现场、电话、网上、微信等咨询服务规范，在为群众答疑解惑方面发挥了极大作用，咨询服务室年均接听电话 25 万人次，现场咨询 15 万人次，咨询服务水平和社会形象进一步提高。

三是检查提升用标准。制定《标准实施检查制度》，以统一检查和分工检查相结合的方式，开展标准检查、反馈工作；成立服务标准持续改进工作小组，科学制定评价方案和评价方法，从社会各界聘请了行风监督员，增强监督合力；制定《持续改进工作方案》，新增、修订、废止标准94项。

（五）队伍建设标准化，保障登记质量

一是统一人员集成的标准模式。将人员管理的理念从人事管理向权限管理过渡，制定统一的操作标准和考核标准，建立定期培训考核、达标后上岗的管理机制。并充分调动 16 个县、区、功能区相关人员以及政务服务大厅工作人员，受理、审核人员进一步扩展，将具备条件的通办事项纳入街道、乡镇服务网点，制定统一标准，实现多部门人员集成。

二是将绩效改革纳入标准化管理。建立不动产登记工作人员岗位管理、绩效考核制度，试行 7 级 11 档的绩效分配体系，创造条件实现编制内、编制外"同工同酬"。探索建立工作人员信用档案，将其作为职称评聘、岗位晋升的重要依据，调动不动产登记人员的积极性、主动性和创造性。

三是建立容错、纠错机制。鼓励工作人员对登记新情况、新问题在符合法律政策规定和改革方向的前提下进行有益探索；定期分析总结标准化工作开展情况，对行之有效的方法、经验加以推广，对标准实施过程中发现的问题加以改进和解决，实现标准化的持续改进。

二 改革成效和推广情况

（一）流程环节大幅压缩，提速增效成果显著

标准化体系试运行以来，济南市多数不动产登记业务办理的外部环节压缩至 2 个，企业新建或购买不动产登记的外部环节减少为 1 个；不动产

登记时限由原来的10~30个工作日缩短到1个工作日，网上业务实现了立等可取。抵押登记、新建商品房转移登记等80%的不动产登记业务实现了"不见面"服务。

（二）办事成本大幅减少，群众满意度大幅提升

通过开展标准化工作，每年减少办事企业和群众跑腿252万人次，节约企业和群众跑腿成本5.04亿元，减少申请资料345.6万份，节约纸张成本172.8万元。创新改革以来，群众满意率达到99%，"12345"热线相关投诉量下降了35%，累计收到社会各界和群众表扬信、锦旗以及"12345"表扬300多次，大大提升了办事群众和企业的满意度。

（三）社会美誉度持续提升，优化营商环境成效显著

国务院办公厅以《高效便捷惠民 引领行业发展 济南市持续推进不动产登记"国标"试点》为题，专报点赞济南不动产登记"国标"试点经验。在2020年度全市党风政风行风正风肃纪民主评议中，市不动产登记中心排名第二，创造历史最好成绩，标准化服务发挥了关键作用。

资料来源：济南市委改革办。

（七）数字建设赋智，推进"极简审批"

济南市依托大数据信息技术，大力推广"不见面"审批等便捷服务，打造"24小时不打烊"在线政务服务，推行无人工干预审批，推进营商环境建设迈向科学化、数字化、信息化。

1. 深化"一网通办"应用，加快自建业务系统整合

依托山东省一体化在线平台，济南市行政审批服务局协同市大数据局推进全市自建业务系统整合，全部政务服务事项在一体化平台布设，相对集中许可权事项可网办率达到100%，可全程网办率达到99.54%。加快电子证照、电子印章应用。市、区两级统筹推进电子证照建设及应用，目前全市行政审批系统共有660余项服务事项330类电子证照与纸质证照实现同步制发、同步亮证；320余个事项涉及1700余个场景在业务办理中实现电子证照替代纸质证照。

2. 打造集成式自助服务终端，推行无人工干预审批

推动自助服务终端由"硬件终端集成"向"系统功能集成"转变，将

交通、社保、医保、税务等部门的 42 项功能由多台自助服务终端集成到一台智慧审批服务终端。指导区县建设 17 个 24 小时自助服务区,为企业群众提供"全天候"服务。国内首创实现自然人投资或控股的有限责任公司等 7 类市场主体登记无人工干预"秒批秒办",并扩展到 PAD 端,市场主体可随时随地完成业务办理。交通管理、城市管理、社会事务等一批事项也已实现无人工干预审批。

3. 依托高端数字技术,促进智慧监管建设

为加强智慧监管,济南市聚焦重点领域和重点问题,从办税集成服务与智慧住建监管方面加大建设力度,大大提升了监管效率。

(1) 推广智慧办税集成服务,助力企业防范涉税风险

济南首创"前台过滤兜底、中台统筹集成、后台质检分析"的"三台联动"集成服务新模式,切实压缩纳税人到厅办税次数和纳税时间,通过"前台云化",压缩 85% 大厅实体窗口,将 85% 前台窗口转换为"云端窗口"。创新研发推广"码上办"线上办税服务厅,全市"非接触式"办税比例达 96.8%。"云呼叫平台"上线短信自动提醒、智能语音导航等功能,推行"1 个号码 + N 个座席 + N 种业务"服务模式。率先推行增值税留抵退税确认制,企业只需核实确认便可实现"一键退税"。先行先试税收专家顾问制,成立 302 人专家顾问团队,"一户一策"帮助企业享受政策红利、防范涉税风险。2019 年,济南纳税人电子信用证明在国家发改委、新华社举办的中国城市信用建设高峰论坛上,获评全国百佳信用案例。

(2) 打造"智慧住建一张网",大力提升监管效率

为实现数字化审批、监管,"以图管建设、以图管房、以房查人",自 2019 年 6 月起,济南市开展了对全市 2500 余个在建工程项目及市内六区 130 余万房屋的数据调查工作,同时,整合各住建业务系统 13 类数据 1.2 亿余条,打造了"智慧住建一张图"系统。"智慧住建一张图"利用高新技术手段,将住建系统的管理数据和空间数据相结合,在"一张图"上展示立项、土地、规划、图审、施工等项目全链条信息,实现了管理网格化。除此之外,还结合 VR、AR 等先进技术进行了探索,实现了虚拟化场景和施工现场真实场景呈现,全面提高设计、施工和运维管理水平。截至 2021 年 10 月,"智慧住建一张图"已经实现 1600 余个房地产项目、350 余万项商品房网签数据及 120 余万存量房网签数据落图管理,实现了全市

2500 余个工程建设项目扬尘监测、视频监控全部落图,实现了两类数据的有效匹配。通过智能分析,仅 2021 年 3 ~ 5 月,"智慧住建一张图"就为全市建筑工地监管部门推送各类问题线索 200 余项,实现了监管效率的大提升。

案例四 建设泉城链平台 打造政务数据可信共享新模式

为解决政务数据取得个人(企业)授权、不泄露商业秘密和个人隐私的难题,济南市积极创新探索,利用区块链去中心化、防篡改、防抵赖、隐私保护、可追溯等特点,首创"政府数据上链 + 个人链上授权 + 社会链上使用 + 全程追溯监管"数据可信共享新模式,实现"还数于民""精准授权",保障企业和个人对公共数据的决定权和知情权,由企业和个人决定自己的公共数据是否向第三方提供。"泉城链"政务数据可信共享新模式,充分释放公共数据资源潜能,率先在普惠金融领域试点应用,并在省会经济圈(黄河流域)等省内 14 个城市复制推广。

一 主要做法

1. 数据"链上传输",变"静态"政务数据为"可流动"的个人资产

济南市大数据局成立后,把推进政务数据整合共享作为核心任务,构建全市统一大数据平台,实施"数聚赋能"、融合应用、创新突破等专项行动,累计梳理数据资源目录 9000 余项,挂载各类数据服务超过 1 万项。为解决政务数据授权问题,济南市充分利用区块链防篡改、防抵赖、隐私保护、可追溯等特点,基于国产自主可控的区块链技术,创造性地提出"精准授权、智能加密、还数于民、价值传递"的新理念,建成"泉城链"平台,在全国首创"政府数据上链 + 个人链上授权 + 社会链上使用 + 全程追溯监管"政务数据可信共享新模式,最大限度拓展了公共数据开放的广度、深度,创新了公共数据授权开发利用模式。截至目前,已经实现 194 项政务数据"上链",并在"爱山东·泉城办"政务 App 开通"数字保险箱"模块,以个人数据资产的形式向个人返还,成为个人的"流动资产",让"沉睡"的数据变成"活跃"的资源,充分释放了公共数据价值。

2. 平台"统建共用",打造"三位一体"统一政务区块链平台

"泉城链"平台由区块链基础设施、数字保险箱、数据资源管理中心三大系统组成，形成数据价值传递全链条，解决了数据持有方、权属方和使用方之间的数据壁垒、信息不对称以及隐私安全等问题。区块链基础设施提供数据加密传输通道，并开设链上账户，实现数据隐私保护、加密传输；"数字保险箱"是个人和企业的数据"文件柜"，让后台数据成为可视化的资产；数据资源管理中心提供"泉城链"主体管理、数据管理和数据流转监控管理。为杜绝重复建设、防止形成新的数据孤岛，济南市以"泉城链"为基础，构建全市统一的政务区块链平台，建立泉城链服务体系，为全市各级政务部门和公共服务企事业单位提供一体化的高性能区块链支持服务。各区县市直各部门不再建设独立的政务区块链应用，有"上链"需求的，统一向市大数据局申请"泉城链"服务。组织各区县市直各部门认真梳理本地区、本部门公共数据资源，将推动数据向个人（企业）返还作为本单位数据开放和信息公开的重要工作内容，将涉及个人和企业的数据，包括档案记录、信息记录、电子证照、批文批复等数据资源全部"上链"。各部门政务数据"上链"后，数据存入企业和个人"文件柜"，个人和企业对"文件柜"中的数据资产进行自主管理，通过"扫码""转账"的方式接受和使用"账户"数据资产，精准授权给企业社会使用。"泉城链"平台将"静态数据"转变为"流动资产"，实现数据跨部门、跨行业、跨区域安全共享和数据价值的有效传递。

3. 安全"全方位保障"，多方共建规范运行应用生态

泉城链平台通过国产区块链技术实现了"链上"数据的安全保障，"链下"数据则通过"制度+管理+技术"实现全方位保障。以市长令的方式出台《济南市公共数据管理办法》，对公共数据管理的生成、汇聚、开放、流通、应用等各个环节进行明确和规范；济南政务云构建以密码为基础支撑的网络安全保障体系，为各类应用和数据提供国产密码技术支撑；建设公共数据安全监管平台，实现大数据平台和主要应用场景数据安全实时监管。济南市形成了"数据安全监管平台+政务云密码体系+泉城链平台"数据安全防护体系，实现数据流转全程溯源、数据使用全程监管、核心数据国产加密。编制《金融领域"泉城链"应用数据字典》，进一步规范泉城链管理，按照统一标准对已上链及待上链数据进行整理，供金融机构查阅应用，服务特色化金融产品开发。市大数据局会同人民银行济南分行营业管理部等单位完善监管机制，对链上数据信息流转、链下数

据应用等进行全流程监管，实时掌握金融机构的信息需求和应用成效，保障信息安全。加快建设省会经济圈和黄河流域一体化区块链平台，构建区域性区块链"联盟链"，推动区域内数字资源可信流转。鼓励符合上链要求的企事业单位"上链"，为社会主体信息流转提供可信通道，逐步打造应用生态，降低社会信用成本，助推经济社会发展。

二 主要成效

1. 在"利企"方面，实现"数据多跑路"

"泉城链"应用于金融领域，有效解决了信息不对称的难题，为打造良好的信用环境创造了更多有利条件，对银行实现批量获客、产品精准服务、客户秒申秒贷、贷款随借随还、贷后风险管控全流程数字化业务功能，提供了丰富的数字资源，为金融机构创新普惠型产品拓展了新的平台，为有效解决小微客户准入、融资、担保等困境提供了更多路径。

2021 年 1～5 月，济南各银行机构实际获取数据 16640 人次，成功办理业务 6864 笔，授信 19.9 亿元。其中，发放信用贷款 6.6 亿元，有效激发了市场主体活力。

"泉城链"已在全市金融机构推广，已经接入 5 家银行，正在对接 9 家，成功将公安、民政、社保、公积金等部门的政务大数据应用到乐分易、市民贷、应急贷等 10 款普惠金融信贷产品中。银行贷款业务由过去最少跑 3 次、带 5 份材料、需 10～15 个工作日，升级为动动手指即可"秒批""秒办"，为企业和群众带来了极大的便利。

2. "惠民"方面，实现"群众少跑腿"

充分利用区块链分布式记账等优势，综合运用大数据和人工智能技术，实现了新生儿居民医疗保险参保登记等若干政务服务事项足不出户办理，实现事项自动受理、智能审查、自动反馈，开启"秒批秒办"和"不见面审批"时代。"泉城链·数字保险箱"已实现 20 个部门 194 项数据资产向个人及企业返还，实现材料信息、办理证照等数据跨部门即时推送、实时共享、协同审批，破解服务对象多头跑腿、重复填报等问题，高新区政务服务自系统上链以后，实现新开办企业"最多跑一次"、最快 35 分钟拿到营业执照和公章，为 21000 多家企业开办实现了一次办好，办理政务服务事项 250000 多项，平均办理时间降低 31%，为 3 万多家企业和 5 万多办事群众建立了专属的区块链数字保险箱。

3. 在"数据安全"方面，实现"链上能破题"

一方面，政府部门对于大数据平台中的个人及企业数据隐私保护的规定越来越严格；另一方面，银行等社会机构又迫切需要共享政府平台的客户数据。新模式通过区块链技术和数据流转机制的双重安全保障，实现数据流转过程可监管、可追溯、权责清晰，政府机构在开放数据时没有安全顾虑，个人和企业自行授权社会机构使用，没有泄露之忧，有效破解了数据共享与隐私保护之间的矛盾。

资料来源：济南市委改革办。

三 济南市打造国际化营商环境的方法策略

在建设国际化营商环境的过程中，济南市政府管理高层以全局视野，从导向、中心、格局、周期、模式方面入手，形成了一套具有显著地方特色的营商环境建设方法和策略。

（一）高层重视，全局视野统筹推进

济南市高度重视优化营商环境建设，以市委书记和市长双组长模式高位推动建设进程，打造了"一次办成"领导小组，完善了常态化工作调度、工作协调、信息报送机制，以确保实现打造市场化、法治化、国际化营商环境的目标。

1. 坚持"一把手"工程，高位推动精准发力

济南市委、市政府把优化营商环境作为"一把手"工程，抢抓黄河流域生态保护和高质量发展等国家重大战略实施的历史机遇，市委、市政府主要负责同志多次做出批示。2021年4月21日，济南召开全市建设一流营商环境大会，孙立成书记对2021年建设一流营商环境工作进行安排部署，推进优化整合全市深化"放管服"改革优化营商环境议事协调机构，全市各级各部门主要负责同志靠前指挥、亲自部署、亲自研究优化营商环境重点工作任务，凝聚全市合力共同打造一流营商环境。

2. 实行双组长推动模式，打造"一次办成"领导小组

2018年，济南市成立市深化"一次办成"改革优化营商环境工作领导

小组，实行市委书记和市长双组长推动。2020 年，成立市优化营商环境指挥部，市级层面组建 21 个工作专班，部门协同、市区联动、统筹推进。纪检监察机关充分发挥监督保障执行、促进完善发展作用，鼓励干部敢于改革创新、破解体制机制障碍。2021 年，整合成立济南市持续深入优化营商环境和推进政府职能转变领导小组，市领导包挂指标，全力推进营商环境建设。

3. 完善常态化协同机制，推进跨部门改革事项

为实现跨部门工作协同的可持续化，济南市探索完善了常态化协同机制。一是建立常态化工作调度机制。对山东省优化营商环境创新突破行动实施方案及 18 个配套措施进行拆解梳理，建立工作台账，明确时间节点，定期调度各部门推进落实情况，确保重点任务加快推进。二是建立常态化工作协调机制。组织召开各类专题会议和专项调度 20 余次，第一时间传达国家、省优化营商环境工作重要精神，集中学习研究政策文件，分析学习标杆城市经验做法，深入开展研讨交流，提出各领域创新举措。三是建立常态化信息报送机制。定期梳理总结济南市具有独特性、原创性的改革做法和先进经验，持续加大宣传推广力度，并将各指标、各区县创新引领情况纳入高质量发展综合考核。

（二）导向明确，精准定位有效落实

济南市坚持以目标、问题、结果为行动导向，聚焦打造一流营商环境的目标任务，持续对标北上广深等先进城市查找自身差距，着力聚焦营商环境工作中的短板弱项，推动营商环境建设不断取得创新和突破。

1. 坚持目标导向，争创国内一流服务品牌

济南以建设国际化一流营商环境为目标，不断吸取各地工作经验，积极打造国内一流服务品牌。结合国家、省营商环境评价结果，组织开展寻标对标活动，就开办企业、获得用水、登记财产、纳税等指标完成情况分赴上海、杭州、成都等地学习借鉴优秀经验做法，在改革过程中不断探索，使"在泉城·全办成"在全国层面都成为十分具有影响力的政务服务品牌。持续梳理营商环境标杆城市最佳实践，列出清单、挂牌督战，推动各指标领域营商环境整体提升。与此同时，关注改革重点，聚焦关键环节和重点领域，把为市场主体纾困作为重中之重，突出重点、以点带面把改革不断推向深入，通过"放管服"改革推动助企政策落到实处。

2. **坚持问题导向，直面痛点进行体系重构**

济南在改革过程中坚持问题导向，深刻反思在服务观念方面存在的问题，努力补齐责任压得不紧实、推进措施欠力度、工作进展不平衡等现有短板，切实增强企业的获得感、存在感、安全感。具体主要采取了两方面的做法：一是倾听企业意见。组织召开企业代表座谈会，围绕营商环境建设听取企业意见建议。组织各部门、各区县梳理"12345"热线，企业"接诉即办"等企业群众关注的痛点、堵点、难点问题，抓好问题整改。二是采纳民众建议。集中聘任了90名营商环境社会监督员和30名市民体验官，针对推出的政策举措广泛听取意见建议，进一步完善企业、群众及社会各界共同参与的社会监督机制。

3. **坚持结果导向，推动指标领域整体提升**

为确保改革结果形成导向作用，不断形成相互强化效应，济南主要采取了以下做法：一是完善工作机制。通过建立常态化工作推进、考核、奖惩机制，推动规范执法；通过短期调度，不断完善工作方案、改进工作方法，推动形成科学、合理、高效的工作体系。二是加强政策宣传。围绕提升企业群众政策知晓度，组织各部门在行业部门网站以及相关媒体发布政策解读和宣传介绍，利用公众号、抖音号等新媒体加强政策宣传，展示优秀案例。关注营商环境建设的阶段性成果，不断提高综合实力，推动营商环境指标领域的整体提升。三是提升群众满意度。坚持结果导向，围绕提升企业群众满意度，推行政务服务绩效由企业和群众来评判，实现评价渠道、评价对象、评价事项"三个覆盖"。

（三）以人民中心，推动政府自我革命

济南市政府始终坚持以人民为中心，着力提升政务服务的回应性、便利性、整体性，广泛听取社情民意，推动自我革命和更新，夯实了营商环境建设的群众基础。

1. **只说 OK 不说 NO，完善服务回应性**

济南坚持以人民为中心的发展思想，提出认真落实"只说 OK 不说NO"的服务理念，精准聚集企业和公众需求。围绕服务需求感知、服务决策、服务提供、服务评价等环节，在省内率先成立政务服务专家咨询委员

会，与山东省委党校、山东大学、山东师范大学合作设立教研基地，聘请120名社会监督员、改革体验官，畅通"12345"热线、人大代表建议和政协委员提案等渠道，广泛收集企业群众等社会各界意见建议，提升服务的敏锐性和回应的及时性。

2. 24小时"不打烊"，提升服务便利性

为最大限度地提高服务的便捷性，济南全面推行24小时"全天候预约服务"，持续深化"我来跑"帮代办服务，最大限度地方便企业群众办事。为将服务内容落到实处，济南上线了全国首个"人工＋智能"全天候办事导引系统和政务服务网上地图的"智惠导服"平台，大力实施基层自助办事大厅倍增计划，使企业和公众能够不受时间限制地使用政务服务系统。

3. 涉企服务"一口办理"，优化服务整体性

济南挂牌成立了全国首个省会城市市级企业服务中心，秉承"亲企惠企助企，全心全力全程"服务理念，整合全市涉企服务资源要素，完善快速响应、协同联动、政企会商、政策标准化供给等工作机制，依托"佳佳帮您办""项目管家""智惠导服"等现有人员力量，联合市直各有关部门、区县，组建服务专员队伍，系统梳理惠企政策，实现涉企服务"一口办理"，为企业提供全链条、全天候、全过程的服务，打造了"泉惠企·全程办"服务企业新品牌。

案例五 济南市建立企业服务中心 全力打造"企业服务12345"

近年来，济南市牢固树立"亲企惠企助企，全心全力全程"服务理念，坚持系统集成、协同高效，在省会城市中率先成立市级企业服务中心，作为党委、政府服务企业的"总入口"和"总出口"，统筹协调落实全市涉企服务事务，实现惠企政策兑现"一口办理"，努力让企业"在泉城·全办成"。

一 担当"两种角色"，搭建政企互动桥梁

按照"站在政府角度是企业，站在企业角度是政府"的职能定位，一方面，济南市企业服务中心作为政府各部门服务企业的"总代理"，一口受理企业提出的各种政策兑现、资金支持、项目申请等事项。另一方面，

作为企业诉求的"代言人",统一汇总、分析、转办、反馈企业各类诉求和办事过程中遇到的难点热点问题,按照"收集问题—派单协调—接单落实—意见反馈"的四步闭环工作法,扫除涉企服务"盲区",有效解决了惠企政策政出多门、供需"错位"、互相"打架",企业多头跑、反复跑、重复提交材料、政策兑现遥遥无期等突出问题。

二　建立"两支队伍",快速响应企业诉求

按照"人人都是营商环境"要求,汇聚全市涉企服务职能和人员力量,组建"专业性"和"泛在性"两支涉企服务队伍。"专业"队伍,即整合市、区县、镇街、园区"项目管家""服务专员"等1600余人的涉企服务力量,打造能讲清企业多元需求、能精准匹配政策清单、能提供高效代办服务、能协调解决复杂问题、能提出针对性政策建议的"五能"复合型服务队伍,为企业提供事前咨询、引导服务、政策解读等事项3.2万余件。"泛在"队伍,即依托济南市"12345"市民服务热线,将1165项"最多跑一次事项清单"等营商环境政策规定充实热线知识库,开通全国第一条招商引资服务专线、中小企业服务专线、外商服务专线,并借助热线5级办理体系和1.5万人的工作队伍,确保企业诉求在第一时间得到答复和解决。

三　搭建"两个平台",重塑涉企服务流程

整合全市涉企服务职能,集成多个服务渠道,建立线上、线下两个平台,一口办理各类涉企事项。线下,在全国率先建成省市一体行政审批服务大厅的基础上,设立企业服务专区,通过"人工＋智能"方式打造7×24小时不打烊服务的综合服务窗口,提供"面对面""一对一"服务,帮助齐鲁制药、小鸭集团等40余家企业解决产权分割、建设手续、许可审批等难题,为300余家企业进行现场政策解读和业务解答。线上,打造全市集中统一的企业服务"济企通"云平台,建立金融产品超市,发布融资产品234个,帮助企业对接担保融资267.92亿元;搭建产品供需平台,为企业提供供需对接、产销衔接信息,入驻企业860家;搭建第三方服务平台,遴选优质服务机构415家,为企业提供创业指导、管理咨询、知识产权等九大类近900项服务产品;建立网络直播云平台,开展企业培训2155场,近期开展的"抗疫助企、培训千企"活动吸引5万余家企业参与。

四　衔接"两个端口",延伸服务企业链条

按照事前事中事后全流程服务要求,通过内部数据共享,实现审批与

服务无缝衔接，提升企业服务质效。在审批端，继通过成立市行政审批服务局承接28个部门264项审批服务事项、实现"一枚印章管审批"的基础上，率先在全国建立"独任审批师"制度，变简单事项"一审一核"为"独任审核"，推动审批决策扁平化管理，平均审批时限压减近七成。在服务端，整合行政审批、综合监管、金融税务、社会信用等数据信息，建立"市场主体库"，对全市141万家市场主体进行精准画像、动态监测。集中梳理全市涉企政策，首批汇集1662项，建立全市"惠企政策库"，通过建立政策集成服务办事指南，让线上线下"在哪办""怎么办""如何办"一目了然，目前共发布政策28.5万条，匹配政策1592次，切实解决了企业"政策不知晓、找不到、不会用"和重复享受政策等问题。

五　健全"两套机制"，倒逼各项举措落实

建立涉企服务"找茬机制"。开通线上线下意见征询通道，在全市各级政务服务大厅设立"找茬窗口"，受理企业诉求，在各级政府、部门官方网站和App增设诉求反映模块，聘请部分企业代表、热心市民、外来投资者为监督专员，对全市营商环境进行"暗访""挑刺""纠错"。目前通过各级找茬窗口收集到的意见建议超过1000条，企业和市民通过"12345"市民服务热线对党委、政府工作的建议占比已从热线开通之初的3%，提高为目前的6.2%。建立"营商环境共同体"机制，打造集审批、监管、信用、执法、监察于一体的立体化监督模式，切实提高诉求办理的解决率。各类市场主体对市企业服务中心总体满意率达99.60%，"12345"市民服务热线在行政效能方面的投诉从当初的10%下降到目前的0.12%。在2020年中国营商环境评价中，济南在80个参评城市中居第9位，是营商环境改善幅度最大的城市之一。

资料来源：济南市委改革办。

(四)　四维协同，深化纵横协同格局

2018年12月，济南市成立行政审批服务局。为保障改革的顺利推进，济南市政府创新实施"四维协同"机制，形成业务、部门、层级和社会等四个维度的全方位协同配合机制，变审批服务"一家办理"为"多元服务"，努力打造"审批服务共同体"，形成了审批服务全市上下齐抓共管、

协作联动的良好局面。

1. 强化业务协同，推进内部畅通

相对于传统物理集中的服务中心模式，济南新体制具有事项集中、权力统一的体制优势。济南将碎片化的业务进行业务单元整合，将单一时序、互为前置的流程再造为并联协同、无缝衔接的流程，将分散的服务内容、服务渠道加以集成，推进界面统一的体系化服务，把新体制和制度优势转化为资源整合优势，进而转化为服务效能优势，最大限度地方便群众。在此基础上，济南市以企业生命全周期、居民生命全周期的服务需求为依据，以"办好一件事"为目标，紧密衔接关联事项，推进集成式流程再造，实现"众泉汇流"，最大限度地"减材料、减证明、减环节、减时限、减费用"。推行"1＋N"服务套餐，强化服务集成，对企业申请审批事项涉及的延续、变更等其他事项，整合成服务"礼包"，一体办理。同时设计多种"专属套餐"，帮助企业"走直道、少绕弯"。

济南市通过流程优化实现业务协同，2020年累计取消171个审批事项的183件证明材料，企业群众年可少提交证明材料3.6万余份。通过开展业务协同，审批服务方式得到不断优化。例如，设立帮办代办窗口，重塑内部联动机制，组建"窗口人员＋业务处室专员"队伍，通过"关口前移、上门服务、提前介入"等方式，为重点领域、重点项目提供全程无偿帮代办服务，变"企业跑"为"我来跑"。

案例六　重构职能 重组资源

探索打造疫情防控常态化背景下"三台联动"的办税服务厅新模式

近年来，济南市税务局积极探索办税服务厅改革新路径，创新推出"三台联动"服务新模式，实现"远程帮办、问办结合"，持续提升纳税人办税体验和社会满意度。

一　前台云化：压缩85％大厅窗口，打造"智能导服中心"

一是嫁接新流量"即时触达"。整合常用的网上社交平台，让纳税人随时随地立即触达"泉城码上办"平台，接通云端窗口，通过文字或者语音提出办税需求，由云端办税人员协助完成办税事项，实现会聊天就能办税。目前，"泉城码上办"已经全部覆盖微信、钉钉、百度、支付宝等常

用社交平台。以最早试点的章丘区办税厅为例，前台窗口云化后，日均进厅纳税人已由原来的近600人次下降为不足100人次，窗口由58个减少至3个。

二是云端"店小二""如影随形"。建立云端导税服务机制，纳税人通过云端窗口提出需求后，由系统智能识别并匹配相应的办税资源，税务人员化身"店小二"，主动提供实时在线的帮办代办服务。对于预约到厅的纳税人，通过问需服务前置，远程引导至线上办理；对于不熟悉电子税务局的纳税人，制作34项常用功能的直达"二维码"；对于暂时不能通过电子税务局办理的业务，引导纳税人远程提交相应资料，由税务人员代为办理并提供免费邮寄服务。办理过程中，纳税人可以实时查看接单、流转、审批、办结等全过程信息，并在办理结束后进行在线评价。

三是做专实体厅"精准兜底"。针对老弱病残及其他使用"非接触式"办税方式有困难的少数群体，以专窗形式提供传统的面对面窗口办理服务。针对办理疑难复杂业务或存在服务投诉的进厅纳税人群体，由经验丰富的业务骨干以专家工作室或"服务专员"形式，对纳税人办税数据和相关需求进行甄别筛选和分类处置，主动提供针对性更强、标准要求更高的"一对一"服务。例如，历下区办税厅成立了服务中小微企业的"方丽工作室"、服务大企业的"丁锐工作室"和服务涉税专业服务机构的"家辉工作室"，已经在当地形成具有一定影响力的个性化服务品牌。

二 中台集成：集中七成人力资源，打造"远程办税中心"

一是平台集成，提升工作效力。全面改造办税服务厅布局，采用"格子间"方式办公，同等面积增加1倍以上工作人员。为每名工作人员同时配备内外网电脑，采用"双网联动"模式，快速处理纳税人云端业务需求。对纳税人云端窗口提交的业务，通过外网"泉城码上办"平台远程接收并审核资料，在内网金三系统代为办理；对纳税人通过外网电子税务局提交的业务，及时进行审批并提供系统操作的在线辅导；对纳税人通过微信、钉钉、百度等网络渠道提交的业务咨询，整理123项业务高频"关键字"，以"智能＋人工"方式提供即时在线答复；对纳税人的电话咨询，上线运行"济南税务云呼叫平台"，采取"1个号码＋N个座席＋N种业务"的模式提供服务。以历下区办税厅为例，自2020年9月正式运转后，中台共受理转办业务41295笔，代办邮寄业务3484笔；日均办理电子税务局审批业务 355 笔、同比提升 54%；日均电话答疑 469 个，同比提升 37.5%；日均微信咨询发送 1735 条，同比提升 3 倍。

二是人力集成，凝聚工作合力。采取项目化管理团队化作业模式，根据业务特长和个人特点，将中台工作人员以"入职新手＋业务骨干"的方式组建为登记类、审批类等若干专项业务团队。强化团队间的协作配合，对纳税人提交的复杂业务在不同专项小组间实现一键流转，在纳税人"无感"状态下，把原来由一个窗口人员应对多种涉税业务的模式转变为团队联合服务供给模式。以槐荫区办税厅为例，优化中台人力配置后，同一办税业务，办理时间压缩 50% 以上。

三是机制集成，激发工作活力。研究出台了《国家税务总局 济南市税务局"三台联动"纳税服务工作机制指导意见》，规范远程办税的岗位职责和业务流程标准。对纳税人线上提交的业务，工作人员开展"抢工单"作业，并可实时查看自己和他人的情况，工单办理数量和质量与个人绩效挂钩。以天桥区办税厅为例，自 2020 年 10 月试点运行以来，工作人员每日人均办理业务数量比窗口工作量增加了 20%，先后有 26 人次得到薪资奖励或星级晋升。

三　后台赋能：激活全链条数据，打造"智慧调度中心"

一是用活服务数据，强化监控职能。通过智能视频监控和预约系统自动监测分析进厅人员数量，在到达大厅承载峰值之前，主动进行引导分流；因突发事件前台窗口超负荷时，即刻启动应对预案，将中台座席"秒变"前台窗口；动态监测叫号系统数据，由专人对排队时长超 15 分钟的纳税人做好主动沟通对接，引导采取其他渠道快速办理；来电咨询数量超过承载峰值时，系统自动发送短信提醒，引导纳税人采取网上渠道咨询，纳税人拨打电话未接通的，系统自动生成异常清单，由专人负责逐一回拨。

二是深挖办税数据，强化质检职能。从提升办理质量、防范风险入手，大幅增加对前台和中台业务办理质量的抽检力度，抽检周期由原来的 5～10 个工作日，压缩至 1～3 个工作日，发票增版增量等高风险业务环节抽检率 100%，其他普通业务抽检率不低于 50%，及时发现存在的问题，加强对工作人员的风险提醒和管理。

三是跟踪评价数据，强化决策职能。对每笔业务评价全程跟踪反馈，对除"非常满意"之外的所有评价100%回访，了解纳税人诉求，及时整改提升。结合评价数据定期开展纳税人需求与办税服务厅能力匹配性评估，形成办税服务资源承载能力评估报告，协调相关业务部门开展征期会商研讨，解决办税堵点问题，合理调配服务资源。

资料来源：济南市委改革办。

2. 强化部门协同，推进横向联通

济南市推行相对集中行政许可权改革，需要部门间建立起良好的协同联动机制。综合性服务流程再造离不开多部门配合，专业性较强的审批离不开部门支持，审管分离的风险需要共同面对。济南建立部门协同机制，通过联席会议、联合发文、明晰权责、联审共管、信息联动等制度化、技术性手段，构建审审协同、审管协同的共同体，防范新体制新碎片化风险，实现跨部门的服务集成与流程再造，推进便民利企的深度优化。

济南市住房和城乡建设委员会、市审批服务局等22个部门协同配合，深入推进工程建设项目审批改革。各部门共同研究制定改革实施方案，分类再造审批流程。2019年10月初，济南工程建设项目审批管理系统在山东省16个市地中率先实现上线运行，实现审批过程全覆盖、全流程数据资源共享。通过改革，横向整合打通35个相关业务系统，实现全流程审批数据共享，申请材料表单由81套整合减至4套，表单信息要素由1964个减至1131个，申报材料由511个减至163个，总体减少材料60%以上。同时，推进审批服务、大数据等部门协同配合，深入开展智慧审批。围绕推进"一网通办"，优化提升行政审批服务平台功能，加快各业务系统数据互联互通，提升企业群众办事便利度。

3. 强化层级协同，推进上下贯通

上下层级衔接不畅是制约改革落地、服务提升的突出问题。在层级协同方面，济南通过放权授权、统一标准、互联共通、共建共享等措施，理顺上下关系，发挥不同层级在宏观政策制定、监督考核与个性化服务等方面的不同优势；同时，构建一体运行、协同联动的政务服务体系，为"跨层级、跨区域"的服务办理、"到前沿、到基层"的服务延伸提供了有力的组织支撑。

对上协同方面，济南市首创省市政务服务大厅一体化运行。研究制定

了《山东省、济南市政务服务中心一体化运行实施方案》，将省级服务端口前移，交由济南市进行前台一窗受理，扎实做好整合资源、优化布局、人员培训、系统调试等工作。这种模式有效整合了省、市两级资源，优化了服务功能，节省了行政成本和办事成本，在国内尚属首例。

对下协同方面，济南市积极构建基层政务服务体系，基本实现了街镇便民服务中心、村级便民服务站全覆盖。推动政务服务向下延伸，定期召开区县座谈会，下放审批权限，前移服务端口，推进政务服务"进基层、进社区"。推行周末"不打烊"服务，市区联动实行周末无休，同时开通电话、网络等形式的预约服务。

4. 强化社会协同，推进多元融通

济南市践行合作治理理念，在转变政府职能、激发市场社会活力的基础上，主动探索政府与市场、与社会之间沟通参与、协商共治的多元渠道，推进多元主体良性互动、协同合作，倾听民声、问计于民、赋权于民，持续提升服务的敏锐性、精准性与回应性。在与社会公众的协同上，不断开拓公众参与的新渠道，创新公众参与的新方式。例如，开展"我审批、你找茬，我服务、你监督"活动，建立"找茬"监督机制，"好差评"反馈机制；与"12345"市民热线"一线连通"，提供咨询、查询、评价服务；组建市民"体验团"，定期组织开展政务服务监督和体验活动，履行监督、体验、评价、建议等职责；与高校等科研机构合作，聘请国内知名专家，组建政务服务决策咨询专家委员会，提升政务服务决策的科学性，等等。

济南以"四维协同"机制为抓手，先后推出了一系列创新举措，促进了审批服务由"物理整合"到"化学融合"的转变，体制优势逐步转化为服务优势，"在泉城·全办成"行政审批服务品牌逐渐深入人心，全市营商环境更加优化。2020年以来，一大批世界500强及总部项目注册落地，市场主体增速居全省第一，并且继续保持着迅猛增长的势头。济南改革热度指数紧跟北京、上海，位列全国第三，入选"中国企业营商环境十佳城市"。

（五）顺应周期，全方位多层次服务

为找准营商环境建设的规律性，济南市定制企业生命周期"1+N"套餐服务，推进个人全生命周期主题服务，在实行项目工程周期配套服务等

方面加大建设力度，提升了营商环境建设的精准性、针对性。

1. 围绕企业全生命周期实行"1+N"定制套餐服务

围绕企业生命周期，济南从事项、窗口、平台、机制、档案等层面提供定制服务。一是建立"一张表单"。济南市围绕"企业开办""企业准营""企业变更""企业注销"等企业全生命周期4个阶段的高频许可事项，按照"1+N"形式，将企业登记申请与相关许可申请集成，形成"一张表单"。二是设置"联办窗口"。在全市各级政务服务大厅设置企业"联办窗口"，负责现场收取材料、受理企业申请、确定联办事项、推送事项表单、收集办理结果、打印发放证照等。三是建立"联办平台"。依托山东政务服务网建立企业登记和相关事项联动办理的"联办平台"，拓展"一业一证"事项，实现证照"三联办"，与企业"全生命周期"融合推进。四是实施"联办机制"。"联办窗口"根据企业申请和"一业一证"规定，启动联办机制，采取现场审批或推送审批形式，在规定时间内进行审批。五是统一"档案管理"。通过联办审批模式核准发放相关证照后，"联办窗口"统一管理企业的纸质档案。

2. 围绕个人全生命周期实行社保、身后事、就医主题服务

围绕个人生命周期，济南从社保、身后事、医疗等层面提供对口服务。一是推进社保领域"一件事"主题服务。济南市制定"养老""扶持补贴""毕业""失业""员工保障""社会保障"等场景标准，结合人力资源与社会保障服务"快办行动"，推进"打包一件事"落地。二是推进"身后一件事"主题服务。细化完善"公民身后一件事"工作方案，筹备建设"身后人员主题库"，共享应用死亡信息；筹备开设"公民身后一件事"主题专栏，做好城乡居民养老保险结算、失业人员丧葬补助金和抚恤金申领、个人医保账号清算等事项接入。三是推进"就医一件事"主题服务。参保登记、个人账户转移接续等业务实现事项联办和一链式办理，住院和门诊报销业务实现在院端直接结算，参保人可在就医结束后零流程报销，按规定享受医保待遇。

3. 围绕项目工程周期实行相关审批事项并联办理

从项目工程的周期出发，将工程建设项目审批"一链办理"主流程审批事项全部纳入济南市工程建设项目审批管理系统，实现建设项目4个阶段审批事项并联办理。优化建设工程施工许可，将"建设工程质量监督手

续""建设工程安全监督手续""防空地下室建设许可证（人防工程质量监督注册登记手续合并办理）""建筑工程施工许可证核发"合并为"建筑工程施工许可证核发"，实行一个窗口并联受理、一张申请表单并联办理。优化规划许可场景服务流程，制定统一服务标准和标准化办事指南，合并规划类审批事项，完成规划许可场景集成服务，为建设项目提供"全生命周期"服务。

（六）以评促改，建立"1+10+4"绩效评估模式

济南市发展改革委联合市住房城乡建设局、交通运输局、园林和林业绿化局、水务局、公共资源交易中心等有关单位，建立了"1+10+4"的绩效评估模式，即一个评估体系、十项评估内容、"四位一体"监管方式，全面提升了绩效评估工作的系统化、专业化水平。

1. 研发"一个"评估体系系统，实现精准识别

在综合学习借鉴多种评标定标方法和数学模型的基础上，济南市研究设立了"$E=K+Z+P$"的科学评估数据模型，通过对客观项评分合理性 K、主观项评分合理性 Z、评分排名合理性 P 三方面按照 3:4:3 比例量化赋分，可有效检测评标委员会成员评分畸高、畸低等问题，避免"关系分、人情分、极端分"，充分发挥绩效评估的重要作用，确保项目交易公开、公平、公正。同时，组织开发交易绩效评估电子系统，通过对接电子交易平台和电子服务平台，提取、汇总、分析评标信息，自动计算专家评标合理性得分，预警并提示异常数据信息，为评估专家提供可靠的参考依据。

2. 建立"十项"全面评估内容，夯实制度基础

济南市通过研究制定评估办法、委托第三方专业机构、组建评估委员会、定性与定量分析相结合等措施，对项目评标结果合理性、评标委员会成员评标合理性和行为规范性、招标人、招标代理机构、投标人行为规范性等 10 项内容进行评估，对随机抽取的项目进行全过程、全方位评估，对发现的问题依法依规闭环管理，发挥了部门协同监管优势。同时，制定并印发专家库及专家管理、经费管理、交易主体考核评价等制度规定，建立健全了严格规范的工作流程和制度体系。

3. 实现"四位一体"立体监管模式，形成监管合力

济南市"四位一体"立体监管模式的主要内容有：一是首次实现了各部门共同参与的协同监管模式，着力解决各行业部门监管力量不足、多头监管与监管缺失并存、共性问题难以统筹解决等问题，实现了服务、管理与监督职能既相互分离又统一完善；二是创新运用了"互联网+大数据分析+全流程电子化"的智慧监管模式，大幅提高了评估工作效率；三是丰富完善了深化"放管服"改革的事中事后监管模式，为济南市优化营商环境工作提供了重要抓手；四是闭环建立了评估主体动态管理的信用监管模式，实行守信激励和失信惩戒，构建了"招标投标+信用监管"新模式。

案例七　济南市创新全流程监管　深化政府采购制度改革

济南市深入贯彻习近平总书记关于深化"放管服"改革、优化营商环境、助力高质量发展的重要指示要求，深化政府采购制度改革，完善政府采购体制机制，全面建立以优质优价采购结果和用户反馈为导向，采购主体职责清晰、交易规则科学高效、监管机制健全、政策功能完备、法律制度完善、技术支撑先进的现代政府采购制度。"政府采购"指标在 2020 年全国营商环境评价中取得全国第 7 名、全省第 1 名。

一　"一套体系"求规范

形成"1+5+17+N"制度体系，制定营商环境创新突破行动实施方案，建立供应商管理、采购人内控、政府采购监管、信息公开、政策功能五个方面的制度规定，出台 17 个政策性文件，实施一系列优化营商环境的具体措施。一是坚持立废结合，全面梳理政府采购领域政策规章，废止妨碍公平竞争的不适宜规定和做法。二是向市场公开《济南市政府采购正面负面清单》，正面清单 4 部分 81 项，鼓励各采购主体实现政府采购政策功能，降低采购参与门槛，负面清单对采购参与主体的 42 类 132 项行为做出禁止。三是建立政府采购询问、质疑和投诉、举报窗口，畅通供应商权益受损的法律救济渠道，有效维护各方主体的合法权益。

二　"两端一库"促公平

通过数据赋能创新采购监管，综合运用信息系统控制、大数据分析、信息公开、信用评价、"双随机、一公开"等管理方式开展实时监督、远

程监督。一是政府采购信息公开向采购前端和采购后端延伸。坚持实施"阳光采购工程",从 2015 年起推行采购预算、采购需求、采购文件、采购结果、采购合同和履约验收"六公开"制度;2019 年以来,公开采购项目信息,向前拓展到采购意向公开,向后延伸至采购结果公开。二是全面实行投标业绩库制度。企业投标使用业绩入库管理,制作投标文件时从库中选择,中标后自动公示,接受公众监督,采购单位公开政府采购合同、公开验收结果。同时,开展代理机构从业人员培训。提升政府采购代理机构从业人员专业素质和执业能力。

三 "三网融合"保便捷

实现济南市财政局、公共资源交易中心、政府采购中心三单位网站数据互联互通,财政预算、采购管理平台、采购交易平台一网通办,政府采购全流程电子化。一是做到从采购预算、代理协议签订、采购文件制定、采购文件获取、采购交易、电子签名、合同签订(电子签章)、履约验收、信用评价、线上质疑投诉、资产管理等,全部在线一网办理无缝衔接。二是取消投标报名,企业线上参与采购活动,无须实地提交纸质文件,无须抵达现场,电子采购文件免费在线获取,实现"零跑腿",合同签订时限压缩到 10 个工作日,资金支付时间压缩到 5 个工作日。三是推行全省统一网上商城系统,依托互联网环境和电子商务技术,实现公开招标数额标准以下通用货物、工程、服务项目,以及部分不限定数额标准的特殊属性项目,全流程网上自主交易和动态监管。四是在全国率先实现 CA "网上办理、免费包邮、快递送达"等一站式服务,截至 2021 年 4 月中旬,已为 5983 家企业免费新办了数字证书,为 148 家企业免费更新了数字证书。

四 "四惠措施"增活力

一是实行投标报名、采购文件工本费、投标保证金、履约保证金"四个免除",实现政府采购"零成本"。二是实施采购份额预留制度,采购限额标准以上、200 万元以下的货物和服务采购项目,400 万元以下的工程采购项目,适宜由中小企业提供的,采购人应当专门面向中小企业采购。超过 200 万元的货物和服务采购项目、超过 400 万元的工程采购项目中适宜由中小企业提供的,预留该部分采购项目预算总额的 30%以上专门面向中小企业采购,其中预留给小微企业的比例不低于 60%。三是建立政府采购资金预付制度，预付比例原则上不低于合同金额的30％。四是上线"政府采购合同融资与履约保函服务平台"，利用现代信息技术，创造性地实施政府采购合同融资新模式，发挥融资担保和第三方信用机构的专业优势，为供应商"增信"、为金融机构"分险"，自平台开通以来，济南地区为118家企业完成121笔融资服务，总金额26609.56万元。

2021年5月，国家发改委在苏州市召开全国优化营商环境经验交流现场会，济南市"政府采购"指标成效显著、成绩优异，居全国第7名，作为"政府采购指标领域标杆城市"对该指标"进步效果明显"城市进行了点评，并介绍了营商环境总体情况和政府采购领域的经验做法。

资料来源：济南市委改革办。

四　济南市打造国际化营商环境的实践价值

济南市的营商环境建设实践在促进地方经济高质量发展、打造区域特色政务服务品牌、助力营商环境"三化"发展（市场化、法治化、国际化）、加快"放管服"改革、建立产学研一体化生态系统、实现疫情防控与经济发展有机统一等方面都取得了积极的效果。在国家和山东省的营商环境评价中，济南市连续两年取得佳绩，成为2020年营商环境改善幅度最大的城市之一。

（一）营商环境改善促进经济高质量发展的地方样本

济南市的改革事实再次证明，良好的营商环境是实现区域经济健康稳定发展的重要基础。随着营商环境的改善，济南市也在经济下行压力加大的客观形势下实现了经济的高质量发展。

首先，招商引资持续提升。2021年前三季度，济南市新设外商投资企业257家，同比增长116%；合同外资86.7亿美元，同比增长300.6%；预计全市实际使用外资20.5亿美元，完成目标22亿美元的93.2%，同比增长79.9%，总量居山东省前三位。

其次，区域经济跨越发展。"十三五"时期，济南市工业经济综合实力显著增强，工业增加值总量跃升至全省第3位，规模以上工业增加值年均增速 8.13%，规模以上工业营业收入在全省提升 8 个位次，规模以上工业企业突破 2100 家。通过营商环境的持续优化和改革，济南市 2020 年地区生产总值达到 10140.9 亿元，城市能级迈上新台阶，实现历史性突破，增速列全国 20 强城市第 1 位，迈入特大城市行列，铸就了济南发展史上的重要里程碑。

再次，产业结构持续优化。济南优势主导产业加速崛起，大数据与新一代信息技术、智能制造与高端装备产业规模均达 4000 亿级，精品钢与先进材料、生物医药与大健康产业规模均达 1500 亿级，建设形成全国最大的重型汽车生产基地、服务器生产基地、400 系不锈钢生产基地，以及全球最大的透明质酸生产基地、亚洲最大的酚醛树脂生产基地。

最后，数字经济积厚成势。济南数字经济规模占地区生产总值的比重达 42%。数字产业化量质提升，服务器产销量全球领先，超级计算处于国内第一梯队，软件和信息技术服务业业务收入年均增速 13% 以上，规模总量占山东省的一半以上，国家人工智能创新应用先导区和创新发展试验区"两区"同建，创新平台、资质资格、优秀产品等 10 项关键指标居全省首位。

（二）树立"在泉城·全办成"地方特色政务服务品牌

济南市通过围绕打造国际化营商环境的目标，全面梳理了济南市优化营商环境工作的"部门品牌""措施品牌"，汇聚改革亮点，以"建设环境高地"代替"打造优惠洼地"，深入挖掘了济南市的自然特色、文化特色与地缘特色，整合山泉风光、区位优势、名仕名人、儒商思想、老商埠文化等鲜明要素，打造了"在泉城·全办成"的地方特色政务服务品牌，改变了济南市在全国人民心中陈旧的"刻板印象"。以打造品牌为核心，先后推出了一系列创新举措，促进了审批服务由"物理整合"到"化学融合"的转变，体制优势逐步转化为服务优势，充分体现了济南审批速度、服务温度，"在泉城·全办成"行政审批服务品牌逐渐深入人心，济南市营商环境更加优化。结合济南城市发展历史使命和目标定位，全方位打造了有山、有水，重情、重义，宜居、宜业，活力、开放的现代化国际大都市城市形象，有效提升了济南市营商环境对市场主体的吸引力和认同感，为济南下一步发展打下了良好的基础。

（三）创建市场化、法治化、国际化营商环境的标杆城市

济南市通过深入贯彻落实黄河流域生态保护和高质量发展重大国家战略，全力打造市场化、法治化、国际化的营商环境，为建设新时代现代化强省会城市提供了有力支撑。在市场化层面，随着 GDP 突破万亿元，济南进入了高质量发展的新阶段，具备了在更高层面承担国家使命的能力，拥有了更强的要素集聚和辐射带动功能，从而将济南的发展势能转化为引领带动省会经济圈、山东半岛城市群、黄河流域高质量发展的强劲动能。在法治化层面，济南市持续推进法律法规建设，围绕市场监管、政务服务、审批项目完善等制度体系，聚焦顶层设计，加强组织领导，实现了政务环境更加高效便利、难点堵点问题得到有效疏解和群众满意程度的有效提升。在国际化层面，济南市对照世界银行营商环境指标体系，逐一进行对比论证、测评分析，健全和完善与国际接轨的营商环境规则体系，以树立全球营商环境新标杆的标准自我加压、全力突破，积极探索构建适宜开放创新的国际一流营商环境，在要素集成、服务整合、协同监管、智慧建设等多个方面都达到国内先进或领先水平。

（四）"放管服"一体化推进疏浚行政梗阻的创新尝试

济南市通过将简政放权、创新监管、优化服务工作一体化，积极提炼地方特色经验，破除了一些经年困扰行政改革的"梗阻"问题。一是"简"审批。济南率先提出开办企业时间压缩为 1 个环节、"半日办结"。以企业开办"全城通办""全省通办"为契机，拓展黄河流域"跨省通办"事项，试点营业执照的区域互认互通互发，全面推行"一套标准办审批"。二是"优"监管。济南在全国首推行政处罚"四张清单"制度，推进包容审慎精准监管。建成全国首个衔接审批制度改革的信用监管系统，涵盖事前信用承诺、事中分级分类监管、公共信用综合评价、监管数据共享、事后联合惩戒、信用修复等方面，形成贯穿市场主体全生命周期的信用监管闭环，打造公平公正的监管环境。三是"强"服务。济南全面推进"一业一证"改革和"一套标准管审批"，推行容缺受理制度，高标准通过政务服务标准化国家级试点验收，持续提升了服务综合效能。

（五）建立产学研一体化新型商业生态系统的生动实践

自济南大力推动营商环境建设以来，济南市的科创持有量获得了较大提升，建立起了产学研一体化的新型商业生态系统。济南以"产业链构建、集群化发展、园区化承载"模式，依托各区县产业结构和资源优势，构建形成了各具特色、辐射全市的战略性新兴产业集群网络。济南高新区依托五大片区加快构建"一区两城两谷"产业格局，形成了电子信息、生物医药、装备制造、现代服务业四大主导产业，拥有国家信息通信国际创新园、齐鲁软件园等国家级专业园区和全国软件出口创新基地、集成电路设计产业基地、国家创新药物孵化基地等一批国家级金字招牌。济南先行区高水平规划建设"一区两城六园"经济园区，引导智能制造、数字经济、氢能产业等集聚发展。明水经济技术开发区升格为国家级开发区，汉峪金谷、创新谷等园区加快建设，为新兴产业发展提供了良好平台。截至2021年10月，济南市拥有409家省级及以上企业研发机构、165家院士专家工作站，万人有效发明专利拥有量达到32.02件。新技术新产业新业态新模式增加值比重超过36%，高新技术企业达到3029家、增长3.9倍，万人有效发明专利拥有量达到33.2件。济南市打造国际化营商环境建设在科创层面的显著性突破是产学研一体化新型商业模式的生动实践。

（六）疫情防控与经济社会发展有机统一的城市典范

面对新冠肺炎疫情，济南市政府抓住营商环境建设机遇迎难而上，统筹推进疫情防控和经济社会发展。疫情期间，济南市扎实做好疫情防控期间政务服务工作，出台了助推企业复工复产的若干措施：印发《关于进一步加强服务保障推进企业复工复产的通知》，紧急出台《关于支持中小微企业有效应对疫情实现保经营稳发展的若干措施》，梳理出台17条雪中送炭的帮扶政策；开辟防疫物资"绿色通道"，为企业及时提供指导意见和应急服务保障；行政审批网上办、掌上办、指尖办，项目审批不"卡壳"；重点项目手续审批一律采取"拿地即开工"模式；等等。在多条举措的协同推动之下，2020年上半年，济南市生产总值为4529.66亿元，按可比价格计算，同比增长0.7%。其中，第二季度增长5.1%，分别高于全国（3.2%）1.9个、全省（4.6%）0.5个百分点，成为统筹疫情防控与经济社会发展有机统一的城市典范。

五 济南市打造国际化营商环境的问题与挑战

在建设营商环境过程中，济南市在经济转型升级、扩大招商引资、增进跨境贸易、吸引人才资源、扩大就业市场等方面获得了显著成效，但也存在政策保障、信用体系、业务整合、要素集成、协同发展、信息建设等方面的问题与挑战，有待进一步加强和完善。

（一）改革的政策保障有待完善

济南营商环境改革进展很快，但在改革的政策制度建设方面仍然存在供给不足的问题，有待继续完善。一是政策体系不够系统。例如：部分涉企政策缺乏长远谋划和整体布局，政策取向重视"利诱"吸引外来市场主体，但在一定程度上忽视了对已落地项目、存量企业和本土品牌的发展培育，对部分企业只起到了"孵化"作用，却忽略了"扶植"成长；一些优惠措施偏向性可能破坏市场公平性，使未享受到政策优惠的市场主体产生"相对剥夺感"，更会诱发一些企业的逐利性，催生以套取政策优惠为目的的不良经营行为、催生有偿协助企业"凑条件拿补贴"的灰色行业，甚至引起区域间"拼优惠"的恶性竞争，长远看损害城市整体利益，阻碍经济高质量发展；一些惠企政策连续性不强、标准不统一等。二是政策法规存在滞后性。一些法律法规"立改废释"滞后[1]，有的审批事项，地方拟结合改革整合取消或变更实施主体，但因无法律法规依据而无法实施；有的事项审批环节太多，如工程建设领域的竣工验收环节，多部法律法规都要求设立多个验收环节，地方想对此整合，但面临法规依据障碍。[2] 三是政策面临数字安全风险。政府信息数据开放共享共用、个人隐私与安全分享、数据资源管理与使用等方面还缺少相应的法律规范。电子证照、电子签章、电子档案、身份证明及数字证书认证系统亟须规范，以解决数字时

---

[1] 注：法律法规"立改废释"滞后的问题，既有全国层面的问题，也有山东、济南地方层面的问题。
[2] 陆生宏、井胜、孙友晋：《协同研究政务服务 助力优化营商环境》，《中国行政管理》2021年第8期，第146~148页。

代身份证明难、办事繁杂等问题。

（二）改革的信用体系有待健全

信用体系是营商环境改革的基础要件，涉及市场主体活动的各个领域和方面。近年来，济南市信用体系建设加快，但仍存在不少薄弱环节。一是部分政府政策承诺未及时履行。部分政府部门因其自身利益对做出的政策承诺不兑现、订立的合同不履行、拖欠的款项不归还，给企业造成损失和困难，影响了营商环境的可预期性。二是企业信用的信息标准不统一。不同地方和不同部门对企业信用的信息收集和公布标准不统一，检查、修复和异议的做法各异，一些"黑名单"认定和联合惩戒措施缺乏法律依据，信用泛用与震慑不够问题并存。例如，一些民营企业、小微企业借贷融资往往信用积累先天不足，在银行授信、担保融资、融资增信等方面得不到支持，成为融资难、融资贵的主要原因，需要融资担保工具的创新。三是对部分企业的失信行为惩罚不够。部分企业和个人在经营活动中不讲诚信、不重承诺履行、不信守合同等情况时有发生，但有些行为尚未纳入信用体系建设，需要现有信用体系不断健全和完善。①

（三）改革的业务整合有待深化

济南在深化推进"放管服"改革过程中大力推进业务整合和协同联动，取得了良好的改革效果，但业务整合的深度仍有待加强。一方面，济南在贯彻中央政策文件的过程中学习了大量先进地方的经验，这些经验在应用的过程中需要精准契合济南实际加以优化和重构，以制定更加精准的解决措施以及更为有效的应对方案。另一方面，行政部门简政放权的数量增加是否带来质量的均衡提升需要深入考量。济南市政府同级部门或者上下级部门间存在放权力度以及放权标准不统一不同步的问题，从而导致政务服务效率并未跟上改革力度的发展。例如，政务服务职能、服务资源、服务供给在各部门及机构间的集成度有待加强；方便易用的统一政策咨询、解释、受理、兑现、评价平台仍未建成；部分领域政务服务减材料、

---

① 沈荣华：《优化营商环境的内涵、现状与思考》，《行政管理改革》2020年第10期，第24~31页。

缩时限、降成本等仍存在一定空间。特别是某些审批事项权限的下放存在互为前置的现象，甚至出现互相推诿扯皮等问题。

（四）改革的要素集成有待提升

济南市营商环境建设在标准化、规范化管理方面取得了突出成绩，但政务服务事项要素的集成程度仍有待提升，应加强跨层级、跨系统、跨部门、跨业务的制度创新与流程再造。一是在市场要素层面，土地、水电气暖、物流、用工等方面要素保障服务有待提升，各类要素成本较高，未能有效发挥要素集成效能。二是在职能部门层面，部门的改革仍以内部改革为主，多方协同治理的力度仍有待进一步加强。同时，需要促进单项政策单项改革效应向政策集成效应转变。三是在区域发展层面，需进一步加强与省会经济圈与胶东经济圈、鲁南经济圈统筹发展，扩大改革的联动效用。

（五）改革的协同发展有待强化

协同化一直是济南市营商环境改革的方向之一，但受制于部门视角与部门利益等因素的客观影响，目前仍存在纵横里外的协同不畅等问题。如何处理好职能部门提升专业治理能力与部门间协同联动发挥整体效应之间的张力，是营商环境改革走向深入过程必然要面对的痛点和难点。实现政府主导与全民参与的协同治理局面，既要靠政府主导、主动作为、持续推进，更要找准发力方向，将政府努力转化为市场主体的归属感和自豪感，增强全民维护营商环境的内生动力。政府后台改革的深度决定了前台服务品质提升的难度和空间，优化营商环境亟待实现由表及里的转变，为营商环境持续提升奠定扎实基础。

（六）改革的信息化程度有待加强

当前，济南层级、部门、区域间的数据共享标准尚待进一步研究和完善，政务数据在区域间的共建共享性有待提升，一定程度上影响了部门、政企、数据平台等之间的协同联动机制。首先，在业务协同与流程再造层面，线上政务服务、审批流程、信息管理的应用等有待进一步拓展和整合；其次，信息技术在风险预警及反馈机制方面的应用还有待加强，部分重点监管领域数据的汇集效率低下，各类监管信息缺乏合理归类和有效利用；最后，在人工智能、大数据、5G、区块链、云计算等技术融合运用于数字化服务场景方面的建设力度还有待加大，以进一步提高对于市场主体的需求感知和社会群众的诉求回应。

六　进一步推进济南市优化营商环境的对策建议

济南市建设营商环境创新实践在其实践背景、实践内容、实践成效以及在实践中遇到的困难与问题都具有典型性与代表性，因此其经验对推进我国营商环境市场化、法治化、国际化具有重要的理论意义与探究价值。为进一步深化营商环境改革，以下从济南市和全国其他地区两个层面提出对策建议。

（一）对济南市优化营商环境的建议

为进一步推进营商环境建设，济南市应当继续从制度保障、信用体系、要素集成、优化服务、信息手段、监管体系等方面加强建设，推动营商环境更加优化。

1. 制度保障：法治化是支撑引领

济南市近几年在营商环境制度设计与建设方面做了许多工作，出台了大量文件，后期应该在制度的科学性、完善性方面加强建设，合理把握政策文件制定发布节奏，全面评估政策出台后的效应。一是在政策完善方面查漏补缺。对照党中央、国务院关于优化营商环境的决策部署，对照各指标领域具体要求，加强政策空白点和盲区的梳理排查，结合济南市实际情况，精准出台具体实施细则并重点抓好落实。同时，加强对济南市优化营商环境典型案例和经验做法的提炼和推广，营造良好的改革氛围。二是健全政策全过程评估机制。政策出台过密过快可能导致新旧政策衔接不畅，产生新政策适用者对旧政策适用者的"相对剥夺"等问题。应加强政策出台前、执行中以及执行后的全过程评估机制，确保政策生命周期的科学性。三是加强政策实施的跟踪督办及反馈。政策效果的发挥不仅取决于政策本身，也取决于政策有没有得到良好的执行。济南应推进整合完善营商环境议事协调机构的有关工作，加强营商环境工作常态化推进，统筹协调组织全市营商环境改革措施推进及督促落实等工作，加快推进各项改革进程。涉企政策落地情况等应纳入重点督查事项、跟踪评估政策的实施情况。加强对优化营商环境政策落实情况的审计，确保涉企政策落实到位。及时收集整理企业群众意见建议，限期反馈、定期回访，就集中反映的问题抓好督促整改。

2. 信用体系：诚信化是必由之路

社会信用体系建设是优化营商环境、促进城市文明、推动经济社会高质量发展的必然选择。济南要进一步完善诚实守信、重诺守约的社会信用体系，一方面，应加强政务诚信督导与问责制度。加大对于各级政府部门对市场主体失信行为的合理惩处制度，建立政务诚信督导机制，定期对各部门政务诚信服务情况进行监督监察，实施政务诚信考核评价，加强完善群众监督和舆论监督机制，畅通民意反馈渠道。强化问责机制，对于政务失信行为依法追究相关政府部门的责任，并按实际情况依法予以补偿，营造公平公正的市场环境。另一方面，应统一规范市场信用的信息标准。结合部门"权力清单"和"服务清单"，按统一标准和规范建设市场信用信息公示系统，对企业的登记备案、年度报告、资质资格予以公示，引导市场主体诚信守法①。对于部分企业和个人的失信行为，应当依法依规追究责任，推动行政机关、行政主管部门和社会管理组织将失信被执行人名单信息嵌入相关领域的管理和审批，提高失信成本，营造良好的社会信用环境。

3. 要素集成：系统化是必要之义

加强经验总结和统筹协调，对重点领域的改革举措进行系统集成，形成整体改革方案统一实施，防止零敲碎打、进度不一，这是济南改革进入新阶段的必然选择，不仅可巩固扩大改革成果，提高整体成效，也有助于化解改革进展中的不平衡矛盾。首先，应强化顶层推动，发挥改革整体效应，加强跨层级、跨系统、跨部门、跨业务的制度创新与流程再造，实现单一流程向集成流程转变、单个部门改革向多方协同治理转变、单项政策创新向政策集成创新转变。其次，应强化要素保障，统筹做好土地、水电气暖、物流、用工等方面要素保障服务，让利于企，让利于民，尽可能降

---

① 沈荣华：《优化营商环境的内涵、现状与思考》，《行政管理改革》2020年第10期，第24～31页。

低各类要素成本，发挥集成效应，实现经济可持续。最后，应完善跨域协同机制，推动省会经济圈与胶东经济圈、鲁南经济圈协同发展，加快推进"跨省通办""全省通办"，逐步扩大与相关经济圈城市的通办范围，增加通办业务类型。

4. 服务提升：便利化是长效目标

济南进一步优化政务服务，既要关注办理环节、申报材料、办理时限、所需成本等"数量"问题，更要提高服务"质量"，推进服务供给精细化，找准服务群众的切入点和着力点，具体而言，应在以下几方面加强提升。一是推进办理信息公开透明。聚焦高频办理事项，强化办事指南全要素管理，全面梳理企业关注的办理要求、办理时限、办理渠道、收费标准、咨询方式、投诉建议等信息，整合形成标准化的办事指南和流程图。比如，一份申请表单、一份材料清单、一张办事流程图等，建立健全"一表、一单、一图"等公示机制，实行一表申请、一套材料、一次提交、限时办结。二是推进线上线下有机融合。推进政务服务标准化、规范化、便利化，提供实体政务大厅、网上办事和线上线下融合服务，推动同一信息在各政务平台同源发布。推广电子证照、电子合同、电子签章、电子发票等在线服务。兼顾企业群众的个性化、人性化需求，允许企业和群众自主选择线上或线下办理方式。三是推进窗口服务提质增效。提升政务大厅"一站式"服务功能，推动"综合受理窗口"改革，落实首问负责、一窗受理、限时办结等制度，推动更多政务事项集成办理，真正实现窗口"一次性告知、一次性受理"。

5. 数字治理：信息化是必备手段

数字治理是当今社会发展的趋势，济南市政府要着力提升公共服务、社会治理的信息化、智能化水平，还应结合前期建设情况，在以下方面加大建设力度：一是加强政务数据互联。建立健全政务数据共享协调机制，推动数据信息标准化，加快数据跨部门、跨层级、跨地区汇聚融合与共享利用，增强部门之间、政企之间、数据平台之间的协同联动、信息共享，并加强数据安全保障和隐私保护。二是推动监管信息共享。用好全国一体化"互联网＋监管"平台体系，推动重点监管领域数据汇集和监管信息共享，形成风险预警线索推送、处置和反馈机制，强化监管信息综合运用，探索联合抽查、远程监管、智慧监管，提高监管的靶向性和有效性。三是推广技术赋能范围。充分利用 5G、人工智能、大数据、区块链、云计算等信息技术手段，深化"互联网＋政务服务"，提前感知市场主体需求，推进业务协同和流程再造，开发更多网上办、掌上办、移动办、指尖办等数字化服务场景，推行"不见面"办事，在更大范围实现"一网通办、全程网办、一窗通办"。

6. 监管体系：网络化是发展趋势

济南市加强和完善监管制度体系建设，应该从以下几方面入手：首先，制定更为系统性的改革方案。要从机构、职责、人员、财力、技术、平台、能力甚至监管文化等方面加强监管制度建设，从政策标准、审核把关、执行监督、服务管理和监管评估等全流程和全生命周期完善制度设计和流程设计。[①] 其次，从"一网联动"到跨部门综合监管。目前，围绕信息监管目标任务，在一些重点领域部门之间实现了"一网"，建议由行政审批局牵头继续扩大"一网"范围，以监管板块为基础先打造几个运行高效的"分网"，最终合并形成全市"一张网"。[②] 然后，逐步推动"一网联动"向"综合执法"过渡。最后，多渠道提高监管人员能力。通过部门内部优化整合人员结构实现监管能力提升以及"技能提升"，通过强化监管人员培训，改善执法人员的素质结构，重点培养一批"一专多能"的监管人员，确保综合监管与专业监管有机整合、协调配合。

（二）其他地区优化营商环境的建议

结合济南建设经验，全国其他地区优化营商环境，应当从法治思维、系统集成、信息共享、服务优化、智慧治理、宣传引导等方面加大建设力度，推动营商环境建设质量提高及效率提升。

1. 以法治思维保障交易规范化

坚持法治思维，鼓励支持改革创新，建设一流营商环境。首先，运用法治思维、法治方式打造稳定公平透明、可预期的营商环境。对标国际先进和最佳实践，聚焦市场主体和群众关切，在深化"放管服"改革优化营

---

① 中国行政管理学会课题组，张定安、高乐：《聚焦市场主体关切持续打造市场化法治化国际化营商环境》，《中国行政管理》2021 年第 8 期，第 6～15 页。

② 阳军、刘鹏：《营商环境制度完善与路径优化：基于第三方视角》，《重庆社会科学》2019 年第 2 期，第 35～44 页。

商环境方面，鼓励和支持地方探索创新，发挥改革促进功能，通过对改革先发地区充分授权、综合授权、一揽子授权，实现改革与法治的高度融合、互为驱动。全面落实《优化营商环境条例》，巩固现有改革成果，以法治手段保障改革规范有序、依法推进。其次，建立常态化、规范化的互动机制。构建亲清政商关系，建立健全畅通有效的政企沟通机制，引入第三方评价机制，完善"好差评"制度，充分听取各方面意见，持续深化改革、改进服务，保障政府、企业信息对称，政务资源的供需达到动态均衡。最后，推动营商环境评价体系国际化。与国际接轨、与世界前沿对标，科学设置指标体系，"以评促改"开展营商环境评价，建立优化营商环境年度报告制度，全面衡量"放管服"改革成效，推进政府治理体系和治理能力现代化，推动高质量发展、建设现代化经济体系。

2. 以规范标准促进改革精细化

营商环境改革是一项系统工程，需要加强不同内容、方式、方法等的集成，促进治理规则的标准化。首先，全面落实集成化、标准化建设任务，推动行政审批由"简化"向"极简"转变，纵深推进"放管服"改革，更好地回应企业和社会公众的新期待。统一政务服务标准，创新政务服务方式，深入推进减环节、减材料、减跑动，最大限度地缩短时限、降低成本，解决企业民众多头报送、政策兑现时期较长、政企信息不对称等问题，激发市场活力和社会创造力。[①] 其次，细化量化政务服务标准，压缩自由裁量权，推进同一事项"无差别受理、同标准办理"，提升企业和社会公众对改革的获得感和满意度。细化梳理各领域、各层级优化营商环境政策举措，建立健全涉企涉民政策审批、备案等事项清单，明确政策依据、享受主体、享受条件、优惠内容、申办材料、申办流程、主管部门、申报时间、实施期限等相关内容，建立健全行政许可设定审查机制，分类推进行政审批制度改革。最后，大幅精简、合并各类重复审批，取消对微观经济活动造成不必要干预和可以由事前审批转为事中事后监管的审批，加强备案、告知承诺事项的事中事后监管，强化"谁审批谁监管，谁主管谁监管"，提升监管效率和水平，推动营商环境改革向精细化发展。

---

① 陆生宏、井胜、孙友晋：《协同研究政务服务 助力优化营商环境》，《中国行政管理》2021 年第 8 期，第 146～148 页。

3. 以信息共享推动发展协同化

通过推进政府部门、行业协会和社会中介组织合作机制，使企业的监管信息、信用信息共享共用，构建企业信息的大数据体系和管理机制，强化对企业行为的制度约束。信息共享方面最大的问题是各自为政，缺乏整体布局。要解决该问题，首先，信息共享应成为部门达标的考核要求。这方面可学习清单制度的经验，在信息共享方面要有指标、有考核，做到"应享尽享"。其次，在系统兼容方面要获取专业性方案。根据现有问题类型设计具体的解决方案。对于既有系统的对接，要充分调研，寻求专业机构的解决方案。对于新建系统，则要彻底考虑兼容性问题。[①] 总体而言，在信息化建设方面需要兼顾统筹分析与具体实施之间的综合考量，才能够做到事半功倍。

4. 以流程再造提升服务人性化

政务服务的人性化发展可以有效提升市场和社会主体的办事体验与心理认同。第一，要重视并切实加强政务服务的基础性工作。通过将基础性的事项清理工作落实到位，并通过统筹协调部门协作，打破部门间壁垒，在服务上形成合力。再通过投入充分资源解决人力和专业化问题。第二，根据部门职责与实施进度实现流程再造。通过学习清单制度的经验，对部门的流程优化提出更为明确的任务。每个部门都应明确在本部门的办事流程中能够减少哪些环节、测算能够缩短多少时间以及怎样提高相应的服务体验。部门对于不能改进的任务要给出充分的论证，即详尽解释为什么无法再发掘潜力。对流程环节的优化有助于实现政务服务整体的人性化提升，业务的便利度、流畅度、一体化程度进一步加强。[②] 第三，基于"客户视角"检视问题。深入具体的政务服务进程中，从办事企业和社会公众的"客户视角"去考察、检视整个办事过程，从而找到其中的问题所在。政府只有从市场主体和社会公众的角度思考问题，才能真正实现服务质量优化。深入地挖掘"客户"主体对服务过程的客观需求，并以此为出发点不断将服务落实、落地，打造具有地方特色的个性化方案，提升市场主体

---

① 阳军、刘鹏：《营商环境制度完善与路径优化：基于第三方视角》，《重庆社会科学》2019年第2期，第35～44页。

② 阳军、刘鹏：《营商环境制度完善与路径优化：基于第三方视角》，《重庆社会科学》2019年第2期，第35～44页。

与社会公众的办事满意度。

5. 以科技手段加强治理智慧化

坚持创新驱动,依托"数字政府+智慧城市"建设,加强营商环境的智慧化治理。一是创新创优政务服务多场景智能应用。以企业和群众办事需求为导向,利用5G、人工智能、大数据、区块链、云计算等新一代信息技术,重塑政务服务管理架构、服务模式、办理流程、软硬件布局,加快构建精准化、智能化、科学化、便捷化的政务服务新机制、新平台、新渠道,全面提升政府在市场监管、社会治理、公共服务等领域履职能力,形成线上线下深度融合便民智慧政务新模式。[①] 二是加强政务服务在不同领域、区域的互联互通。加强政府数字治理能力建设,按照纵向到底、横向到边,加快上下贯通、高效对接,实现政务数据共享交换应用打破地域、行业行政壁垒,畅通区域经济循环。探索"政务上链",赋能政务服务创新,推动电子证照扩大应用领域和区域间互通互认,实现更多政务服务事项通过网上、掌上等方式高效办理,企业和群众经常办理的事项"跨省通办",实现便捷化、精准化、智慧化服务。

6. 以公开透明实现政务科学化

营造公开透明的政务环境对于凝聚营商环境改革共识、促进改革实施,进而实现政务服务科学化具有重要的推动作用。首先,应推进政务规范公开。加强政务公开全流程规范,及时公开涉企涉民政策和创新举措,加大对各部门涉企政务公开的考核力度,确保企业群众及时了解政府优化营商环境政策举措。针对政策的适用对象,可进行按需推送,提高政府服务的精准性,保障适用范围的科学性。其次,应加强政策过程参与。在政策制定、实施、评估等各个阶段广泛听取专家、专业机构、市场主体、社会公众等的意见建议,提升政策的科学性,为市场主体和社会公众留出政策适应期,保障政策之间的有效衔接,增强政策稳定性。最后,应加强舆论舆情引领。充分发挥报纸、电视、门户网站、微博、微信公众号、短视频等各类媒体平台的作用,加强舆论舆情引领,引导各类媒体围绕营商环境的建设性问题形成"共智"效应,更好地服务于实体经济和大众创新万众创业。

---

① 陆生宏、井胜、孙友晋:《协同研究政务服务 助力优化营商环境》,《中国行政管理》2021年第8期,第146~148页。

参考文献

丁鼎、高强、李宪翔：《我国城市营商环境建设历程及评价——以 36 个省会城市、直辖市及计划单列市为例》，《宏观经济管理》2020 年第 1 期。

胡世文：《改革开放以来中国行政审批制度改革：历程、特征与经验》，《大连干部学刊》2020 年第 9 期。

余淼杰：《"大变局"与中国经济"双循环"发展新格局》，《上海对外经贸大学学报》2020 年第 6 期。

王昌林、赵枬：《加快营造国际一流的营商环境——关于当前深化"放管服"改革、优化营商环境的一些思考》，《中国行政管理》2019 年第 7 期。

俞可平：《论国家治理现代化》，社会科学文献出版社，2014。

王春娟：《科层制的涵义及结构特征分析——兼评韦伯的科层制理论》，《学术交流》2006 年第 5 期。

陆生宏、井胜、孙友晋：《协同研究政务服务 助力优化营商环境》，《中国行政管理》2021 年第 8 期。

潘同人：《嵌入关系：中国招商引资中的政府与市场》，上海人民出版社，2017。

丁邡、周海川：《我国优化营商环境成效评估与建议》，《宏观经济管理》2020 年第 2 期。

曹现强、李烁：《创新优化理念和评价机制 构建营商环境新格局》，《中国行政管理》2021 年第 8 期。

沈荣华：《推进"放管服"改革：内涵、作用和走向》，《中国行政管理》2019 年第 7 期。

任恒：《优化营商环境的政府责任探讨：现实价值与推进路径》，《北京工业大学学报》（社会科学版）2020 年第 4 期。

沈荣华、钟伟军：《中国地方政府体制创新路径研究》，中国社会科学出版社，2009。

沈荣华：《优化营商环境的内涵、现状与思考》，《行政管理改革》2020 年第 10 期。

中国行政管理学会课题组，张定安、高乐：《聚焦市场主体关切持续打造市场化法治化国际化营商环境》，《中国行政管理》2021 年第 8 期。

何显明：《市场化进程中的地方政府行为逻辑》，人民出版社，2008。

阳军、刘鹏：《营商环境制度完善与路径优化：基于第三方视角》，《重庆社会科学》2019 年第 2 期。

Klapper L. , Lewin A. , Delgado J. M. Q. The Impact of the Business Environment on the Business Creation Process. Entrepreneurship and Economic Development. Palgrave Macmillan, London, 2011.

Bah E. , Fang L. "Impact of the Business Environment on Output and Productivity in Africa. " Journal of Development Economics, 2015, 114.

Carlin W. , Seabright P. Bring Me Sunshine: Which Parts of the Business Climate should Public Policy Try to Fix. ABCDE, 2009.

报告执笔：耿　云（中央财经大学政府管理学院副教授）

贾存斗（中国经济体制改革杂志社调研部主任、地方改革创新研究院副院长）

张鸿颖（对外经济贸易大学政府管理学院研究生）

第三部分

苏州吴江区创新工业生态
"数字管理"研究

---◗◖---

　　如何打破部门数据共享的藩篱、破解传统工业企业发展难题、提高要素市场化配置的效率？以什么来激发转型动力、引领经济二次腾飞领先发展？创新工业生态"数字管理"，激发工业数据资源要素潜力、加快工业大数据产业发展，是江苏省苏州市吴江区近年来贯彻落实国家大数据发展战略，推动长三角一体化发展、厚植新优势、创造新动能有效路径。吴江区创新工业生态"数字管理"的改革方式方法主要体现在：一是以改革赋能提升政府治理和服务的效能；二是以政策赋能强化政策支持的精准匹配度；三是以平台赋能助力企业高质量发展；四是以融合赋能全面打造产业转型升级动能供给体系；五是以要素赋能深入推进差异化配置，畅通重点领域改革循环通道；六是以生态赋能打造高质量一体化发展"新硬核"。研究证明，吴江区工业企业数字化管理创新模式，为同类地区乃至全国贡献了大量的实际操作经验，成为新时期值得推广和借鉴的典范。

党的十九届五中全会、"十四五"规划和2035年远景目标纲要指出，推动数字经济和实体经济深度融合，打造数字经济新优势，为构建新发展格局提供强大支撑。数字技术创新突破，引领科技革命和产业变革，加快传统产业升级转型高质量发展，在新一轮全球话语权竞争中占据主导地位，是当前内外严峻形势下，重大而紧迫的战略任务。

制造业是实体经济之主体，是工业经济和国家经济命脉之所系。利用大数据改造传统产业、培育新动能，适应世界经济发展竞争新规则、符合我国经济发展客观需要，对推动我国经济迈向中高端、实现高质量发展意义重大。发展实体经济，制造业是重点也是难点，发展大数据尤其是工业大数据则是关键之关键。工业企业大数据平台是加快数据强国建设、引领我国数字经济高质量发展的重要抓手，既能为工业生产提供数据中心、数据库等公共服务支撑，也能推动数据要素的流通汇集、共享和创新应用。

如何打破部门数据共享的藩篱、破解传统工业企业发展难题、提高要素市场化配置的效率？以什么来激发转型动力、引领经济二次腾飞领先发展？创新工业生态"数字管理"，激发工业数据资源要素潜力、加快工业大数据产业发展，是江苏省苏州市吴江区贯彻落实国家大数据发展战略，推动长三角一体化发展、厚植新优势、创造新动能的有效路径。

近年来，吴江区通过发挥系统化集成式改革先发优势，向改革要动力，向创新要活力，向效率要质量，率先实施了一批具有突破性、首创性的改革举措，全面深化改革呈现重点突破、整体推进的良好态势。吴江区的改革方式方法主要体现在：一是以改革赋能提升政府治理和服务的效能；二是以政策赋能强化政策支持的精准匹配度；三是以平台赋能助力企业高质量发展；四是以融合赋能全面打造产业转型升级动能供给体系；五是以要素赋能深入推进差异化配置，畅通重点领域改革循环通道；六是以生态赋能打造高质量一体化发展"新硬核"。

研究证明，吴江区工业企业数字化管理创新模式，为同类地区乃至全国贡献了大量的实际操作经验，"吴江原创"掀起了一股各地纷纷效仿吴江搭平台、建体系，助力工业资源适配、优配，促进各地工业经济高质量发展的热潮，印证了吴江以信息系统为平台，结合综合评价分类、资源要素差别化配置改革等政策措施，激发工业发展活力的思路之准确性、前瞻性。吴江以体制机制创新夯实工业数字管理创新基础、以工业大数据赋能政府精准决策、以数字管理激发传统企业创新发展潜能、以下沉式服务满足企业发展个性化需求、以生态优势转化为高质量发展优势，成为新时期值得推广和复制借鉴的典范。

一 吴江区创新工业生态"数字管理"创新实践的基本背景

随着新一轮科技革命和产业变革的孕育兴起，数字经济热潮席卷全球。我国高度重视数字管理在工业生态环境构建和推动数字经济发展中的作用。近年来，我国数字产业化和产业数字化快速协同推进，带动群体性

高端装备产业

说明：第三部分照片均由苏州吴江区工业和信息化局提供。

技术创新快速涌现，逐步形成新的产品与服务优势，构筑全新核心竞争力，推动我国比较优势由劳动密集型向知识密集型、技术密集型等价值链高端拓展。党的十九届四中全会首次提出将"数据"作为生产要素参与分配，为数据赋予了新的历史使命。当前，积极推进数字技术创新和应用，以"数字管理"构建一流工业业态体系，加快传统工业升级转型，发展数字经济，已成为突破要素流动壁垒并提升全要素生产率的重要路径。

（一）我国工业管理的历程及阶段性经验

中国的工业经济管理与调节手段，经历了从高度集中的、通过行政手段以指令性计划来对工业经济进行管理，到"计划为主、市场为辅"，到"有计划的商品经济"，到"使市场在国家宏观调控下对资源配置起基础性作用"，再到"使市场在资源配置中起决定性作用和更好发挥政府作用"的历程。

1. 第一阶段（1979~1991年）：摸着石头过河，在计划和市场之间取舍与平衡

这一阶段，中国工业管理主要是通过体制机制探索和沿海地区尝试，不断地调整和选择更具平衡计划和市场两种路径的管理模式，工业生产开始逐步融入世界。中共十一届三中全会以后，中央确立"调整、改革、整顿、提高"八字方针，对国民经济实行调整，改善农业、轻工业、重工业之间的比例关系，加快以轻工纺织为主导的工业增长，满足人们生活需要。1979~1984年，轻工业增长迅速，总产值年均增长11.7%。在1989年《国务院关于当前产业政策要点的决定》中，生产领域重点支持轻工、纺织业、基础设施和基础工业以及机械电子工业、高技术产业等。通过扩大生产经营自主权、落实经济责任制等措施调动企业生产积极性，探索在中国沿海地区开始来料加工、委托制造、转运出口，中国工业生产开始逐步融入世界。

2. 第二阶段（1992~2000年）：与世界接轨，全面市场化转型

这一阶段，互联网经济兴起，信息革命促使中国工业管理开始逐渐、全面转向通过市场来起决定性作用，以电子信息产业为代表的技术密集型产业快速发展。政府的作用不再是否定或取代市场，工业经济管理上，以国有经济和集体经济作为基本的经济形式，同时也把个体经济、私营经

济、中外合资合作经济、外商独资经济等作为必要的有益的补充。1980年，世界新技术革命进入局域网时代，1990年互联网开始商用改变世界，中国在这场信息技术革命中后来居上。我国互联网巨头在20世纪90年代崛起，具有代表性的企业如阿里、华为、百度、腾讯、京东均为民营企业，国有企业在互联网行业未能发挥其重要引领作用。

3. **第三阶段（2001～2014年）：新型工业化，以信息化带动工业化**

这一阶段，加快发展信息技术，以工业化促进信息化，以应用信息技术改造提升传统产业，推动实现以信息化带动工业化成为工业管理的重要任务。2000年以后中国的消费互联网强势崛起，借助庞大的国内外市场，培育出以HBAT为代表的全球领军式互联网巨头。2001年，我国正式加入世贸组织，国家对外开放程度持续提升，国内企业面临全球化的市场竞争，倒逼工业企业转型升级。党的十六大报告指出，坚持以信息化带动工业化、以工业化促进信息化，走出一条科技含量高、经济效益好、资源消耗低、环境污染少、人力资源优势得到充分发挥的新型工业化道路。

4. **第四阶段（2015年至今）：工业数字化，数据驱动制造业转型升级**

这一阶段，新旧动能加快转换，技术密集型产业主导发展，战略性新兴产业和技术密集型产业加速发展并逐步占据主导地位，助力中国经济保持中高速增长并迈向中高端水平。这个阶段正式提出制造强国战略"三步走"规划，促进中国从制造大国到制造强国转变。

专栏1 制造业大数据的特征和应用价值

制造业大数据有四个特点。一是准确性。在一般性商业领域，如果预测准确率达到90%已是很高，但在工业领域很多应用场景中，对准确率要求达到99.9%甚至更高。二是碎片化。由于工业生产中感知源的多样性、异构性和颗粒性及无序性，数据碎片化明显。三是实时性。工业大数据重要的应用场景是实时监测、实时预警、实时控制，当前时刻产生的数据如果不迅速转变为可以支持决策的信息，就会失去价值。四是行业性。工业大数据的挖掘要对生产过程有透彻的理解。

大数据在工业领域的应用，实现了工业从研发、设计、生产、运营到服务全过程智能化，提升生产效率，降低资源消耗，提高产品质量。同时，数据驱动制造业生态变革，汇聚协作企业、产品、用户等产业链上的资源，通过平台进行开放共享，基于数据实现制造资源优化配置；还能实现产品、生产和服务创新，产生一系列新模式和新业态。

资料来源：邬贺铨：《大数据与产业互联网》。

在我国经济高质量发展需求驱动下，各产业开始积极向更加合理、高效、可持续的发展模式转变，数字技术成为这个过程中的重要推动力，工业互联网、大数据、人工智能等数字技术深度渗透到实体经济中，为工业产业数字化转型创造了必要条件。2020 年，我国数字经济延续蓬勃发展态势，规模由 2005 年的 2.6 万亿元扩张到 39.2 万亿元。随着新一轮科技革命和产业变革持续推进，叠加疫情因素影响，数字经济已成为当前最具活力、最具创新力、辐射最广泛的经济形态，是国民经济的核心增长极之一。未来，数字技术创新应用将向更大范围、更深程度拓展，我国工业数字化经济红利将进一步释放，向着工业数字现代化服务加速推进、治理数字化更加务实等方向迈进。

（二）我国数字管理赋能区域工业经济高质量发展的意义与挑战

改革实践证明，推进数字化管理是工业企业改造提升传统动能、培育壮大新动能，构建可持续竞争优势的关键路径。数据要素与传统产业广泛深度融合，对经济发展发挥巨大价值和潜能，乘数倍增效应凸显。企业通过信息技术融合应用，打通核心数据链条，基于数据的广泛汇聚、集成优化和价值挖掘，优化、创新乃至重构企业战略决策、产品研发、生产制造、经营管理、市场服务业务活动，构建数据驱动型高效运营管理模式的能力，数字管理赋能区域工业经济高质量发展潜力巨大。

1. 我国数字赋能区域工业高质量发展的特征

一是三次产业数字化发展深入推进。百年不遇的公共卫生危机带来变革契机，在线办公、在线教育、网络视频等数字化新业态新模式在疫情倒逼下蓬勃涌现，大量企业利用大数据、工业互联网等加强供需精准对接、高效生产和统筹调配。疫情是一堂生动的数字化培训课，也是强劲的数字化加速器。2020 年，我国服务业、工业、农业数字经济占行业增加值比重分别为 40.7%、21.0% 和 8.9%，产业数字化转型提速，融合发展向深层次演进。

二是数字经济区域发展百花齐放，各地数字经济发展取得新跃升。2020 年各地区数字经济发展水平基本延续前几年发展态势，经济发展水平较高的省份，数字经济发展水平也较高。从总量来看，2020 年有 13 个省市数字经济规模超过 91 万亿元，包括广东、江苏、山东、浙江、上海、北京、福建、湖北、四川、河南、河北、湖南、安徽等，另有 8 个省市数字经济规模超过 5000 亿元，分别为重庆、辽宁、江西、陕西、广西、天津、云南、贵州等。从占比来看，北京、上海数字经济占 GDP 比重全国领先，分别达到 55.9% 和 55.1%，天津、广东、浙江、福建、江苏、山东、湖北、重庆等省市数字经济占 GDP 比重均超过全国平均水平。从增速来看，贵州、重庆、福建数字经济增速位列前三，2020 年增速均超过 15%，湖南、四川、江西、浙江、广西、安徽、河北、山西等省（区、市）数字经济增速超过 10%，其余省份数字经济增速达 5%～10%。

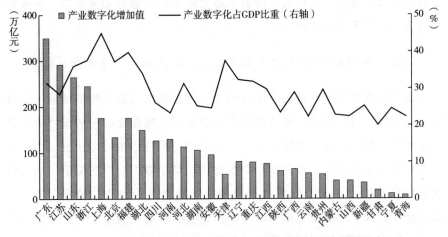

图 1　2020 年部分省区市产业数字化规模及占 GDP 比重

资料来源：中国信息通信研究院。

2. 我国数字经济赋能工业高质量发展的困境

一是工业数字化管理需要数据资源高效共享和业务协同。开展工业数字化管理能力建设是一项复杂系统工程，覆盖企业各项职能，涉及技术融合应用、管理模式变革、数据价值挖掘、业务创新转型等一系列工作，需要用体系化的方法加以推进。数据是国家基础性要素资源，是国家治理体系和治理能力现代化的基础性要素资源，也是政府决策的重要依据。新时代数字化管理体系建设离不开政务数据资源的高效共享和业务协同。

二是政务数据整合改革成效突出为工业数字化管理夯实了基础。党的十八大以后，随着政务信息共享的速度加快和改革力度的加大，政务大数据整合共享取得诸多重大突破。在一些重要的领域实现了中央和地方、地方部门间信息的共享，比如公安部的数据、市场监管总局的数据、教育部的数据，很多部门可以去调用，尤其是涉及跨省域的协作共享，有了突出的成效。数据共享统筹协调力度和共享效率得到了有效提升，支撑了信息资源跨层级、跨区域、跨部门、跨系统、跨业务的协同管理和服务。

三是工业数字化管理与市场需求不匹配。由于数据老化和数据失真等，还存在一些部门共享开放数据积极性不高等问题；各部门无法清晰界定彼此在数据共享开放过程中的权利和责任，数字化管理体系建设中，实现有效数据共享开放的内驱动力还需进一步提升。目前我国大部分工业企业管理能力无法与整体市场环境、竞争格局相匹配，亟待推进数字化管理。主要表现在缺乏有效协同、战略执行不到位、企业数字化关键技术自主研发投入不足、部分工业企业数字化管理意识不足等问题，阻碍了数字化管理能力提升和数字化转型。

3. 吴江推进传统产业高质量发展面临的挑战

一是吴江工业内外部发展环境发生变化。从我国大的经济形势来看，经济转型稳步进行，并且劳动力成本与物价上涨等问题已经降低了企业的经济效益；同时很多企业面临产能过剩、金融风险威胁等因素影响。吴江大部分民营企业虽然具有一定的生产规模，但是在产业布局上存在不足。以吴江地区的丝绸纺织业为例，当地企业的主要生产环节集中在化纤、织造等方面，而终端产品的数量严重不足；电子信息产业掌握核心技术的企业更是凤毛麟角，企业大部分承担了原材料加工工作，游离于高附加值产品之外。这些将会直接影响吴江工业企业的经济效益。

二是吴江工业企业管理结构布局待优化。民企的内部管理体系长期未发生实质性变化，实用型企业管理人员数量严重不足。从金融指标来看，大部分民营企业的投资规模偏小，并且在大项目储备上还存在诸多缺陷。资源要素不足，投资进展缓慢。吴江区民间投资部分项目用地指标无法得到有效保障，动工延迟；中小民企股权融资门槛高，普遍存在融资难、融资贵的问题，转型升级难。吴江区整体产业发展态势一般，待淘汰和整改的企业数量占比较高，产业内部存在企业同质化恶性竞争的现象。空间分布也以散点为主，部分集中于区域交通道路周边，还尚未形成以产业园区为单位的网络化的有机布局。

三是吴江工业企业发展对精准化服务的需求日益提高。面对处在不同行业、不同成长阶段的企业，企业对服务的需求不再集中于注册、税务、融资等常规服务，而更加关注符合其自身成长的个性化服务。企业作为产业发展的核心，服务好企业更是优化营商环境的重要内容，建立区一体化企业服务体系已经成为加快推动产业发展的重要支撑之一。

四是吴江业务发展对大数据技术应用的迫切性更高。面对分散在不同部门的产业数据，依靠人工汇总、制作报表等传统分析手段已经难以满足业务工作需求。数据的准确性、时效性、完整性、一致性得不到保证，各部门日常工作中迫切地需要通过大数据技术实现对产业政策优化调整、产业项目精准招商、产业潜力企业挖掘、企业精准服务等业务工作的支撑。

五是吴江经济发展对产业监管提出了更高的标准。例如，吴江土地空间资源紧缺、行业布局不平衡、区域分布不平衡等产业发展问题依旧凸显，如何加快产业结构调整、推动区域转型升级、引导企业自主创新技术改造成为新时期推动吴江区产业创新发展的工作重点与难点。

(三) 吴江工业发展历程

工业经济在吴江有着悠久的历史，20 世纪七八十年代，吴江已是我国真丝绸出口的重要生产基地，占全国出口总量的 1/6，80 年代乡镇工业崛起，吴江占全市工业比重达 2/3，有着举足轻重的地位。从 20 世纪七八十年代至今，工业发展主要经历了三个阶段。

1. 第一阶段 (1979 ~ 1997 年)：起步发展阶段

这一阶段，吴江工业经济主要分两块：一是以丝绸纺织、机械电子、化工建材医药为主的市属工业；二是以丝绸纺织和通信电缆两大产业为主的乡镇工业，还包括缝纫机、彩钢板、羊毛衫、铜加工等一镇一品特色产业。

2. 第二阶段 (1998 ~ 2006 年)：快速发展阶段

这一阶段，吴江从实际出发，适时提出了"大力引进外资、积极启动民资、加快企业改制"的"三资 (制)"发展经济的工作思路。一方面，推动市属工业和乡镇工业实现产权改制，转换为民营经济。另一方面，出台一系列扶优扶强、做大民营企业的政策措施，激发蕴藏在民间的发展社会生产力，积极承接国际纺织产业转移。这一时期，民营企业如雨后春笋般地相继组建，掀起了吴江民营经济发展的第一轮投资高潮。如鹰翔集团投资 20 万吨直熔纺化纤原料项目，在鹰翔项目成功的示范引领下，带动了恒力、盛虹、新民等一批企业发展特大型化纤项目，从而带动了整个吴江化纤纺织产业链的快速发展。同时，以吴江经济技术开发区为主要载体，积极对外招商引资，引进中达、瑞仪、亚旭等以台资为主的电子资讯产业，外资经济迅速崛起，总量超过内资。

3. **第三阶段（2007 年至今）：转型升级阶段**

这一阶段，随着经济的持续快速发展，积累起来的矛盾逐步增多，生产要素资源供给日趋紧张，环境污染问题日益增多，上级政府要求和吴江客观环境决定了吴江工业必须加快进入调整结构、转型升级、科学发展的阶段。这一时期，吴江工业逐步转变增长方式，走上了新兴工业化发展的道路。结合实际，吴江确立了壮大丝绸纺织、装备制造、电子资讯、光电缆四大支柱产业，加快培育战略性新兴产业的产业格局。

（四）吴江创新工业生态"数字管理"是适应时代发展的必然选择

2017 年以来，根据中央关于坚持全面深化改革的决策部署，按照江苏省委、苏州市委以系统化思维推进改革的总体要求，吴江区积极抢抓长三角一体化发展国家战略释放的政策红利，主动研究苏浙沪示范区改革试点经验，以创新工业生态"数字化"管理为抓手，系统谋划和深入推进工业企业统化集成式改革，推动各项改革措施在政策取向上相互配合、在实施过程中相互促进、在改革成效上相得益彰。

1. **国家大数据发展战略要求加快工业数字化转型**

工业大数据平台是加快数据强国建设、引领我国数字经济高质量发展的重要抓手，既能为工业生产提供数据中心、数据库等公共服务支撑，也能推动数据要素的流通汇集、共享和创新应用。近年来，国家各部门陆续出台政策支持和发展数字经济，促进工业经济向数字经济转型。2020 年 4 月 9 日，中共中央、国务院发布《关于构建更加完善的要素市场化配置体制机制的意见》，就深化要素市场化配置改革，促进要素自主有序流动，提高要素配置效率等提出"顶层设计"。2020 年 5 月 16 日，国家工信部推出的《关于工业大数据发展的指导意见》提出，要激发工业数据资源要素潜力，加快工业大数据产业发展，吴江贯彻落实国家大数据发展战略，推动建设工业大数据云平台是党中央、国务院关注的重点工作。2020 年 12 月 28 日，国家发改委联合四部门发布的《关于加快构建全国一体化大数据中心协同创新体系的指导意见》提出，深化大数据应用创新，推进工业大数据平台建设。2021 年"两会"政府工作报告指出，加强数字政府建设，建立健全政务数据共享协调机制。

2. 江苏全面支持大数据赋能区域经济高质量发展

近年来，江苏经济已由高速增长转向新常态下的中高速增长，经济社会发展更注重"质"，面临破解发展方式单一、经济结构不合理、增长动力不足、效率和质量不协调等发展质量难题。一场由新的价值观和方法论所带来的科技和产业变革正在发生，而大数据正是这场创新变革的重要推动力。利用大数据技术，推动生产要素的配置效率提升，促进互联网与传统产业相结合，通过创新多种商业模式，实现各行各业的"互联互通"，进一步提升企业的生产效率。利用大数据手段，推动"互联网＋传统产业"、大数据改造提升传统企业，激发传统行业企业的创新创业活力，促使信息化水平得以不断提升，形成构建以互联网为依托的江苏实体经济新生态。推进江苏制造向江苏创造转变，高度重视先进制造业、高科技产业、战略性新兴产业在国民经济中的主导地位，同时高度重视虚拟经济与实体经济的平衡发展，避免产业泡沫化和空心化，巩固完善实体经济的产业体系。

3. 吴江迫切需要以大数据赋能工业经济高质量发展

吴江工业经济发展面临瓶颈制约。近年来，随着工业经济发展水平不断提高，土地、能源、环境容量等资源问题日益突出，已成为制约经济持续健康发展的重要因素。土地方面，吴江土地开发强度已接近红线，新增工业用地无法满足产业发展用地需求；能源方面，能耗管控要求逐步提高，节能形势日趋严峻；环保方面，由于吴江地处太湖流域，环保红线也是长期制约产业发展的"高压线"，对企业绿色发展、高效发展提出了更高的要求。一方面是资源供给、环境容量等要素制约，使淘汰落后、优化资源配置工作变得越来越急迫；另一方面是推进淘汰落后、节能降耗工作缺少更为有效的工作抓手，促使吴江区创新运用大数据技术，破解资源瓶颈制约，引导企业提质增效，实现对工业经济的精准化管理。

吴江是长三角一体化发展战略定位的重中之重。2019 年，江苏自贸试验区苏州片区和长三角生态绿色一体化发展示范区先后揭牌，吴江区均位列其中，大幅提升了区域发展的站位高度，打开了吴江的区位价值"窗口"。示范区和自贸区的两区叠加效应，为吴江区的发展带来了更多机遇和可能。吴江区作为长三角生态绿色一体化发展示范区，是长三角区域一体化发展打造"一极三区一高地"（"一极"指全国发展强劲活跃增长极，"三区"指全国高质量发展样板区、率先基本实现现代化引领区、区域一体化发展示范区，"一高地"指新时代改革开放新高地）的"先手棋"和突破口，肩负着率先将生态优势转化为高质量发展优势的重大使命。吴江位居全国百强区前十，在"吴江智造"方面已有相当好的发展基础，并形成了智能设计、智能生产、智能装备、企业资源计划管理、供应链管理和生产性电子商务等 6 个重点发展领域。

专栏 2　吴江勇挑重担着力推进长三角一体化发展

总体上看，长三角一体化是政府通过强有力的行政力量推进一体化进程。但是，构成长三角区域的三省一市分属于不同的区域政府系列，在当前中国行政体制和政府考核机制下，寻求在有限要素流动的状态下，最大化地实现本地区的稀缺要素集聚，而尽可能地阻碍本地高能要素的流出，是各层级地方政府追求本地域发展政绩最大化的本能选择，除了彼此可能获得"共赢"的领域，如向中央政府要求更多的有利于长三角区域经济发展的政策和项目比较积极，而在涉及不同行政区域利益再分配时，协调难度比较大，示范区三地在数字经济发展上表现出明显的差异性。

当前，长江三角一体化制度供给的深度不够，完整的自上而下的"决策—协调—执行—操作"互通互助体制机制有待进一步拓展。虽然目前长三角已形成包括决策层、协调层和执行层在内的三级运作协调机制，但在操作层面缺乏与企业、行业组织，以及各类非政府组织等市场力量的连接网络，由此造成产业空间分布优化指向和区域与城市价值间难以耦合对接，不利于区域产业转型升级和城市化的健康发展。

吴江区 2020 年出台《吴江区建设长三角生态绿色一体化发展示范区

实施方案》，排定143项示范区建设年度重点工作，其中136项取得实质性进展。积极参与示范区"1+1+6"各类规划编制。精心编制吴江区"十四五"规划、国土空间规划和产业规划。推进14项重点改革任务，携手青浦、嘉善打造"C位长安"政法协同品牌，全国首创破产司法联动机制。完成37项一体化制度创新案例，其中"跨界联合河长制"入选中国改革2020年度50典型案例；完成45项项目建设经典案例和苏州自贸区联动创新区建设成果（吴江开发区34项、汾湖高新区40项）。

资料来源：苏州市吴江区委改革办。

4. 吴江工业企业具备数字赋能提质增效的坚实基础

改革开放以来，吴江民营经济欣欣向荣，在推动经济增长、推进产业调整、提升创新活力、吸纳城乡就业等方面发挥了重要作用。撤市设区前，吴江凭借经济实力多年连续进入全国百强县前十名。随着改革开放的深入，吴江民营经济不断发展，民营经济全省"领头羊"的优势不断扩大。统计数据显示，2020年吴江区GDP首次突破2000亿元大关，达到2002.83亿元，迈上了历史性新台阶。在两项收入方面，吴江区全年完成一般公共预算收入236.48亿元，增长6.0%；2020年全体居民人均可支配收入59997元，增长4.3%。[①]恒力集团、盛虹集团成长为世界500强企业；亨通蝉联全球光纤通信行业前3强；还涌现出通鼎、永鼎、康力等一大批业内"单项冠军"和"中国500强企业"。在《财富》杂志"2021年世界500强排行榜"中，江苏省有4家企业上榜，其中苏州共有3家企业入围，而榜单中的恒力集团和盛虹集团均来自苏州市吴江区的盛泽镇，分别列第67位和第311位。[②]吴江是制造业企业重要基地，在制造业企业服务化已经成为全球产业发展的重要趋势背景下，企业已经开始从单纯的产品或服务供应商，转变为综合性解决方案供应商。在现阶段，发展企业服务化还存在"信息孤岛"、经验不足、应用不深等诸多问题，如何有效利用工业大数据的快速发展解决制造业企业服务化面临的问题，是吴江进行

---

① 郭阳琛、张家振：《长三角一体化发展的"吴江样本"》，《中国经营报》2021年7月5日，第B14版。

② 郭阳琛、张家振：《长三角一体化发展的"吴江样本"》，《中国经营报》2021年7月5日，第B14版。

工业数字化管理实践改革的重要动因之一。

二 吴江区创新工业生态"数字管理"的主要做法

工业企业实现数字化管理是自我"革命"过程,也是一项长期系统工程,需要企业自身和政府、行业组织、研究机构协同推进。吴江总结现有工业特征、工业企业综合评价结果以及产业链图谱,创新开发建设吴江区"工业企业大数据云平台",集分析、评价、应用和拓展为一体。积极探索试点集约、创新、绿色、融合"四个论英雄"企业综合评价改革,实施资源要素差别化配置改革,深入推动 D 类企业转型淘汰工作,促进产业转型升级,推动工业经济高质量发展。

(一) 改革赋能:提升政府治理和服务效能

吴江集成式改革面对更多的深层次体制机制问题,对改革顶层设计的要求更高,对改革的系统性、整体性、协同性要求更强。突出综合集成、数字赋能、抓纲带目、闭环管理,持续深耕"一体化制度创新试验田",长效谋划推动各项改革迭代升级、螺旋上升,以数字赋能高质量发展为主题,以产业数字化为主线,以培育数据要素市场为着力点,一体推进工业数字化、网络化、智能化发展,让改革成为提升价值的鲜明标识。

1. 以工业大数据系统集成优化政府职能,提升决策效能

工业企业大数据云平台实时汇聚整合各类生产经营数据,执行全面客观的综合评价标准,助力吴江政府科学决策。一方面,通过工业大数据云平台实现地区企业生产经营信息的透明化。借助工业大数据云平台,各级政府摸底工业经济运行实况,在量化与可视化的基础上,构建科学合理的产业竞争力、集约要素等评价标准,实现对本地企业乃至产业结构的客观分析,为地方各级政府制定差异化帮扶和产业结构性调整政策提供理论依据。另一方面,借助工业大数据云平台有效指导各级政府开展产业提质增效工作。工业大数据云平台将土地空间资源、地区行业分布格局、企业能源资源利用效率等要素进行数字化转换整合,在产业政策优化调整、产业项目精准招商、产业潜力深入挖掘、企业发展精准服务、本地资源集约利用等方面为各级政府提出有效政策建议。

2. 政府通过系统集成改革搭建平台，提高资源利用效率

前瞻性的谋篇布局，系统集成改革，整合四大主导产业资源、重塑传统行业，逐渐壮大一批旗舰型、标杆型的前沿企业。2013 年起，吴江区首创工业企业资源集约利用信息系统，实现了对全区所有工业企业的全覆盖，开展了多维度和多专题的运行分析应用。2020 年，开发上线了资源集约利用信息系统 3.0 版本，即"吴江工业企业大数据云平台"，形成纺织产业、电梯产业、5G 产业、汽车产业、高清显示、半导体、工业大数据、健康医疗、工业机器人等产业图谱，建立起工业数据分析和应用机制。吴江工业企业大数据云平台的建设目标是综合应用 3S 技术、数据库技术、网络技术、无线数据通信技术、工作流技术、多媒体技术等高新技术手段，深入开发和应用城市信息资源，建设具有吴江特色的信息基础设施和业务应用系统。

3. 政府整合部门区域间信息，破解体制机制和技术壁垒

充分发挥"大数据"共享在集成式改革的基础性作用，推动经济、社会、政府"三位一体"的数字化发展格局。经济发展方面，开发建设"工业企业大数据云平台"，建立起工业数据分析和应用机制。推进制造业智能化改造和数字化转型，打造"工业互联网看吴江"品牌。社会治理方面，深化网格化社会治理联动机制建设，加强大数据在社会治理大联动等领域运用，通过数字赋能、减少人员，形成"大数据 + 铁脚板 + 网格化"的社会治理体系。政务服务方面，打造"智慧吴江"App，建设一站式"互联网 +"公共服务平台，推进各部门的数据资源向云上迁移。推进数字政府"一网通办"，为群众提供多渠道的"不见面审批"途径。吴江区经济技术开发区与太湖新城科创园建设以及其他区镇的科创园、产业园等载体建设正在蓬勃兴起。吴江原创的"改革套餐"从"五个一"升级到"七大集成、八大任务"，以信息化为根本解决手段的系统化集成式改革任务动能供给，实现业务流程规范化、过程监控实时化、成本控制精细化、改革成效可视化。

案例一 体制改革为吴江高质量发展赋能

吴江找准提升产业能级的切入点，加快新旧动能转换步伐。开展长三角科技创新券通用通兑，精准支持企业更广范围内购买科技服务，首张科

技创新券在汾湖高新区成功发放。强化知识产权创新导向，积极争创长三角示范区知识产权保护中心。承接苏州自贸片区政策溢出效应，积极建设联动创新区，吴江开发区、汾湖高新区分别复制推广改革经验17项、16项。完善人才服务体系。全力打造人才创新集聚区，推出"人才贷"系列金融产品，出台人才优先购房办法，深入推进四大片区专业园区建设。推动产业转型升级。坚持项目为王，引入市场化招商机制，成立汾湖招商引才服务有限公司，建立项目招引全流程跟踪管理平台。推进先进制造业和现代服务业深度融合省级试点，重点培育13家龙头骨干企业和2个产业集群。

资料来源：苏州市吴江区委改革办。

（二）政策赋能：强化政策支持精准匹配度

吴江区强化政策联动配合的整体性、服务企业主动性、增强政策扶持的精准性，提高政策落地实效性，充分发挥产业政策"指南针""助推器"作用，切实引导和推动全区产业转型升级，真正让好政策起作用、见实效，落地生根。

1. 实施有保有压政策，引导产业提升发展

丝绸纺织产业是吴江区工业经济的"发家"产业，也是一个千亿级地方支柱产业。根据国家的产业政策，吴江区加大对丝绸纺织产业的智能化改造推进力度。制定准入标准，加大力度淘汰落后纺织、印染、纺丝等重要设备，鼓励企业引进应用高端织造设备、低浴印染设备和国际一流的纺丝设备，加大两化深度融合力度，通过智能制造促进产业升级。东方盛虹、恒力股份发挥领军企业的标杆示范作用，加大自动落筒、自动物流、自动包装、立体仓储、大规模个性化定制、企业工业互联网等建设，逐步向产业中高端发展。为了配合高端智能装备产业的发展，吴江区加大对传统铸造行业的整治提升力度，制定铸造产业准入标准，实施了铸造产业整治提升三年行动计划，邀请江苏省铸造协会、智能铸造研究院等行业专家对全区所有铸造企业进行了产能、技术认定，以行业智能制造领军企业为支撑，通过PPP模式规划建设绿色智能铸造产业园，淘汰落后产能，鼓励有条件的企业兼并重组、入园进区。

2. 发展智能制造产业，优化产业结构布局

吴江区委、区政府制定了新兴产业发展"213"工程，其中重点是发

展高端智能装备和新一代信息技术两个千亿级产业。在吴江国家级经济开发区规划建设高端装备产业园，重点引进国内外高端智能装备领军企业入园，规划面积 3 平方公里，建设一个 500 亿元的智能制造核心园区，目前先导区建设已经完成 2 万平方米并交付使用。吴江区共有装备制造企业 2311 家，2020 年销售收入达 948 亿元。从行业分布看，主要是高端自动化成套装备、数控机床、3D 打印、机器人部件、物流装备、工程机械、新能源汽车部件和精密机械部件等。在机器人产业，有本体生产企业、传感控制、机械传动、仪器仪表和系统集成企业。

3. "一篮子"政策引智生根，助推数字化

编制了《吴江区公共服务移动门户（智慧吴江 App）升级工作方案》，经区委全面深化改革委员会第十一次会议审议通过。目前，完成平台运营模块升级、提升整体稳定性、协调推进互联网医院建设。

案例二　汾湖高新区推动全区制造业智能化改造和数字化转型

汾湖高新区（黎里镇）位于苏州市吴江区东部，区域面积 258 平方公里，人口 28 万人，地处苏浙沪两省一市交汇核心腹地。汾湖高新区成立于 2006 年 7 月，由原黎里、芦墟、莘塔、金家坝、北厍五个乡镇撤并而成，历经临沪经济区、经济开发区、高新区三个阶段，2012 年 8 月正式更名为汾湖高新技术产业开发区，与黎里镇实行"区镇合一"管理模式，下辖 5 个办事处（含黎里古镇保护开发管理委员会）、43 个行政村和 9 个社区居委会。

汾湖高新区现有各类企业 3000 余家，包括永鼎股份、康力电梯、东吴水泥等 5 家上市上柜公司，固德电材、太湖股份、华尔美特等 18 家企业在新三板挂牌。成功获批国家火炬超高速节能电梯特色产业基地、国家知识产权试点园区等荣誉称号。2020 年，完成工业总产值 730.21 亿元，增长 2.6%；完成一般公共预算收入 29.21 亿元，增长 1.2%；完成全社会固定资产投入 73.93 亿元，增长 2.0%，其中工业投入 31.22 亿元，增长 55.6%，服务业投入 42.72 亿元，下降 18.5%；合同外资 9985 万美元，实际使用外资 4712 万美元。

从产业结构看，汾湖高新区工业制造产业主要以装备制造、电子信

息、金属制品、纺织化纤、建材家居、光电缆等为主，其中主要以装备制造业为龙头，产能达到200亿级，电子信息、金属制品、纺织化纤、建材家居等行业产能达30亿~40亿级，新兴产业、高新产业、高新企业产能均达到百亿级以上。近年来产业结构得到了一定优化，但总体还有很大提升空间。

从具体行业看，汾湖是电梯产业的集聚区，主要产品涵盖了商用电梯、载货电梯、观光电梯、消防电梯、医用电梯、汽车电梯、自动扶梯、自动人行道等，形成了中高速电梯及关键零部件为主产业格局，产品远销40多个国家和地区，目前可生产整机的电梯企业有11家。

案例三　吴江以高质量政策赋能产业高质量发展

吴江区把工业大数据云平台作为指导服务、决策分析的重要抓手，在企业培育、项目申报、资金兑现、管理培训等方面，坚持用数据为评判依据。平台建成以来，积极运用于服务政府的高效决策，累计向16个横向部门、8个区镇板块提供大数据服务超200次，向经济条线相关科室提供大数据分析服务超200次，为科技局、人才办、文体广旅等职能部门、机构工作提供了数据支撑，助力构建清新型政商关系，打造良好营商环境。目前吴江工业类政策整合于《吴江区高质量发展产业政策的若干实施意见》，以"1+5"产业政策体系，重点扶持优势主导产业、智能工业、"213"战略性新兴产业等领域的重点企业、重大项目和关键环节；出台民营经济高质量发展、半导体产业发展、纺织产业提升发展、电梯产业提升发展等专项政策；2020年出台推进新型基础设施建设培育新兴产业的实施意见，精准聚焦5G和工业互联网等新技术新产业生态，促进吴江制造业供给体系质量效益变革。通过近年来的培育推进，在智能设计、智能生产、智能装备、传统企业转型、新兴产业发展、绿色制造等领域取得了一定进展，激发了企业以智能制造促转型升级的热情，取得了显著的效果。

资料来源：苏州市吴江区委改革办。

（三）平台赋能：不断升级完善大数据云平台

从价值视角看，工业大数据管理平台的本质是通过工业全要素、全价值链和全产业链的连接，实现对企业乃至制造业的重构。吴江筹建"工业企业资源集约利用信息系统"，成立工业企业资源集约利用领导小组，统筹推进相关工作的开展，吴江区基础地理信息系统是"数字吴江"建设的重要内容。吴江区多年来在资源集约利用工作中先行先试、敢于担当，2013年在全省首创"工业企业资源集约利用信息系统"，2016年在苏州大市全面推广，2017年被时任江苏省委书记的李强充分肯定，将其评价为"吴江原创"并在全省推广。目前，应用范围已经扩展至国内100余个县市区，为全国进一步深化工业企业资源集约利用综合评价改革提供了样本、做出了示范（见图2）。

图2　吴江区资源集约利用示意

1. 创建工业资源集约利用信息系统，实现全企业的全覆盖

以差别化管理推动了工业企业高质量发展。吴江区建立了工业企业资源集约利用大数据平台，对全部企业进行评分排名，按结果分为四个评价等级：A类（优先发展类，前20%）、B类（支持发展类，20%~60%）、C类（提升发展类，61%~90%，其中81%~90%为C−类）和D类（转型淘汰类，后10%），并制定了差别化政策，用市场和行政相结合的手段引导企业转型升级。几年来，吴江区累计减征差别化土地使用税47354.64万元（其中A类企业减征27306.56万元，B类企业减征20048.08万元），切实助力优质企业"轻装上阵"。累计征收差别化污水处理费411万元、差别化管道天然气价253万元、差别化电价1137万元。完成"两高一低"落后企业和D类低效企业淘汰及转型1933家，释放盘活工业用地16714.98亩，拓宽了资源要素发展空间，为高质量发展赋能提速。

2. 开展多维度多专题场景分析应用，助力企业高效化运营

吴江通过数据平台为传统工业企业赋能，提升经营效率，改善生产模式和交易关系，加速数据的流动、转化与共享，推动企业经营边界拓宽。一是通过开展多维度的工业数据实现业务场景，推进生产制造智能化升

级。大数据在生产过程中的应用类似于给生产制造配上了"大脑",使之能灵活应对各种业务场景,主要是通过分析整合产品数据、制造设备数据、订单数据以及生产过程中产生的其他数据,显著提升生产控制的准确性,大幅增强生产制造的柔性化水平和协调度。二是工业数据与传统工业行业加速融合,催生大量新产品、新产业和新业态。例如,吴江将工业数据融入传统的汽车、纺织、家居、制造设备等产品的功能开发中,可以形成智能网联汽车、智能材料和智能设备等制造业发展新领域,从而形成新的经济增长点。三是工业数据支撑生产性服务业发展,加快制造业与服务业的融合。大数据的应用,将企业的发展模式从以往围绕产品生产销售提供售后服务转变为围绕提供持续服务而进行的产品设计,并促使企业业务从传统的产品生产销售向生产性服务领域延伸,最终使得工业企业的主要利润来源于产品售后的服务环节,而不是此前的产品生产和销售环节。四是工业数据辅助科学决策,增强工业企业经营管理能力。工业数据的应用,能够显著推动跨区域、跨行业创新组织的建立,同时促进电子商务、研发设计和众包众创等新模式的协同发展,从而增强工业企业的经营管理能力。

案例四　工业企业大数据精准管理　助力工业经济高质量发展

吴江信息系统已升级至 3.0 版本,即"吴江工业企业大数据云平台",持续领跑全省,为各级各部门提供数据支撑和决策参考;提出"亩均贡献论英雄"、"科技创新论英雄"、"绿色生态论英雄"和"融合高效论英雄"四个论英雄的评价体系,向科学合理、层次丰富提升,再次被苏州大市采纳推广;根据评价结果,吴江在全省率先出台资源要素差别化配置改革实施意见,针对不同等级的工业企业实施差别化的政策,精准发力,推动工业资源要素优配适配。

目前吴江工业企业大数据云平台数据量高达 509 万多条,通过实际运用,排出 14 个"二高一低"行业重点整治,开展落后产能淘汰提升,累计盘活土地 22440.2 亩,实现了"主动减量";鼓励镇(区)回购低效用地,并支持各镇(区)有偿交易建设用地指标,实现了"优化存量";四年累计投入新兴产业、智能工业等工业转型升级扶持资金 6.4 亿元,全区工业企业亩均税收年均增幅超10%，实现了"引导增量"。

资料来源：苏州市吴江区委改革办。

吴江工业企业六大赋能

3. 持续性完善服务支撑平台，建设开放共享与应用试验区

2017年9月，吴江区启动政务大数据平台建设，2018年12月上线运行，并在全区推广应用。全面整合全区各类运行数据，形成"城市运行全景图"，实现党建引领、吴江概况、关键发展指标、数据赋能、部门直通等重点领域运行状况的展现，通过产业、生态、综治、民生四大领域数据关联融合，形成城市运行关键体征指标体系，全面呈现城市运行综合态势，感知城市运行风险和发展趋势。

按照"统一规划、统一标准、统筹建设、科学整合、分级负责、属地管理"的原则，有效整合多级、多域、多平台、多行业视频资源，实现区级视频大数据的汇聚联通共享，提高资源利用率，避免重复建设。目前已汇聚80000余路视频并提供相关共享应用服务。

绘制工业经济密度直观展示图，实现工业项目全生命周期管理。吴江工业大数据云平台界定"经济密度"内涵，以区域占地作为面积，以亩均税收或亩均销售作为高度，在地图中直观体现区域资源利用强度和产出水平的高低，达到分析产业资源配置结构的目的。工业大数据云平台从新建项目/改建项目、技改项目/非技改项目、省重点/市重点/区重点项目等多维度，监测分析工业项目的总投资、年度计划投资、年度完成投资、开工率、已开工项目数等指标，提升工业精细化治理水平、政府公共服务精准化水平。吴江把国资投融资平台打造成撬动社会资本的支点，通过产业基金和资本运作等方式，与国内外优秀的投资机构开展合作，加速引育、精准孵化智能制造、半导体芯片、高分子材料和高端医疗等科技型人才项目，实现了创投赋能高科技产业集聚发展的目标。

（四）融合赋能：试点探索综合评价分类升级

综合评价促转型，再次修订完善工业企业综合评价分类实施办法，以企业资源要素差别化配置改革为先手棋，依托大数据云平台，探索集约、创新、绿色、融合"四个论英雄"企业综合评价，实施资源要素差别化配置。通过综合评价、正向激励、反向倒逼等多条路径，努力推动产业链迈向中高端、实现高质量发展。

1. "四个论英雄"企业综合评价体系，清晰化发展导向

结合长三角一体化发展示范区规划纲要，将"亩产论英雄"内涵升级为"亩均贡献论英雄""科技创新论英雄""绿色生态论英雄""融合高效论英雄"，进一步贴合长三角生态绿色一体化发展导向。将 D 类"限制发展类"改为"转型淘汰类"，比例由后 5% 改为后 10%，同时增设 C 类的后 10% 为 C - 类，并将亩均税收低于 1 万元/亩的企业直接定为 D 类，推动低效落后企业转型升级。

图 3　最新分类等级及比例设置

2. "四大类指标体系"多元评价企业，强有力推进改革

构建科学评价指标体系，全面有效评估企业效益。工业大数据云平台构建集约指标、创新指标、绿色指标和融合指标四大类评价指标，设置相应权重对企业进行评价。集约指标涉及亩均税收、亩均销售等产出类指标；创新指标涉及创新主体培育、研发机构建设、研发活动开展、研发经费占销售比重、研发经费增幅、科技项目承担能级；绿色指标涉及单位能耗税收、单位主要污染物排放税收；融合指标涉及信息化与智能化融合、制造业与服务业融合，质量、标准、安全、节水、人才、党建等方面的成效荣誉等。

动态把脉工业数据，总览工业发展实况。吴江区工业大数据云平台打通部门之间数据壁垒，将工业运行指标数据汇总整合，准确把握工业运行总体状况。工业大数据云平台从各区镇、产业大类、细分产业等不同层次，主要实时统计分析企业数量、各企业占地情况、企业用电量、税收、销售收入、增加值等各项指标实况。

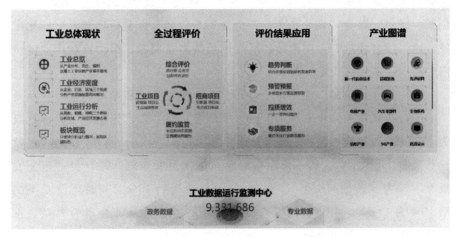

吴江区工业企业重点产业链

3. "四轮发力"，布局未来产业体系

吴江区通过把大数据共享应用与智慧城市建设紧密结合，以政务云、大数据、物联网、GIS、视频等五大平台构建城市发展数字底座，为全区各项信息化建设提供基础支撑和使能服务，全面推进大数据在产业、综治、生态、民生四大领域的项目应用。2018 年 4 月 10 日，《吴江区资源要素差别化配置改革实施意见（试行）》在省内率先出台，2019 年对该意见进行了修订，深入推动 D 类企业转型淘汰工作，促进产业转型升级。反向倒逼促淘汰，建立土地全生命周期管理机制，统筹"263""331""三优三保"等专项行动，创新开展治违、治污、治隐患"三治"工作，打出土地

治理与利用"组合拳"。借鉴深圳、上海等地成功经验，试点开展城市有机更新，推动城市和产业融合发展。正向激励促提升，以"1＋5"高质量发展产业政策体系为核心，推动所有扶持政策集成在一个平台上、一条基准线上，确保政策靶向更聚焦、更精准。通过实施高质量发展产业政策，重点支持优势主导产业、战略性新兴产业等发展壮大。

（五）要素赋能：深入推进差别化配置改革

吴江民营经济发达，发展活力与实力一直位居江苏省前列，但同时也存在资源瓶颈约束、工业企业发展状态不平衡、资源要素错配等结构性矛盾。为了改变现状，吴江实施工业企业资源要素差别化配置，向 A、B 类企业要贡献，向 C、D 类企业要资源要素，以扶优汰劣、退低进高的差别化政策导向，正向激励与反向倒逼相结合，精准激发全区工业企业转型升级。

1. 企业分类实行差别化政策，促进产业转型升级

分类分级政策是工业数据管理的基础，区分工业数据的类型和重要级别是部署细粒度、层次化数据管理措施，促进数据充分利用、有序流动和安全共享的前提。工业企业资源要素差别化配置政策的主要内容包括项目申报、土地使用税、土地供给、能源供给、水电气价待遇、排污权供给、招才引智、政府采购、金融供给、行政执法等 10 个方面，抓两头带中间，对 A、B、C、D 类工业企业分别采取优先发展、支持发展、提升发展、转型淘汰的施策方式。一方面，有利于明确差异化管理要求，引导企业建立工业数据管理机制，按类逐级排查管理风险、统筹部署防护策略、合理分配资源，切实提升数据管理水平。另一方面，有利于确定不同数据的共享范围，在遵循"最小知情原则"的前提下打破信息孤岛，促进跨企业、跨行业、跨区域的工业数据关联分析与深度挖掘，加快工业生产智能转型步伐。

2. 生产要素差别化配置，提升资源利用供给效率

按评估结果划分企业类别，实施差异化企业扶持政策。按评价体系评估工业企业发展水平，工业大数据云平台将工业企业划分成 A 类、B 类、C 类、C－类、D 类的梯队等级。针对不同类型企业，吴江区出台相应奖励与惩罚政策进行指导和支持。工业大数据云平台还从总税收、用地、用能、亩均销售、亩均税收等不同维度，对企业在全区、全市、全行业进行排名，有利于掌握各行业发展情况，及时调整产业发展策略，引导产业健康可持续发展。2019 年吴江区工业企业综合评价分类结果显示，接受评价的 13496 家企业中，A 类企业 2590 家、B 类企业 6267 家、C 类企业 3275 家、C－类企业 485 家、D 类企业 879 家。其中，A 类企业数量占比 19.19%，土地使用量占比 38.33%，缴纳税收占比 78.31%，亩均税收达到 29.35 万元；C、D 类企业数量占比 34.37%，土地使用量占比 24.64%，缴纳的税收占比仅为 4.03%，C 类企业亩均税收不到 3 万元。

3. "三治"融合拓展空间，破解资源要素瓶颈

一是发展中遇到的资源闲置问题倒逼，整合工作资源、形成攻坚合力、统筹各项治理势在必行。吴江区处于长三角腹地，民营经济发达，长期位居全国县域经济排行榜前列，但随着经济社会的快速发展，制约高质量发展的瓶颈逐渐显现，主要表现在土地资源日益紧张、生态环保压力较大、安全形势不容乐观等方面。针对以上制约因素，吴江区按照中央和省、市委部署，先后开展了"两减六治三提升"专项行动，"331"整治火灾隐患百日行动，"三优三保"、"散乱污"整治行动，镇村环境大整治等一系列专项行动及整治工作，取得了较好的成效。但同时，由于各专项行动之间既相互独立，又相互交叉，很多工作相互之间统筹协调不够紧密，多头执法、重复执法等现象影响了整治成效。

二是吴江区以系统化思维统筹各专项整治行动，创新推出"三治"融合理念。在组织架构上，吴江区委、区政府成立"三治"工作领导小组，区四套班子领导具体联系挂钩区镇；小组下设办公室，从区纪委监委、区委组织部、区委宣传部和区资规、住建等部门抽调 10 余名业务骨干加入，实行集中办公、实体化专班运作；各区镇是实施"三治"工作的基本责任单元，村（社区）是"三治"工作的最小责任网格；全区各职能部门为相关职责领域内的业务指导单位，其中公安、资规、生态环境、住建、城管等部门具体负责牵头开展职责领域"三治"融合指导工作。其中"治违"重在整治违法用地、违规占地、违章建筑等违法建设问题；"治污"重在整治"散乱污"企业（作坊）环境污染问题；"治隐患"重在整治存在消防安全隐患的"三合一"、群租房等场所。

三是"三治"融合明确各区镇是排摸的责任主体，对确定整治的重点

区域、重点项目做到"一区域一方案""一项目一方案"。整治中综合运用法律、经济、行政等多种手段，开展依法治理、综合治理，区各相关职能部门依据职责全力配合"三治"融合工作；整治后采取合理利用、复垦、植绿、清洁养护等措施，确保整治一片、环境改善一片，提升地区环境品质。截至 2021 年 6 月 25 日，全区累计治违拆旧 3.6 万余亩，腾出土地指标 1.55 万亩，为吴江抢抓长三角一体化国家战略机遇，吸引重大、优质项目落地，探寻生态绿色发展新路径赢得了先机、争取了主动、提供了保障。

（六）生态赋能：打造高质量一体化发展"新硬核"

吴江区以信息化、数字化、智能化赋能古镇旅游的开发和管理，全面推进景区数字化工程，以生态湖泊为中心带动周边区域新兴产业集聚、发展数字化文旅产业，形成"一湖一景、一湖一产"的生态绿色发展格局。重塑水乡风貌，致力于打响"江南文化"品牌，主动融入江南水乡古镇生态文化旅游圈建设，优化提升同里、黎里、震泽 3 个中国历史文化名镇，推进开弦弓村综合提升项目，打造"江村"乡村振兴品牌，让江南韵更足、小镇味更浓、现代风更强。

1. 探索存量转型路径，打造生态优势转化新标杆

《苏州市吴江区产业发展规划（2020—2035 年）（征求意见稿）》指出，将聚焦培育凸显功能品质的"特"色服务经济，其中便包括总部经济和数字赋能服务。2021 年，吴江将继续大力推进"企业上云"工程和智能车间、智能工厂创建，以"数字＋"为传统产业赋能；同时强化在智能工业、跨境电商、智慧农业和智慧旅游等领域的发展优势，全力打造全国智能工业示范区和数字经济样板区。

2. 统筹城乡布局产业发展，打造绿色创新试验区

统筹城乡布局和产业发展，抢抓显示度高、标志性强的优质产业项目。力促恒力长三角国际新材料产业园等一批重量级项目签约落地，沪苏湖铁路等总投资 1346.8 亿元的 102 个项目集中开工，主导产业之一的智能装备制造业首超千亿能级。康力大道东延、元荡生态岸线贯通工程示范段、英诺赛科氮化镓等示范区一周年现场会展示项目顺利完成。坚持创新驱动和人才优先发展战略，全国首家民营企业牵头的国家级创新中心——

吴江国家先进功能纤维创新中心开工建设。

3. 联动完善政策体系，加快打造一体化发展制度创新

探索形成契合高质量发展的生态环境制度安排，以筑牢生态底线为基石、以深化河湖治理为重点、以重塑水乡风貌为目标，全面提升绿色发展水平。筑牢生态底线，擦亮吴江作为长三角一体化发展示范区的生态绿色"底色"，健全生态环境协同保护机制，完善生态环境"三统一"制度，率先试行区镇空气质量补偿制度，有序推进生活垃圾分类全覆盖。深化河湖治理，突出河湖宝贵自然资源，全国首创"跨界联合河长制"，315 名"联合河长"实现区域内所有交界河湖全覆盖。

三 吴江创新工业生态"数字管理"的方式方法

吴江以"数字管理"为基点，利用数字技术、可信计算技术等进行产业金融创新，用金融科技打通工业产业生态中的堵点、痛点，以政府体制机制改革为引领，以工业数据平台赋能精准决策，以数字化产品为核心、采用"生产服务+商业模式+金融服务"方式进行产业数字生态重构。

（一）以体制机制改革创新生态体系化建设

吴江区工业企业资源集约利用看长远、算大账、谋大局，以改革创新体制机制为突破点，加快提升工业创新生态系统各环节的耦合度与活跃度，把支持企业和大院大所共建创新联合体摆上突出位置。

1. 提高思想认识是加速改革落地生根的前提保障

强化领导重视，并且主要部门领导牵头强力推进改革工作落地，是在改革实践工作中总结的宝贵经验。党中央历来重视改革实践中的领导方法（包括思想方法和工作方法问题），在不同的建设和改革时期，总是不断地强调要围绕党的中心工作改进领导方法。2013 年下半年，吴江区领导提出由经济部门牵头着手建立一套大数据系统的设想，以此打破部门间的数据鸿沟，以便真实地掌握工业经济运行状态、科学地分析工业企业质量效益、精准地淘汰低端低效落后产能、合理地提高资源综合利用效率、高效地推进产业转型发展升级。随后，吴江筹建"工业企业资源集约利用信息系统"，成立工业企业资源集约利用领导小组，统筹推进相关工作的开展。

学习和借鉴作为浙江省首个"简政放权"资源要素市场化改革试点城市海宁的先进理念和成功经验。经过筛选与综合评判，与江苏亿友慧云软件公司合作，共同研究开发了江苏省首创的"工业企业资源集约利用信息系统"。近年来，江苏省委、省政府和苏州市委、市政府领导高度重视，多次到吴江调研，听取资源集约利用工作汇报（江苏省委及省政府、省经信委、编办、物价、财政、税务等；苏州各政府职能部门多次到吴江调研、观摩系统演示）。例如，2017 年 2 月 20 日，时任省委书记李强观看了工业企业资源集约利用信息系统演示，指出这是"吴江原创"，对吴江通过大数据让工业转型精准发力的做法予以肯定。省市领导多次对工业企业资源集约利用工作做出重要批示。

2. 全面推广夯实工业数字化管理的创新基础

吴江区主动发展数字技术，加速企业数字化转型，全面提升工业数字化管理能力，加快向数字化和数智化转变，全面提升企业竞争力、实现可持续发展。2016 年 11 月，以吴江系统为蓝本的苏州市工业企业资源集约利用信息系统上线；2017 年，苏州大市再次基于吴江经验，全面推广综合评价分类；2017 年 12 月，江苏省政府举行新闻发布会，宣布将在全省范围内开展工业企业资源集约利用综合评价工作。

3. 媒体推介是工业数字管理规模发展助推器

《人民日报》、新华网等主流媒体及省、市各大媒体分别对工业企业资源集约利用工作做了专题报道。许多省内外的部门也闻讯纷纷到吴江调研交流（广东、浙江、成都、南京、泰州、江阴等省市县单位）。

（二）以工业大数据平台赋能政府精准决策

工业互联网平台作为工业全要素、全产业链、全价值链连接的枢纽，全面采集产品设计、生产工艺、设备运行、运营管理等海量工业数据资源，实现数据的有效整合、深度分析以及快速处理。吴江的工业大数据平台已进入成熟的发展时期，通过多次升级与模块功能拓展，为包括政府在内的不同的用户赋能效用日益显现，为进一步挖掘工业数据价值、重塑生产制造和服务体系提供支撑，给吴江经济乃至全国同类地区创新发展注入了新动能。

1. 真正打通数据共享"最后一公里"

在数字经济的时代,工业企业既面临着竞争,同时又要开展合作,竞合并存是企业发展面临的常态。数字化转型不是一个企业单打独斗,也不是靠几家企业就能够完全解决所有的问题,而是在面对工业应用场景上,一个行业生态整体的转型问题。企业的数字化转型既是一个大命题,也是一个大趋势。吴江构建网络平台完善工业链条,以资源数字化、产业数字化为主线,将实体产业与企业信息化发展优势相结合,提高了工业运行效率。率先开发启用榜单发布管理模块,20 余个职能部门和 8 个区镇分配独立账号权限,对接政府职能部门需求,在数据安全保障的基础上,加强共建共享及部门联动,提升工业大数据的决策参考利用价值。

2. 真正使跨部门协同实施战略落地

强化事中事后监管,构建以大数据为主线的跨部门、跨行业、跨环节产品质量事中事后监管体系,推动全民消费向安全、绿色和中高端消费迈进。一是在推动工业数字化转型进程中,要始终将人的因素放在中心位置,借助现代数字技术产出更好的产品和服务,更好地满足不同企业的多样化和个性化需求。二是处理好政府和市场、企业、产业发展的关系,形成政府、市场、企业、产业、社会共同参与的工业数字化转型合作伙伴格局。三是建立和平衡了传统存量产业和增量新产业之间的关系,形成覆盖全行业、全产业链、全价值链的新兴数字经济体系。四是以大数据管理为工具,形成更好适应政府部门治理复杂性、不确定性以及满足产业转型发展需求整体性数字化解决方案。五是推动重点领域的数据互通、数字化的全面协同与跨部门的流程再造,形成"用数据说话""数字赋能"的精细化管理体系。

3. 真正服务政府管理精准对接产业

推动产业体系逐步向先进制造、柔性生产、精准服务、协同创新的方向转型升级,不断提升行业全要素生产率和行业附加值水平。吴江全力推进包括科技创新、人才创新、金融创新在内的全方位创新,打造更有活力的创新创业生态系统。完善人才服务,建设人才创新集聚区,持续实施人才创新创业"55352"工程、"人才新政15条"和优秀人才"生根计划"。创新推出人才优先购房办法,推出"人才贷"系列金融产品。加强金融合作,推进金融机构跨区域合作,引导绿色金融快速发展,发挥创投基金集聚规模优势，推进跨区域数字人民币试点应用场景落地。

（三） 以数字化管理激发企业创新发展

企业应当从技术实现（要素维）、管理保障（管理维）、过程管理（过程维）三个方面统筹考虑，开展数字化管理能力的体系化、全局化建设。吴江工业生态"数字管理"有效地融合技术实现、管理保障、过程管理三方面重要内容。

1. 加快从"机会红利"到"管理革新"

在民营经济先发、传统产业占大多数的吴江区，数据将成为最为昂贵的原材料和生产要素成为各界共识，推进工业数字化改革，主导着企业革新和转型。围绕工业企业质量强区建设，在供给端构建以物联网、大数据、人工智能新技术为依托的精细管理和质量控制体系。不同类别的企业，享有的资源待遇不一样，占有资源所要付出的代价也不一样。工业企业以前靠低成本生存，现在必须靠管理革新、细分市场决胜，基于数据分析市场需求，改进产品，加速产品迭代。企业考核"优等生"将获取更多政策红利、发展支持，"差等生"则会受到更大的政策倒逼压力，要么加快转型升级，要么逐渐退出市场。

2. 加快从"基础加工"到"技术创新"

吴江区企业开展数字化转型，推进数字化管理能力的建设、运行和优化，从技术实现角度看，主要通过涵盖数据、技术、流程、组织等四个要素的系统性解决方案来加以实现。以数字孪生、知识图谱、人工智能等为代表的关键共性技术，为工业企业数字化管理提供了具体实施方法，为越来越多工业企业所重视。围绕品牌服装化纤优势产业链，培育品牌价值高、规模大、实力强，拥有核心技术和自主知识产权的龙头企业。围绕制约卡脖子技术产品开展关键共性技术攻关，培育国家级和省级学习中心，不断提升产业创新能力。通过政策引导和需求摸排，助力一批优秀企业借力一流高等院校、科研院所，围绕产业链加快部署创新链，积极摸索企业与大院大所共建以高质量研发机构为支撑的创新联合体，从而激发创新发展的强劲动力。围绕传统优势产业和新兴朝阳产业，从需求和供给两端发力，整合研究力量、加强技术攻关，提高产业技术密度，努力把产业集群打造成创新集群。

案例五　吴江区创新联合体建设提升全域企业创新浓度

从 2017 年开始，吴江就通过政策引导和需求摸排，助力一批优秀企业借力一流高等院校、科研院所，围绕产业链加快部署创新链，积极摸索企业与大院大所共建以高质量研发机构为支撑的创新联合体，从而激发创新发展的强劲动力。经过充分酝酿，吴江率先出台政策意见，对"新地标"企业、"瞪羚"企业及创新领军型企业与大院大所长期稳定合作共建高质量企业研发机构，打造创新联合体，每家企业最高奖励 200 万元。

2018 年 7 月，《吴江区高质量发展产业政策的若干实施意见（修订）》出台，明确鼓励"新地标"企业、"瞪羚"企业及创新领军型企业与大院大所进行长期、稳定、深入的协同创新，打造长期稳定合作的高质量企业研发机构，带领全区在该领域提档升级。2019 年起，吴江区率先探索企业和高校院所一体化合作机制，坚持"真合作、有分量、能示范"标准，推动企业与大院大所共建创新联合体，两年间已支持 20 家优势企业与清华大学、南京大学、东南大学、中科院等顶尖高校院所共建创新联合体，大力开展产学研协同创新。

资料来源：苏州市吴江区委改革办。

3. 加快从"单打独斗"到"全域推进"

吴江区拥有一批以单打冠军企业为代表的优质企业群体，但同时土地利用粗放、产业布局分散、产出效益低下、企业同质化等问题明显。吴江区把经济发展建设与"十四五"规划、吴江国土空间、产业发展规划整体规划系统推进，注重与国家、省和长三角一体化发展示范区总体规划衔接，紧扣企业发展适应市场需求，从产业链和创新链融合现状入手，从 14000 多家制造业企业中选择有研发活动痕迹的企业分别组成样本，以科技创新综合评分、专利授权数量、企业研发投入比重为切入点，举全区之力支持先行启动区建设，出台 11 条定向支持政策和 12 条组织保障举措；以项目化推动一体化，排定先行启动区内重点项目 64 个，成立改革创新、工程建设、项目招引三个指挥部驻点攻坚。

（四）以大数据着力打造全产业链体系

大数据技术在工业领域的产业链体系中的作用日趋凸显，包括精准分析产业链上用户需求、技术创新更新迭代、产品生产过程改进优化、企业管理智能决策、产业链上下游供需信息匹配等方面助力企业产业管理融合，工业数据成为新的生产要素资源赋能。数据流带动技术流、资金流、人才流、物资流，提升资源优化配置能力，促进全要素生产率提升，成为带动业务创新发展、推动供给侧结构性改革、实现包容性增长和可持续发展的重要驱动力。

1. 大数据促进"强链、补链、拓链"

绘制产业链图谱，有效推动产业链固链、补链、强链。梳理统计电子信息、丝绸纺织、装备制造等重点产业的产业链上下游环节的企业数量、销售、税收以及用地等数据，绘制产业链图谱。清晰直观地从产业链图谱中发现产业链缺失环节或薄弱环节，综合考虑产业增长空间、当地土地空间、产业提升空间等因素，对标国内国际企业发展，围绕重大共性需求和行业痛点，为实施精准招商、发展预测、行业愿景等政策措施起到决策支撑作用，强化关键环节、关键领域、关键产品保障能力，推动产业基础高级化和产业链现代化。

2. 支撑新业态新模式迅速"补位"

吴江区将加快推进产业数字化转型、培育产业平台化发展生态放在首位，着眼于平台建设，以平台化赋能传统产业数字化转型。将工业数据与传统工业行业加速融合，催生出大量新产品、新产业和新业态。共同构建政府引导、平台赋能、龙头引领的联合机制，在更大范围、更深程度上推行普惠性的上云用数赋智服务，加快推进企业数字化转型。

3. 降低中小微企业转型升级成本

支持建设数字供应链，推动订单、产能、渠道等信息共享，为企业数字化转型指明了方向。通过建立政府—金融机构—平台—中小微企业联动机制，实行部分服务费用减免、组织基础技术联合攻关、发展开源社区、免费开展智能化改造诊断等普惠性举措，将从整体上降低中小企业数字化转型的成本，激发其转型意愿，提升转型效率。针对传统企业数字化转型面临的共性问题，协同研发有针对性的解决方案及标准。企业通过工业大数据来提高资源配置效率，提高市场响应能力与应急保障能力，优化生产方式，促进供需匹配与创新，减少浪费、降低成本，增加透明度、提高产品质量，提供更多个性化产品与服务，提高企业生产力和竞争力。

（五）以下沉式服务满足了个性化需求

吴江区开展数字化管理，突破工业企业固有模式，孕育新机会、开创新局面、培育新增长点。探索工业领域治理体系和治理能力现代化新路径，以数字化管理实现对区域内产业服务管理工作体系、资源、机制等进行梳理、整合、重塑，系统构建"纵到底、横到边、全覆盖"的企业转型发展服务体系，全面提升企业管理的组织化、精细化水平。

1. 专题数据分析推进工业领域大数据"共联共享"

针对个性化需求，专门为相关部门、区镇提供平台端口，设专题数据分析模块，进一步推进工业领域大数据的互联互通、共享共用，累计向 16 个部门、8 个区镇提供大数据服务超过 200 次，为党委、政府科学决策提供数据支撑。开展工业项目全生命周期管理，极大地减少了审批环节，提升了审批效率，紧紧围绕项目运行的核心要素和关键节点，增强稳增长"压舱石"动能和高质量发展"强支撑"效应。在企业服务上，开发区、太湖新城等地试点企业端接入，进行工业大数据与企业的信息交互；汾湖等地探索企业服务云，应用工业大数据实现政策计算功能，向企业精准推送服务和政策；工信局运用大数据精准筛选"隐形冠军""专精特新"等培育企业，极大地降低政企信息不对称导致的重复申报和无效申报。

2. 微信智能小程序打通工业大数据"最后一厘米"

上线运行微信智能小程序，建立一体化工业大数据移动平台，充分发挥"大数据＋移动互联网"优势，根据企业画像提供零距离诊断服务，打通工业大数据"最后一厘米"。

3. 一网通办和跨区域办理实现高水准"数字治理"

通过建立"一网"通办协同体制机制，提升政府综合服务数字化水平。一是搭建基层"互联网＋政务服务"平台。系统从 2019 年开始优化完善，实现了全区所有区镇为民服务中心、村（社区）便民服务中心政务外网的全覆盖。二是政务服务"24 小时不打烊"。实现了政务服务从 8 小时向"白＋黑""全天候"服务的智慧跨越。覆盖全区的 135 台政务服务一体机已成功整合涉及人社、不动产、公安、卫健委等 10 余个部门共 70

多项自助便民服务事项，与江苏、上海、浙江、安徽、湖南、河南六个省市近40个地区的一体机实现互联互通。三是先行先试示范区"一网通办"。充分发挥示范区先行先试作用，在全面完善江苏政务网吴江旗舰店基础上，积极配合青浦区开展示范区"一网通办"专栏相关工作，积极畅通专栏中各事项的办理渠道、推进电子证照的共享互认工作。

（六）以生态优势化为高质量发展优势

近年来，吴江区坚持贯彻习近平生态文明思想，统筹推进"五位一体"总体布局，将生态优势不断转化为高质量发展优势。认真践行"两山"理论，聚焦空间格局、水韵、田园、古镇、产业、人文等"六美"特质，推进美丽吴江建设21项重点任务。大力推动先行启动区美丽湖泊群建设、元荡美丽乡村群建设，持续推进环元荡岸线贯通先导段工程，太浦河绿廊示范段工程。长三角绿色智能制造协同创新示范区、融创桃源国际生态文旅度假区等项目相继落地，1家上榜"中国美丽休闲乡村"，10家获评"江苏省特色田园乡村"，入选省级全域旅游示范区。探索存量转型路径，持续推进"三治""三优三保"等工作，获江苏省国土资源节约集约利用模范县（市、区）称号。

1. 厚植生态优势，提高产业发展的"含绿量"

把良好生态环境作为宝贵财富，坚持擦亮"一类空气、二类水质"金字招牌，注重彰显"苏式化、小镇味、江南韵"特质，以优美风景为发展赋能、为生态扩容。一是湖光水色增强水乡气质。围绕水环境这一生态命脉，以东太湖、太浦河等56个省保湖泊为纲，以2600多条河道为目，大力实施美丽生态湖泊群建设、岸线绿色贯通修复、水系结构优化、畅流活水等工程，统筹推进"三水同治"。创新开展的"联合河（湖）长制"，入选了中组部编选的攻坚克难案例。组织实施的治违、治污、治隐患"三治"工作，共治违拆旧2.2万亩，整治"散乱污"企业（作坊）1.8万余家。以"退二优二""三优三保"为主抓手推进土地集约高效利用，2019年获评"江苏省国土资源节约集约利用模范县（市、区）"，获得500亩建设用地指标奖励。大力推动清洁生产、节能减排，"十三五"以来全区累计淘汰纺织企业喷水织机10万台，区域内1865台35蒸吨以下燃煤锅炉全部淘汰或实现清洁能源替代，单位GDP能耗和用水量持续下降。

2. 提升生态价值，推动全域旅游与产业融合

打造同里、黎里、震泽三个国家历史文化名镇，赋予中国"江村"发源地、"两弹一星"元勋诞生地、"国学"重要传承地等特色资源新的时代内涵，建成 14 个特色田园乡村、19 个省级美丽乡村示范点，探索在田园风光中植入适当规模的科创、研发产业，蓝城科创小镇、"中国·江村"乡村振兴示范区、桃源融创国际生态文旅度假区等绿色项目加快"变现"生态价值。

把科技创新作为生态优势转换的"催化剂"，不断集聚全球科创资源要素，推动创新资源与产业资源深度融合。2020 年吴江区实现规上新兴产业产值 1898.72 亿元，占全区规上工业产值的 53.1%。坚持"尖兵"突破，将市场主体变为创新主体。围绕区域内 2 家世界 500 强、6 家中国企业 500 强等龙头企业和行业领军企业，以技术、品牌、专利等为突破口，推动创新引领和产业链建强。累计培育高新技术企业 919 家，9 家企业获国家科技进步二等奖，59 家企业在知识产权领域获国家级奖项，190 家企业承担国家级科技类项目。

坚持产才融合，变人才导入为要素聚合。坚持把人才作为未来发展的最核心要素，加快打造人才生态高地，推进主导产业关联引才、跨区域联动引才和全产业链基金引才新模式。在全省率先以市场化、社会化方式成立规模为 20 亿元的"苏州湾人才基金"，累计吸纳人才超过 30 万人（其中高层次人才超过 2.5 万人），实现了人才、科技、资本的高度聚合和深度融合，不断激发全区创新创业的强劲动力。

3. 促进绿色生产，提高产业发展的"含金量"

贴近时代脉搏和发展需求，建立亩均贡献、科技创新、绿色生态、融合高效推动空间优化腾退、低效企业淘汰、产业提档升级。率先建立绿色制造体系。2013 年起，吴江区在全省首创工业企业资源集约利用信息系统，实施资源要素差别化配置改革。以正向激励、反向倒逼方式推动企业向绿色高效生产转型，累计盘活土地 2.24 万亩，工业企业亩均税收年增幅均超 10%。大力推动工业赋能发展。坚持以智能化改造、信息化融合为工业赋能，在全省领先创建省级示范智能车间 134 个，大力实施"工业互联网看吴江""智能制造看吴江"计划，多次获评全省"促进制造业创新转型和高质量发展、先进制造业集群培育等工作成效明显的地区"。瞄准企

业"想做做不了、未来发展必须做"的事，结合产业链和板块发展实际，大力建设科研机构、大院大所等平台载体。成功创建江苏省首家国家级制造业创新中心——国家先进功能纤维创新中心，累计拥有国家级企业技术中心、省级企业重点实验室、院士工作站等省级以上平台超 180 家，吴江开发区、汾湖高新区分别被纳入苏州自贸片区联动创新区。

四 吴江创新工业生态"数字管理"推广的意义

吴江区最大的制度创新优势就在于，在实施国家统一的战略方针时还能坚持自己的个性化探索。吴江鼓励有条件的地方和行业开展工业数据分类分级试点示范，按照边试点、边总结、边推广的思路，探索形成可复制、可推广的实施路径和模式，引领带动行业内、区域内企业落实工业数据管理主体责任。这包括两个方面：一是苏州市委、市政府力图实现沪苏同城化，全面融入上海的部署；二是吴江自身以水乡和民营经济为主要特色，做了诸多试点和探索。

（一）赋能全面高质量发展战略竞争优势

吴江聚焦数字化赋能高质量发展，将数据转化和发展作为数字经济赋能实体经济的核心生产要素。吴江的工业生态创新数字化转型不仅仅是将新技术简单运用到生产过程中，更是在转型过程中不断积累并形成数字资产，围绕数字资产构建数字竞争力，为企业不断创造价值。2020 年 4 月发布的《中共中央、国务院关于构建更加完善的要素市场化配置体制机制的意见》中，将数据与土地、劳动力、资本、技术等传统要素并列为要素之一。数字经济已经上升到国家战略高度，吴江的产业数字化作为实现数字经济和实体经济深度融合发展的重要途径，是新时代背景下适应数字经济发展的必由之路和战略抉择。

（二）创建全国工业管理生态绿色新标杆

党的十九大明确将"坚持人与自然和谐共生"作为发展中国特色社会主义的基本方略和"十四个坚持"的重要内容写入报告。推动生态优势转化为高质量发展优势，目的是为社会主义现代化探路，本质是坚持和发展中国特色社会主义。必须把"坚持人与自然和谐共生"作为基本遵循,把敬畏自然、尊重自然、顺应自然、保护自然作为根本前提。吴江区推动生态、生产、生活布局优化,实现自然资源、资本、技术等生产要素的重组与融合,是高质量发展阶段进一步解放和发展生产力的重要途径。吴江结合新时代发展需求,用创新思路和现代技术统筹、收储、整理自然资源,深度挖掘资源价值,促进资源有序、集中、高效开发,形成节约资源和保护环境的空间格局和产业结构。运用市场手段引入社会力量,构建以产业生态化、生态产业化为主体的生态经济体系,推进生态建设的市场化、产业化、常态化,实现经济效益、社会效益和生态效益协调发展。

(三)带动长三角地区一体化高质量发展

吴江紧抓长三角一体化国家战略实施、江苏自贸区建设、国家级经开区创新提升等战略机遇,在高原上筑高峰,铸就了新时代高质量发展的标杆。吴江扛起长三角一体化发展示范区担当,服务好上海这个长三角的龙头、长江经济带的龙头,在"沪苏同城化发展"中找准定位、主动作为,为长三角区域推动更高质量一体化发展提供先行示范。近年来,站在长三角一体化发展的大格局下,"沪苏同城化"作为苏州一项抢抓发展机遇的具体战略应运而生。作为江苏省的"南大门"和对接长三角一体化发展示范区的"桥头堡",在百强区榜单上,吴江区位居全省第一、全国前十。吴江在上海产业供需牵引、辐射和带动下,在江苏发展的总体布局之下,本着"上海需要什么、吴江服务什么"的原则,做更多"上海得益、沪苏共赢"的事。2021年,吴江正式启动长三角科技创新券通用通兑工作,并发放1000万元的科技创新券。吴江以科技创新券为载体,可以将长三角地区的科技创新资源整合到一个平台,进一步深化产学研合作,加快科技成果引进转化,推动创新发展,成为科技服务能力跨区域流通交易的有效方式。

(四)筑起同类地区创新区域经济新地标

人才、科创是上海的主要优势,也是产业基础雄厚的吴江区的主要短板。吴江是区县级城市,高端人才引进不够。吴江针对人才和科创等短板,全方位正在引进一些大学,包括苏州大学也将在此设立校区,2021年

9月已迎来第一批新生，开设的主要是与当地产业发展相关的专业。吴江还缺乏一些大型的科学中心等设施，这一点可以借助上海的基础优势来弥补，长远来看会产生很好的溢出效应。在引进人才方面，以国家级经济开发区吴江开发区为例，截至2021年9月底，吴江开发区引进高学历、高技能等各类人才总数达7.6万人；累计培育国家级企业技术中心1家、省级企业技术中心33家，获评国家级工业设计中心1家、省级工业设计中心2家。

（五）数字化管理驱动行业整体转型升级

数字化驱动先进制造业创新是传统制造业转型升级的方向，是制造业参与国际竞争的先导力量。吴江区积极抓住数字产业快速发展的机遇，发挥制造业先进地区的先发优势，大力推动大数据、互联网、人工智能和实体经济的深度融合，创造出智能制造、产业互联网等数字化的新业态和新模式，为先进制造业的高质量发展注入新动力。

（六）有效盘活地区企业数据全要素资产

美国将"资产"界定为四类：其一是流动资产，比如资金；其二是固定资产，比如设备、厂房；其三为人才①；其四为数据，也就是大数据资源。当前全球经济增长乏力，数据作为生产要素逐步成为中国经济发展的新引擎。数据由于成本低，越来越多地被人们广泛利用和加工，创造更多的价值。工业数据被形象地比喻为"未来的黄金""新型石油"，虽然数据作为一种资源非有限性，但"数据"的价值需要经过提炼、加工、整合等一系列的处理，方能被解锁释放更大的价值。数据是工业企业发展的核心要素之一，企业通过工业大数据来提高资源配置效率，提高市场响应能力与应急保障能力，优化生产方式，促进供需匹配与创新，减少浪费、降低成本，增加透明度、提高产品质量，提供更多个性化产品与服务，提高企业生产率和竞争力，能够促进经济高质量发展。

构建新发展格局的关键在于循环，即推动生产要素公平自由的流动与

---

① 美国经济学家W.舒尔茨和加里·贝克尔在四十年前提出"人才"为资产，并在此基础上提出现代人力资本理论：人力资本是体现在具有劳动能力的人身上的、以劳动者数量和质量所表示的资本。

使用。当前，我国在生产、分配、流通、消费等环节，仍存在生产要素市场化的体制机制障碍、资源配置效率低下以及要素纵向与横向间自由流动面临壁垒等问题。吴江区以创建数字管理助力解决生产要素"流动不畅"的问题。通过数据推动技术、资本、劳动力、土地等传统生产要素深刻变革与优化重组，对经济社会发挥放大、叠加、倍增效应。数据要素与传统生产要素相结合，催生出人工智能等"新技术"、金融科技等"新资本"、智能机器人等"新劳动力"、数字孪生等"新土地"、区块链等"新思想"。另外，数据要素与传统产业广泛深度融合，对经济发展发挥巨大价值和潜能，乘数倍增效应凸显。

五　吴江及我国创新工业生态"数字管理"面临的困难及挑战

（一）全国改革实践面临的困难与挑战

我国在构建工业"数字管理"，不断优化提升发展的同时，仍存在诸多体制机制障碍，影响了工业数字化的进程和数字管理的效能，包括数据共享物联数据无法获取、格式不统一，数据产权不清晰、数据壁垒难以打破、全产业链数据应用不足等问题。缺乏可用、好用、可信的工业大数据平台，难以充分利用工业全产业链上下游的数据，以实现人、机、物等各类工业要素、工业业务流程，以及产业链上下游企业间更大范围的实施链接与智能交互，推动工业生产的资源优化、协同制造和服务延伸。

1. 对工业数据应用重要性认识不足

我国工业领域信息化起步相对较晚，当前许多行业和企业对工业数据的重要性缺乏客观、科学的认识，对数据资源在推动工业发展方面的战略价值认识不足，多数企业对数据资源建设不够重视。我国绝大多数工业企业的大数据发展应用还处于起步阶段，对于为什么要用大数据、收集哪些大数据、如何利用大数据仍然不明晰，滞后于消费互联网。目前，我国工业企业，尤其是传统制造业领域的中小企业信息化基础相对较差，截至2020年6月，全国制造规上工业企业生产设备数字化率仅为48.7%、数字化研发设计工具普及率71.5%、关键工序数控化率为51.1%，加之信息化设备接口不开放，导致工业数据采集汇聚较难。

2. 工业数据管理的行业标准不统一

每个制造业企业每天都会产生和利用大量的研发设计、经营管理、设备运行、外部市场等数据，但由于工业设备种类繁多、应用场景复杂、数据格式不统一、设备数据接口未开放等，工业数据难以转化为有用的数据资源，亟待有关部门、相关行业组织、企业加快研究制定和推广工业数据标准。由于制造业作业场景非常复杂，不同行业所使用的设备和工艺差别很大，数据采集难度大。工业数据具有复杂性差异性特征，从数据形态看，种类繁多、价值不一。复杂多样的业务场景导致工业数据存在时序、非时序、结构化、非结构化等多种形式，承载信息、应用领域、重要程度等各不相同，实时性、连续性、稳定性需求差异较大。工业数据在企业内部研发、生产、运维、管理等环节之间互通，在上下游企业间、平台间流转，涉及设备厂商、工业企业、平台企业、服务商等相关方，加大了流向跟踪、风险定位、责任追溯等数据管理难度。

3. 工业数据管理存在信息孤岛现象

制造企业服务化过程中存在数据管理机制不健全、数字资源碎片化的现象。由于对企业数据资源缺少管理机制和使用规划，各业务环节的数据散落在各业务部门，相关的数据标签、存储、编码、处理机制各异，因此企业数据可用性差、数据质量低、业务环节之间数据集成共享困难，"信息孤岛"现象严重，工业大数据难以在企业服务化过程中发挥应有的价值。各个工业企业存在不同时期由不同供应商开发建设的生产管理、订单仓储、销售采购、客户管理、财务人力等众多 IT 系统，上述信息系统彼此分割无法对接。此外，作为工业行业主管部门的政府，其内部各个部门之间也是多套信息系统并行，相互之间的数据信息资源也无法共享互通。面对体量大、分布广、结构复杂、类型多样化的工业数据，目前工业企业整体数据资源管理水平不足，难以管理企业内部和外部各类数据，更无法充分分析和利用。

4. 缺乏工业数据管理的专业性人才

大数据作为一个新兴的、高速发展的产业，现有的人才储备远远不能满足众多工业企业当前及未来发展的需要，特别是那些既熟悉制造业相关业务，又懂得大数据技术与管理知识的复合型人才更是严重缺乏。工业企业在选择本地部署工业互联网平台或云服务商进行数据和业务的托管时，其选择的合作供应商存储服务器若存在漏洞会导致企业面临敏感信息泄露风险。工业场景的高度复杂使得工业大数据应用面临更多困难。大规模的工业数据量对数据存储、传输和人员专业性提出了更高要求。

5. 工业管理与数字经济跨界融合差

目前，推动示范区一体化进程的主要管理体制仍难以适应数字经济新业态，各地的数字经济统计口径不一致，统计体系难以准确度量数字经济发展和评估政策影响。如何适应数字经济大量颠覆性创新相关研究，如何在激励与规制中平衡界定数据拥有者、使用者和管理者间的责、权、利，如何更好地掌握制定数字经济领域产品与服务标准和规范的主导权，如何有效应对数据安全问题，都亟待政府数字化转型的深入推进，从治理和监管层面细化部门权责划分并有效协同。

6. 工业数据管理安全防护能力薄弱

工业企业普遍存在重发展轻安全的情况，对工业大数据安全缺乏足够认识。多数工业企业既不清楚如何开展工业大数据安全防护工作，也不清楚如何评估安全防护效果。与此同时，我国工业大数据安全技术能力建设水平较低，对数据的延伸控制缺乏有效的技术保护手段，工业企业普遍缺乏数据安全能力，对保障数据安全力不从心，工业大数据安全产业支撑能力薄弱。我国整体工业互联网安全才刚开始起步建设，其中针对工业大数据在传统工业领域应对新型攻击防篡改、防窃取、防泄漏的安全核心技术能力还远远不足。此外，我国针对工业大数据安全产品的创新研发缺少活力，国内专注工业大数据安全产品和解决方案的企业稀缺，只有极少数的数据安全企业在工业领域开展应用。

专栏3　工业数据安全隐患日益突出

当前，云服务安全事故频发，且工业领域各行业尚未形成完善的数据资产定价和赔偿机制，导致工业数据发展与应用面临安全性挑战。工业大数据涉及生产工艺、参数、流程等，依附于企业设备设施、工业软件和信息系统，是工业企业在长期生产实践中形成的关键战略资源，已成为企业的生命线，一旦被泄露、窃取、篡改或者损毁，将可能导致生产中断，造成重大经济损失，威胁人员生命安全，甚至影响到企业的发展和存亡。正是由于工业大数据蕴含着巨大的商业价值，攻击者将目标瞄准工业数据，通过非法入侵、勒索病毒、网络钓鱼等方式，针对工业控制系统、工业软件、工业主机、工业互联网平台发动攻击，旨在对工业数据进行加密或者非法控制以截取商业机密和巨额经济利益。

相关数据显示，2017 年全球针对制造业的数据泄露事件多达 620 余起，泄露的数据包括行业秘密、商业计划、知识产权等，其中九成以上的被泄露数据都达到了机密级别，与企业利益紧密相关。2018 年 7 月 20 日《纽约时报》报道，大众、克莱斯勒、福特、丰田、通用汽车、特斯拉、蒂森克虏伯等 100 多家汽车产业链上下游公司的敏感数据泄露。泄露的数据有公司蓝图规划、工厂图表、制造细节、工作计划、客户资料、保密协议，以及包括驾照、护照等信息在内的员工隐私信息，共计 157GB，4.7 万份文件。

资料来源：张郁安、王娟娟：《对工业大数据保护的思考》，《信息通信技术与政策》2019 年第 7 期。

（二）吴江改革创新进一步完善的空间

1. 改革高定位谋划需要进一步加强

改革定位和占位意识有待进一步提升。在长三角一体化、沪苏同城化的大背景下，抢抓战略发展先机的意识还要再强化。各改革专项小组对本领域改革的指导作用发挥不明显。各部门对本行业的前瞻性问题、全国范围内的创新性经验研究不够，缺乏对标先进地区找差距、紧盯目标勇争先的魄力。

改革优势领域挖掘不足。吴江区现有工业企业超 2 万家，目前高技术企业数量仅占全区工业企业总量的 3%，但从高企培育的优势领域来看，电子信息、新材料以及先进制造与自动化领域分别与该区电子信息、丝绸纺织以及高端装备制造等优势产业对应。这些行业中相当一部分企业具备申报高企的潜力，不少传统行业由于企业地理位置较偏，对政策的知晓度不高，企业缺少高企意识，很难将自己的主要产品领域跟高企培育的优势领域完美结合、合理对应。

数据作为下好先手棋的创新要素的驱动作用尚未充分发挥。工业互联网平台支撑仍显不足，制造企业数字化不平衡不充分问题较突出。吴江传统产业数字化转型投入动力仍显不足，而大量运用数字技术的新兴产业体量则相对偏小。行业之间企业"上云"不平衡，离散制造业数字化水平明显低于流程制造业，部分企业未能从自身业务需求入手找准"上云"切入点，初级应用多、深度应用少。由于信息化投入的投资回报周期较长、转换成本高、试错成本大，示范区内的中小型传统企业普遍缺乏数字化转型的动力。

2. 政策的牵引性和精准性有待提升

政策或规划性制约，推进缺抓手。政策系统配套统筹性不足，部分地块由于受到产业规划和空间规划影响较大，短期难以完成转型，出现僵局。低效地块分布零散不成片问题比较突出，例如全区 D 类地块中，10 亩以下的 451 块、占比 62.6%，5 亩以下的 278 块、占比 38.6%，分布比较零散，很难列入专项回购计划加以利用。

政策支持待配套，推进难度大。部分有转型意愿的企业，由于在对其回购、设备拆除、注销等方面没有专项资金支撑，特别是不在"三优三保""两高一低"计划中的 D 类企业，各镇区反映缺乏谈判和协商的政策支撑，则大部分企业选择延续现状、继续观望，所以区镇缺乏推动该类企业转型升级的有效抓手和机制，普遍反映工作进展缓慢、推进难度大。一些占地大户由于搬迁或转移，地块谈判持续时间长，例如有一家占地 136.44 亩的吴江企业被列入 D 类，加上其他两块共计 400 多亩面积，全部回购需配套资金预计超 5 亿元。

3. 产业结构布局和匹配度有待优化

行业领域中新兴产业占比不足。根据《国家重点支持的高新技术领域（2016 版）》，高新技术行业共分为八大领域，分别为电子信息、生物与新医药、航空航天、新材料、高技术服务、新能源与节能、资源与环境和先进制造与自动化。根据吴江区 919 家有效高企的技术领域数据，除航空航天领域未涉及外，其余七大领域均有分布，其中新材料、先进制造与自动化、电子信息三大领域所占比重达 87.74%，行业领域相对较为集中，但是 233 家（占比 37%）的新材料领域企业中超过一半的企业为纺织类企业。生物与新医药、资源与环境、新能源与节能、高技术服务等新兴领域更是涉及较少。[1] 从吴江 1000 多家规模企业的问卷调查来看，2019～2021 年，企业

---

① 陈红梅、沈杰、马晓明：《推动领军人才企业加速成为高新技术企业的对策研究——以苏州市吴江区为例》，《江苏科技信息》2020 年第 35 期，第 5～8 页。

实施智能化改造的热情仍然较高，但企业同时表示，资金、技术、人才、服务等方面的制约问题亟待解决。①

产业发展不匹配或控规。例如，开发区邱舍地区目前列为限制发展地区，原则上不再进行项目立项审批并限制地块转让，涉及 11 个地块 244.86 亩；汾湖开发边界之外的特别是金家坝地区，企业即便有意愿通过扩产或者引进租户增加地块产出，但受到长三角一体化产业指导方向和产业准入标准限制，扩产或引进企业的门槛高、审批严，短期内找到合适的项目投产非常困难，地块只能暂时维持低产出现状。

4. 企业创新能力知识产权储备不足

企业创新能力不足。企业研发费用占销售比重是衡量企业创新能力的重要指标，企业研发占比3%与5%均是分水岭，3%线为勉强维持新产品开发，5%线代表新产品开发的行为较为积极和主动。2019 年吴江区级培育库 951 家库内企业中，410 家企业（占比 43%）研发费用占销售比重低于 3%，一般工业企业研发活动占比的情况更低，科技创新的重视度和实践能力亟待提升。

知识产权储备不足。据不完全统计，截至 2019 年底，吴江区 2 万余家工业企业中，拥有专利的企业约占 14.9%，其中拥有发明专利的企业约占 4.8%。628 家高新技术企业中，仅有 406 家企业拥有有效发明专利，其余企业仅拥有实用新型、软件著作权等知识产权。2019 年，参加复评的 130 家老高企中，26 家企业由于相关专利与主要产品关联性不强、数量不足等，未通过再次认定。

专业人才储备不足。目前吴江区高新技术领域生物与新医药、资源与环境、高技术服务、新能源与节能领域的科技人员数量偏低，企业的研发项目立项、知识产权的撰写、科技项目的申报、管理制度的完善存在较大困难。科技人员等专业人才在高技术服务、政产学研合作、科技创新成果产业化、知识产权保护等多个创新环节的作用很难发挥，对于企业能顺利度过高企培训期，成功认定阻碍较大。企业在与地方政府合作、高校资源对接方面相对缺乏，对接仍存在一定局限性。

---

① 包春娟：《以智能工业促进工业经济转型升级的实践与思考》，《市场周刊》2019 年第 7 期，第 35～37 页。

5. 工业数字化管理的协同力待强化

改革全域联动需要进一步加强。改革的系统集成度还不高，部分改革的支持和配套政策还不到位，各个领域任务与任务之间、任务内部之间存在碎片化倾向，部门之间推诿现象仍然存在，协同推进力度还需进一步加大，改革攻坚落实需要进一步加强。重点领域改革突破还不够快，一些重大改革举措的效应还没有充分释放。大胆试、大胆闯、自主改的改革氛围还不浓厚。

顶层设计有待进一步加强。吴江资源集约利用工作迫切需要"自上而下"的顶层设计制定蓝图，在前瞻布局、政策倾斜和财政杠杆等方面给予更大支持力度。如对 CD 类低效企业转型升级淘汰，尚未出台专门的实施意见和操作办法，仅在《吴江区工业企业资源要素差别化配置改革的实施意见（修订）》中明确对 D 类企业在项目申报、土地使用税、土地供给、能源供给、差别化水电气价、排污权供给、金融供给、行政执法等方面予以限制和加价。但在实际操作中，D 类企业本就属于经营较不活跃的企业，用电用水用气式微，目前差别化的价格政策和行政手段对其没有很强的约束力，企业没有主动转型意愿就难以深入推进。

在具体数据完善、信息核查、综合评价等方面，涉及基层特别是乡镇工作人员大量基础工作，缺乏专职人员构成专项负责工作的开展。特别是 D 类企业转型升级处置任务艰巨，各镇区没有专职人员跟进，"硬骨头"软着啃，特别是又涉及机构转隶、人员变动等，致使部分区镇的工作进度出现脱幅，工作目标完成度也没有预期理想。

6. 市场化运营和推进应用有待拓展

市场运营有待开拓。由政府自建自营的传统模式已不能满足当前需求。在智慧交通、医疗、教育等领域，缺乏市场化运营的意识和手段，导致政府提供的服务与商业服务的差距不断拉大，先进的服务理念难以推广。受政府项目决策周期长等因素影响，总体建设进度滞后。"重硬件、轻应用"，重视云计算中心等硬件设施建设，相对忽视应用需求分析，在大数据产业发展等方面推进仍显不足。

工业数字化安全防护亟待强化。工业数字化需要信息数据资源的高度集中和共享，而信息资源越集中，随之而来的信息安全风险也越凸显。如汇聚全区政务资源的云计算中心，一旦遭遇入侵，海量数据资源将面临严重威胁。数字化管理在城市的运营管理方面高度依赖新的信息技术，面临着日益严峻的安全风险和挑战，需要从管理机制、安保防护等方面加以落实保障。

六 世界工业管理发展趋势和吴江深化改革总体思路

数字经济加速成为世界经济增长新动力的关键期。以数字经济为代表的科技创新要素成为催生新发展动能的核心驱动力，数字要素创造的价值在国民经济中所占的比重将进一步扩大。在数字经济驱动下，工业制造业将加速构建更加智慧的生产、经营、管理体系，数字化将成为重要抓手，持续推动"数字中国"建设以及经济社会高质量发展。

（一）工业管理发展与未来趋势

在数字经济体需求变革、生态系统大规模网络协同以及颠覆性技术革新的驱动下，数字化拓展了经济与金融的边界，变革了商业和财务管理模式。从工业时代到数据时代、智能时代，数据将主导未来市场竞争，成为未来重要的生产要素。充分发挥大数据在工业管理方面的深度融合作用，加强大数据人工智能技术在我国工业管理中的应用规模，可以与时俱进实现传统工业，尤其是制造业企业技术更新换代，从技术上促进工业产业整体转型升级。

1. 工业发展的历程：1.0～4.0从机械制造到万物互联

工业大数据是以工业4.0数据分析和特色收集为基础，对设备、装备的质量和生产效率，以及产业链进行更有效的优化管理，并为未来的制造系统搭建无忧的环境。它通过工业传感器、无线射频识别、条形码、工业自动控制系统、企业资源计划、计算机辅助设计等技术来扩充工业数据量。工业4.0的基础特征在于互联与高度融合，互联包括设备与设备、设备与人、人与人、服务与服务的万物互联（IOE）趋势，高度融合包括纵向、横向的"二维"战略，它们的目标都是使设备数据、活动数据、环境数据、服务数据、公司数据、市场数据和上下游产业数据链等能够在统一平台环境中流通，这些数据将原本孤立的系统相互连接，使设备之间可以通行交流，也使生产过程变得透明。此外，由于企业的核心开始从"单点对多点"的数据中心模式转变成以用户为核心的平台式服务模式,从而形成了基于社区、以用户为核心的服务生态系统。[①] 从信息化水平看,我国信息化与工业的融合度较低,整体企业尚处于工业 2.0 到工业 3.0 过渡的时期。各个行业的信息发展水平不够均衡,信息化程度存在较高差距。部分行业已经进入工业 3.0 自动化时代,而少数企业,如华为,甚至已经进入工业 4.0 时代。

2. 工业管理的现状:赋能、协同、共生、融合

随着数字经济与传统产业的持续深度融合,企业的生产效率将进一步提升,生产要素配置将更加优化,为有效化解企业供给过剩问题,降低供给成本,激发企业扩大生产、创新活力提供必要条件。同时,企业边界在数字经济的影响下也将逐渐虚化,使企业能够更加精准地对接个性化、精细化、多样化的新兴市场需求,提供更细分、更专业、更便利的服务。在新发展格局下,数字经济还将激发市场衍生出网络办公、数字文化、智能生活等新的领域需求,并助力传统产业紧抓机遇迈入新的发展阶段。

3. 工业管理的趋势:虚化流动、优化凝实、智能进化

工业时代的企业所遵从的基本是价值链、产业链、供应链等组织方式和流程。而在数字经济时代,企业将从单一产品和服务、单一生产关系和交易关系,升级为多维度、多层次的立体网状体系,企业的经营方式也由原来的线性串联向平台化的网络协同进化。"数字化"的工业生态系统,基于数据融通的平台设施,促使数据化的生产要素和低成本高效率的信息充分流动,促进产业链上大规模协作的形成,极大地提高了资源的整合效率和生产效能。

数字产业化。发展数字经济,推进数字产业化和产业数字化,打造具有国际竞争力的数字产业集群,要推动数字资源开发利用,扩大基础公共信息数据的有序开放,建设国家统一数据共享平台。数字贸易的发展将改善贸易格局。数字贸易的快速发展有可能在一定意义上弥补人民币还没有国际化等问题。

数字经济与实体经济深度融合加大。以新型信息技术为基础,推动产

---

① 夏妍娜、赵胜:《中国制造 2025:产业互联网开启新工业革命》,机械工业出版社,2016,第 47 页。

业活动由线下到线上的转型,实现产业上下游线上无缝隙对接,配合联动,及时回应市场需求,提升企业竞争力。运用大数据、云计算、人工智能、物联网等技术推动商业模式和产品服务升级,实现智能化、平台化、品牌化发展。

(二)吴江创新工业生态"数字管理"的总体思路

1. 坚持加强创新引领

把超前布局重点领域科技创新、支撑创新型国家建设作为示范区实现产业引领发展的核心落脚点。一是创新科研机构建设体制机制,加快发展新型科研机构,明确定位,优化布局,扩大规模,提升能力;二是加快科技管理体制改革,加强各区镇联动和部门协同,完善重大科技创新与产业化任务的组织方式和协调机制;三是鼓励各类主体创办科研机构,完善治理结构,探索实行理事会制度;四是鼓励民办科研机构发展,支持科学家领衔组建新型科研机构,提升原始创新能力。

2. 坚持多链协同

促进产业链、产品链、创新链、资金链协同联动,以更广阔的视野谋划和推动示范区发展。一是政府要加强规划和引导,通过政策支持、机制创新、资源组织、搭建平台等,为两链融合创造良好环境。紧紧围绕两链融合的薄弱点、脱节点、梗阻点,提升产业链、完善创新链、配置资金链、壮大服务链,提高资源配置效率效能,推动创新要素自由流动和集聚。二是要充分发挥企业"资源整合者"的作用。充分调动企业家的创新活力与激情,鼓励他们与科研人员携手同行,在创新链与产业链耦合上,发挥连接左中右、畅通上下游的重要功能。三是围绕市场热点、需求痛点、产业空白点,进行应用研究、技术革新;推动更多科研人员,以挂职、参与项目合作、兼职、离岗创业等多种形式,参与到示范区的产业发展中去。

3. 坚持高端高新

把导入与发展高端高新产业作为示范区产业发展的重点方向,进一步把握科技革命与产业变革的大趋势,重点选择及培育一批高端高新产业,推进示范区产业的高质量发展。目前,吴江区产业结构相对较窄、企业规模偏小、产品附加值低且偏传统。这既对示范区实现新标杆、新高地、新引擎的定位形成了挑战，也给未来的产业发展提供了较大空间。一是在产业选择上，应面向新一代信息技术产业、新材料产业、高端现代服务业、绿色生态农业等具有前瞻性、竞争力的产业。二是以良好的营商环境和发展环境，吸引高端高新产业以及典型性企业布局于一体化示范区，助力打造创新驱动发展、改革开放的高地。三是改造提升传统产业。对通过技术改造提升价值的企业和产业，则要利用先进的数字技术和节能环保技术实现产业更新。

4. 坚持错位发展

吴江区域内存在企业同质化恶性竞争现象，产品特色不足，功能定位趋同，每年都有大量企业被淘汰或整改。通过深化供给侧改革，去除过剩产能，调整吴江区各产业的产品结构，从而推动企业向数字化、自动化转型升级。鼓励企业创新，通过制定相关行业规范，逐步避免低端市场的恶意竞争，推动企业主动转型升级，同时也要注意避免转型升级的同质化，例如都向某热点产业、高经济收益产业转型。寻求错位发展，完善产业链。吴江地区的纺织产业链正在逐步完善，初步实现全产业链布局，其他主导产业的产业链仍在构建之中，通过推动地方政府对产业的差异化定位，根据不同区域的主导产业制定与区域发展相契合的定位和路径，推动产业错位发展，促使各区域内的上中下游产业链相互接轨，强化区域内资源的统筹能力，构建良好的企业发展平台。

七 进一步优化区域创新工业生态"数字管理"的对策建议

（一）完善吴江创新工业生态"数字管理"的对策建议

1. 顶层设计和部门协同，构建"智慧吴江"战略框架

全区统筹，区镇为主。区政府主要起统筹、协调作用，负责全区工业区整合提升的整体运作，协调解决村级工业区改造的重大问题。各区镇政府是村级工业区改造的第一责任主体，负责管辖范围内村级工业区升级改造详细方案的制定和具体项目的推进实施。

整体谋划，分期推进。区层面应加强对全区村级工业区改造的整体把控和谋划，科学制订村级工业区改造工作计划。通过严格管理和滚动实

施，保障改造工作有计划、分步骤、稳妥有序地开展，确保社会稳定，减小政府公共财政负担，实现社会经济的良性稳定运行。

抓大放小，突出重点。政府应主抓改造需求迫切、改造动力较强、改造效益明显的村级工业区改造项目，以凸显产业提升和城市升级的示范效应；对于其他零散改造项目，则可在制定的改造管控框架下允许其自行改造。

单元管控，规划先行。各区镇在编制管辖范围内村镇级工业区升级改造详细方案时，在"更新片区"层级下增加"更新单元"层级，形成"更新片区—更新单元—更新地块"的三级规划控制体系。

2. 加大工业数字化政策支持，推动智能技术更新应用

进一步完善评价分类办法。为进一步深入践行"创新、协调、绿色、开放、共享"新发展理念，建立"四个论英雄"发展机制，修订工业企业综合评价分类实施办法。

加大工业数据应用政策支持。进一步加大财政资金支持力度，对拟腾退的低效企业，对其土地回购、设备拆除等方面，建议配套相应的财政支持，尽快促进工业用地的上市流转，为新项目、好项目腾出发展空间。同时，继续加大差别化政策向上争取力度，提高低效企业用地成本，促进其主动退出、尽快转型。

强化产业整合政策。在示范区建设中，大力促进区域间网络化的产业分工。积极引导数字经济产业在空间上形成多主多辅，形成各自优势突出的产业分工布局。重点发展信息制造产业，特别是以已有的产业优势为基础，集中发展下一代信息网络技术。

加强政策配套联动。聚焦示范区数字经济产业发展，加强产业化与市场化的联动，搭建高驱动力的数字经济发展政策体系。综合运用财政、税收、金融等经济性杠杆和科技、教育、人才等非经济性政策杠杆，营造引得来、留得住的数字经济产业政策环境。以政策链为先导，提高一体化示范过程中的要素资源整合优化配置能力，构建面向转化全周期、产业链各个环节的集成化平台化政策体系。加强对产业链精准招商的统筹与引擎性企业和项目的谋划与追踪，加强"一集群一策""一链一策"，强化适合创新生态体系搭建的政策供给与要素供给。

3. 强化对工业大数据整合，发挥集群化发展规模优势

进一步优化评价程序。评价过程涉及信息的采集录入、初评校对、通报反馈、公示调整等环节，结合 2022 年的操作流程，下一年度需完善系统程序，做到数据全部在集约系统中流转，修改申请需要相关部门或区镇文件作为依据，确认修改需要区集约办认可同意，确保整个流程的高效、留痕、透明。

进一步提高数据覆盖维度。进一步完善资源集约系统数据采集来源，科学合理地整合更多部门关于工业企业的数据信息，提升数据质量、加大信息覆盖维度。为综合评价、产业画像等做好基础保障。

加大数字经济发展力度。发展与物联网、"云计算"相关联的产业，瞄准国际 IT500 强企业、国内软件 100 强企业，全力抓好大项目的引进建设，打造一批掌握自主知识产权和核心技术的优质企业，集聚发展太湖新城大数据产业园、国测（苏州）智慧城市产业化基地、微软苏州大数据应用孵化基地等载体。

4. 充分发挥好数字管理大平台，推动共建共享聚合力

进一步加大资源集约系统的应用。加大资源集约系统的应用创新，结合吴江产业实际，整合多部门数据，为吴江的主导、特色行业，从多个维度进行精准、详细地描述、比较和定位。完成丝绸纺织产业在内的两个行业的产业画像工作。同时探索尝试在更多资源要素领域，实施差别化政策，以市场化手段推动企业转型升级。

鼓励数据安全环境下有效开放。将吴江区非涉密的交通、科学、教育、文化、卫生等数据面向社会开放，允许社会对政府数据再利用并进行服务增值。充分调动吴江乃至全国的社会力量进行应用的创新和开发，举办应用开发竞赛，让更多优质的应用创新从社会的土壤中生长出来并开花结果，供给政府、企业、民众使用，促进信息便民、利民、惠民。探索建设大数据交易中心，向社会提供完整的数据交易、结算、交付、安全保障、数据资产管理和融资等综合配套服务。

借助"外脑"，如中国纺织工业联合会、中国产业用纺织品行业协会等纺织业权威机构，在吴江设立专门办事机构，加强对行业及相关企业的培育和诊断，帮助树立行业标杆和试点示范企业。全力推进国家先进功能性纤维创新中心建设，积极参与材料科学姑苏实验室建设，支持纺织产业

与国内外知名高校及大院大所共建新型研发机构，从源头推动先进纤维、功能纤维的开发应用、推广和后端新产品开发。建立吴江区产业用纺织品科创中心，通过共享实验室，为中小企业解决科研技术难题，降低研发成本。

5. 加快企业数字化转型，打造吴江工业互联网创新示范基地

部署工业数字化创新链。围绕吴江产业链多点部署创新链，以本地创新链融入全球创新链，进而推动本土产业链数字化转型。鼓励企业共享使用长三角科技创新资源开展创新创业，加快构建长三角科技创新共同体，提升城市竞争力，加快推进长三角科技创新券的推广使用。到2023年以科技创新券形式累计支持数字经济领域企业100家以上。

进一步推进D类企业淘汰。将D类企业转型升级处置（年内处置率不少于80%）列入重点工作继续推进，并按月跟踪反馈、核查进度，腾出发展新空间，为产业升级、项目招引创造新优势。

培育一批"专精特新"企业，引领民企转型升级。当前，吴江大部分中小型企业无论在产品制造还是管理模式上仍处于传统企业和现代化企业的转变期。因此要充分发挥行业"领头羊"的作用，在政府部门的引导下，选择一批具有充足活力、专注市场细分的企业，帮助企业完成现代化改变，走可持续的"产、学、研"发展模式。在政府部门的牵头下，强化相关企业与当地高校之间的联系，通过实现校企之间的技术合作与信息交流，满足企业发展对高素质人才的要求；在高校的支持下，寻找一种全面提高产品附加值、增加企业经济效益的路径，最终在行业市场竞争中树立优势。争取培育一批行业"隐形冠军"企业，带动全区产业整体转型升级，培育产业发展新动能。

加快推动民企向"互联网+"智能制造迈进。推动工业大数据在服务化领域应用的技术、产品、平台和解决方案的研发与产业化，面向重点领域开展试点示范，扶持培育龙头企业和创新型中小微企业。全面提升工业大数据服务水平，重点突破工业大数据核心技术，支持工业大数据中心与解决方案的研发和推广。培育一批面向制造业服务化企业的工业大数据解决方案提供商，推动构建基于工业大数据的制造业服务化生态系统。

加快吴江民企"互联网+"智能化改造。继续鼓励企业开展工业化建设，通过引入工业机器人等方法，解决当前日益凸显的劳动力资源短缺问题；在当地龙头企业的带领下，主动探索信息技术下的新发展路径，扩大信息技术在企业生产、管理环节的覆盖面，最终实现整个行业向"互联网＋"迈进。建议由有关部门牵头成立"互联网＋"推进工作小组，组织民企分批分时前往恒力集团、盛虹集团、亨通集团等 ERP 管理系统深度运作的头部企业进行学习培训，用企业效益和生产效率来动员企业开展智能改造，推动吴江民企整体尽快实现智能化管理生产。

6. 加大专业化人才引进力度，建立多元市场运营机制

加大数字经济专业性人才的引进力度。数字经济的核心是优质企业与高端人才，吴江对标对表在上海、北京和深圳等一流科技创新发展地区，促进科创资源要素集聚区设立子公司或办事处，加大一线城市高端人才项目的引进和孵化力度。推进"人才＋科技＋基金"项目落地评审机制，探索市场化、社会化引才渠道。构建分层分类的企业与个人支持体系。定制化打造企业金融支撑体系。建立数字化人才的激励体系。对选入库的企业家、研发人员和技术工人，实施示范区合作伙伴计划，在其购房补贴、优惠租房、培训补贴、落户入学、医疗保健、出入境便利、人民币汇兑、后勤服务等方面给予重点政策支持。

大力开展数字经济产业人才招引培养计划。推动区科技领军人才计划向数字经济人才倾斜，提高数字经济人才入选数量。对数字经济关键核心技术领域引进的国家级人才及社会资本引进落户的优秀人才创业项目，符合条件的可以直接入选吴江科技领军人才计划。鼓励海内外高端人才，重点围绕工业互联网、物联网、新型半导体、人工智能、5G、大数据等为代表的新一代信息技术，来吴江开展数字经济领域的基础研究、应用研发、成果转化等创新创业活动。

大力支持数字化人才联合培养。鼓励苏州大学未来校区和苏州信息职业技术学院增设数字化相关专业，充分发挥中国工业互联网研究院江苏分院优势，为吴江区推进数字化转型发展提供人才保障。推动建设数字经济人才孵化平台，完善以孵化器为核心，创业企业、科研机构、金融机构、中介服务机构、资本市场和其他创业资源有机结合的创新创业服务网络。加快优化人才服务体系，制定和落实配套保障性政策。搭建数字经济企业人才创新交流平台，引导区内数字经济企业加强与国内外专业中介机构交流与合作，对企业通过中介机构引进数字经济高层次人才给予补贴。

针对吴江目前产业纺织人才资源不足的现状，要紧紧围绕产业转型升级需求，落实纺织行业创新引领型人才的奖励、落户、安居、科研、收益、生活等方面的政策。创新人才评价机制，对纺织新材料人才，在评定人才类项目上，在年龄、收入、职称等方面予以倾斜。发挥各类研发平台、服务机构引才育才聚才优势，对引进行业高层次人才工作突出的单位和个人给予奖励。积极向上争取，支持吴江丝绸中专升格为大专院校。

7. 强化试点先试先行推广，探索工业数字化吴江模式

以基层政府试点示范为杠杆，推动工业大数据云平台建设。在全国范围推进工业大数据云平台地方政府试点示范工作，推广以工业大数据云平台推动工业经济高质量发展的"吴江模式"。打造吴江可复制、可推广的示范样板，积极发挥工业数字化吴江引领效应。将吴江经验总结成标准化、可操作、可推广的实践创新模式，在全国层面选择基础条件好、示范效应强、影响范围广的制造业服务化行业领域积极开展试点示范，探索工业大数据在制造业服务化中的集成应用创新实践，支持服务化企业探索开展工业大数据平台建设、应用，建立试点企业互联互通的数据融合系统网络，并逐步扩大影响范围，为其他服务化企业提供参考。推动举办"工业大数据+制造业服务化"大赛，发掘专业技术人才，培育一批创新队伍，构建创新及产业化应用平台，促进赛事成果转化。推动在服务型制造产业集聚区建立工业大数据中心，推动集聚区数据资源汇聚。

（二）其他地区创新工业生态"数字管理"的对策建议

1. 改革引领：以数据整合为切口破解部门体制机制障碍

加快破解数字政府建设体制机制障碍。在管理体制、运行机制、建设运维模式等方面积极探索创新，推动政府管理模式由分散向整体转变，打破部门之间的数据壁垒，使得数据能够流通起来。

以基层部门数据整合为切入点，破冰工业大数据的数据壁垒。部门数据壁垒是实现工业大数据统筹的长期痛点。以工业企业的统一社会信用代码为基础，匹配企业纳税识别码、土地宗地号、用水编号、用电编号等部门用码，整合工商、国土、税务、供电、燃气、环保等多部门数据。在地方政府工业大数据试点示范考评工作中提高部门数据整合情况的评价比重。以工业大数据云平台为抓手，以重点产业链条为线索，围绕重点产业

集群推动地市级、区县级工业大数据云平台建设。围绕重点企业，采集重点产品、重点装备、关键材料、重点市场等信息，定期更新报送相关主管部门。

2. 标准护航：以数字管理标准体系推进数据要素市场化

加快制定权威的工业数据标准。每个制造业企业每天都会产生和利用大量的研发设计、经营管理、设备运行、外部市场等数据，但由于工业设备种类繁多、应用场景复杂、数据格式不统一、设备数据接口未开放等，工业数据难以转化为有用的数据资源，亟待有关部门、相关行业组织、企业加快研究制定和推广工业数据标准。

推动制定形成工业企业间数据共享的标准与规则。创造安全可信、利益均衡的数据流通生态，有效破解数据孤岛难题。聚焦交通运输、航空航天、军民融合等先进领域，组织引导有条件的纺织企业先行先试。加大纺织产业智能制造示范推广力度，实施"智能+""数字+"战略，从关键岗位、生产线、车间、工厂、园区五个层面，运用互联网、大数据、人工智能等信息技术全面推进纺织智能化、数字化改造升级，探索出一条高质量转型的发展道路。

推动"数字经济标准化建设"专项行动。目前数字经济的制造与统计缺乏统一标准，推动示范区率先实现数字经济标准化战略，在集成电路、人工智能、云计算、大数据、工业互联网等领域争取承担国际和全国标准化技术组织工作，促进数字经济产业内外联动型发展，推进国内标准和国际标准衔接。

3. 夯实基础：因地制宜统筹推进各地数字基础设施建设

提升企业数据管理意识，积极跟进企业业务需求，不仅要关注最终数据分析的显性价值，更要重视数据采集、数据资产管理、数据互操作与数据标准化等基础性工作的价值，以需求带动数据管理体系建设。积极运用DCMM（数据管理能力成熟度评估模型），以提高企业的数据管理意识和数据资产管理能力，实现企业数据管理体系革新、生产模式优化、运行效率提升，加快推动企业向数字化、网络化、智能化转型发展。

发挥行业联盟与协会的作用，在数据采集协议、数据模型构建等方面建立行业标准，从技术层面为工业数据互通共享扫清障碍。数据治理是激活工业数据价值、释放数据潜力的重要抓手，为有效提升企业数据管理能力，需着重加强复合型人才供给。与互联网消费大数据仅依赖统计学工具挖掘数据属性之间的相关性不同，工业数据更注重数据特征背后的物理意义以及特征之间关联性的机理逻辑。

加快推动国家工业互联网大数据中心建设，加速各行业工业数据的汇聚、分级分类和开发利用，推动工业数据向工业大数据的转变，助力制造业高质量发展。加强优势转化载体建设。

4. 创新驱动：引进高端人才和科创机构聚集创新要素

加快模式创新。数字化时代需要开拓创新，不是一味地守旧，采用数据化可以提升生产力、组织架构，企业文化也需要做相应的调整。传统的单本单体应用开发运维模式无法适应新的要求，在监管和合规的要求下重塑企业文化模式，结合企业技术和业务的积极创新让懂业务、懂技术、懂创新、懂数据的复合型人才成为企业数字化转型的核心。持续开展数字经济发展模式创新，精准研判市场数字领域新需求，扶持数字经济新业态发展，继续推进数字技术在传统产业中的创新融合应用。

突破核心技术。围绕新一代信息技术关键领域，加快产业核心技术、共性关键技术和前瞻性技术的研发及交叉学科的集成创新。开展基础性、通用性技术协同攻关，重点推动以5G、第三代半导体、工业互联网、新型显示、移动互联网、云计算、大数据、区块链、虚拟现实等为主的关键核心技术突破，超前布局前沿性、颠覆性技术，前瞻性研究新一代人工智能、未来网络、量子信息、6G等关键核心技术。

创新工业数字管理财政科技投入方式。健全多元化科技投入体系，综合运用定向委托、招标、揭榜挂帅等新型项目组织方式，强化工业数字管理体系关键核心技术攻关。鼓励企业持续加大研发投入，提升自主创新研发水平，努力在基础理论与核心技术原始创新上带头突破、重点提升、抢占技术发展制高点，促进相关核心技术在工业互联网、物联网、车联网等场景中的示范与应用，加速应用场景落地。

5. 跨界融合：加快完善生产要素资源开放共享共联环境

促进工业数据流通共享。由于工业数据权属界定不清，跨企业、跨行业的数据共享流通较难，针对该问题，要鼓励和引导优势产业上下游企业率先开放数据，探索建立互利共赢的工业数据共享机制；同时，要加强区块链等技术在数据流通中的应用，为工业数据流通建立一个可信的环境。

从技术上来说，数据共享需要技术方案，不同政务信息系统之间数据的互联互通，需要技术为政府的服务、监管和内部管理提供直接的生产力。同时，统一数据标准和相关的技术协议，是实现跨部门数据共享的关键。

工业数据实施需要解决数据质量、流动、存储、标准、安全、节能、责任等一系列问题。数据的质量、真实性和完整性是数据价值利用的关键，尤其是在人工智能部署的语境下，更多的产业通过利用物联网、工业互联网、电商等结构或非结构化数据资源来提取有价值信息，而海量数据的处理与分析均要求构建大数据存储与计算中心。工业数字化转型取决于安全、节能、负担得起的高质量数据处理能力，包括在数据中心和边缘设备上的云基础架构和服务所提供的能力。制定和推动数据标准，提高数据一致性、完整性和互操作性。随着数据使用的增加，必须确保以合法、安全、公平和道德的、可持续、可追责的方式负责任地使用数据，同时支持研究和创新。

加强产需衔接。借助苏州产业链全球合作对接图，密切跟踪重点项目、重点企业，及时更新企业供需信息，协助企业解决各类困难，加强对上下游市场的拓展，形成部门协调、企业对接、协同推进的发展机制。

建设融合型的生态新湖区。围绕优质湖荡资源，科学布局企业总部、研发总部，推动形成"一水一聚落、一荡一总部"的格局，打造长三角总部小镇集聚区。复制推广长三角绿色智能制造协同创新示范区等新型项目的成功经验，在智慧大脑、智能教育、远程医疗、工业互联网等领域，高水平建设一批面向长三角、服务全国乃至全球的功能平台。

6. 完善考核：开展清单管理制度和完善绩效评估监督体系

在政府与行业层面，积极发挥政府的引导作用，建立完善工业数据的监管体系，为企业的数据应用和企业间的数据合作提供可靠保障。加强政策引导，落实安全主体责任。明确政府主管部门监督管理责任，研究制定工业大数据安全保护政策，出台工业大数据相关管理办法，规范工业大数据的采集、存储、加工、分析、使用、存储、销毁行为，建立并完善工业大数据安全标准体系；明确工业企业安全主体责任，督促企业完善工业大数据安全管理制度，成立工业大数据安全管理部门或团队，制定配套的安全制度、管理规范和操作规程，建立并落实工业大数据安全管理责任制。组织开展"数字经济三年倍增计划"年度实施情况检查与绩效评估，加大工作考核力度，强化考核结果应用。实施清单管理制度，编制示范区数字经济建设重点项目清单、数字经济产业管理清单与全球重大数字科技成果盯引清单等，把对重大资源、重大项目、重点产业、政府服务的盯引与管理作为制度化、规范化和程序化工作，创新服务管理方式，提升政府管理效能。

建设经济运行监测平台，收集、整合、分析全区经济数据，向政府提供经济形势预测分析服务和决策参考。将现有工业评价体系拓展至服务业，实现一套体系管理评价，完善绩效评价。打造企业综合评价平台，根据不同的行业类别，对全区企业开展效益综合评价并划分不同等级，进而在用地、用水、用能、信贷、政策扶持和排污权费等方面实施差别化举措，强化倒逼转型力度。

创建重大项目智慧管理系统，实现项目招商审批、协调督查、考核评价全流程一体化在线管理，对项目责任单位和要素保障单位的工作绩效全程留痕、全程追溯和实时更新。推出产业政策管理平台，开展全区产业政策的兑现、监督、统计、分析工作，并为产业政策的修订完善提供数据支撑。升级电子政务服务平台，推进全程网上办理，推动政务信息跨地区、跨层级、跨部门互认共享，构建"不见面审批（服务）"模式，让数据跑路替代人工跑路。驱动信息化和各产业的深度融合，引领区域经济转型升级。

7. 强化风控：加强工业信息安全保障和数据监管体系建设

强化技术保障构建安全技术体系。产业融合扩大安全风险，工业大数据安全防护难度进一步加大。安全问题已经成为制约工业大数据全面发展的重要因素，加强工业大数据安全防护，以安全保发展，刻不容缓。完善管理机制，明确中央和地方政府主管部门权责，加强数据要素的统筹管理和全面应用，强化数据信息安全保障，统筹优化基础设施建设，加快布局区域数据中心集群。

保护工业数据安全。工业数据涉及企业研发、生产、管理、用户等多个方面的信息，一旦泄露，会给企业和用户带来严重的安全隐患，甚至会威胁到关键基础设施安全乃至国家安全。目前，工业数据已经成黑客攻击的重点目标，我国34%的联网工业设备存在高危漏洞，长期遭恶意嗅探。为有效提供工业数据安全，要加快工业数据安全责任体系建设，积极引导企业加强工业设备信息安全防护。

　　强化企业数据安全意识和提升管理人员专业性素质。在强化安全意识的同时积极应对各类风险，企业要努力实施数据分级分类防护，建立数据保障体系。企业应选择规范可信的工业互联网平台或云服务商进行数据和业务的托管，切实降低敏感数据外泄风险。进一步提升人才企业高企工业数据管理应用的专业性。提前规划布局企业成长的路径，对研发投入归集、知识产权准备、人才团队培养等进行详细指导，对初创型人才企业普遍面临的企业成长性不足的问题，邀请财务专家提前支招，规避风险，合理合法进行调整。

参考文献

　　梁泳梅：《新中国 70 年工业管理体制的回顾与展望》，《当代经济管理》2019 年第 91 期。

　　赵姗：《深挖工业数据价值 打造创新发展新引擎》，《中国经济时报》2020 年 10 月 27 日。

　　侯晓晖：《深入应用工业大数据技术 加快制造业服务化发展步伐》，《人民邮电》2021 年 8 月 19 日。

　　张振山：《构建工业大数据安全管理体系》，《中国工业和信息化》2021 年第 8 期。

　　王曙光：《中国工业管理和国有企业制度：传统体制的形成与演进逻辑》，《经济研究参考》2020 年第 2 期。

　　汪玉凯：《数字经济发展趋势与政府角色》，https：//www.163.com/dy/article/FSH2H15O0518KCLG.html，最后访问时间：2021 年 9 月 4 日。

　　郭阳琛、张家振：《长三角一体化发展的"吴江样本"》，《中国经营报》2021 年 7 月 5 日。

　　王国荣：《将生态优势转化为高质量发展优势》，《唯实》2021 年第 2 期。

　　陈红梅、沈杰、马晓明：《推动领军人才企业加速成为高新技术企业的对策研究——以苏州市吴江区为例》，《江苏科技信息》2020 年第 35 期。

　　朱振康：《打造民营经济发展新高地的对策建议——以苏州市吴江区为例》，《产业创新研究》2020 年第 21 期。

　　张诗雨、杨良敏、沈和等：《从"制造业孤岛"到现代化产业新城的蝶变》，《新华日报》2020 年 11 月 10 日。

　　董嘉维：《GIS 与大数据技术下的区域主导产业布局与更新研究——以吴江区为

例》,《城市住宅》2020 年第 1 期。

李苏洋:《贯彻落实制造强国战略 打造长三角生态绿色一体化发展示范区》,《中国经贸导刊》2019 年第 22 期。

陈建军:《长三角一体化发展示范区发展模式与路径》,《科学发展》2020 年第 5 期。

钱俊:《深入推进"智慧吴江"建设》,《唯实(现代管理)》2018 年第 2 期。

报告执笔:李红娟(国家发改委体改所企业室副主任、副研究员)

贾存斗(中国经济体制改革杂志社调研部主任、地方改革创新研究院副院长)

第四部分

巴彦淖尔系统集成改革推动
现代农牧业发展研究

———————————————— ❚ ————————————————

近年来，内蒙古自治区巴彦淖尔市，围绕推动黄河流域生态保护和高质量发展目标，坚持系统观念，强化农牧业发展顶层设计；加强系统治理，聚焦高质量发展重点领域；树立辩证思维，重点突破改革的关键环节；增强创新意识，助力改革因地制宜纵深推进；抓好制度建设，夯实改革落地的保障支撑，通过强化改革系统集成、协同高效，在现代农牧业发展方面取得了显著的改革成效：生态环境明显改善，发展基础保障更加稳固；人地矛盾逐年缓解，改革动力活力显著增强；经济效益显著提升，农牧民收入大幅度改善；产业体系加快构建，区域综合实力持续提升；品牌形象持续提升，产销衔接助力市场开拓。巴彦淖尔市走出了一条系统集成改革推动现代农牧业发展之路，成为全国生态治理和绿色产业发展的标杆和样板，为黄河流域生态保护和高质量发展，为西部地区实现农业农村现代化提供了巴彦淖尔经验样本。

党的十八届三中全会实现了改革由局部探索、破冰突围到系统集成、全面深化的转变，开创了我国改革开放新局面。党的十九大以来，习近平总书记多次强调，要把加强改革系统集成、推动改革落地见效摆在更加突出的位置。务农重本，国之大纲。加强农业改革系统集成是全面深化农业农村改革的必然要求，是实现乡村全面振兴的重要手段，是引领农业高质量发展的重要路径，是增强农村居民获得感的迫切需要。

内蒙古自治区巴彦淖尔市，始终牢记习近平总书记指示和嘱托，围绕推动黄河流域生态保护和高质量发展目标，坚持系统观念，强化农牧业发展顶层设计；加强系统治理，聚焦高质量发展重点领域；树立辩证思维，重点突破改革的关键环节；增强创新意识，助力改革因地制宜纵深推进；抓好制度建设，夯实改革落地的保障支撑，通过强化改革系统集成、协同高效，在现代农牧业发展方面取得了显著的改革成效：生态环境明显改善，发展基础保障更加稳固；人地矛盾逐年缓解，改革动力活力显著增强；经济效益显著提升，农牧民收入大幅度改善；产业体系加快构建，区域综合实力持续提升；品牌形象持续提升，产销衔接助力市场开拓。

巴彦淖尔市推动农业各项改革系统集成的主要做法，形成了市委市政府高位推动、相关部门同向发力、因地制宜分类施策、充分发挥市场手段、创新改革工具方法等具有地方特色和实效的改革实践经验，推动了生态环境改善、发展活力释放、综合实力增强以及品牌形象提升。巴彦淖尔农牧业的快速发展，是贯彻落实党中央和自治区各项决策部署的结果，是加强改革的系统集成理念在农牧业领域实践的结果。

展望未来，机遇与挑战并存。巴彦淖尔市要牢记习近平总书记要求和嘱托，以及在黄河流域生态保护与高质量发展中的责任和使命，坚定不移推进农业农村优先发展，解放思想、大胆探索、发挥优势、补齐短板，妥善处理好现代农牧业发展与生态环境保护的关系，改革推进中政府、村集体与农民的关系，产业规模扩张与产业体系建设的关系，基础设施建设与公共服务体系的关系，建立生态治理与维护长效机制、改革试点及宣传推广机制、城乡融合与要素流动机制，完善产业协同创新机制、市场主体培育和扶持机制、组织领导与责任落实机制，加快推进农牧业要素市场建设，全力建设现代农牧业产业体系，完善农业基础设施与品牌体系，强化农业科技与人才支撑作用，建立健全改革服务与保障体系，深入实施改革系统集成，加快现代农业产业体系、生产体系、经营体系建设，推动农牧业发展向优质高效转型。

新时代开启新征程。"十四五"和今后一个时期，巴彦淖尔市农业改革和发展使命光荣，前程远大。巴彦淖尔的生态环境将更加优美，现代农牧业更加蓬勃发展，"天赋河套"品牌更加响亮，农牧民生活将更加殷实富裕。巴彦淖尔必将走出一条更具特色的系统集成改革推动现代农牧业发展之路，成为西北地区乃至全国生态治理和绿色产业发展的标杆和样板，真正成为塞上江南、绿色崛起的现代化生态田园城市，为我国黄河流域生态保护和高质量发展、为西部地区实现农业农村现代化提供巴彦淖尔经验样本。

系统集成，是指多个独立的部分集成后形成整体，各部分之间有机协调地工作，以发挥整体效益，达到整体优化的目的。党的十九大以来，习近平总书记多次强调，要把加强改革系统集成、推动改革落地见效摆在更加突出的位置。务农重本，国之大纲。推动农业现代化是新时代全面建设社会主义现代化强国的重要内容，加强农业相关改革系统集成是新时代推动农业高质量发展的必然要求。位于我国农业主产区之一——河套灌区的内蒙古自治区巴彦淖尔市，始终牢记习近平总书记指示和嘱托，围绕推动黄河流域生态保护和高质量发展目标，坚持以系统观念、辩证思维、创新意识深化农业相关改革，强化改革系统集成、协同高效，取得了显著的改革成效，为黄河流域生态治理和高质量发展探索出了一套有特色、可复制、可推广的样本经验。

一　加强农牧业发展系统集成改革的背景与现实意义

（一）习近平总书记关于加强改革系统集成的相关论述

党的十八届三中全会确立了我国全面深化改革的总目标，即完善和发展中国特色社会主义制度，推进国家治理体系和治理能力现代化。朝着全面深化改革总目标聚焦发力，必须注重改革的系统性、整体性、协同性。党的十八届三中全会实现了改革由局部探索、破冰突围到系统集成、全面深化的转变，开创了我国改革开放新局面。党的十九大以来，习近平总书记在中央深改委会议、地方考察调研等重要场合多次强调要加强改革"系统集成"。

——2017 年 10 月 18 日，习近平总书记在中国共产党第十九次全国代表大会上的报告指出，改革全面发力、多点突破、纵深推进，着力增强改革系统性、整体性、协同性，压茬拓展改革广度和深度，推出 1500 余项改革举措，重要领域和关键环节改革取得突破性进展，主要领域改革主体框架基本确立。

——2018 年 4 月 13 日，习近平总书记在庆祝海南建省办经济特区 30 周年大会上的讲话指出，要强化改革举措系统集成，科学配置各方面资源，加快推进城乡融合发展体制机制、人才体制、财税金融体制、收入分配制度等方面的改革，形成更加成熟更加定型的制度体系。

——2018 年 11 月 7 日，习近平总书记在上海考察时强调，要进一步解放思想，准确识变、科学应变、主动求变，坚决破除条条框框、思维定式的束缚，深入推进重要领域和关键环节改革，加强系统集成，继续抓好改革举措的完善和落实，放大改革综合效应。

——2018 年 12 月 18 日，习近平总书记在庆祝改革开放 40 周年大会上的讲话时强调，我们以巨大的政治勇气和智慧，提出全面深化改革总目标是完善和发展中国特色社会主义制度、推进国家治理体系和治理能力现代化，着力增强改革系统性、整体性、协同性，着力抓好重大制度创新，着力提升人民群众获得感、幸福感、安全感，推出 1600 余项改革方案，啃下了不少硬骨头，闯过了不少急流险滩，改革呈现全面发力、多点突破、蹄疾步稳、纵深推进的局面。

——2019年7月5日，习近平总书记在深化党和国家机构改革总结会议上强调，在谋划改革发展思路、解决突出矛盾问题、防范风险挑战、激发创新活力上下功夫，正确处理改革发展稳定关系，坚持党的领导和尊重人民首创精神相结合，注重改革的系统性、整体性、协同性，统筹各领域改革进展，形成整体效应。要推进改革成果系统集成，做好成果梳理对接，从整体上推动各项制度更加成熟更加定型。

——2019年9月9日，习近平总书记主持召开中央全面深化改革委员会第十次会议时强调，落实党的十八届三中全会以来中央确定的各项改革任务，前期重点是夯基垒台、立柱架梁，中期重点在全面推进、积厚成势，现在要把着力点放到加强系统集成、协同高效上来，巩固和深化这些年来我们在解决体制性障碍、机制性梗阻、政策性创新方面取得的改革成果，推动各方面制度更加成熟更加定型。

——2021年2月19日，习近平总书记主持召开中央全面深化改革委员会第十八次会议并发表重要讲话。会议指出，要把加强改革系统集成、推动改革落地见效摆在更加突出的位置；要有系统观念、辩证思维、创新意识、钉钉子精神。

习近平总书记关于加强改革系统集成的相关论述，是着眼新时代中国特色社会主义建设面临的国内外形势变化，以及改革全面发力、多点突破、纵深推进的现实需要而做出的重要判断，为各地各部门推进各项工作提供了根本遵循和方法指导，具有重要的理论和现实意义。

（二）推动农业改革系统集成的重要意义

农业稳，民心稳，天下安。习近平总书记强调，"更加注重改革的系统性、整体性、协同性""不断将改革推深做实"，为新时代推进全面深化改革指明了科学方法和努力方向。农业农村领域改革涉及部门较多、利益关系较为复杂，要攻克的体制机制与矛盾问题都不是一蹴而就能够解决的，需要保持一定的耐心。着力解决农业农村改革中的深层次问题，把涉及体制、利益等重大改革任务完成好，推动改革由点及面、由浅层向纵深推进，推动改革做深做实，最关键的就是要把握改革的系统性、整体性和协同性。随着我国农业农村工作的重点从脱贫攻坚转向全面推进乡村振兴，其所涉及的范围更广、领域更宽、事务更多，也迫切需要推动相关改革的系统集成，以实现改革的系统性、整体性、协同性。

1. 推动改革系统集成是全面深化农业农村改革的必然要求

改革是推动农村发展的重要动力和活力源泉。我国自改革开放以来，一直将改革作为完善农村体制机制、增强农村发展活力、推动城乡融合互促、提高农民收入水平的重要手段。党的十八大以来，中央高度重视农业领域相关改革，勇于推动理论创新、实践创新、制度创新，一些长期制约农业农村发展的体制机制障碍逐步得到破解，基础性关键性制度更加完善，农业农村优先发展的制度框架和政策体系初步形成，进一步解放和发展了农村社会生产力，增强了农业发展活力。然而，由于历史形成的思维观念、管理模式、生产生活方式等，我国农业领域的改革仍存在条块分割、单兵突进、碎片化、不协调、不配套等问题。随着中国特色社会主义进入新时代，改革进入"深水区"，农业各领域各环节改革举措的关联性、互动性明显增强，零敲碎打式的改革往往事倍功半，单兵突进式的改革常常举步维艰，必然要求各地通过实施改革系统集成，推动各项改革在政策取向上协同配合、实施过程中相互促进，以强化改革的成效和推动改革的深入。

2. 推动改革系统集成是实现乡村全面振兴的重要手段

实施乡村振兴战略是党的十九大提出的重要战略部署，涉及产业、人才、文化、生态、组织等多个方面，每一个领域都涉及不同的改革内容。而乡村是一个完整的经济社会系统，实现乡村全面振兴则成为一项结构复杂、关联紧密的庞大系统工程。各项改革既要相互促进，又要相互制衡，只有协调配套、同步推进，才能取得事半功倍的效果。产业领域改革是整个乡村改革系统的重点，其他各项改革归根结底都是为解放和发展生产力服务，目的是构建农业强大的物质基础，做好国民经济的"压舱石"和"稳定器"作用。人才领域改革是实现乡村振兴的关键支撑，21世纪最重要的生产力是人才，只有通过体制机制改革，把人才吸引到乡村各个领域，才能将其他各项改革落地做实。文化领域改革对农村发展意义重大，也是推动农村改革发展的强大动力。要重塑农村文化和精神文明和谐发展的良好局面，完善农村文化管理体制和生产经营机制，为其他各项改革提供精神动力。生态领域改革是实现乡村可持续发展的必由之路，只有将生态文明放在乡村振兴的重要位置，才能推动乡村振兴过程中的人与自然、人与人、人与社会和谐共生、良性循环、全面发展、持续繁荣。组织领域改革是实现乡村振兴的重要驱动力量，要按照农业农村发展规律，通过改革的方式建立健全实现乡村振兴的组织队伍和组织制度，才能最大限度地凝聚改革共识，调动一切积极因素，形成改革合力。综上，乡村振兴过程中每一项改革都有自身的特殊性，也有与其他改革的关联性。在开展农业农村改革过程中，要注意各项改革之间的影响和衔接，使各项改革互为条件、互相补充、互相促进，加强改革系统集成，共同发挥作用。

3. 推动改革系统集成是引领农业高质量发展的重要路径

习近平总书记多次强调，"发展是解决我国一切问题的基础和关键，必须坚定不移把发展作为党执政兴国第一要务"。进入新时代，我国经济已由高速增长阶段转向高质量发展阶段，农业高质量发展既是国民经济高质量发展的题中应有之义，也是保持经济持续健康发展的必然要求。农业高质量发展要以促进农民增收、产业增效、生态增值为目标，注重市场引导和政策支持，强化改革助推和科技驱动，重点发展特色高效产业，促进农业由增产向提质转变。在引领农业高质量发展过程中，要通过改革系统集成，疏通农业产业发展所需的资金、土地、人才、科技等要素资源，理顺政府与市场的关系，让市场发挥决定性作用；要通过改革系统集成，着重打造产业融合平台和载体，推动技术集成、创业创新、核心辐射等功能，积极探索构建产业化联合体、现代农业产业园、农业产业集群，提升特色农产品加工水平，实现农业产业"接二连三"；要通过改革系统集成，突出抓好标准化生产、农业投入品监管、农产品产地准出和市场准入、质量安全追溯管理、重大动物疫病防控，紧扣农业绿色化、优质化、特色化、品牌化要求，大力发展特色效益农业，加快构建现代农业产业体系、生产体系、经营体系，千方百计确保"舌尖上的安全"。

4. 推动改革系统集成是增强农村居民获得感的迫切需要

习近平总书记指出，"人民对美好生活的向往，就是我们的奋斗目标"。农村居民的获得感是改革的原动力，只有改革成果得到广大农民的认可和支持，农村居民的获得感才能得以真正实现。当前社会主要矛盾已经转为人民日益增长的美好生活需要和不平衡不充分发展之间的矛盾，农村居民对美好生活的需求更加多元，不仅对物质文化生活提出了更高的要求，而且在民主、法治、公平、正义、安全、环境等方面的要求也日益增加。单一的改革只能惠及农村发展某一特定领域，必须通过系统集成的农村综合改革，完善农村经济体制机制、提升农业生产经营组织程度、健全农产品市场体系、提高农业基础设施和物质装备水平、发展农村社会事业、构建城乡融合发展体制机制等，才能实现缩小区域发展和城乡居民收入差距目标，让改革发展成果更多更公平地惠及全体人民，不断提升群众的获得感、幸福感和安全感。

专栏1　加强改革系统集成 合作社铺就幸福路

巴彦淖尔市乌拉特中旗绿之源农民专业合作社成立于 2013 年 11 月，位于德岭山镇大圣村。大圣村是个大村，共有 680 户、2760 人，其中 200 户 976 人是移民，有 80 户 340 人为贫困人口。全村有耕地 4.5 万亩。过去，农民一家一户独立种地经营，土地条块分割，缺乏综合性开发利用，因此粮食产量不高，除去成本，平均亩收益不到 300 元，因为种田既辛苦收益又不高，部分土地被撂荒，群众生活越发困难。

2008 年，合作社筛选出有土地但年老体弱多病无力耕种的 44 户贫困户和有土地但缺乏技能的 56 户贫困户，在其自愿前提下，将 1.1 万亩土地流转到合作社，合作社每亩给付流转租金 300 元，同时以土地入股，每年再视合作社效益情况按股份分红。同时，国家发放的土地直补、良种补贴仍归贫困户所有，有劳动能力的村民还可到合作社打工再挣一份收入。如此，合作社为大圣村的乡亲和贫困户开启了多渠道增收之路。

2013 年 11 月，合作社进行企业化经营，以便吸引经济效益好的企业带资入股，参与合作社的生产经营，入社入股形式更加灵活，可以土地、机械、资金、技术等多元方式入股。合作社利用股金购买 "麦克森 1204" "东方红" 等大型农用拖拉机、翻转犁、六行播种机、机耙等农机共 30 多台（套），使合作社具备了机械化作业发展现代农业的基本条件。

绿之源充分利用国家支农支牧相关政策，多次到旗里、市里相关涉农部门跑项目。巴彦淖尔市综合开发办与旗综合开发办以及多个相关部门的领导先后到绿之源合作社调研考察，对合作社的经营与发展十分认可，综合开发部门下拨 75 万元项目资金，旗财政局和农机局也分别给了合作社

50万元和30万元惠农项目资金，对合作社流转的5000亩集中连片土地进行统一整理，配套了渗灌、滴灌、PVC管道和打井上电等一系列基础设施建设，完成了对这片土地的综合开发治理。

合作社根据市场需求进行预测，调整种植结构，集中种植玉米、葵花、大豆三种农作物。合作社组成机械队，翻转犁、播种机在一望无际的田野显示了空前威力，深松土地、施肥播种、灌溉收割……所有农活都实现了机械化，合作社员们的劳动力和劳动强度得到空前解放。为进一步实现科学种田提高产量，合作社聘请巴彦淖尔市的农业专家、技术人员，对耕地进行综合调研指导，实施了测土配方施肥，加强田间管理，在田间摆放了500多个蜂箱帮助传花授粉。经过几年来对土地的开发治理，合作社的大田作物亩产量不断刷新纪录。玉米亩产达2180斤，葵花亩产455斤，大豆亩产1230斤。社员人均分红3.5万元，加上国家的土地直补、土地租金等，人均纯收入达8876元，加入合作社的100多贫困户，近一半脱了贫。为避免增产不增收现象的发生，带动和保障周边更多农民增收，2017年，合作社又分别投资500万元和107万元，建设粮食烘干塔和存粮库。看到合作社的日子红红火火，许多村民从观望到踊跃参加，合作社由初始6人发起的小社发展成有105户入股的大社，合作社的生产经营不断扩展，农机、种植、养殖、有机肥加工、玉米油加工、饲料加工等，目前，总共流转土地1.3万亩，总资产达6000万元。

合作社种地实现机械化后，召开股东大会，引导大家形成决议，从合作社的收益中拿出部分资金，购买良种基础母驴300头，骆驼60匹，改良绵羊500只，种猪200头，按照贫困户的饲养能力，无偿给社员们特别是有劳动能力的贫困户"托养"，基础牲畜的产权归合作社，所产的仔和羔归农户。这样，大圣村尚未脱贫的贫困户家家都有了稳定增收的"摇钱树"。

63岁的贫困户许毛眼，总想通过养殖脱贫，可是购买基础牲畜所需的资金让他无力实现心愿。自合作社无偿给他送来10头母驴，他喜出望外，家境一下子发生巨大变化。他精心饲养，牲畜膘肥体壮，两年就繁育了驴驹20头。他留下11头母驴，其他9头出栏，收入9万元。他感慨地说："没有合作社和张主任，咱家的日子咋能过到这光景！"

擅长养羊的赵海鱼，2010年因病致贫，欠下4万元外债，房子破了也无钱维修。2015 年，合作社无偿给他送去 40 只"托养羊"，他用心饲养，羊像滚雪球般增加，两年出售羔羊收入十几万元。不仅还清了债务，还破天荒地有了存款。如今，他又增加了奶牛、猪和骆驼的饲养，赵海鱼逢人就说："以前给别人打工，租房、看病、欠债。现在跟着合作社干，日子越过越好了！"

李琪琪家的大院子里堆满小山般金黄色的玉米，足有八九万斤，至少能卖六七万元。他说："当年移民搬到这里，穷得吃不上喝不上，老人要看病，孩子得上学，欠下不少外债，给别人放羊一年收入 2000 元，现在有合作社帮扶，不仅脱了贫，去年收入八九万元，日子越过越红火了。"

几年前因车祸落下残疾的王三高，欠了很多外债，绿之源合作社理事长张越送给他 11 头"托管驴"，免费给他搭建牲畜暖棚，还给他 1 万元周转金。王三高兴奋地说："看，这些小驴驹长得多壮实，有了这些宝贝，不但能还清外债，还能存下余钱。合作社真是用心帮我们贫困户了。"

资料来源：巴彦淖尔市委改革办。

新时代需要新作为，新时代呼唤新担当。农业领域的各项改革需要先行先试，农业改革的系统集成同样需要带头引领。积极响应中央号召，发力改革系统集成，推动现代农业高质量发展，既是巴彦淖尔农业领域改革发展动力和活力的体现，也是当地党政干部改革意识的体现。巴彦淖尔推动现代农业发展这种解放思想、大胆探索、先行先试、着力破题的做法，将对全国农业发展起到积极的样板和示范作用。

二 巴彦淖尔加强改革系统集成推动现代农牧业发展的背景、动因及做法

（一）巴彦淖尔系统集成改革推动现代农牧业发展的主要背景

巴彦淖尔，蒙古语意为"富饶的湖泊"，位于我国正北方、黄河"几"字弯顶端，全市面积 6.5 万平方公里，地形地貌多样，山水林田湖草沙生态要素齐全，拥有黄河流域最大的湖泊湿地——乌梁素海，是中国"北方防沙带"的重要关口、西北干旱地区的重要绿色生态屏障。巴彦淖尔市自然资源优势得天独厚。一方面，土地肥沃，地势平坦，拥有良好的灌溉条

件。黄河流经巴彦淖尔 345 公里，全市年引黄河水近 50 亿立方米，拥有亚洲最大的一首制自流灌区，有 1100 多万亩优质耕地，其中水浇地近 1000 万亩。另一方面，拥有良好的水土光热组合条件。巴彦淖尔地处北纬 40 ~ 42 度，海拔 1000 ~ 2200 米，全年日照总时数 3200 小时左右，昼夜温差 15℃ 左右，全年有效积温 2900℃ ~ 3300℃，年平均降雨量 158 毫米，平均无霜期达 135 天，被国家气象局认证为"黄金农业种植带"。此外，巴彦淖尔拥有大小湖泊 300 余个，可利用水面近 100 万亩，天然草场 7900 余万亩。

乌梁素海流域保护修复、综合治理分别入选世界自然保护联盟中国十大特色生态修复典型案例和中国改革 2021 年度案例

说明：第四部分照片均由巴彦淖尔市委改革办提供。

自然资源禀赋使农业（包括畜牧业等，下同）在巴彦淖尔市经济社会发展中一直占有很重要的地位。根据 2020 年统计，巴彦淖尔市总人口 168 万人，其中农牧户 32 万户、农牧民 109 万人，占全市总人口的 64.9%。全市拥有市级及以上农业产业化龙头企业 252 家，其中国家级 4 家、自治区级 86 家、市级 162 家，农业联合体 29 家；全市在工商部门登记注册的农牧民合作社 5705 家，入社成员 61370 人，其中，合作社示范社 158 家（国家级 32 家，自治区级 55 家，市级 71 家），合作社联合社 3 家；累计认定家庭农牧场 1440 个。2020 年，全市农作物总播种面积 1140 万亩，粮食总产量 60 亿斤，牲畜饲养量 2314 万只，各类肉类产量 29.5 万吨。目前，巴彦淖尔是国家和自治区重要的优质商品粮油生产基地，全国最大的有机原奶、葵花籽、脱水菜生产基地和无毛绒加工基地，全国第二大番茄种植加工基地，全国地级市中唯一四季均衡出栏的肉羊养殖加工基地，并正在建设河套全域绿色有机高端农畜产品生产加工服务输出基地，创建国家西北地区现代农业示范市。

河套灌区农业场景

（二）巴彦淖尔系统集成改革推动现代农牧业发展的主要动因

党的十八大以来，以习近平同志为核心的党中央高度重视内蒙古发展，提出了内蒙古发展"两个屏障"、"两个基地"和"一个桥头堡"的战略定位，要求内蒙古走以生态优先、绿色发展为导向的高质量发展路子，并多次对包括乌梁素海在内的"一湖两海"治理和河套灌区现代农业发展做出重要指示。按照中央以及自治区党委、党政府的要求，巴彦淖尔市陆续推出了10余项农业改革发展举措，并取得了一定的成效。但是，对标中央和自治区的要求，对标先进地区的发展状况，对标广大农牧民的期望，还存在以下不足之处。

一是保障优质农牧产品生产的生态环境仍存在长期隐患。在农业面源污染治理方面，虽然全面开展了"四控"（控肥增效、控药减害、控水降耗、控膜提效）行动，取得了一定成效，但投入品减量还有很大空间，受农户分散经营和传统施肥用药方式等因素制约，大面积推广难度较大。在耕地质量方面，河套平原1100万亩耕地中有484万亩存在不同程度的盐碱，占耕地总面积的44%，占内蒙古盐碱化耕地的1/3。全市耕地平均等级 6.015，较全国平均等级低 1.255，较内蒙古平均等级低 0.815。尽管近年来通过科技等手段改良盐碱地积累了一些经验，但由于农田配套投入水平低，盐碱化耕地面积大、分布广、地力差等问题依然突出，严重制约了农牧民增产增收和农牧业高质量发展。在乌梁素海生态隐患方面，生态系统的整体稳定性还不强，乌兰布和沙漠东侵河套、泥沙入河的风险依然存在，乌拉特草原荒漠化程度高，乌拉山生态治理和恢复投入大、周期长，治理任务十分艰巨。

天下黄河　唯富一套

二是作为现代农牧业生产特征的规模化、组织化、标准化、品牌化水平仍有较大差距。规模化方面，全市人均耕地 7.2 亩，约为全国的 5 倍，但仍以一家一户分散经营方式为主，全市千亩以上规模化经营种养大户、家庭农场、农牧业企业和专业合作社 249 家，经营面积 101.52 万亩，仅占全市耕地面积的 9.2%，耕地碎片化、散而乱的问题仍然比较突出。土地流转规模小、流转后规模化经营面积比重偏低，全市土地流转规模 378.56 万亩（占总耕地面积的 34.41%），其中农户之间的转包和互换占 62.19%，流转到新型经营主体的不到 40%，影响了生产要素的合理流动和优化配置，制约了农业的规模化进程。组织化方面，"农字号"龙头企业数量少、规模小，多数农畜产品加工企业以初级加工为主，产业链条短，精深加工水平还比较低，还没有形成规模化专业化的产业集群。一些农牧民合作社内部管理不规范，组织松散、实力弱，带动广大农户增收的能力不强。标准化方面，虽然全市累计建成 424 个、面积 598 万亩的各类农作物标准化生产基地，农作物标准化生产覆盖率达到 52.4%，市级以上龙头企业 60% 以上通过自建基地或与农牧民签订订单的方式建立了标准化生产基地，但部分企业原料来源参差不齐，专业化标准化不高，影响了市场竞争力。农业标准化生产涉及内容多、覆盖面广，也影响了生产要素的合理流动和优化配置及标准化原料基地的建设。品牌化方面，"天赋河套"品牌虽然在全国全区有一定的知名度，但品牌的引领带动作用仍不够强，在促进企业增效、带动农牧民增收方面还有较大潜力。

三是现代农牧业发展的科技支撑能力不足。基层农技推广力量薄弱，市、县、乡三级农业技术人员呈"倒金字塔"式的不合理结构，以乡镇农科站人员为主体的基层农技推广队伍技术更新慢，人员不足，年龄老化和流失问题比较突出，缺乏相应的技术和推广经费，技术指导服务局限于综合性科技示范园区，大面积推广应用标准化生产速度缓慢。农牧民素质与从事现代农牧业要求不相适应，农村劳动力以 50 岁以上农民为主，受教育程度较低，普遍缺乏科学配方施肥、施用农药、科学养殖相关知识。

四是基础设施和服务保障体系建设相对滞后。基础设施方面，河套灌区水利设施老化，骨干工程完好率不到 70%。服务保障方面，涉及农牧业的金融、物流、信息、疫病防控等社会化服务体系不够完备，农畜产品市场信息化建设平台、农业技术推广平台、农村土地流转交易平台、产品质量监督检测平台等公益服务平台不健全，现代农业发展的保障能力还比较弱。融资信贷方面，农业有效抵押资源不足，难以获得中长期信贷支持，农业生产经营主体融资难、融资贵问题仍然突出。

综上可看出，巴彦淖尔农业资源优势的发挥、现代农业的高质量发展，不仅需要通过产业制度改革提升生产规模，而且要通过体制和机制改革、科技创新来提升产品质量和效益，需要建立健全保障体系以夯实发展的基础。而要同时实现上述目标，改革的系统集成就成为巴彦淖尔的必然选择。这是巴彦淖尔现代农业发展必须面对和破解的难点，也为巴彦淖尔推动农业相关改革的系统集成提供了动力。

（三）巴彦淖尔系统集成改革推动现代农牧业发展的主要做法

2019 年 9 月 18 日，习近平总书记在黄河流域生态保护和高质量发展座谈会上强调，河套灌区要发展现代农业，把农产品质量提上去，为保障国家粮食安全做出贡献。习近平总书记的指示，从全国发展大局的高度，赋予了巴彦淖尔加强生态治理保护、加快现代农业发展的重大使命和任务；同时，习近平总书记关于加强改革系统集成的重要论述，为巴彦淖尔实现农业高质量发展指明了路径、提供了遵循。两年多来，面对由传统农业向现代农业转型的艰巨任务，巴彦淖尔市委、市政府认真贯彻落实总书记和党中央的决策部署，以及自治区党委、政府的工作要求，树立和坚持生态优先、绿色发展理念，全面整合优化资源要素，通过加强改革系统集成推动现代农业发展进行了大胆试验和有益探索。

1. 坚持系统观念，强化农牧业发展顶层设计

加强改革系统集成，首先要有系统观念，提高政治判断力、政治领悟力、政治执行力，主动识变求变应变，强化全局视野和系统思维，加强改革政策统筹、进度统筹、效果统筹，发挥改革整体效应。巴彦淖尔市委、市政府顺应时代发展，立足市情实际，大胆创新、超前谋划，强化顶层设计，提出建设河套全域绿色有机高端农畜产品生产加工服务输出基地的战略构想，加快建设现代化生态田园城市。这一战略有着丰富的内涵：河套全域是地域范围，就是在整个套区发展绿色产业；绿色有机高端是质量标准，不仅仅是安全食品、无公害食品，起步就定位在绿色有机，面向的是高端市场、高消费人群；生产加工服务输出基地就是用系统化的思维把一、二、三产业联起来做，抓好现代农牧业生产、精深加工、品牌建设、电商物流和服务保障等工作，延长产业链、价值链，让更多的企业、合作社和农牧民受益。

围绕这个战略，巴彦淖尔明确了现代农牧业的发展理念，就是坚持系统思维，全局性谋划、整体性推进，创新性提出"亩均效益论英雄"，全力推动一、二、三产业融合发展，从2017年开始用3年时间使全市1/3的优质耕地亩均综合产值达到2万元；明确了发展导向，就是坚持生态产业化、产业生态化，正确处理生态保护和产业发展的关系，把保护生态环境作为绿色发展的根基和命脉，把推动绿色发展作为保护生态环境的治本之策，坚定不移走以生态优先、绿色发展为导向的高质量发展路子；明确了发展路径，就是坚持有所为、有所不为，通过品牌引领、示范带动，充分发挥"天赋河套"区域公用品牌统领整合作用，推动优质特色农畜产品走向高端市场，倒逼农牧业生产方式转变，促进农牧民增收致富；明确了发展支撑，就是坚持创新驱动、要素集成，以国际视野和一流标准搭建平台载体，整合资金、科技、人才等各方资源，引领带动全市现代农牧业发展。

2. 加强系统治理，聚焦高质量发展重点领域

加强改革系统集成，要进一步解放思想，准确识变、科学应变、主动求变，坚决破除条条框框、思维定式的束缚，深入推进重要领域和关键环节改革，加强系统集成，抓好改革举措的完善和落实，放大改革综合效应。自然资源禀赋和生态环境是河套地区优质农牧产品生产的基础和保障。为此，巴彦淖尔市提高政治站位，坚持系统思维，强化全局意识，深入贯彻习近平生态文明思想，践行"绿水青山就是金山银山"和"山水林田湖草是一个生命共同体"的理念，按照乌梁素海"问题在水里、根源在岸上、办法在全流域治理"的思路，加强源头治理、系统治理，统筹推进全流域、全地域生态文明建设。

三盛公水利枢纽，位于巴彦淖尔市磴口县

一是全力遏制点源污染。2018～2020年，全市累计完成投资近25亿元，改扩建旗县级污水处理厂6座，新建再生水厂5座，铺设污水管网147公里，再生水管网237公里。城镇和工业园区污水处理厂均达到一级A排放标准以上。扩大中水使用途径，暂时无法回用的中水和达标排放的污水全部进入人工湿地净化，达到地表Ⅴ类水标准后再通过各级排干沟进入乌梁素海。

二是全面控制面源污染。全面开展"四控"行动，引导和推动农业绿色生产。控肥方面，全市累计建成智能配肥站100家，有机肥和新型肥料应用面积达到353万亩和480.3万亩，水肥一体化面积达到200万亩以上。控药方面，推广扇形喷头膜间除草技术163万亩，建立绿色防控示范基地106个，绿色防控面积达到540万亩，覆盖率47.9%。统防统治面积达到

428万亩次，覆盖率38%。建成县、镇、村三级农药包装废弃物回收体系，两年累计回收包装废弃物592吨，基本实现全域全量回收。控水方面，实施高标准农田建设56.09万亩，两年累计调减高耗水、高耗肥玉米种植面积54.68万亩，推广机械深松技术258万亩。推广"精准化灌溉制度"119万亩、用水智能管理手机App技术16.62万亩、测控一体智能化配水及水费计收信息化技术10.72万亩。控膜方面，推广地膜二次利用免耕栽培技术90.88万亩，无膜浅埋滴灌技术2.6万亩，新国标地膜实现覆膜作物全覆盖。

三是科学推进内源治理。及时进行芦苇收割，减轻湖体污染，年均收割量保持在6万吨以上；实施湖区湿地治理及水道疏浚工程，增加湖区水循环动力，移出部分底泥污染物；实施底泥原位修复试验示范工程，提高水体的自净能力，保持水体的自然平衡；利用黄河凌汛期和灌溉间隙期进行生态补水，促进水体循环，改善湖区水质。

四是强力推进湖区周边控污减排。实施矿山地质环境整治和植被修复工程，修复乌拉山受损山体20.6平方公里；开展河湖"清四乱"及农村人居环境卫生整治，减少入湖污染物。乌梁素海周边6个苏木镇、农牧场完成厕所改造902户，配备吸粪车15辆，安装19座生活垃圾低温热解设施；实施海堤综合整治工程和湖滨生态拦污工程，对乌梁素海123.4公里海堤进行全面整治，对乌梁素海周边水土流失地区进行治理，减少入湖泥沙量，削减入湖污染物。

专栏2 巴彦淖尔市分类施策推动"厕所革命"

一 主要做法

坚持宜水则水、宜旱则旱、宜分户则分户、宜集中则集中原则，合理选择农牧民接受的改厕模式。在保证实用性的基础上，积极引进新技术、新材料、新方法，以水冲式无害化污水处理模式（分散式污水处理器）为主，有条件的地区建设完整下水道，接入城镇排水管网；牧区分散户、边远地区、高寒干旱缺水地区建设卫生旱厕或放置部分ECO方便器作为补充。

推进厕所粪污资源化利用，有条件的示范苏木镇、嘎查村，率先基本实现厕所粪污、畜禽养殖废弃物一并处理，推动资源化利用；农区、牧区、垦区实行"分户改造、集中处理"与单户分散处理相结合，有条件的地区推行联户、联村、村镇一体处理。同时，积极探索市场化运作模式，鼓励专业化企业进行改厕及检查维修、定期收运、粪液粪渣资源化利用，尊重农牧民意愿，不搞大包大揽，不替农牧民做主，引导农牧民群众投工投劳。

临河区在改厕中主推室内水冲、室外水冲、室外双坑卫生旱厕三种模式，工程实施中，三种厕所模式全部提质提标，室内水冲厕所化粪池全部使用2立方米、两格式缠绕玻璃钢，较之前的膜压玻璃钢具有更抗压、密封性好、耐腐蚀等特点，让农牧民群众"愿意用、用得好"。同时，从地区气候条件、地形地势和成本投入三方面入手，通过多方考察比较，选择占地面积小、基建费用省、设备装置简化、运行费用低、适宜在村庄分散建设、可辐射500~1000户的小型污水处理设备，将治理区域分区划片，分散设置污水处理站20个，购置25辆吸污车，并确定一家企业负责运营建成厕所的清掏和小型污水处理设施。

二 主要经验

一切从实际出发，分类施策指导，是解决农牧区环境突出问题、推动区域高质量发展的有效途径。农村牧区人居环境整治行动涉及百乡千村、千家万户，农区与牧区之间、村与村之间、户与户之间基础条件、生活习惯、存在问题各不相同，需要分类指导、因需施策，决不能搞"一刀切"。在厕所改建、生活垃圾污水处理、村容村貌提升等具体工作中，要立足一村一户的实际，科学选择适宜的建设模式、材料、方法，既要考虑农牧民的经济承受能力，又要确保建得起、用的住，重点在简便、实用、舒适、环保等方面下功夫。人居环境卫生整治工作事关乌梁素海周边环境，也关乎农牧民的切身利益，只有从实际出发，因地制宜，立足当前，着眼长远，针对性采取措施，才能把好事办好，把好事办实，经得起历史的检验、经得起群众的检验。

资料来源：巴彦淖尔市委改革办。

五是推进综合治理工程项目。在生态环境部和自治区党委、党政府的支持下，实施了乌梁素海流域山水林田湖草生态保护与修复试点工程。分七大类 35 个项目，总投资达 50.86 亿元。按照工程质量好、工程进度好、资金配套好、财务审计好、廉政建设好、产业发展好"六个好"的标准建设，目前已完成投资 33.8 亿元。在自治区政府 2019 年批复的《乌梁素海综合治理规划（修编）》中提出的五大类 34 个项目中，已完工 13 项，完成投资 22 亿元，投资完成比例达 88%。

六是持续强化流域监管。牵头发起并成功举办了黄河流域河套灌区、汾渭平原生态保护和现代农业高质量发展交流协作会，建立了包括 5 个省区、22 个地市和 2 个国家农高区的沿黄省区、地市交流协作机制，开启了共抓黄河生态大保护、携手现代农业大发展的新格局。实施乌梁素海流域生态环境基础数据采集项目和智慧天眼工程，设立 38 个（已建成投运 35 个）水质自动监测点位，对各排干沟入总排干口、人工湿地、乌梁素海周边入海口等重要节点进行实时监控，摸清流域内各旗县区各乡镇面源和点源污染情况及对乌梁素海水质的影响，以水环境质量倒逼污染物逐年减排。

3. 树立辩证思维，重点突破改革的关键环节

加强改革系统集成，必须坚持辩证思维，坚持两点论和重点论相统一，坚持问题导向，立足新发展阶段，解决影响贯彻新发展理念、构建新发展格局的突出问题，解决影响人民群众生产生活的突出问题，以重点突破引领改革纵深推进。土地制度改革是新形势下我国农村改革的重点，处理好农民与土地的关系，对于发展规模经营、推进农业现代化具有深远意义。近年来，巴彦淖尔市以此为突破口，先行先试，大胆探索，因地制宜、有序推进农牧区土地流转，创新土地流转方式，创新农社企间的利益联结共享机制，促进了农业规模化经营、标准化生产、高质量发展。

一是引导土地流转方向。在充分尊重农牧民意愿、不改变土地用途、保障农牧民收益的基础上，推动土地合理有序流转，扩大土地集约经营规模，提升综合生产能力。在流转方向上重点推进"十个聚焦"［即聚焦"天赋河套"农产品区域公用品牌授权企业生产基地，亩均综合产值达 2 万元的六大优势特色产业基地；聚焦引进新项目、新科技、创新试验示范；聚焦引进的大型产业化龙头企业、专业合作社参与土地流转和开展订单种植经营基地；聚焦国家农高区、中（中国）以（以色列）现代农业产业园；聚焦百万亩饲草生产基地；聚焦龙头企业推进奶业振兴有机牧场建

设；聚焦山水林田湖草沙综合治理重点区域、"四控"基地；聚焦一、二、三产业融合发展示范区；聚焦乡村振兴样板嘎查村、苏木乡镇、旗县区]，推动土地从分散经营或农户之间小范围流转向农牧业企业、种植大户、专业合作社、家庭农牧场等新型经营主体方向转变，促进农牧业产业规模化、专业化、市场化经营。例如，临河区鲜农农民合作社流转土地近1万亩，建成下挖式厚墙体大跨度日光温室1300栋，发展绿色蔬菜四季生产种植。引进先进蔬菜优良品种嫁接技术，进行工厂化本土育苗，提高蔬菜品质，实现绿色蔬菜产品提档升级，建成6000平方米瓜果蔬菜贸易中心，不仅带动物流、加工、农资等相关产业，也带动当地2000多农户共同发展。相比土地流转前农户种植每亩产值1500元左右，温室园区种植每亩收入可达10000元，是流转前的6倍多，加上乡村旅游、观光采摘、餐饮、农事体验、科普教育、农牧民技能培训、物流等多个产业，年总产值达到2.9亿元。

专栏3　乌拉特中旗德岭山镇土地集中流转示范区

2021年，德岭山镇紧紧围绕做好乡村振兴的总体目标，以推动绿色高质量发展为主题，按照产业兴旺总体工作思路，加快农业农村现代化，促进农牧业高质高效、农村宜居宜业、农民富裕富足。本着"平等、依法、自愿、有偿"的原则，重点开展深化结构调整、土地流转、合作组织、集体经济"四位一体"工作，加强土地流转政策宣传引导，完善服务体系机制，创新工作方式，拓宽农村土地流转渠道，推进了农村土地流转向适度规模经营方向发展，大力推进土地集中流转。2021年累计流转土地面积10.8万亩，占全镇耕地面积的16.6%。流转方式包括转包（出租）、入股等形式。通过土地集中流转，形成了"花生产业园区""三产融合发展园区""设施农业示范园区""特色农作物示范种植基地"等一系列的现代农业科技示范园区。

一　加强宣传引导

德岭山镇高度重视关于促进农村土地流转工作相关精神的贯彻落实，结合实际，采取微信、广播、现场会等方式，有针对性地宣传建立土地流转机制的重要性和必要性，教育广大干部群众进一步解放思想，摒弃小农意识，增强发展意识，推进土地流转工作有序开展。同时，加强示范引导，组织土地流转工作人员现场服务指导各类土地流转、规模经营示范点，通过发现典型、总结典型、推广典型去教育引导群众，着力改变干部群众观念，促进土地顺利流转。

二 强化示范带动

采取招商引资、政策扶持、项目支持、技术服务等有效措施，支持种植养殖大户、家庭农场、农民专业合作社、农牧业龙头企业等承包农户土地，发展规模化种植、养殖等产业，示范带动全镇农村土地流转向适度规模经营方向发展。

三 鼓励流转方式

支持农户依法采取转包（出租）、入股等形式流转土地。积极引导组建农民合作社，支持以村为单位，农民以土地承包经营权作价入股等方式成立土地股份合作社。目前，"龙头企业＋农户""合作社＋农户""家庭农牧场""种养大户"等流转模式逐步发展成熟。

四 土地流转效益

土地流转既促进了规模化经营，也使一大批劳动力从自家"一亩三分地"中解放出来，就近或外出务工，有效增加了经济收入。土地流转给新型经营主体集中种植，既可以发挥现代农牧业的规模效益，又可以实现农牧业生产经营的提档升级，同时又推动了优质特色农产品基地的规模化、标准化和产业化发展。从单干走向合作、从分散走向集约，从"花花田"到集中连片种植，土地集中流转正在释放出巨大生产潜力。

乌镇村和乌拉特前旗欣旺达农业专业合作社签订了 6000 亩的土地流转协议，按照每年每亩 1050 元给予农户租金，把农户小块的土地"化零为整"，按照规模化、机械化、标准化全力打造现代玉米产业基地。种植过程中，合作社优先雇佣当地的农机合作社进行耕种，把土地流转给合作社的农户同时也能够在合作社务工赚取收入，让农民在获得固定收益的同时获取工资性收入。通过土地集中流转，不仅提高了农业整体效益，拓宽群众的增收渠道，同时也为积极实施农业产业化经营提供了更广阔的空间。

资料来源：巴彦淖尔市委改革办。

二是创新土地流转方式。坚持政府引导、市场主导、企业主体，创新推动出租、转包、入股、互换、股份合作等形式，探索更多放活土地经营权的有效途径。引导组建农民合作社，支持以村为单位，农民以土地承包经营权作价入股成立土地股份合作社。建立健全土地入股机制，鼓励农牧民将土地经营权作为股权，自愿联合从事农牧业合作生产，或者将承包地量化为股权，入股到产业化龙头企业、土地股份合作社，实现"土地变股权、农户变股东、有地不种地、收益有保障"。五原县组建土地银行，把农户分散的土地集中"存"入土地银行并对外发布流转信息，"贷"给有流转意愿的新型经营主体。新公中镇永联村土地银行将 426 户农户 1.5 万亩土地流转给农民专业合作社，开展规模化经营，实现农企双赢。五原县新公中镇蒙徽缘农民合作社与农户采取"保底＋分红"模式，开展土地入股合作经营，合作社在春季支付租金的 50%，秋收后以剩余租金本金及银行利息为最低保障并结合收益进行分红。光胜三社 52 户农户参与了土地入股，占全村农户的 70%。企业、合作社、农户组建利益共同体，共同分享农畜产品加工、销售环节的增值收益，实现互惠共赢。北京同乐公司在五原县银定图镇集中流转农民 900 亩耕地，种植优质小麦 700 亩，试验种植11 种蔬菜 128 亩，同时与 3 个村签订麦后复种 4000 亩蔬菜订单，带动亩纯收益增加 8500 元以上。目前，"企业＋合作社＋农民""企业＋农户""合作社＋农户"等模式在巴彦淖尔蓬勃发展。

专栏 4　杭锦后旗团结镇竞丰村农村土地托管孵化试验

　　巴彦淖尔市杭锦后旗团结镇竞丰村农村土地托管试验孵化项目，是由旗委统战部和团结镇党委、政府牵头协调内蒙古恒信通惠工贸股份有限公司、杭锦后旗双营种植农民专业合作社、竞丰村农户三方，按照"企业＋合作社＋农户＋统一战线志愿服务"的合作模式，探索农村土地经营改革的有效路径，共同打造河套优质食葵种植示范基地，助力全面推进乡村振兴、加速农业农村现代化建设进程。项目一期托管土地 1100 亩，涉及农户53 户（其中建档立卡脱贫户 5 户 12 人）。企业通过前期垫资的方式，投资98 万元集中采购名优农资、标准化种植劳务和筛选仓储设施，采取"秋收算账"的做法，按照保护价托底、市场价销售的保障承诺与农户、合作社结算种植成本费用。

项目建设期为 2021 年 2 月 19 日至 11 月 15 日，各方均收到了较好的实施效益。农户收益方面，按照食葵市场低谷价格每 500 克 3.2 元测算，土地托管比农户自种亩均增收 200 元，比邻里转包亩均增收 700 元。农户富余劳动力从事养殖、流通和外出务工人均年收入 6000～15000 元；合作社效益方面，企业按照农户自种劳务成本（355 元/亩）向专业合作社集中采购田间服务，合作社通过规模化、集约化作业方式种植的成本为 300 元/亩，合作社项目收益为 60500 元；企业效益方面，项目孵化试验期，通过创新土地经营模式，建立更加紧密稳固的农企利益联结机制，为做强食葵产业、打造河套优质食葵原料基地探索路径，积累经验。企业专注于经验积累和社会效益，将经济效益放在 3～5 年后的长期规划中。项目首期，企业对各类垫资费用的利息和其他物资、人工成本进行补贴，预测总费用在 25 万元左右；社会效益方面，项目开创了杭锦后旗农村土地托管经营先河，对于探索土地经营改革路径、提升种植业产业化标准化程度、拓展农户增收致富渠道、解决农村劳动力老龄化和培育新型专业化农民意义重大、影响深远，是民营经济、党外知识分子、新的社会阶层人士等统战力量助力乡村振兴和全面推进农业农村现代化的有益探索和生动实践。

资料来源：巴彦淖尔市委改革办。

三是健全流转服务体系。全市建立了市、旗县区、乡镇、村四级土地流转服务中心，实现有机构、有人员、有经费、有场所、有设施"五有"目标。主要做好流转前的供求信息收集、发布，流转中指导签订规范合同、建立流转台账，流转后做好合同的汇总、登记和备案等工作。乌拉特后旗、乌拉特中旗分别制定出台《乌拉特后旗土地草牧场流转管理办法》《乌拉特中旗关于引导农村牧区土地经营权有序流转发展农牧业适度规模经营的实施方案》，进一步明确了流转各方的权利、责任和义务，确保农牧民在土地流转中的福利增进。临河区建成了区有农村土地流转管理指导中心、镇有农村土地流转管理服务中心、村有信息员的土地流转三级服务平台，以实施流转合同制和备案制为重点，建立健全土地流转规范管理的工作制度。为了推动土地流转快速发展，各旗县区都将土地整理、中低产田改造、菜篮子工程、设施农业、规模化养殖和新农村建设等项目向农牧业企业、农民专业合作社、家庭农牧场、种养大户倾斜，不仅加强了农牧业生产的基础设施建设，而且提高了建设标准，扩大了建设规模，有些农民专业合作社已经被纳入无公害、绿色农产品商品生产基地范围。

专栏5 搭建服务平台 创新流转模式
——磴口县补隆淖镇新河村土地流转集约经营助力农民增收致富

巴彦淖尔市磴口县补隆淖镇新河村深入贯彻落实党中央、国务院破解乡村发展用地难题，发展富民乡村产业等有关精神，按照"自愿、依法、有序"的原则，在充分尊重农民意愿、不改变土地用途、保障农牧民长远收益的基础上，结合脱贫攻坚、乡村振兴战略的实施，因地制宜，先行先试，大胆探索，创新土地流转模式，加快农业规模化集约经营步伐，农民土地流转规模日趋扩大，生产经营收益逐年提高，实现了经济效益和生态效益的双赢。

一 基本情况

补隆淖镇新河村地处磴口县城以北12公里，紧邻110国道、京藏高速，交通条件便利，辖7个村民小组，总人口343户793人，耕地面积3364亩。一直以来，农业生产以一家一户的种植业为主，经营规模较小，生产方式落后。近年来，在党委、政府的正确领导和农业部门的全力支持下，新河村村民委员会与170户农户签订土地流转协议，共流转土地1200亩，整理改造农户撂荒土地150亩，两项合计1350亩。村民委员会又将土地集中流转红盛义种植农民专业合作社建设"千亩设施农业扶贫产业园"。流转期为三年，流转金额为每亩380～500元，流转费用采取一年一支付的方式，村民委员会引导农民所得流转收益优先缴纳养老保险，根本上解决农民土地流转后的养老问题。土地流转费用提倡根据赢利水平和物价上涨情况，三年确定流转价格标准的办法，确保农牧民长远收益不降低。

二 主要做法及成效

一是强化组织领导，健全服务网络。为解决土地流转难题，消除村民后顾之忧，镇党委和政府组建了工作专班，负责组织、协调土地流转工作，建立了县、镇、村三级服务平台，为土地流转提供信息发布、收集、政策咨询、登记备案等服务，健全完善了矛盾纠纷调解机制，引导群众通过协商、调解、仲裁、诉讼等方式化解历史纠纷。村党支部在上级党委的领导下多次召开全体村民代表大会，广泛征求群众意见；镇党委、政府定期召开专题会议，研究解决土地流转中遇到的各类问题，落实政策措施，协调各方关系，为各项工作高效有序开展提供保障。

二是重视民主决策，保障合法权益。工作中，坚持依法、自愿、协商的原则，尊重农户在土地使用权流转中的意愿，严格按照法定程序操作，不搞强迫命令等违反农民意愿的硬性流转。土地流转采取集中连片，规模开发，集约经营的方式，流转价格采取协商议价和多方竞拍的方式定价，并实行价格"浮动"机制，流转期内每3～5年调整一次价格，调整幅度不低于3%。土地流转过程中，凡遇重大事项，及时召开党员大会、全体村民会议研究，充分吸收不同意见建议，实现民主决策，并将村内各项重要事项第一时间向村民公开，真正做到透明、公正，让群策群力成为常态，形成了"心往一处想，劲往一处使"的强大合力。

三是狠抓项目带动，夯实发展根基。为扎实推进脱贫攻坚和乡村振兴战略实施的有效衔接，新河村大力发展设施农业，积极探索"一村一品"特色农业发展新路径，补齐产业项目发展短板，建立了生产、加工、销售一条龙，产、销、运一体化的加工销售体系，加强与市场、龙头企业的挂钩联结，把各类服务渗透到生产的各个环节，带动农户以土地流转、就近务工、生产销售、入股分红等方式拓宽增收渠道。先后争取扶贫等项目资金1953万元，实施千亩设施农业扶贫产业园项目，新建钢架大棚350亩，种植花菇大棚50亩，建成日光温室3500平方米，年创产值近300万元，亩均增收5000元以上。在千亩设施农业扶贫产业园项目的实施中，突出生态优先、绿色发展，规划建设"庭院经济示范园""乡村旅游采摘园"，推动一、二、三产业融合发展，激发农业、农村、农民发展活力，将新河村建成宜居、宜业、宜游的乡村振兴先行村。

四是突出党建引领，凸显惠民实效。通过"党支部＋企业＋合作社＋贫困户"的发展模式，解决一家一户解决不了的难题，推动农业产业化发展，促进农户增产增收。在多年产销经验的基础上，以合作社为龙头，联合经销商、种植大户，以红盛义种植农民专业合作社为平台，鼓励农户大胆种植，联合各种植大户、农副产品经纪人拓展市场，带动社员亩纯增收1500元以上。同时，采取合作社"让利""反补"农户的方式，农民实现就近务工、入股分红，通过高于市场用工工资标准雇佣贫困户在园区打工等形式，按照项目投资 6% 的收益率计算，完成收益分配任务，有效解决了 100 余名贫困人口劳动就业问题，带动易地搬迁集中安置点建档立卡贫困户 35 户 62 人稳定增收，每年可壮大村集体经济 60 万余元，实现贫困人口增收、村民致富、村集体经济壮大的共赢局面。

资料来源：巴彦淖尔市委改革办。

四是优化土地流转机制。规范土地流转合同，明确土地用途，严禁耕地"非农化"，强化对流转土地用途的监督，实行 100 亩以上流转备案制。引进领军型企业，扶持本土"农"字号龙头，鼓励 10 年期限以上长期流转，扩大土地流转规模，提高农田配套标准，保障流转双方稳定收益。引导土地流转价格形成机制，强化指导和服务，加强对当地、当期土地价格的评估、监测和分析，通过土地流转信息网络等多种途径，提供土地区块、土地条件、价格区间等信息，引导流转双方协商议价或多方竞拍定价。推广土地流转价格"浮动机制"，首次确定土地流转价格后，流转期内 3~5 年调整一次，价格上调幅度不低于 3%，同时要求流转期限不得超过承包期的剩余期限，防止一次性将土地长期流转出去，确保农民土地流转收益始终保持在一个合理区间。临河区鲜农万亩设施农业园区土地流转基础价格为每年 800 元/亩，每 3 年每亩增长 50 元，最高可达每年 950 元/亩。乌拉特后旗圣牧高科有限公司流转农民土地发展有机牧草产业，每年一付两年一增，每次涨幅可达基础流转费的 5%~10%。土地流转费增长机制的形成，确保了农牧民长期权益。这一创新做法也成为 2020 年度中国改革 50 个典型案例之一，获得高度认可和全国推行。联动建立社会保障机制，土地流转费用提前按年度支付，由乡镇、村组引导土地流转户优先用于社保、合作医疗保险等民生支出，提高养老保险缴费档次。目前，全市农牧民基本都参加了城乡居民基本养老保险，其中流转土地农户缴纳 1000 元、3000 元、5000 元、7000 元四个档次养老保险金的人数达到 89428 人，占流转农户家庭总人数的 40.17%。健全纠纷调解机制，各旗县区均成立农村土地承包仲裁委员会，镇、村设立土地承包经营纠纷调解室和调解小组，通过协商、调解、仲裁、诉讼等方式，及时解决土地流转纠纷，维护各方合法权益，形成"镇村调解、旗县区仲裁、司法保障"的纠纷化解机制。

内蒙古圣牧高科奶业公司基地

　　五是建立奖惩互动机制。采取以奖代补等方式，对积极性高、流转规模适度、流转效益明显、工作成效好的旗县区、苏木乡镇、嘎查村给予财政奖补。市、旗县区两级每年安排一定额度专项资金，择优奖励一批流转规模适度且效益好的龙头企业、专业合作社、家庭农牧场、乡村振兴示范村镇、现代农庄示范村镇、专业合作社示范村镇、生态牧场示范苏木嘎查村，并在项目申报、建设用地、金融信贷、涉农涉牧项目资金安排等方面予以重点支持。建立土地流转全过程监督与资金绩效管理机制。加大对土地流转实施和管理绩效的跟踪检查力度，对奖补资金使用情况进行绩效评价。同时，强化审计监督，一经发现有弄虚作假、骗取奖补资金的，除收回奖补资金外，还对相关责任人予以追责。建立"黑名单"制度，加强对土地流转受让方的监督管理，实施"双随机、一公开"检查，并将检查结果通过企业信用信息公示系统向社会公示，实现部门间信息共享与联合惩戒。

4. 增强创新意识，助力改革因地制宜纵深推进

加强改革系统集成，必须有创新意识。改革系统集成一方面需要从中央层面加大统的力度、集中力量整体推进；另一方面需要从地方基层率先突破、率先成势，根据实际情况来推动。巴彦淖尔市深入贯彻落实习近平总书记关于河套灌区要发展现代农业的重要指示，把建设河套全域绿色有机高端农畜产品生产加工服务输出基地作为首要战略任务，推进理念创新、模式创新、组织创新，加快现代农业产业体系、生产体系、经营体系以及支持体系建设，提高集约化、组织化、标准化、科技化、品牌化水平，实现现代农业发展破题起步、全面起势。

"天赋河套"总部基地。

一是推动生产方式由传统粗放经营向集约高效生产方式转变。坚持以优化产业体系、提升质量效益为核心，立足资源禀赋、优势特色和发展潜力，确立了粮油、肉乳绒、果蔬、蒙中药材、饲草、生物质能六大优势产

业的发展方向，引进培育了中粮、兆丰、金草原、旭一牧业等291家龙头企业，扶持7000多个农牧民专业合作社和家庭农牧场，建成河套向日葵国家级优势特色产业集群。

二是推动经营方式由单一生产向精深加工及三产融合方向转变。创新提出"亩均效益论英雄"理念，计划未来三年使占全市1/3的优质耕地亩均综合产值达到2万元的目标，推动产业链条延伸、产品附加值提升和高质量发展新动能培育。五原县联星光伏新村积极促进多种产业融合，构建现代农业产业体系。整合改盐增草（饲）兴牧、土地整治、中低产田改造等项目，高标准完成农田配套7万多亩；开展"四控"示范，实施6000亩暗管排盐工程，补齐农业基础设施短板；开展12000亩订单产品种植。建设奶山羊养殖场和羊奶深加工生产线，奶山羊大规模集群养殖取得成功，奶产品加工上市走俏市场，实现了种养加一体化发展，提高了农产品附加值；在住宅和养殖圈舍安装50MWP光伏发电板，同步发展清洁能源，年发电超过5000万千瓦时，实现了以工补农、工农互动；积极发展乡村旅游业，建成商业美食一条街、奶山羊文化广场、羊文化展厅、乡村大戏台、特色动物养殖园等，实现了三产深度融合，推进了农牧业的供给侧结构性改革。

三是加快高标准农田和牧场建设，厚植现代农牧业发展基础支撑。在全国率先开展盐碱地治理集成技术推广应用，与清华大学、南京土壤研究所等17家科研院所进行改盐新技术试验，5万亩盐碱地改良项目成为全国样板。累计实施高标准农田建设124万亩，耕地质量不断提升。畜牧业养殖试点推行"八位一体"标准化模式（即养殖品种、订单种植、饲草料营养配比、精准饲喂、硬件设施、免疫防控、出栏标准、食品安全等八个方面的标准化），提升了产品附加值。

四是加强创新示范平台建设，提升现代农牧业发展层次和水平。扛起保障国家粮食安全的政治责任，建设黄河流域西北地区种质基因库和现代种业产业园。以国际化视野、市场化方式推动合作建设中以、中美、中俄、中奥、中韩5个中外合作现代农业示范区，推广应用国内外先进技术和生产模式，建成国家绿色食品原料标准化生产基地200万亩、"三品"原料标准化生产基地268万亩、农牧业示范园区130个、田园综合体29个。作为"科创中国"首批22个试点城市之一，加强与中科院、农科院等顶级科研院所合作，柔性引进30多位知名院士和权威专家，在地市一级率先建立生态治理和绿色发展院士专家工作站，为现代农业发展提供有力科技支撑。五原县新公中镇依靠建设集办公、实验室、培训室、试验示范、技术展示于一体的科技小院及中化农业科技服务中心，实现农业服务的精细化、精准化和精品化，让智慧农业从理论走向实践应用。

五是发挥统领整合带动作用，提升农牧业产品标准化品牌化水平。第一，制定《巴彦淖尔市农业生产标准化行动实施方案》，重点抓好小麦、玉米、向日葵三大作物标准化生产，同时积极推进优势特色经济作物标准化生产技术全覆盖，累计建成标准化生产基地725个、面积505万亩。发挥龙头企业和示范园区引领作用，推行标准化种植和养殖。五原县金草原标准化肉羊养殖园区试验并总结出畜牧业养殖"八位一体"标准化模式（即养殖品种、订单种植、饲草料营养配比、精准饲喂、硬件设施、免疫防控、出栏标准、食品安全等八个方面的标准化），大幅提升了产品附加值；第二，创建并全力打造"天赋河套"农产品区域公用品牌。编制完成《巴彦淖尔农产品区域公用品牌战略规划》，对品牌实行授权管理，目前已累计分三批授权12家企业53款产品，授权产品先后在香港、北京、上海、广州等地登台亮相，产销两旺，带动了巴彦淖尔农畜产品生产企业创建品牌的积极性；第三，推进"三品一标"发展。全市累计获得认证的"三品一标"生产企业134家，产品423个，"三品"原料基地面积245.2万亩。其中累计获得无公害农产品认定的生产企业79家，产品172个；获得绿色食品标志认证的生产企业45家，产品175个；通过中绿华夏有机食品认证的有机产品企业10家，有机产品59个；有17个农畜产品获得地理标志产品登记保护；第四，加强农畜产品质量安全监测和追溯体系建设。发挥市、旗县区、苏木乡镇三级检验检测技术力量，推进全覆盖抽检，密切防控农畜产品质量安全风险。依据国家无公害农产品、绿色食品、有机产品标准，严格"认证产品"基地和企业监管，加强企业规范用标管理，保障"三品一标"名副其实，维护"三品一标"的品牌公信力，夯实"天赋河套"品牌基础；第五，在全国大中城市加快"百城千店万柜"布局，大力开展宣传推介活动，京东、淘宝等旗舰店成功上线运营，提升品牌的知名度和影响力。蒙中药材产品通过线上中药商城，销往10余个省（区、市）。各旗县区均设立了电商产业园，围绕乳肉、炒货、粮油、瓜果蔬菜等特色产业，利用特色平台发展农畜产品网络销售，提升了销量和收入。

金草原肉羊养殖基地

专栏6 五原县金草原标准化肉羊养殖园区

金草原标准化肉羊养殖园区于2017年6月开工建设，一期项目占地810亩，建成标准化养殖圈舍71栋、26.9万平方米，总投资7.5亿元，现存栏胡羊15万头。建有种畜繁育区、羔羊谷饲区、反刍动物研究院、饲料加工厂、有机肥加工厂、养殖文化博物馆、有机牧场等主要功能区，推行"八位一体"标准化模式。

一是养殖品种标准化。园区依托金草原公司"自育、自繁、自养"一体化优势，通过长期科研攻关，培育出独特的"金草胡羊"品种，具有生长快、料肉比高、肉品肉质好的多种特点，出肉率在50%以上，园区存栏肉羊全部为该优质自繁品种。

二是订单种植标准化。为确保饲草营养品质，坚持通过标准化种植把好饲草料"源头关"，同农户签订饲草种植合同，全面规范饲草品种、种植基地、过程管理等种植标准，在确保饲草营养的同时又能给农户带来可观收益。2018年发展玉米、优质牧草订单种植2.3万亩、2019年发展订单种植 3.5 万亩、2020 年发展订单种植 5 万亩，带动 3000 多户农户受益。

三是饲草料营养配比标准化。依托 3000 亩自有优质牧草耕地，实现饲草料标准化种植、标准化配比、标准化喂养。自主研发阶段式营养套餐母羊"4 阶段"（青年母羊饲喂阶段、待配母羊饲喂阶段、怀孕母羊饲喂阶段、产后母羊饲喂阶段）和羔羊"3 阶饲草料"（断奶前饲喂阶段、断奶后饲喂阶段、谷饲期饲喂阶段），实现了饲草料科学配比覆盖肉羊养殖全过程。

四是精准饲喂标准化。在自研阶段式营养配方基础上，推行"定时、定量，机械化饲喂"实现了精准检测、精准配制、饲料定制、精准投喂等各环节的精细化管理。

五是硬件设施标准化。在配建标准化功能区的同时，采用 TMR 饲料加工自动化、饲喂投料自动化、饮用纯净水自动化、冬季恒温饮水自动化、温控排风自动化、圈舍消毒自动化、自动清粪等八大类先进高效的自动化设备。通过硬件设施的标准化、自动化，实现了生产效率提升和产品质量可控。

六是免疫防控标准化。在场区布局方面，遵循 2 个原则（独立区域管控、封闭式圈养），防止疫病交叉感染和外界病原侵入。在养殖过程中，采取"4 步养殖法"（区域禁入、分段饲养、严格制定免疫流程标准、全进全出），确保防疫体系安全有效。在防疫机制方面，严格实行厂区环境消毒每周 2 次，圈舍消毒每天 1 次，季节性免疫，严格执行免疫流程标准。

七是出栏标准化。通过标准化养殖，肉羊在出栏时，实现月龄一致、个体均匀、营养稳定、品质恒定，能够充分满足消费群体在烹饪和食用上的营养和标准化需求。目前可实现"金草胡羊"日龄管控在 1%，胴体重量管控误差在 5% 以内，不饱和脂肪酸含量高于普通羊 53%，胆固醇含量低于市场普通羊 55%，激素、抗生素、药残检测"无"，实现了羊肉营养和品质的持续提升。

八是食品安全标准化。形成了从饲草订单种植、饲料加工、种畜繁育、肉羊养殖、屠宰加工、冷链物流、销售于一体的完整产业链，正在建设全产业、全环节的数字化管控体系，可实现从厂区到餐桌的全程可追溯系统。

通过实施标准化养殖，推动畜牧业生产方式向集约型转变、传统规模养殖业向工业化生产转型，对全县现代畜牧业实现绿色高质量发展起到了积极带动和示范作用。

资料来源：巴彦淖尔市委改革办。

5. 抓好制度建设，夯实改革落地的保障支撑

加强改革系统集成，必须有钉钉子精神，落实落细改革主体责任，抓好制度建设这条主线，既要在原有制度基础上继续添砖加瓦，又要在现有制度框架内搞好精装修，打通制度堵点、抓好制度执行，推动解决实际问题。制度重塑和机制优化是推动农业相关改革的基础工作和重要抓手。巴彦淖尔市不忘习近平总书记嘱托，扛起制度和机制建设先行示范的政治担当，推动各项制度和机制持续完善，持续修正，全面落实，发挥成效。

在强化改革系统集成的顶层设计方面，党的十八大以来，巴彦淖尔围绕加强改革顶层设计、促进现代农牧业发展出台了一系列政策文件。2013~2021年，支持农区牧区改革的党委及政府文件密集出台，例如《巴彦淖尔市委、政府关于加快发展现代农牧业进一步推进新农村新牧区建设的实施意见》（巴党发〔2013〕2号）、《巴彦淖尔市委、政府关于全面深化农村牧区改革加快推进农牧业现代化的实施意见》（巴党发〔2014〕4号）、《巴彦淖尔市委、政府关于加大改革创新力度加快推进农牧业现代化的实施意见》（巴党发〔2015〕11号）、《巴彦淖尔市委、政府关于落实发展新理念加快农牧业现代化实现全面小康目标的实施意见》（巴党发〔2016〕1号）、《巴彦淖尔市委、政府关于贯彻落实习近平总书记对河套灌区发展现代农业提升农产品质量重要指示精神的实施意见》（巴党发〔2020〕1号）、《巴彦淖尔市委、政府关于实现巩固拓展脱贫攻坚成果同乡村振兴有效衔接的工作方案》（巴党发〔2021〕14号）等，通过建立健全制度文件，落实落地全面深化农区牧区改革部署，加快转变发展方式，促进绿色农畜产品提质增效。

在生态环境综合治理和保护方面，巴彦淖尔市坚持在保护中发展、发展中保护，出台了乌梁素海湿地水禽保护区、农药污染防治条例等地方性法规，制定了乌梁素海综合治理实施意见和13项具体办法，全面推行河湖

林草长制，持续加强山水林田湖草沙全地域全要素生态环境治理。领导干部自然资源资产离任审计试点经验全面推广，生态文明制度体系不断完善。

在农村牧区土地制度改革方面，按照自治区《关于引导农村牧区土地草原经营权有序流转发展农牧业适度规模经营的实施意见》要求，巴彦淖尔市先后出台了《关于引导农村牧区土地草原经营权有序流转发展农牧业适度规模经营的实施意见》和《推进土地流转实施办法（试行）》等文件和政策，积极引导各类组织和个人参与土地流转，促进流转主体多元化。乌拉特后旗、乌拉特中旗分别制定出台实施办法和实施方案，明确流转各方的权利、责任和义务，确保农牧民在土地流转中的福利增进。在政策保障上，创新提出"八个优先"，即优先享受土地流转财政奖补政策，优先享受涉农涉牧项目资金整合投入政策，优先享受六大优势特色产业扶持政策，优先享受招商引资优惠政策，优先享受新型农牧业经营主体培育政策，优先享受推进高标准农田建设政策，优先享受基础设施配套政策，优先享受产业扶贫政策，推动农牧业产业规模化、专业化经营。

在健全农牧业发展体制机制方面，巴彦淖尔市委办公室、市政府办公室出台了《关于加快构建政策体系培育新型农牧业经营主体的实施方案》（巴党办发〔2019〕2号），制定了《巴彦淖尔市"十四五"农牧业发展规划》《巴彦淖尔市果蔬产业单品突破实施方案（2019—2021年）》《巴彦淖尔市粮油产业单品突破实施方案（2019—2021年）》《巴彦淖尔市肉羊产业单品突破实施方案（2019—2021年）》《巴彦淖尔市饲草产业单品突破实施方案（2019—2021年）》等规划和方案，从财政税收、金融保险、土地供给、人才科技、基础设施、组织保障等多个方面完善支持现代农牧业发展的体制机制，为农牧业产业实现转型升级提供重要的改革支撑和制度保障。

制度是基础，根本还在落实。巴彦淖尔市在改革中落实落细主体责任，力求抓好制度执行、解决实际问题。如为落实巴彦淖尔党委和政府出台的全局性的涉农改革文件，市委、市政府办公厅为其配套出台任务分解方案，将每一项任务落实到相关负责单位，并强化考核；为推动土地流转制度，建立了市、旗县区、乡镇、村四级土地流转服务中心，实现了有机构、有人员、有经费、有场所、有设施"五有"目标。做好流转前的供求信息收集、发布,流转中指导签订规范合同、建立流转台账,流转后做好合同的汇总、登记和备案等工作。临河区建成区有农村土地流转管理指导中心、镇有农村土地流转管理服务中心、村有信息员的土地流转三级服务平台,以流转合同制和备案制为重点,建立健全土地流转规范管理的工作机制。

三 巴彦淖尔加强改革系统集成推动现代农牧业发展的成效及经验

(一) 巴彦淖尔加强改革系统集成推动现代农牧业发展的成效

巴彦淖尔市创新体制机制、思维理念和工作模式,形成了系统集成效应,为流域生态保护和现代农业发展注入了新动能。近年来,先后荣获全国生态建设突出贡献奖、国家园林城市、全国国土资源节约集约模范市、国家第一批生态文明建设先行示范区、国家"绿水青山就是金山银山"实践创新基地等荣誉称号。

1. 生态环境明显改善,发展基础保障更加稳固

巴彦淖尔市把保护好黄河流域生态环境作为推动现代农牧业发展的前提和基础,坚决贯彻习近平总书记关于乌梁素海治理的重要指示批示精神,深入践行"绿水青山就是金山银山"和"山水林田湖草是一个生命共同体"的理念,按照乌梁素海问题在水里、根源在岸上、办法在全流域治理的思路,坚持系统思维、全域推进,加强源头治理、系统治理、综合治理,为河套灌区农牧业生产提供干净的产地环境。通过实施点源、面源、内源等一系列治理措施的系统集成,以及各级环保督察的强力推进,乌梁素海综合治理取得阶段性成效。2020 年与 2017 年相比,全市农业化肥、农药利用率分别提高 7.8 个和 5 个百分点;国标地膜实现全覆盖,残膜当季回收率达到 81.7%,提高 21 个百分点;农业灌溉水资源利用系数由0.42 提高到 0.467,累计节水 3 亿立方米以上;推广应用水肥一体化技术225.4 万亩,增加 67 万亩。点源污染得到基本解决,农业面源污染持续改善,湖区水质总体稳定在 V 类,局部优于 V 类,流域生态环境持续改善。

乌兰布和沙区防沙治沙与有机养殖、光伏发电、蒙中药材等绿色产业相结合的可持续治理模式，作为国家"绿水青山就是金山银山"实践创新基地典型案例，通过了生态环境部专家组的评审。2019年7月，习近平总书记在内蒙古考察时指出，乌梁素海治理坚持山水林田湖草系统治理，实施控肥、控药、控水、控膜行动，既减少了农业面源污染，改善了入湖水质，又促进了农产品品质提升，一举多得。2021年3月，习近平总书记在参加全国"两会"内蒙古代表团审议时指出，"乌梁素海治理我作过多次批示，现在看治理取得了明显成效，还要久久为功"。习近平总书记的指示既是对巴彦淖尔生态保护工作的肯定，也是对巴彦淖尔改革系统集成成就的鞭策和鼓励。

专栏7　改革系统思维统筹推进乌梁素海综合治理

巴彦淖尔市深入贯彻习近平生态文明思想，认真落实习近平总书记对乌梁素海治理的重要指示批示精神，坚持"湖内的问题、功夫下在湖外"，坚持系统思维，统筹推进乌梁素海全要素、全流域、全地域综合治理。

（一）全力遏制点源污染

2018年以来，全市累计完成投资近25亿元，改扩建旗县级污水处理厂6座，新建再生水厂5座，铺设污水管网147公里，再生水管网237公里。城镇和工业园区污水处理厂均达到一级A排放标准以上。不断扩大中水使用途径，暂时无法回用的中水和达标排放的污水全部要求进入人工湿地净化，达到地表V类水标准后，再通过各级排干沟进入乌梁素海。

（二）全面控制面源污染

全面开展"四控"（控肥增效、控药减害、控水降耗、控膜提效）行动，引导和推动农业绿色生产。控肥方面：全市建成智能配肥站100家，有机肥和新型肥料应用面积达到353万亩和480.3万亩，水肥一体化面积达到200万亩以上。控药方面：推广扇形喷头膜间除草技术163万亩。建立绿色防控示范基地106个，绿色防控面积达到540万亩，覆盖率47.9%。统防统治面积达到428万亩次，覆盖率38%。建成县、镇、村三级农药包装废弃物回收体系，两年累计回收包装废弃物592吨，基本实现全域全量回收。控水方面：实施高标准农田建设 56.09 万亩，两年累计调减高耗水、高耗肥玉米种植面积 54.68 万亩，推广机械深松技术 258 万亩。推广"精准化灌溉制度"119 万亩、用水智能管理手机 App 技术 16.62 万亩、测控一体智能化配水及水费计收信息化技术 10.72 万亩。控膜方面：2018～2019 年，累计推广地膜二次利用免耕栽培技术 90.88 万亩，无膜浅埋滴灌技术 2.6 万亩，新国标地膜实现覆膜作物全覆盖。

（三）科学推进内源治理

及时进行芦苇收割，减轻湖体污染，年均收割量保持在 6 万吨以上；实施湖区湿地治理及水道疏浚工程，增加湖区水循环动力，移出部分底泥污染物；实施底泥原位修复试验示范工程，提高水体的自净能力，保持水体的自然平衡；利用黄河凌汛期和灌溉间隙期进行生态补水，促进水体循环，改善湖区水质。

（四）强力推进湖区周边控污减排

实施矿山地质环境整治和植被修复工程，修复治理乌拉山受损山体 20.6 平方公里；开展河湖"清四乱"及农村人居环境卫生整治，减少入湖污染物。2019 年，在乌梁素海周边 6 个苏木镇、农牧场完成厕所改造 902 户，配备吸粪车 15 辆，安装 19 座生活垃圾低温热解设施；实施海堤综合整治工程和湖滨生态拦污工程，对乌梁素海 123.4 公里海堤进行全面整治，对乌梁素海周边水土流失地区进行治理，减少入湖泥沙量，削减入湖污染物。

（五）以工程项目实施推进综合治理落地见效

2018 年，在生态环境部和自治区党委、政府的大力支持下，争取并实施了乌梁素海流域山水林田湖草生态保护与修复试点工程。试点工程共七大类 35 个项目，总投资 50.86 亿元，已完成投资 33.8 亿元。2019 年，自治区政府批复了《乌梁素海综合治理规划（修编）》，《规划（修编）》共五大类 34 个项目，总投资 24.89 亿元。截至 2020 年底，已完工 13 项，完成投资 22 亿元。

（六）持续强化流域监管

2019 年，实施了乌梁素海流域生态环境基础数据采集项目和智慧天眼工程，设立 38 个（已建成投运 35 个）水质自动监测点位，对各排干沟入总排干口、人工湿地、乌梁素海周边入海口等重要节点进行实时监控，摸清流域内各旗县区各乡镇面源和点源污染情况及对乌梁素海水质的影响，以水环境质量倒逼污染物逐年减排。

通过实施点源、面源、内源等一系列治理措施和中央环保督察及"回头看"反馈意见整改的强力推进，目前乌梁素海综合治理取得阶段性成效，湖区水质总体稳定在Ⅴ类，局部优于Ⅴ类，流域生态环境得到持续改善。2019年7月，习近平总书记考察内蒙古时指出，"乌梁素海坚持山水林田湖草系统治理，实施控肥、控药、控水、控膜行动，既减少了农业面源污染，改善了入湖水质，又促进了农产品品质提升，一举多得"，对巴彦淖尔市的工作给予了肯定。

资料来源：巴彦淖尔市委改革办。

2. 人地矛盾逐年缓解，改革动力活力显著增强

巴彦淖尔市通过土地流转制度改革，使农民将无力经营或不愿经营的土地及时流转出来，解决了"有人无田种、有田无人种"的人地矛盾，有效制止了土地抛荒，提高了土地利用率。土地流转还促进了劳动力转移和增收双赢，出让户获得了固定的土地收益，还可通过到流转土地的合作社或公司劳动来增加收入，通过外出打工或从事其他行业来获取收入，传统的农业发展方式得到了彻底扭转，促进了农村剩余劳动力向高效益行业合理流动，一大批农户逐渐摆脱了土地的束缚，"农民变成了产业工人"，加快了城镇化进程。58.5%的企业与农牧民建立了紧密的利益联结机制，农牧民收入稳定增加，也增强了改革的动力和活力。如天衡制药投资4000余万元、租种乌拉特前旗大佘太镇耕地5000余亩、流转耕种困难的荒地2500亩种植蒙中药材，不仅提高了复种指数，还起到了防风固沙、控制水土流失、增加土壤蓄水能力的作用，改善了生态环境，每年为农民增收1000余万元。截至2020年底，全市累计流转土地面积321.59万亩，占实际耕地面积1100万亩的29.24%。流转总户数9.68万户，签订流转合同6.09万份，合同面积220.55万亩。

巴彦淖尔在改革系统集成过程中，创新体制机制、思维理念和工作模式，形成了多项创新举措，为农业农村改革和现代农牧业发展注入了新动能。一是发挥党委和政府主导作用，在全国地级市中第一个设立巴彦淖尔

市绿色产业统筹发展办公室，负责推动绿色产业发展、做大做强"天赋河套"品牌等工作。专门成立巴彦淖尔市乌梁素海生态保护中心、沙漠综合治理中心，通过创新管理体制和运营机制，推动生态建设重点工作有效落实。二是运用市场化手段，组建了巴彦绿业公司，运营"天赋河套"品牌，服务授权企业，推介宣传授权产品；组建了淖尔开源公司，有效整合盘活全市农牧业、矿产等资源，实现资源利用最大化。三是为保障农牧民长期可持续收益，在全国创新推行的土地流转费用优先为农牧民购买养老保险、定期增长、分年度支付。五原县成为全国二轮土地承包到期后再延长 30 年试点和农村宅基地制度改革试点，乌拉特中旗成为自治区牧区现代化试点。启动实施农垦集团化改革，组建农垦集团公司，有效盘活土地等资源资产，为乡村振兴和现代农牧业发展提供支撑。

3. 经济效益显著提升，农牧民收入大幅度改善

巴彦淖尔市通过农村土地流转推动农牧业结构调整，促进特色农牧业发展，强化了农村牧区经济的市场导向。随着农牧业适度规模经营推进，特色镇、专业村不断涌现，初步形成了一批区域特点明显、产业特色鲜明、具有一定规模的产业板块，促进农牧业结构不断优化，增强农畜产品的市场竞争力，有力地带动了农牧业增效。乌拉特中旗邦联农牧专业合作社，2019 年流转了 2000 亩耕地用于花生种植，通过产业效益分析，玉米市场价格 0.75 元/斤，亩产 2200 斤，毛收入 1650 元/亩，支出 600 元/亩，纯收入 1050 元/亩；花生市场价格 4 元/斤，亩产 580 斤，毛收入 2320 元/亩，支出 860 元/亩，纯收入 1460 元/亩，每亩收入较常规农作物增加 410元，实现增收 82 万元。临河区干召庙镇田馨农民合作社流转和托管全村耕地 11000 余亩，通过了规模化经营、产业化作业、社会化服务等现代农业生产模式，统耕、统种、统收、统防、统治一条龙生产，给农民带来了实实在在的收益。2019 年，示范面积 8500 亩，其中小麦面积 2800 亩，采用绿色高效栽培技术亩节约化肥 18 斤，亩节约化肥钱 27 元；平均亩产 900斤以上，较常规亩产（790 斤）增产 110 斤，亩增效 179.3 元；园区销售渠道以订单生产为主，订单价格 1.63 元/斤，较市场价 1.55 元/斤，高出 0.08 元/斤，增加效益 72 元；三项合计亩节本增效 278.3 元。

临河区新华镇万亩小麦示范园收割

　　农村土地流转使一部分不愿从事种植业生产的农民、从事非农产业的农民逐步让出农村土地经营权，从土地的束缚中解放出来，转移到二、三产业。从转出方看，一方面增加了流转收入，另一方面外出务工也获得新的经济来源；从转入方看，可以形成规模经营，大大增加了土地的产出效益。全市土地流转费用每亩 200～800 元，参与流转的农户户均 1 年可获得流转收入 6000～10000 元，土地流转后劳动力从土地上解放出来，有的外出务工，有的被规模经营企业、合作社或种养殖大户返聘，有的自主创业，从事餐饮服务、汽车修理、建筑等行业，收入比以前成倍增加。2020年乌拉特中旗邦联合作社将流转的 10000 亩土地集中连片种植玉米、西瓜、花生、葵花等高产高效作物，其中种植花生每亩可增加收入 800 元左右，种植西瓜每亩可增加收入 680 元左右，收入分别是流转前的 2 倍和 3 倍。土地流转后的农民，打工每人月收入在 3000 元以上，加上土地流转收入，人均年收入稳定在 3 万元以上。合作社每年解决土地流转农民就业 50 多人，其中贫困家庭和低收入家庭就业 15 人左右。农户郝三邦，流转土地100 亩，每亩流转价格 700 元，夫妻二人在合作社花生加工厂打工年收入可达 8 万元，家庭收入共计 15 万元。临河区鲜农农牧业专业合作社以每年每亩 800 元流转农户耕地，公司与农户签订土地流转合同后，由公司全面负责温室的设计、建造，每座温室占地约 4.5 亩，净面积约 1.7 亩。温室建成后长期低价承包给流转土地农民及扶贫户、下岗职工、返乡创业大学生种植，公司提供免费的技术服务和低于市场价的生产资料供应，对温室采取统一管理并充分利用合作社现有的营销网络负责所产蔬菜的收购、包装及销售，实现当年建设、当年投产、当年见效。流转土地农民也可在园区务工，从事温室建造、农作物种植、蔬菜分拣包装等工作，人均年工资性收入 3 万元左右。

4. 产业体系加快构建，区域综合实力持续提升

从单干走向合作、从分散走向集约，从"花花田"到集中连片种植，土地流转释放出巨大生产潜力。一是使农村部分土地向新型经营主体适度集中，实现了土地分散经营向规模化、专业化经营转变，改变了过去地块零星分散不便耕作或粗耕、粗种的问题，催生出一批新型种养专业大户、专业合作社、家庭农牧场和农业龙头企业，辐射带动周边农村、农民的发展，既实现了规模效益，又实现了农业生产经营的提档升级。二是促进了农业组织化程度的提高，使农牧民得到了生产技术、信息、销售等方面的快捷服务，对加快农业产业化进程和农村牧区经济可持续发展方面起到了促进作用。三是强化了农村牧区经济的市场导向。随着农牧业适度规模经营推进，巴彦淖尔六大优势特色产业的产业化发展日新月异，形成了一批区域特点明显、产业特色鲜明、具有一定规模的产业板块，促进了农牧业结构不断优化，增强了农畜产品的市场竞争力。

此外，现代农业产业园和国家农高区等创新平台载体建设，推动农牧业质量效益不断提升。巴彦淖尔市肉羊出栏量、有机原奶产量、农畜产品出口额均居自治区首位，食用花葵、脱水蔬菜、无毛绒产量居全国之首，番茄、脱水菜、绒纺、籽仁产业被列为国家级外贸转型示范基地。农畜产品加工转化率达到 76%。2020 年，巴彦淖尔市经济总量达到 874 亿元，人均生产总值 56614 元，三次产业结构由 2017 年的 22.3∶33.8∶43.9 演进为 25.3∶29.4∶45.3。在农旅融合方面，坚持以农兴旅、以旅促农，积极发展农家乐、牧户游，提高休闲农业与乡村旅游建设水平，促进一二三产业融合发展。五原县依托"葵花 + 小麦 + 肉羊"绿色循环产业经济，建设占地面积 120 万亩的现代农业产业园区，加快补齐短板、挖掘优势，转型升级主导产业、促进了农村一二三产业融合。通过农牧区一二三产业融合发展，促进了农商互联，各旗县区电商产业园入园企业达 1323 家，农产品出口 93 个国家和地区，年出口额达 38.5 亿元，连续 12 年居内蒙古首位。农文旅融合发展使一批特色村镇获评中国美丽休闲乡村、最美村镇，休闲农业和乡村旅游成为新的经济增长点，促进了乡村振兴。

专栏 8　五原县联星光伏新村三产融合典型案例

五原县联星光伏新村是通过系统集成改革打破城乡二元结构，加快城乡一体化、农业现代化、农民工人化，推进一二三产融合发展的集现代农业、休闲旅游、田园社区为一体的特色小镇。项目总投资 8.5 亿元，建设 7 万亩高标准配套规模化种植基地、10 万只奶山羊规模化养殖园区、457 户光伏住宅、50MWP 光伏发电和商业美食一条街等，入选"中国最美村镇"。

一　走出了一条城乡统筹、以工补农的新路

依托联星村城郊优势，按照"政府引导、企业主体、农民自愿"的原则，由政府配套基础设施，企业投资建房，农民以旧房置换新房（旧村由企业复垦），整村搬迁 2 个行政村、4 个自然村。新村水、电、路、暖、幼儿园、卫生室、文化活动室、便民连锁超市等公共基础设施配套完善，生产生活生态同步改善，一二三产深度融合，促进了城乡一体化和基本公共服务均等化，找到了城郊村就地城镇化的新模式，农民成为最大的受益者。

二　实现了一二三产的深度融合

积极促进多种产业融合，构建现代农业产业体系。整合改盐增草（饲）兴牧、土地整治、中低产田改造等项目，高标准完成农田配套 7 万多亩。2018 年实施"四控"示范种植，开展 12000 亩青贮玉米、苜蓿、苋草、有机葵花订单种植，实施 6000 亩暗管排盐工程，补齐农业基础设施薄弱的短板；依托规模化种植基地，建设了奶山羊规模化养殖场和羊奶深加工生产线，奶山羊存栏量达 2.5 万只，奶山羊大规模集群养殖取得成功，奶产品加工上市走销市场，实现了种养加一体化发展，提高了农产品附加值；大力发展清洁能源，在住宅和养殖圈舍安装 50MWP 光伏发电板，已安装 30MWP，年发电超过 5000 万度，实现了以工补农、工农互动；积极

发展乡村旅游业，建成商业美食一条街、奶山羊文化广场、羊文化展厅、中央水系景观、乡村大戏台、特色动物养殖园、水上游乐场、冰上乐园，游客既能来得了，又能留得住，逐渐成为城郊休闲娱乐圣地，实现了一二三产深度融合，走出了一条推进农牧业供给侧结构性改革的新路。

三 构建了紧密的农企利益联结关系

企业牵头组建合作社，集中流转村民土地2万亩，采取"企业＋合作社＋农民"的方式，吸引土地流转后的村民到企业和合作社务工。村民从分散经营、效益有限的农业生产中脱离出来，成为产业工人，传统的农业发展方式得到了彻底扭转。农民每年户均来自土地流转收入2万元，为合作社种养殖收入3万元，光伏发电全部建成并网后可获发电补贴近3万元，村民每户每年可收入8万元左右，远高于区、市和当地平均水平，找到了企业发展和农民增收的最大公约数，农民和企业结成了紧密的利益共同体。

四 探索出完善的农村社区管理体系

建成1400平方米精品社区服务中心，并达到了"十有"标准（党建工作站、便民服务站、文化宣传站、物业服务站、警务室、广场、超市、卫生室、日间照料室、阅览室），开设便民服务项目六大类39项。社区服务实现了"五个到位"：一是全程代理到位。便民大厅实现了一站式服务，年均接待居民520人次，办理事项310件次。二是卫生保洁到位。建立了居民、保洁员、巡查员三级卫生保洁管理体系，定期检查。三是安全巡逻到位。由居民选出"一长三员"负责治安巡逻，矛盾调解及处理日常事务。四是志愿服务到位。组建了党员先锋、便民服务、巾帼英雄、治安服务、文艺宣传5支队伍，定期上岗、主动服务。五是物业管理到位。由山路集团统筹管理社区供暖、物业等事务，实现了居住集中化、管理社区化。

联星光伏新村通过改革系统集成为解决三农问题探索了有效途径，开启了"产城人文游"特色小镇建设新模式，成为农村产业融合发展的窗口和样板。

资料来源：巴彦淖尔市委改革办。

5. 品牌形象持续提升，产销衔接助力市场开拓

围绕"天赋河套"农产品区域公用品牌、"绿色河套"金字招牌，巴彦淖尔市获得"河套牌雪花粉"等6个中国驰名商标、46个自治区著名商标；认证"三品一标"产品399个，河套巴美肉羊、河套番茄、河套向日葵等17个产品获得国家地理标志登记保护，圣牧高科有机奶、兆丰石碾有机面粉、富川有机羊肉、蒙乔有机葵花籽等产品成功进入北上广等高端市场。拥有自主知识产权的"巴美肉羊"新品种，被中国畜牧产业协会授予"中国肉羊（巴美）之乡"。2020年，"天赋河套"品牌荣登中国区域农业形象品牌榜第一位，并先后入围中国农业十大杰出品牌、卓越发展力品牌等七项大奖，入选中国区域农业品牌年度案例，授权的53款产品实现溢价30%以上。"天赋河套"农产品区域公用品牌授权的12家企业53款产品实现溢价25%以上，带动全市农畜产品整体溢价10%以上。一批优质农畜产品成功进入北上广等地高端市场。全市242个产品获得绿色有机认证，河套向日葵获评"中国品牌农业神农奖"。品牌化已成为带动全市优质农畜产品进入高端市场、实现企业增效、农牧民增收的重要引擎。

品牌打造促进了规模化、标准化生产，各旗县区均设立了电商产业园区，以"天赋河套"区域公用品牌为引擎，大力发展农畜产品网络销售。依托乳肉、炒货、粮油、瓜果蔬菜等特色产业，利用羊畜产品电子交易平台、"易供销"电商平台、渤海商品交易所、巴美聚划算等平台开展电商销售。线上线下农畜产品营销同步推进，广州农畜产品精品馆开业运行，北京、上海精品馆运行良好。支持有实力的龙头企业建立国际市场营销渠道和信息平台，重点开拓蒙古国、俄罗斯、中东、非洲等新兴市场。全市优质特色农畜产品现已成为自治区农畜产品出口的"主力军"，出口商品涉及86个国家和地区，深受海外消费者青睐。

专栏9 "天赋河套"总部基地

"天赋河套"总部基地，是围绕巴彦淖尔市委、市政府全力建设"河套全域绿色有机高端农畜产品生产加工输出基地"的战略发展思路，立足"粮油、肉乳绒、果蔬、蒙（中）药材、籽类炒货、酿造加工、民族特色"等"七大"品类，按照"天赋河套"全产业供应链输出、全过程标准化追

溯、全区域品牌化运营、全覆盖互联网商务、全方位云仓物流、全品类市场营销、全领域大数据共享"七大"体系实施的重要工程，是全国首个以农畜产品全产业链为核心的综合农业 CBD 中心。

"天赋河套"总部基地整合全国范围内的优质产业资源，招募"农"字号龙头企业、外贸企业、高新技术企业、跨境电商企业、快递物流企业、农产品销售企业等经济主体入驻发展。形成人才流、信息流、物资流、资金流的汇集，打造百亿基地，形成全区经济发展的新亮点、新动力、新洼地。主要功能如下。

共享展示中心位于总部基地大楼一层，面积为 1.5 万平方米。展示中心入口处以"生态优先，绿色发展"为主题，结合"山水林田湖草沙"及巴彦淖尔地域特色形成独特生态景观区；展厅左侧为"天赋河套"七大体系展区，展示"天赋河套"建设内容及未来展望；展厅中间位置为品尝体验区，以巴彦淖尔优质农产为食材，通过加工烹饪产出美味食品供人品鉴；展厅内部里面位置以天赋河套主题、农业高新科技、巴彦淖尔优质农产品、"一带一路"特展、内蒙古优质农产品、巴彦淖尔优质农产品、蒙古文化展览展示区为主。展厅右侧是"天赋河套"品牌延伸的文化体验展区，以品牌书店、酒店、产品研发中心、银行等为核心内容，通过品牌文化延伸传播"天赋河套"品牌。

商务办公中心位于总部基地大楼二、三、四层，面积 4.5 万平方米，办公区以"创业、创新、互利、共赢"为主题，建设品牌运营、电子商务、跨境贸易、高新技术、大数据、农创客、金融资本、离岸财务、展览展示、商贸会务、培训教育、文化创意、农畜产品标准化、农畜产品交易、溯源追溯、供应链输出、物流仓储、冷链体系等产业集聚中心。同时，配备时租会议室、茶水间、会客室等公共服务中心。为农产品提供线上、线下交易平台，实现农畜产品全产业链的资源集聚。

"天赋河套"云仓中心位于总部基地大楼后侧，建成运营后，将成为蒙西地区最大的云仓中心，面积 3 万平方米。主要服务于巴彦淖尔优质农产，借助线上淘宝、天猫、京东、蘑菇街等三方平台以及自营线上商城，并整合归集全市的快递、物流、冷链物流企业入驻，可以为巴彦淖尔地区提供低成本的物流服务，降低巴彦淖尔企业物流成本，提升企业竞争力。"天赋河套"云仓中心配备 24×365 全天候、全方位监控设备、消防设备，聘请职业安保人员专人监管；引进 WMS 仓储管理系统、ERP 电商仓储管理系统、PDA 仓储扫描等高新科技设备，使快递、物流和仓储系统更加自动化、可视化、可控化、智慧化、网络化。"天赋河套"云仓中心提供入仓、仓储、分拣、包装、出仓、配送、供应、运输及售后等集中管理公共服务功能，且聘请专业人才操作管理，提高仓储管理工作效率、工作质量和客户体验度。配有专业手动拖车、机动叉车、货架、全自动分拣流水线、打包台等硬件设备。旨在打造配套完善、设施先进、专业化运营、服务优质的"天赋河套"云仓中心。

资料来源：巴彦淖尔市委改革办。

（二）巴彦淖尔加强改革系统集成推动现代农牧业发展的主要经验

巴彦淖尔市推动农业各项改革的系统集成，不仅推动了生态环境改善、发展活力释放、综合实力增强以及品牌形象提升，也形成了具有地方特色和实效的改革实践经验。

1. 市委、市政府高位推动

改革是一场攻坚战，改革的系统集成意味着一场战役，需要以领导班子的坚强意志实现高位推动。巴彦淖尔市坚持以习近平总书记重要指示为改革系统集成的根本指导，全面对标对表、精准定策施策、细化工作举措，推动重大决策部署落地落实。在土地流转改革中，市委、市政府多次召开会议，专题研究改革攻坚和系统集成工作。牢固树立全市"一盘棋"思想，成立了市级领导小组，负责统筹规划、全面推进、督导考核全市土地流转工作，建立专题研究、项目审核、会商通报、督促评估、考核奖惩的工作机制。树立全局观念，整体推动，确保城乡资源共享、优势互补，实现城乡融合发展。在生态治理工作中，按照"全域统筹、生态引领"的总体思路，把保护好黄河流域生态环境作为推动现代农牧业发展的前提和基础，邀请国内顶级科研机构，编制了乌梁素海全流域综合治理规划及矿山、林业、草原、沙漠等专项治理规划，确保一张蓝图绘到底。面对现代农业绿色高质量发展任务，巴彦淖尔在全国地级市中第一个设立绿色产业统筹发展办公室，负责整体推动全市绿色产业发展、做大做强"天赋河套"品牌等工作;成立巴彦淖尔市乌梁素海生态保护中心、沙漠综合治理中心,通过创新管理体制和运营机制,推动生态建设重点工作有效落地。

2. 相关部门同向发力

加强改革系统集成,必须凝聚各部门和基层单位的共识,实现同向发力,协同作战。巴彦淖尔市在推动土地流转改革中,设立了由市场监督管理、农牧、财政、发改、自然资源、生态环境等部门和农村集体经济组织代表、农民代表、农牧专家等组成的审查委员会,负责审核流转土地拟实施项目是否符合现行农业规划,是否与区域总体规划、产业发展规划、环境保护、土地管理等规定相匹配,拟流转土地经营主体的资金支付能力、履约能力、诚信守约情况及农业生产经营能力等,对流转土地经营、项目实施、风险防范等情况开展监督检查;市农牧局负责土地流转的指导、协调、服务和规范工作,打造流转操作模式;市绿色产业统筹发展办公室围绕"天赋河套"品牌,协调推进土地流转与六大优势特色产业相衔接,与各类农业园区基地建设相衔接,在流转项目区引进配套国内外先进技术和生产经营模式,提高土地产出率、科技贡献率、农产品优质率、加工增值率;市财政局负责完善财政奖补、涉农涉牧项目整合等政策,激活社会资本参与土地流转;市自然资源局负责将土地流转且实施高标准农田建设的新增耕地及时记录入国家验收项目库,负责土地流转用途监管,严禁流转主体改变土地用途;市贸促会、工商联负责招商引资工作,重点引进产业化龙头企业、专业合作社等各类经营主体参与土地流转;市人社局、科技局、民政局等部门负责落实农牧民转移就业、养老保险缴纳、科技培训、社会保障等配套政策落实;市发改委、水利局、林草局等部门负责做好项目承接对接和资金争取工作;金融部门负责创新金融产品,简化贷款手续,对土地流转提供信贷支持,将规模经营主体作为信贷支农的重点,将土地流转规模经营项目纳入贷款、融资担保的备选范围,为项目开发设计个性化金融产品,在贷款利息、评估担保等方面给予倾斜和优惠,建立绿色通道、优先办理。各地各部门各司其职、同向发力,确保土地流转工作平稳有序快速铺开。

3. 因地制宜分类施策

系统集成改革既要从系统性、整体性、协同性的角度发挥各项改革措施的联动效应,也要根据各项改革、各个地区不同特点,创新推动改革实践，做到因地制宜、分类施策。

在生态治理方面，巴彦淖尔市针对不同地域在自然条件、经济基础和社会结构等方面的差异，制定不同的治理方案。在上游乌兰布和沙漠，以建设国家"绿水青山就是金山银山"实践创新基地为核心，加快建设全国防沙治沙综合示范区和中以防沙治沙生态园，引进国际先进的治沙技术，探索沙漠治理与光伏发电、沙草产业等绿色产业相结合的可持续治理模式，阻止流沙侵入黄河、侵蚀河套平原；在城镇和工业园区，实施点源污水"零入海"行动，实现城镇污水和工业园区废水全部收集、处理、回用，彻底斩断点源排入乌梁素海污染；在河套灌区，全面开展"四控"行动，面源污染治理取得积极成效，耕地质量逐步提高；在农村牧区，推进人居环境整治三年行动，卫生厕所普及率达87.5%，集中处理畜禽粪污、垃圾污水、秸秆、芦苇等废弃物，生活垃圾收运体系实现行政嘎查村全覆盖，农村人居环境整治获国务院通报表扬奖励；在乌梁素海湖区及周边，实施入海前湿地净化、网格水道、生态补水等内源治理工程，2020年补水6.25亿立方米；在乌拉山和乌拉特草原，推进生态修复和草原自然恢复，治理修复受损山体20.6平方公里。整体规划与分域施策相结合的做法入选2020年自然资源部"社会资本参与国土空间生态修复"十大典型案例，以及自然资源部和世界自然保护联盟"基于自然的解决方案"十大中国特色生态修复典型案例。

在土地流转改革方面，巴彦淖尔市根据实际情况，将土地流转主体划分为四种类型，通过引导和鼓励不同的流转方式，实现土地适度规模经营。一是种养大户引领型。种养大户通过流转土地实现规模化、机械化经营，在自己增收的同时带动周边农户共同致富。这种类型的土地流转面积达235.41万亩，占流转总面积的62.19%。二是家庭农牧场集中经营型。家庭农牧场通过转包、租赁形式集中土地，发展规模经营。这种类型的土地流转面积达15.11万亩，占流转总面积的4.00%。三是合作经济组织带动型。农牧民通过组建专业合作社提高组织化程度，增强抵御市场风险和自然风险的能力，组建的合作社集中流转土地开展规模经营，降低成本提高效益。这种类型的土地流转面积达41.05万亩，占流转总面积的10.84%。四是企业租赁经营型。以龙头企业或农牧业公司通过租赁的方式集中土地进行规模经营，建立标准化原料和饲草料基地。这种类型的土地流转面积达 80.84 万亩，占流转总面积的 21.35%。针对不同的土地流转主体，分别给予不同的政策优惠，例如对依法取得农村牧区土地草原流转经营权的主体，按照流转双方合同约定，享受种养业方面的政策性补贴。其中，兴办、联办的农牧业企业，优先享受国家支持农牧业发展、民营企业发展、个体私营企业发展的政策；领办、创办农牧民专业合作社和家庭农牧场，享受国家扶持农牧民合作社和家庭农牧场的优惠政策；鼓励支持有实力的企业对不易流转的土地，进行连片开发整理再流转。此外，巴彦淖尔市还根据土地流转规模、流转期限的不同类型，对流转主体施行奖补政策：对流转 500 亩以上土地发展规模经营的主体，在改盐增草（饲）兴牧、高标准农田、农业综合开发、农牧业产业化、交通水利等项目建设方面，同等条件予以重点倾斜；对流转期限 5 年以上且经营土地面积 500 亩以上的主体，在基础设施配套以及农机具购置方面给予奖补；产业基地建设享受财政性以奖代补和农业保险政策。

4. 充分发挥市场手段

改革系统集成需要发挥政府主导作用，通过体制机制创新扫清发展过程中的制度藩篱，同时更需要发挥市场的决定性作用，运用市场这只"看不见的手"，实现资源的优化配置。巴彦淖尔现代农牧业发展是立足于市场的高质量发展，充分运用市场化手段至关重要。一是推动组建市场实体。为推动农牧业品牌化发展，巴彦淖尔市专门组建巴彦绿业公司，运营"天赋河套"品牌，服务授权企业，推介宣传授权产品。组建淖尔开源公司，有效整合盘活全市农牧业、矿产等资源，实现资源利用最大化。二是启动农垦集团改革。实施农垦集团化改革，组建农垦集团公司，为现代农业发展和乡村振兴提供支撑。有序推动农垦国有土地使用权确权登记工作，盘活土地等资源资产。推进以农垦职工家庭经营为基础的企业化改革，强化农牧场统一经营管理和服务职能，整合碎片化资源和不同功能主体，发挥统一经营优势，逐步构建一体化的经营管理体制。深入推进国有农牧场办社会职能改革，将国有农牧场承担的社会管理和公共服务职能纳入地方政府统一管理，提高集团管理效率。三是完善市场综合配套。巴彦淖尔市通过鼓励土地流转实现规模经营，并将土地整理、高标准农田建设、农田水利基础设施建设等项目与之配套，为市场主体进入农业农村领域提供良好的基础条件。例如，隆兴昌镇 2 万亩盐碱地改良示范项目区涉及 2 个行政村、6 个村民小组、农户 618 户 1588 人，总投资 4000 万元。项目由自治区财政投资，先后实施了配套水肥一体化设施面积 7500 亩、暗管排盐 1000 亩、建设了 450 亩盐碱化耕地改良技术对比展示区。通过项目实施和基础设施配套，实现了"田、土、水、路、林、电、技、管"综合配套。项目通过引进企业经营，开展粮食、经济作物、果树等的搭配生产，实现了亩均产值的增长。

5. 创新改革工具方法

推动改革系统集成，既要注重理论总结，强化理论运用，把握实践方向，更要增强问题意识、坚持问题导向，注重研究和创新改革方法和工具，为改革深入推进起到示范引领作用。巴彦淖尔市在改革系统集成推动现代农牧业发展过程中，讲究策略和工作方法，把准方向、整体设计，抓住关键、重点突破，遵循规律、循序渐进，精准施策、协同推进，形成和创新出一些可供借鉴的改革工具和方法。

一是上下联动。对于由上级部门主推又需要地方基层落实的改革事项，需要创新体制机制，上下联动、同频共振、整体推进，避免出现"上动下不动、打折来推动"的现象。例如，围绕新形势下巩固农村牧区人居环境整治成果，巴彦淖尔市改革和建立长效管理机制，围绕有制度、有标准、有队伍、有经费、有督查等"五有"目标，推行"三个统一"制度，即城乡统一规划、城乡统一执法、城乡统一环卫；推行"四级联动"管理制度，即政府主导、乡镇监管、村组负责、村民自治；推行"七个一"保洁制度，即每个村组有 1 套制度、1 名保洁员、1 辆保洁车、1 个公共厕所、1 辆吸污车、1 套纳米膜无臭堆肥机、每户有 1 组 3 个分类垃圾桶。全市 7 个旗县区全部建立了有制度、有标准、有队伍、有经费、有督查的村庄人居环境管护机制。2018 年以来，巴彦淖尔市多次荣获自治区农牧业高质量发展"农村牧区人居环境整治'十县百乡千村'示范行动"先进市称号。

二是平台搭建。通过搭建综合改革和发展平台，促进相关各类专项试点集中到平台落地，形成改革试点系统集成和叠加放大效应。巴彦淖尔市根据现代农牧业发展目标，以国际视野和一流标准，引进整合国内外先进技术和生产模式，建设中美金伯利现代农业产业示范园、中以现代农业产业园、中俄现代农业全产业链示范园、中奥番茄产业园、"天赋河套"中韩智慧农业示范园等 5 个中外合作现代农业示范园区，统筹各领域各类试点向园区倾斜，逐步将零星试点转变为综合性试点，将相互交叉性试点转变为统一性试点，将只有个性化意义的试点转变为具有普遍性意义的试点，通过各类试点科学统筹、系统集成、放大试点的综合效应。

三是项目牵引。以项目为中心，从项目谋划到落地见效，全流程梳理改革逻辑链条、涉及改革事项、集成改革举措，避免出现"单只脚走路"的现象。巴彦淖尔市坚持以农业项目为抓手，2016～2020 年，通过 228 项农牧业各类项目的实施，优化了全市农牧业生产布局，推动了农牧区一、二、三产业融合发展，为全市发展全域绿色有机农畜产品加工输出服务基地建设提供了有力支撑。例如，通过高标准农田建设项目实现了"渠、沟、路、林、田、水、电、井、技"全配套；通过京津风沙源治理工程项目，有效减轻了天然草原的放牧压力，提升畜牧业养殖水平，实现草地资源的永续利用和畜牧业的可持续发展；通过乌梁素海面源污染综合治理项目，有效实现控肥增效、控药减害、控水降耗、控膜提效，优化了巴彦淖尔市全域农业产地环境；通过现代农牧业奶业振兴产业园建设项目，进一步提高了本地区奶牛的养殖规模、产奶量及科技含量，实现了农牧业资源合理利用；通过人居环境整治项目，全市农村牧区生活环境得到显著改善，卫生厕所普及率、通宽带率和 4G 信号覆盖率等各方面都有显著提升，极大地便捷了群众的生产生活；通过草原生态保护奖补项目，使本市草原生态环境逐步好转，生态效益凸显，基本实现了"草原增绿、牧业增效、牧民增收"的共赢目标。

四是督评结合。深化农村改革的道路上往往没有样板、缺乏经验，改革方案设计也不可能完美无缺，在改革探索实践中总会暴露很多问题。巴彦淖尔市在通过系统集成改革推动现代农牧业发展的过程中，将改革督促和考核评价贯穿到整个改革过程中，实时跟踪改革最新动态，根据问题调整方案方法，及时弥补改革设计缺失，形成优化调整、同步推进的改革态势，确保实现改革初衷。例如，巴彦淖尔市委、市政府近年来出台全市农业农村改革发展政策文件，同时由市委办公厅、市政府办公厅配套出台任务分解方案，将任务分类细化落实到具体负责单位，强化考核评价；为加强涉农涉牧项目监督管理，巴彦淖尔相关部门联合专家团队组成项目督查调研组，对巴彦淖尔市农牧业系统"十三五"期间项目的实施情况进行督导调研，市农牧局制定了《农牧业项目管理及项目库建设考核评分细则》，细化了考核指标和评分细则，对各旗县项目实行考评，以此来提高项目执行力度，强化项目管理责任和监督约束机制。

四　巴彦淖尔市农牧业改革发展面临的新形势

党的十九届五中全会通过的《关于制定国民经济和社会发展第十四个五年规划和二〇三五年远景目标的建议》提出，在脱贫攻坚战胜利后，要全面实施乡村振兴战略。在这一背景下，巴彦淖尔市农牧业改革发展将迎来更多历史性机遇，同时也面临着诸多新的挑战。

（一）巴彦淖尔农牧业改革发展面临的机遇

当前，我国三农工作进入新的发展阶段。国家和内蒙古自治区层面围绕全面推进乡村振兴、农业农村现代化等出台了一系列政策措施，在高标准农田、品牌建设、耕地占补平衡、种子库和冷链物流设施建设等方面释放出强烈的政策信号，特别是在河套灌区现代化改造、粮食主产区建设、牧区现代化发展等方面将重点给予支持。这给巴彦淖尔市现代农牧业发展带来了千载难逢的历史机遇。

1. 国家战略强化指引，发展转型支撑保障有力

黄河流域生态保护和高质量发展上升为国家重大战略，国家和自治区将出台沿黄生态经济带战略规划，巴彦淖尔作为西北地区重要生态功能区和国家重要商品粮油生产基地，在争取国家重大政策和项目支持方面拥有更加有利条件。特别是习近平总书记关于河套灌区要发展现代农业的重要指示，对巴彦淖尔来讲既是重大政治任务，也是难得的发展机遇。此外，中央支持民族地区、边疆地区、贫困地区、革命老区加快发展，制定出台了《关于新时代推进西部大开发形成新格局的指导意见》，也将为巴彦淖尔加快发展提供更为持久有力的政策保障。

2. 乡村振兴全面推进，政策红利催生发展良机

习近平总书记在中央农村工作会议上的讲话指出，全面推进乡村振兴、加快农业农村现代化，是全党需要高度重视的一个关系大局的重大问题。中央充分认识到新发展阶段三农工作的重要性和紧迫性，坚持把解决好三农问题作为全党工作的重中之重。党的十九届五中全会明确提出，要"强化以工补农、以城带乡，推动形成工农互促、城乡互补、协调发展、共同繁荣的新型工农城乡关系，加快农业农村现代化"。乡村振兴战略在我国未来经济社会发展中占有极其重要的地位。在这期间，政策、资金、项目向农倾斜的力度会持续加大，农业农村资源潜力的开发利用将更加深入，农业农村迎来改革发展的黄金期。内蒙古作为重要农牧业产区和重要生态功能保护区，担负着落实党中央三农方针政策、推动农牧业发展向优质高效转型的使命，也将出台一系列关系农业农村发展的政策措施，这对巴彦淖尔现代农业的改革发展是难得的历史机遇。此外，黄河流域生态保护和高质量发展已上升为国家战略，而巴彦淖尔作为这一战略承载的重要区域，也面临着向绿色有机高效农牧业发展转型的历史机遇。

3. 现代农业价值凸显，区域优势带来发展空间

随着人们对美好生活的向往越来越迫切，需求越来越多样，为现代农业带来了更广阔的市场空间。一方面，随着消费水平的提升，消费者对特色、高品质、安全、绿色有机食品的需求越来越高，绿色有机农业的市场空间越来越大。另一方面，休闲农业未来发展空间巨大。此外，随着城市商业竞争日益激烈，一些社会资本开始将注意力转移到农业。农村土地确权登记办证和农村集体资产清产核资工作的顺利完成，使农村集体资产的产权更加清晰，将为包括巴彦淖尔在内的各地盘活资源带来良机。

4. 科技成果走向农村，创新性推动高质量发展

农业科技的发展水平决定着农业现代化的进程，每一次进步都会催生更多新产业、新业态、新模式，引领农业变革和迭代升级。近年来，我国农业科技日新月异。2020年，农业科技进步贡献率已经超过60%，全国农机总动力超过10亿千瓦。随着各类科技平台的落地建成，科技对巴彦淖尔现代农业发展的支撑保障作用将更加凸显。此外，大数据、互联网等信息技术以及农村电商、直播直销、点对点直供等新业态新模式也将为巴彦淖尔优质农畜产品走向全国甚至全球带来新机遇、新空间。

5. 改革开放成效明显，发展动力活力显著增强

巴彦淖尔市启动实施农垦集团化改革，乌拉特中旗成为自治区牧区现代化试点。推进农村牧区土地健康有序流转，保障农牧民长期可持续受益的做法，成为2020年度中国改革50个典型案例之一。在全国公共服务质

量满意度监测的 160 个城市中排名第五，在全区排名第一。"12345"政务
服务热线运行质量排名全区第一，荣获全国"2020 年度最佳服务案例奖"。
主动加强与中科院、农科院、社科院、清华、北大、中国农大、上海交
大、南京土壤研究所等顶级科研院校合作，柔性引进 30 多位知名院士和权
威专家。持续落实招才引智的优惠政策，引进高层次急需紧缺人才 98 人。
巴彦淖尔市入选国家"科创中国"首批 22 个试点城市。甘其毛都口岸基
础设施不断完善，通关能力进一步提升。优质特色农畜产品出口逆势上
扬，2020 年出口额达 40 亿元，增长 12.4%，远销五大洲 93 个国家和地
区，继续保持全区首位。

（二）巴彦淖尔农牧业改革发展面临的挑战

在抢抓机遇的同时也要看到，国内外形势仍然复杂多变，农业农村转
型机遇与挑战并存，巴彦淖尔市的农牧业改革与发展一直在路上。

1. 干部群众对农牧业系统集成改革认识不足

部分干部对农牧业改革系统集成的重要性、紧迫性认识不足，对生态
治理、土地流转、品牌建设等工作和思路理解不透、把握不准，不善于运
用新思路、新办法解决问题，跟进工作效率不高；部分基层干部对生态治
理、土地流转的政策法规、方式方法等研究不深、宣传不够、引导不力、
监管不足；部分农牧民对改革政策心存疑虑，对流转合同随意违约；部分
企业缺乏长期发展意识，不愿与农户建立长期绑定关系，缺乏对新技术的
引进、研发和推广应用；部分干部视野不宽、能力不足，对新科技、新模
式、新业态不了解，不善于运用新思路新办法解决问题，对接跟进的力度
不大，推动工作的效率不高，整体工作进展有待加强。

2. 改革系统集成的利益联结和动力机制缺乏

改革涉及利益的重新分配和系统重构，在推进系统集成改革过程中，
巴彦淖尔农牧业发展仍然需要妥善处理好改革发展的动力机制和利益分配
等问题。例如，怎样解决不同农民利益目标不一致问题，促进多业主土地
流转形成集中连片，实现规模经营，促进项目实施；如何吸引懂技术、会
管理、能经营的青壮年劳动力返回农牧区，解决农村牧区人才和技术短缺
问题；如何建立企业与农户之间长期稳定的"利益共享、风险共担"机
制，实现企业与农户的长期共赢；如何完善种植、养殖业的利益联结分享

机制，实现农作物秸秆资源的有效利用与畜禽养殖废弃物有效利用的统一，促进产业链条产销衔接、顺畅有序等问题。

3. 改革系统集成的要素供给与需求存在矛盾

巴彦淖尔农牧业改革系统集成受农牧业生产要素制约较大，主要体现在劳动力、土地、资金等方面：一是现代化生产经营人才缺乏。巴彦淖尔农村劳动力基本上以 50 岁以上农民为主，农村中有一定文化技能的劳动力纷纷外出务工经商，其他年老劳动力大多从事农牧业生产，依靠承包地收入维持基本生活，农村现代化人才缺乏已经成为巴彦淖尔农业农村发展的重要掣肘。二是农村土地规模经营仍然存在挑战。许多业主流转土地都希望集中连片，但不同农民利益目标不一致，往往导致大规模土地流转难以成功，影响农牧业项目实施。同时没有进行农业综合开发的地块小且不平整，水电路建设滞后，不适于连片种植和机械耕作，种植效益差，导致规模流转难度加大。三是农业贷款融资不顺畅。种养大户、家庭农牧场、农牧民专业合作社和农牧业企业等新型经营主体从事规模经营前期投入较大，而农牧业生产周期较长、比较效益低、回报见效慢，需要有足够的资金作支撑。因缺乏有效抵押物，很难从金融机构获得贷款。虽然现有的小额信贷便捷容易，但贷款额度过小、利息过高、周期过短，难以满足新型农牧业经营主体快速发展的需求。

4. 农牧业系统集成改革的配套措施亟须完善

巴彦淖尔在系统集成改革推动现代农牧业发展过程中，改革措施落地需要相应的具有可操作性和程序性的配套制度和实施细则进行配套。例如，进一步健全农民社会保障体系，为土地流转出的农民提供充分的社会保障；畅通贷款融资渠道，针对农牧业生产周期较长、比较效益低、回报见效慢、贷款额度小、缺乏有效抵押物等特点，引导金融机构为种养大户、家庭农牧场、农牧民专业合作社和农牧业企业等新型经营主体经营大额前期投入提供资金支持；加快"放管服"改革，为龙头企业加快办理经营承包权证，实现龙头企业对主导产业发展的拉动等。

5. 乌梁素海污染治理亟须加大改革系统集成

乌梁素海的生态隐患还没有被彻底消除，生态系统的整体稳定性还不强。乌梁素海是河套灌区的重要组成部分，它接纳了河套地区 90% 以上的农田排水，然后经过湖泊的生物生化作用后，排入黄河，客观上起到改善水质、调控水量、控制河套地区盐碱化等关键作用。近年来，巴彦淖尔市工业化、城镇化进程加快推进带来的工业废水、城镇生活污水以及农业废水的大量排放和湖泊自身因素的影响，导致湖泊富营养化严重，水域生态环境恶化。这不仅影响湖泊整体功能发挥，还直接影响到区域粮食安全，并威胁到黄河中下游供水安全。乌梁素海的水生态环境问题已经成为巴彦淖尔乃至整个内蒙古自治区经济社会可持续发展的制约因素。因此，应加大对乌梁素海湿地生态的治理力度，要从落实黄河流域生态治理和高质量发展战略的层面予以系统集成改革推进。

五 深化巴彦淖尔现代农牧业改革系统集成的相关建议

巴彦淖尔农牧业近年的快速发展，是贯彻落实党中央和自治区各项决策部署的结果，是加强改革的系统集成理念在农业领域实践的结果。展望未来，巴彦淖尔要拥抱机遇、战胜挑战，必须牢记总书记要求和嘱托，以及在黄河流域生态保护与高质量发展中的责任和使命，坚定不移推进农业农村优先发展，解放思想、大胆探索、发挥优势、补齐短板，深入实施改革系统集成，加快现代农业产业体系、生产体系、经营体系建设，推动农牧业发展向优质高效转型。

（一）在改革发展思路上要妥善处理四大关系

1. 处理好现代农牧业发展与生态环境保护的关系

现代农牧业是生态农牧业，是资源节约和可持续发展的绿色产业。因此，良好的生态环境是促进农牧业可持续发展、提升农畜产品品质的重要保障。只有坚持"绿水青山就是金山银山"的理念，才能探索出产业生态化、生态产业化的发展模式。巴彦淖尔市要认真贯彻习近平总书记关于"一湖两海"生态治理重要指示批示精神，把乌梁素海水生态环境治理作为重大政治任务，按照"六个好"标准，全面完成乌梁素海流域山水林田湖草综合治理国家试点项目，统筹推进全流域、全要素综合治理，努力建成西北地区山水林田湖草生态保护修复的样板和示范。要加快转变农业发展方式，调整优化结构，发展紧缺和绿色优质农产品生产。要依托乡村生态资源打造循环农业、观光农业、休闲农业，通过高附加值农业项目实现农业提档升级，实现农业生产向追求绿色生态可持续发展转变。

2. 处理好改革推进中政府、村集体与农民的关系

在政治上尊重农民的权利，在经济上保障农民的物质利益，是改革开放 40 年我国农村改革发展的基本经验。充分发挥农民的积极性、主动性，仍然是包括巴彦淖尔在内的各地市未来推进农业改革和现代农业发展的关键。一是要发挥农民在产业发展中的主体作用。无论是现代种养业，还是特色产业、农产品加工与流通，都应以农民为主体，引导和鼓励农民参与产业发展。要通过培训和指导服务，持续提升农民的发展能力；完善土地利益联结分享机制，使农民获得更多共享产业发展的增值收益。二是基层政府要严格界定自身的职责边界。更多通过推动改革，制定规划、落实政策和法规，为农民及其他市场主体发展提供良好的环境，同时依法加强对资源和环境进行保护。三是村集体组织要充分尊重农民意愿。由于我国在农村是集体所有制，农户的承包土地和宅基地面积都比较小，难以直接进行开发，村集体组织成为盘活农村土地的重要平台，工商企业也更倾向于与集体组织开展合作。在实际操作中，村集体组织要明确划分各类资源的权属，明确农民土地承包权，让集体成员在重大决策中发挥主体作用，在尊重农民意愿的前提下开展各类资源的流转和盘活利用，为产业发展奠定基础。

3. 处理好产业规模扩张与产业体系建设的关系

近年来，随着我国农业综合生产能力稳步提升，农产品供给保障能力明显改善，原有的依靠拼资源拼消耗、高投入高成本、重规模轻质量的农业生产老路已难以为继，迫切要求实现规模低质农业向高质量现代农业的转变。而要推动现代农业发展，未来应更多关注产业体系的建设，即不仅关注农产品的生产、加工、流通，还应该关注作业服务、技术创新、模式创新、品牌营销、绿色发展以及数据信息、标准体系、智慧运营等在内的专业化服务体系。把完善服务体系作为重点，推动由单纯追求高产量转向高质量发展。巴彦淖尔要坚持绿色兴农兴牧，把绿色有机优质农畜产品作为方向，积极发展生态农牧业，增加优质产品供给，推动产业提质增效。落实涉农资金整合、土地流转、高标准农田建设等配套办法，加快现代农牧业生产体系和经营体系建设。持续加强"天赋河套"品牌建设，全力打造河套全域绿色有机高端农畜产品生产加工服务输出基地。加快建设国家

骨干冷链物流基地，进一步健全从生产加工到市场、到餐桌的全过程质量安全可追溯体系、质量保证保险体系，带动更多优质农畜产品进入高端市场。推动科技创新，充分发挥国家农高区、科技示范园、中外合作平台载体的引领作用，解决重点技术难题，切实提高农业发展的效率和竞争力。

4. 处理好基础设施建设与公共服务体系的关系

现代农业的发展，既需要水、电、路、网络通信等"硬件"基础设施，更需要政策、规划、人才、科技以及相关公共服务的"软件"的支撑。目前各地对于"软环境"的打造重视不够，导致软件条件成为农业发展支撑的短板和弱项。巴彦淖尔要硬件软件兼顾，从四个方面补齐"软环境"的短板：一是制定农业发展的系统性规划和空间布局，优化各类生产要素；二是注重农业发展人才队伍的培养，不仅对实用人才、高素质农民队伍、领头人进行培训，而且要进行系统性的人才队伍培养；三是健全农业发展的公共服务平台，围绕产前、产中、产后各个环节，发展农机作业、金融保险、仓储物流、数据信息、疫病防控、科技指导等各类社会化服务组织；四是不断深化"放管服"改革，推动智慧政务服务大厅等便民服务平台高效运行，提升政府服务热线运行质量，持续优化营商环境。

（二）在改革发展举措上要重点建立六项机制

1. 建立生态治理与维护长效机制

生态治理和维护是一项长期性工作，不可能一蹴而就。巴彦淖尔市既要坚持实事求是、精准定策、解决钉子问题的工作理念，更要有持之以恒、久久为功、一张蓝图绘到底的坚定决心，构建起生态治理和维护的长效机制。要以强烈的政治意识，超前谋划，编制新一轮乌梁素海全流域高质量治理和沿黄生态系统网络化治理等规划。积极争取各方支持，尽快实施乌梁素海生态修复补水通道等重大工程，以及黄河生态廊道、现代化灌区建设等项目，从根本上消除乌梁素海生态隐患。要加快全国防沙治沙综合示范区和中以防沙治沙生态产业园建设，实施京津风沙源治理等生态建设项目，推动沙漠治理与光伏发电、沙草产业、蒙中药材等绿色产业相结合，实现可持续发展。严格落实河湖长制、林草长制，加强乌拉特草原生态恢复、乌拉山生态修复，持续改善生态环境，建立长期监测机制，确保短期见效、长期不反弹，为绿色高质量发展奠定坚实的生态基础。

2. 建立改革试点及宣传推广机制

试点是推动改革落地及改革系统集成的重要步骤，宣传推广是推动改革产生效益的重要途径。只有紧盯现代农业发展面临的新情况、新问题，通过大胆创新、试点示范、积极推进、及时整改，才能推动改革方案实施和系统集成不断见效。巴彦淖尔市要结合国家乡村振兴战略，推动加强农业改革系统集成试点。要精心策划和实施，推进五原县全国二轮土地承包到期后再延长30年试点和农村宅基地制度改革试点，乌拉特中旗自治区牧区现代化试点。抓住试点契机，统筹推进生态保护、产业发展、农牧民增收、体制机制创新，示范带动牧区现代化建设取得实效。改革措施要注重实操性、参考性；改革过程中要建立定期回头看及整改机制，查找问题和不足，及时改进实施策略。要探索可借鉴、可复制的模式，注重试点案例的挖掘和总结提炼、试点经验的总结和宣传推广，形成示范面，为全区全国现代农业高质量发展做出样板和表率。推广工作要发挥基层优势，培训基层干部熟悉情况、吃透政策、弄懂技术、提升能力、主动服务，最大限度地做好改革的宣传工作，使改革深入人心，使改革发挥最大红利。要健全推进改革的激励机制和容错纠错机制，完善干部考核评价机制，调动干部担当作为的积极性、主动性、创造性。

3. 完善城乡融合与要素流动机制

农业农村改革发展并非简单发展农村经济或建设美丽乡村，而是要处理好振兴乡村和城乡融合的关系，以振兴乡村为抓手推动城乡融合发展，实现发展要素在城乡之间的自由流动，进而加快农业农村现代化进程。巴彦淖尔市要以城乡融合发展为目标，推动相关体制机制改革和政策体系建设。一是提高城乡公共服务均等化水平，健全农村社会保障机制，促进农业转移人口市民化。多渠道、多层次、多方式加强以最低生活保障、社会保险、大病救助、子女教育、农民工保护等为主的农村社会保障体系建设，逐步弱化土地的福利性和社会保障功能，减少农民对土地的直接依赖。二是建立农村劳动力向非农稳定转移机制，引导农民发展二、三产业项目，以产业的集聚带动人口的集聚，为土地流转拓展空间。三是把县城和中心集镇作为城乡融合发展的重要切入点，完善城乡人口、资源畅通流动的机制。四是完善要素市场化配置，推动各类资源向基层下沉，吸引各类人才到农村牧区创新创业。引导城市地区的资本、技术、人才等要素下乡，鼓励和吸引更多的高校毕业生回乡就业创业，增强农业高质量发展的动力和活力。

4. 建立和完善产业协同创新机制

巴彦淖尔发展现代农业拥有多方面的独特优势。要善于顺应潮流、抢抓机遇、协同创新，把资源优势转化为发展优势、竞争优势。一要把生态优势转化为优质产品优势。以优质农畜产品作为主攻方向，坚持绿色兴农兴牧，积极发展生态农牧业，增加优质产品供给，推动农牧业发展向优质高效转型。二要坚持集中集聚集约发展，通过政府引导、政策倾斜，做大做强粮油、肉乳绒等六大优势特色产业。稳定粮食生产，扩大奶牛、肉羊、肉牛等规模化养殖。三要发展农畜产品精深加工，延伸农牧业产业链、价值链。拓展农牧业多种功能，积极发展光伏农牧业、休闲农牧业、创意农牧业、智慧农牧业等新业态新模式。四要深化农业供给侧结构性改革，依托良好的产业基础、田园景观、生态环境，独特的黄河文化、农耕文化、草原文化，着力构建多园格局、多元发展、多级支撑的产业体系，打造"三产融合""三位一体"（现代农业、文化、旅游）的新农村发展路径，提高区域综合效益。五要注重引进和培育"农字号"大型龙头企业和新型经营主体，发挥企业创新主体作用，带动产业集群式发展。六要重视国内、国际两个市场，发挥保税物流中心带动作用，扩大对外经贸合作，推动更多优质农畜产品"走出去"。

5. 完善市场主体培育和扶持机制

现代农业是组织化、规模化的产业，也是投入大、见效慢的产业。吸引、培育和扶持经营主体，是推动产业发展的重要保障。作为现代农业生产示范区，巴彦淖尔要从多方面探索相关的政策和举措。针对经营主体缺乏贷款渠道等问题，要从整合投入、融资贷款、农业保险、农业产业基金等各方面给予涉农经营主体帮助，让经营主体轻装上阵，做大做强。针对土地流转中的问题，要实施政策引导，如重点培育和支持带动土地流转的乡镇、农业龙头企业、农民专业合作组织、规模经营大户，支持土地流转服务组织发展，提高农牧民组织化程度。土地整理、农业综合开发、农业产业化建设和基础设施建设等项目与农村土地流转和规模经营紧密结合，形成农业项目跟着土地流转走，基本设施围绕产业基地建设的格局。针对要素下乡难题，要出台鼓励引导工商企业等社会资本投身农村的优惠政策，鼓励工商资本、技术等资源要素向农村流动，参与农村土地流转，实现规模经营。

6. 完善组织领导与责任落实机制

加强组织领导，夯实工作责任，是确保农业各项改革工作顺利推进的保障。巴彦淖尔市要在全市范围内进一步统一思想，落实责任。一要从落实中央重大决策部署、履行自身使命的高度，教育干部群众充分认识农业改革和发展的重要性和紧迫性，提升改革意识，想法改、主动谋。二要聚焦重点领域和关键环节，明确责任。对土地流转制度改革，既要各司其职，又要系统集成、实现协同。财政部门要增加对土地流转和规模经营业主的转移支付；统筹整合各类涉农涉牧资金，集中使用，提高资金使用效益。金融部门要研究制定土地经营权抵押贷款办法，发展普惠金融，满足农业发展需求；农牧业和发改部门要从项目上给予经营主体必要支持。三要坚持目标导向和问题导向，对照任务书、时间表，一步一个脚印，推进各项工作任务落细落小、落地见效。

（三）深化农牧业改革系统集成的政策建议

1. 加快推进农牧业要素市场建设

农业农村要素市场是现代农业市场体系中不可或缺的重要组成部分。农业生产要素既是现代农牧业生产的必要条件，又将在农牧业生产过程中发生价值转移，最终传导到产品市场，所以要素市场的发展对农产品市场会产生重要影响。世界发达国家发展现代农业的经验证明，如果没有高效有序、自由流动的要素市场，农产品市场中的供求平衡关系也会发生扭曲。要继续引入市场机制，在保障新型农业经营主体合法权益的基础上，建立健全农村土地流转市场，积极探索农牧民、家庭农场、农民合作社、龙头企业等主体对农村宅基地、集体经营性建设用地各方面权益的改革，并加强各项改革的系统性与协同性。农村金融市场化改革要实现新的突破，加快建立健全政策性金融、商业性金融、合作性金融协同推进巴彦淖尔现代农牧业发展的良好局面，充分利用大数据和互联网的信息技术优势，加快建立健全新型农业经营主体信用体系，推动致力于农村金融事业的市场力量下乡，积极探索保险、再保险、担保、期货和信贷相结合的金融产品创新，鼓励资本市场支持现代农牧业发展，建立适应巴彦淖尔现代农牧业发展特点的金融市场机制。农业劳动力市场的改革要继续深化，政府要积极作为、有序引导，通过发展小城镇、特色小镇、综合平台与园区等方式，稳步解决城乡流动人口的就业、医疗、教育以及社会保障等问题。

2. 全力建设现代农牧业产业体系

深入落实巴彦淖尔市委《关于贯彻落实习近平总书记对河套灌区发展现代农业、提升农产品质量重要指示精神的实施意见》和涉农资金整合、土地流转、高标准农田建设等配套办法，加快现代农牧业产业体系建设，进一步提高农牧业规模化、组织化、标准化、品牌化水平。要大力发展六大优势特色产业，稳定粮食生产，扩大奶牛、肉羊、肉牛等规模化养殖，加快伊利、蒙牛等高端有机乳产业示范园建设。引进培育一批"农字号"大型龙头企业和新型经营主体，全力推动葵花籽、肉羊期货挂牌上市，带动重点产业集群发展。要加快推进国家农高区、中以防沙治沙产业园、中以现代农业产业园、中美金伯利农场、中奥番茄产业园、各类田园综合体等平台载体建设，加快黄河流域西北地区种质基因库建设，大力发展种子产业，示范带动现代农牧业整体提升、快速发展。要扎实推动一、二、三产业融合发展，大力发展农畜产品精深加工，延伸农牧业产业链、价值链、供应链。拓展农牧业多种功能，积极发展光伏农牧业、休闲农牧业、创意农牧业、智慧农牧业等新业态新模式。依托独特的黄河文化、农耕文化、草原文化、阴山岩刻等，大力发展"文化＋旅游＋现代农牧业"，提高农牧业综合效益。

3. 完善农业基础设施与品牌体系

要落实藏粮于地、藏粮于技战略，积极争取国家和自治区支持，加快实施高标准农田建设，集成配套节水灌溉、水肥一体化、盐碱地改良、土地整治、地力提升等技术，力争达到高标准，确保建一片成一片。以钉钉子精神推进控肥控药控水控膜行动，进一步提高耕地质量和农产品品质。要持续加强"天赋河套"品牌建设，不断增强品牌统领整合能力，充分发挥天赋河套总部基地作用，加快建设国家骨干冷链物流基地，进一步健全从生产加工到市场、到餐桌的全过程质量安全可追溯体系和质量保证保险体系，扶持授权企业扩大规模，带动更多优质农畜产品进入高端市场。

4. 强化农业科技与人才支撑作用

扎实推动"科技兴蒙"行动和"科创中国"试点城市建设，持续深化巴彦淖尔与中科院、农科院、社科院、清华、北大、中国农大、上海交大等顶级科研院校合作，充分发挥院士专家工作站、国家农高区、科技示范园、中外合作等平台载体的整合引领作用，重点解决一批制约巴彦淖尔市现代农牧业发展的技术难题。发挥企业在科技创新中的主体作用，引进和培育一批高新技术企业，围绕优势特色产业发展，增加科研经费投入，加强科技创新、成果转化。

用好用足出台的人才政策，大胆引进各类人才，鼓励和吸引更多的高校毕业生回乡就业创业，为现代农牧业发展提供科技和人才支撑。加快培育农村市场主体，提高农村市场主体的组织化水平。不断提升农民合作社规范化水平，鼓励发展农民合作社联合社，强化农业产业化龙头企业联农带农激励机制。着力加强公益性服务体系建设，引导各类服务组织与农村市场主体形成稳定的利益联结机制，不断优化社会化服务发展的政策环境。加快构建新型职业农民队伍，鼓励农民采取"半农半读"等方式就近就地接受职业教育。提升新型市场主体带动农户能力，促进农村人才创业就业，建立创业就业服务平台，强化信息发布、技能培训、创业指导等服务。

5. 建立健全改革服务与保障体系

现代农牧业是一个系统产业，涉及方方面面因素，必须坚持问题导向，优化和用好各类生产要素。要统筹整合涉农涉牧资金，集中投向、捆绑使用，提高资金使用效益。设立现代农牧业发展基金，通过"以奖代补"等方式引导更多社会资本和民间资本向农牧业领域投入，构建政府引导、农民主体、社会力量广泛参与的多元化投入机制。大力发展普惠金融，加大对农牧业生产经营主体支持力度。要建立健全土地确权信息应用平台和市、旗县区、苏木乡镇三级土地流转服务信息平台，规范土地流转行为。高效推进农村综合改革，深化农垦集团化改革，尽快盘活资源资产，为乡村振兴和现代农牧业发展提供支撑。要发挥保税物流中心带动作用，持续扩大与"一带一路"沿线国家经贸合作，推动更多优质农畜产品"走出去"。要加快补齐基础设施和公共服务短板，针对薄弱环节，加强农村牧区水利、电力、信息、交通等基础设施建设。围绕产前、产中、产后各个环节，大力发展农机作业、金融保险、仓储物流、疫病防控、科技指导等各类社会化服务组织，有效保障现代农牧业发展。

参考文献

巴彦淖尔市相关部门提供的关于农牧业现代化建设过程中改革系统集成的材料。

段培华：《改革要树立系统集成思维》，《群众》2017 年第 7 期。

冯亮：《全面创新改革要有系统集成思维》，《四川党的建设》2019 年第 24 期。

葛国科：《把改革着力点放在加强系统集成协同高效上》，《广西日报》2020 年 6 月 23 日。

国家发展改革委体改司：《开展集成改革试点，彰显整体改革效应》，《中国经贸导刊》2019 年第 5 期。

李攀、金春华：《系统集成，深化改革创新》，《浙江人大》2021 年第 2 期。

李拯：《让各项改革发生"化学反应"》，《奋斗》2019 年第 19 期。

评论员：《始终把牢"系统集成"这一改革要义》，《晋中日报》2020 年 9 月 10 日。

评论员：《着力加强改革措施系统集成》，《解放日报》2016 年 3 月 7 日。

施芝鸿：《系统集成的新时代科学制度体系》，《中国纪检监察报》2020 年 6 月 18 日。

谭英双：《改革需注重协调配套与系统集成》，《学习时报》2017 年 7 月 17 日。

汤俊峰：《增强改革的系统性整体性协同性》，《经济日报》2018 年 9 月 28 日。

习近平：《发挥改革在构建新发展格局中关键作用》，《一带一路报道》2021 年第 2 期。

张晖明：《加强改革系统集成，激活高质量发展新动力》，《红旗文稿》2020 年第 24 期。

郑新立：《重视各项改革协调配套和系统集成》，《全球化》2018 年第 2 期。

中共南京市委改革办、中共江宁区委：《以改革系统集成引领高质量发展》，《南京日报》2019 年 5 月 29 日。

周子勋：《以改革系统集成激活"十四五"开局发展一池春水》，《中国经济时报》2021 年 3 月 4 日。

报告执笔：谭智心（农业农村部农村经济研究中心副研究员）

贾存斗（中国经济体制改革杂志社调研部主任、地方改革创新研究院副院长）

朱立志（中国科技产业化促进会金融科技专委会副主任兼秘书长）

第五部分

市域社会治理现代化国家试点
"丽水实践"研究

———————————◧———————————

2020年5月，浙江省丽水市被中央政法委确定为全国第一批市域社会治理现代化试点城市。2020年7月，丽水市出台了《关于强化"五个统筹"推进市域社会治理现代化试点工作的实施意见》，明确了试点改革的工作目标，制定工作责任分解清单，启动实施"三年行动计划"，改革中进一步系统梳理任务清单，研究完善细化措施，制定《丽水市创建全国市域社会治理现代化试点合格城市工作推进方案》《丽水市创建全国市域社会治理现代化试点合格城市工作跟进落实责任清单》等系统性文件，构建"1+10+6+X"的市域社会治理工作架构。2021年4月，《丽水市数字化改革总体方案》印发，以数字化助推市域社会治理现代化成为丽水试点的特色与亮点，丽水相继出台一批创新场景应用为市域社会治理赋能，试点创新实践成效显著。2021年12月15日举行的平安中国建设表彰大会上，丽水市被授牌命名为"平安中国建设示范市"。

党的十八大以来，习近平总书记就加快推进市域社会治理现代化、建设平安中国做出了一系列重要指示，明确指出，"要把市域社会治理现代化作为社会治理现代化的切入点和突破口"。《中共中央 国务院关于加快推进社会治理现代化开创平安中国建设新局面的意见》（中发〔2020〕11号文件）要求"以市域社会治理现代化为切入点"。党的十八届三中全会、十九大、十九届四中全会、十九届五中全会先后就推进市域社会治理现代化做出具体部署。其中，党的十九届四中全会强调"加快推进市域社会治理现代化"，并提出"完善党委领导、政府负责、民主协商、社会协同、公众参与、法治保障、科技支撑的社会治理体系"。党的十九届五中全会明确要求"加强和创新市域社会治理，推进市域社会治理现代化"。

经济全球化、社会信息化、区域一体化推动着经济社会领域的深刻变革，也给地方治理带来诸多挑战，传统治理方式已不适应新时代市域社会治理中的社会关系协调、社会行为规范、社会矛盾化解、社会治安防控、社会风险应对、公共安全保障等新问题新要求。同时，移动互联网、物联网、云计算、大数据、人工智能、区块链等新一代信息通信技术的迅猛发展给社会治理创新带来新思维新支撑。因而亟须探索一条系统性、整体性、协同性的现代化市域社会治理路径，以理念转变、体系重构、机制创新、流程再造、工具应用等方式解决纷繁复杂的社会问题，促进社会公正、保持社会稳定。市域社会治理现代化试点是社会治理创新的试验田，改革是军令状，试点是硬任务，2020年2月，《全国市域社会治理现代化试点工作指引》明确了市域社会治理体制现代化、治理工作布局现代化、治理方式现代化三大板块，将坚持和完善社会治理制度贯穿其中，提出 16 项重点任务和 86 项基本要求，试点以三年为一期。此次全国多个城市同步推进市域社会治理现代化国家试点，旨在完善国家治理现代化制度体系建设与总结推广社会治理先进地区经验，各试点城市必须采取项目化管理，压实责任、挂图作战、逐项落实。地方试点要破解改革难题，更好地整合力量资源，推动矛盾风险防范化解工作迈向新的台阶，守住安全稳定底线，补齐短板、补强弱项，全面提升市域社会治理现代化水平。

党的十九届五中全会部署"十四五"时期经济社会发展的主要目标，其中提出"社会治理特别是基层治理水平明显提高"，实现路径是"加强和创新市域社会治理，推进市域社会治理现代化"。2019 年 1 月 16 日，习近平总书记在中央政法工作会议上提出"加快推进社会治理现代化、努力建设更高水平的平安中国"的重大时代命题，并强调"要把市域社会治理现代化作为社会治理现代化的切入点和突破口"。现代化社会治理，尤其是市域社会治理的范式嬗变与路径创新，是建设平安中国的重要内容，也是推进国家治理体系与治理能力现代化的题中之义，"进入新时代，人民群众在民主、法治、公平、正义、安全、环境等方面的要求更高"。近年来，中央政法委围绕市域社会治理现代化改革，选取了数十个城市展开深入探索，2020 年 5 月，丽水市被中央政法委确定为全国第一批市域社会治理现代化试点城市。

2020 年 7 月，丽水出台了《关于强化"五个统筹"推进市域社会治理现代化试点工作的实施意见》，明确了试点改革的工作目标，制定工作责任分解清单，启动实施"三年行动计划"。2021 年浙江省开年第一场大会聚焦全面数字化改革，通过数字赋能，市域社会治理从更精细处入手，成为补齐省域治理体系和治理能力短板的新动能。2021 年 4 月，《丽水市数字化改革总体方案》印发，市域社会治理现代化的丽水实践在全省全市数字化改革背景下添翼助力，不仅是技术层面的加速迭代升级，更是治理体系重塑、运行机制畅通、治理能力提升、制度建立健全的全方位发展。市域社会治理的"地方样本"，既具有国家整体统揽"规定动作"的普适性，又兼备地方创新实践"自选动作"的独特性。立足丽水实践，能够探求迈向现代化市域社会治理的方向路径。

全市建设平安丽水工作暨市域社会治理现代化试点工作推进会

（丽水日报　戴昕律　摄）

一　市域社会治理现代化国家试点"丽水实践"背景

（一）理论基础：由管理（管控）到服务（治理）的理论沿革

1. 中国特色社会主义治理理论的发展完善

"治理"属于公共管理领域的一个重要词语，其概念是 20 世纪 90 年代在全球范围逐步兴起，指的是公共部门同私人部门共同处理公共事务的行动总和，随后逐渐形成治理理论这一新的范式。中国自 1978 年改革开放以来，在实现现代化的进程中越来越清晰认识到如何治理国家已是迫切需要面对的重大任务。党的十五大指出："依法治国，是党领导人民治理国家的基本方略。"这是我们党在重要文献中首次从治理国家的意义上谈到"治理"，并于党的十六大再次明确。党的十七大指出："保证党领导人民有效治理国家。"党的十八大强调："更加注重发挥法治在国家治理和社会管理中的重要作用。"2013 年，党的十八届三中全会首次提出，"全面深化改革的总目标是完善和发展中国特色社会主义制度，推进国家治理体系和治理能力现代化"。党的十九大再次强调，"必须坚持和完善中国特色社会主义制度，不断推进国家治理体系和治理能力现代化，坚决破除一切不合

279

时宜的思想观念和体制机制弊端"。党的十九届四中全会将"坚持和完善中国特色社会主义制度、推进国家治理体系和治理能力现代化"列为全党的一项重大战略任务，明确国家治理现代化的阶段性目标，即到 2035 年，"国家治理体系和治理能力现代化基本实现"，到 2050 年，完全"实现国家治理体系和治理能力现代化"。

从中国共产党治国理政层面使用的"治理"概念来看，"治理"基本含义是指在党的领导下，基于人民当家做主的本质规定，遵循以人民为中心的价值追求，在社会主义市场经济发展和社会主要矛盾发生变化的新的历史条件下，按照科学、民主、法治等原则改进领导方式和执政方式，优化党的执政体制机制和国家管理体制机制，以期顺应时代发展规律和共产党执政规律，增强执政能力，巩固执政基础。习近平总书记指出："我们的主要历史任务是完善和发展中国特色社会主义制度，为党和国家事业发展、为人民幸福安康、为社会和谐稳定、为国家长治久安提供一整套更完备、更稳定、更管用的制度体系。"由此，中国特色社会主义新时代的"治理"，从国家层面即是治国理政；从政府层面，"治理"不仅在于制度完善、能力建设，还包括政府与市场和社会关系，调动市场主体、社会组织参与公共事务的积极性。

2. 从社会管理到市域社会治理的历史变迁

中国特色社会主义社会治理，是改革开放以来在中国共产党领导下，不断探索社会公共事务领域治国理政实践规律的经验总结。改革开放初期，国家对于社会公共事务领域的运行状况重在管控，具有浓厚的计划经济体制下行政管理色彩，着重体现在为达到预期的管理目标而推行的管控手段。1998 年《国务院机构改革方案》明确提出"社会管理"的政府职能。党的十六大把"社会管理"职能概括为"维护社会治安，保持良好社会秩序"。党的十六届三中全会中"社会管理"的职能注重实现一些社会功能，如"为全面建设小康社会提供强有力的体制保障"。党的十六届四中全会首次提出"社会管理格局"一词，并对社会管理的主体有了新的认识，即党委领导、政府负责、社会协同、公众参与。①

---

① 褚卫东：《"共同体"视域下的推进市域社会治理现代化》，《安徽行政学院学报》2020 年第 3 期，第 92~98 页。

从"社会管理"再到"社会治理"命题的提出，是中国共产党不断探索社会管理创新规律，形成对五大政府职能的明确认知。2012 年，党的十八大报告以"构建中国特色社会主义社会管理体系"为目标，在社会管理格局的基础上融入了"法治保障"的保障性措施。2013 年，党的十八届三中全会首次提出"社会治理"概念，代替了原来的"社会管理"，由"管理"到"治理"仅一字之变，体现出中国共产党治国理政理念的与时俱进。习近平总书记指出："治理和管理一字之差，体现的是系统治理、依法治理、源头治理、综合施策。"随着社会主要矛盾变化，对社会治理提出更高要求，党的十九大强调"打造共建共治共享的社会治理格局"，将更多关乎社会、关乎民生的治理命题推向前沿。党的十九届四中全会明确指出"社会治理是国家治理的重要方面"，"加快推进市域社会治理现代化"，形成"人人有责、人人尽责、人人享有"的"社会治理共同体"，社会治理体系与治理能力现代化，已成为推动国家治理体系和治理能力现代化的重要内容。① 党的十九届五中全会明确要求"加强和创新市域社会治理，推进市域社会治理现代化"，市域社会治理现代化成为"十四五"时期社会建设的重要内容。

3. 市域社会治理现代化的内涵特征与功能定位

市域社会治理是国家治理在市域范围的具体实施，依托城市及其周边区域开展公共事务治理活动，在国家治理中具有承上启下的枢纽作用。市域社会治理既要贯彻落实中央关于国家治理的决策部署、制度安排、任务要求，又要立足本地区实际进行统筹谋划、周密部署、实践创新。市域层面具有较为完备的社会治理体系，具有解决社会治理中重大矛盾问题的资源和能力，是将风险隐患化解在萌芽、解决在基层的最直接、最有效力的治理层级，处于推进基层治理现代化的前线位置。市域社会治理做得怎么样，事关顶层设计落实落地，事关市域社会和谐稳定，事关党和国家长治久安。②

关于市域社会治理现代化功能定位，中央政法委已有明确要求，成为各地改革试点的重要遵循。第一，治理理念的现代化。把社会治理工作摆

---

① 褚卫东：《"共同体"视域下的推进市域社会治理现代化》，《安徽行政学院学报》2020 年第 3 期，第 92～98 页。
② 陈一新：《推进新时代市域社会治理现代化》，《人民日报》2018 年 7 月 17 日。

在更加突出的位置，秉持人民至上、以人民为中心的发展思想，坚持共建共治共享的理念，树立市域社会治理"五大导向"，即目标导向、政治导向、民本导向、问题导向、效果导向，实现社会与人的全面发展。① 第二，治理体系的现代化。市域社会治理是全社会共同参与的治理，必须坚持党的领导，整合政府、市场、社会等多元主体力量，实现整体协作共治，解决公共事务问题，不断增强市域社会治理改革创新的系统性、整体性、协同性，以治理体系的再造重塑保障现代化治理行动开展。第三，治理方式的现代化。充分发挥政治引领作用、法治保障作用、德治教化作用、自治基础作用和智治支撑作用，提高社会治理社会化、法治化、智能化、专业化水平，坚持顶层设计与基层创新联动，坚持高位统筹与问计于民有机衔接，坚持系统治理、依法治理、综合治理、源头治理等科学方法，既借鉴西方国家有益经验，又发扬中华优良传统优势，确保社会既充满活力又和谐稳定。② 第四，治理能力的现代化。把专业化建设摆到更加重要的位置来抓，注重干部能力建设，持续增强治理本领。要加强"七种能力"建设，即统筹谋划能力、群众工作能力、政法改革能力、科技运用能力、破解难题能力、依法打击能力、舆论导控能力，以治理能力的全面提升推动市域社会治理现代化。③

（二）现实背景：市域社会治理现代化的内生动力与外在条件

1. 中央政府对于市域社会治理现代化改革高度重视

市域社会治理是国家治理体系的重要组成部分，中央政府关于推进市域社会治理现代化有着一揽子政策要求。党的十八大以来，习近平总书记就推进国家治理体系和治理能力现代化发表的系列重要讲话中提出了创新社会治理的新思想新理念，并且在多个场合强调要形成有效的社会治理、良好的社会秩序，从统筹推进"五位一体"总体布局和协调推进"四个全面"战略布局的高度，对社会治理问题进行了系统阐述，明确提出要打造共建共治共享

---

① 陈一新：《推进新时代市域社会治理现代化》，《人民日报》2018 年 7 月 17 日。
② 郭勇：《加快推进山西市域社会治理现代化》，《中共山西省委党校学报》2019 年第 6 期，第 60～63 页。
③ 陈一新：《推进新时代市域社会治理现代化》，《人民日报》2018 年 7 月 17 日。

的社会治理格局。① 创新社会治理体制方面，习近平总书记指出："要更加注重联动融合、开放共治，更加注重民主法治、科技创新，提高社会治理社会化、法治化、智能化、专业化水平，提高预测预警预防各类风险能力。"

深入贯彻落实习近平总书记"把市域社会治理现代化作为切入点和突破口"的重要指示精神，需要明确新时代市域社会治理现代化的核心要义、功能定位、目标方向、实施路径。2018 年 6 月 4 日，中央政法委秘书长陈一新在延安干部学院全国新任地市级政法委书记培训示范班开班式上提出"新时代市域社会治理现代化"的重要概念。2018 年 7 月 17 日，陈一新在《人民日报》发表的《推进新时代市域社会治理现代化》一文中指出，市域社会治理现代化分为治理理念现代化、治理体系现代化与治理能力现代化。其中理念现代化以目标导向、政治导向、为民导向、问题导向、效果导向等"五个导向"的树立为主线，体系现代化以市域社会治理的政治体系、自治体系、法治体系、德治体系等"四大体系"的优化为核心，能力现代化则以"七大能力"的提高为重点。

丽水市委政法委参加全省数字法治系统建设成果展

（丽水市委政法委　蓝涛　摄）

---

① 杨安：《大数据与市域社会治理现代化——厦门实践与探索》，《经济》2018 年第 19 期，第 102～107 页。

2. 数字化改革赋能浙江省域治理现代化的客观要求

习近平总书记在浙江工作期间，提出了"八八战略"重大决策部署，在省域治理层面具体回答了"怎样建设社会主义""怎样建设党""怎样实现发展"等基本理论和实践问题。"八八战略"坚持问题导向、坚持系统谋划、坚持靶向发力，为浙江省推进省域治理体系与治理能力现代化提供了思想方针指引、战略战术指导。[①] 其中，"数字浙江"建设的内容包含加强机关效能建设。2004 年 5 月，浙江省委十一届六次全会做出建设"平安浙江"、促进社会和谐稳定的决定。浙江成为全国最早提出并全面部署"大平安"建设战略的省份，"平安浙江"建设亦是深入实施"八八战略"的题中应有之义。近 20 年来，浙江省"一张蓝图绘到底，一任接着一任干"，坚持以"八八战略"为统领，坚持国家治理总体部署与地方治理创新相结合，不断把"八八战略"蕴含的治理思想转化为治理效能，推出诸如"四张清单一张网"，"最多跑一次"改革，机关内部"最多跑一次"理念，全方位深化政府数字化转型，打造"整体智治、唯实唯先"现代政府，以及全面数字化改革等响亮全国的特色创新。

2019 年 11 月，浙江省委十四届六次全会明确提出争当省域治理现代化排头兵，使浙江成为展现中国特色社会主义制度优越性的重要窗口。围绕高水平推进省域治理现代化这个目标，重点要健全"六大体系"，即健全党的领导制度体系、现代法治体系、高质量发展制度体系、社会治理体系、基层治理体系和治理能力保障体系。[②] 其中，社会治理事关社会稳定和国家安全，是省域治理的重大任务，关于健全社会治理体系，浙江提出坚持共建共治共享，提高社会治理社会化、法治化、智能化、专业化水平，打造浙江特色社会治理现代化模式。

2021 年，数字化改革成为浙江省的"一号工程"，是政府数字化转型的一次拓展和升级，是浙江立足新发展阶段、贯彻新发展理念、构建新发展格局的重大战略举措。浙江省委书记袁家军在全省数字化改革大会上指出，要统筹运用数字化技术、数字化思维、数字化认知，从整体上推动省域经济社会发展和治理能力的质量变革、效率变革、动力变革，从根本上实现

---

① 《高水平推进省域治理现代化——访浙江省委书记车俊》，《学习时报》2020 年 2 月 21 日。
② 《决定》起草组：《高水平推进省域治理现代化的行动纲领——省委十四届六次全会〈决定〉解读》，《政策瞭望》2019 年第 11 期，第 18～20 页。

全省域整体智治、高效协同。浙江以数字化改革为总抓手，撬动各领域各方面改革，着眼省域治理现代化先行，联动推进平安浙江建设，以智治手段优化市域社会治理形态、完善市域社会治理模式、提升市域社会治理效能。

3. 丽水先行先试探索经验奠定了成为国家试点改革基础

党的十八大以来，丽水市始终坚持以习近平新时代中国特色社会主义思想为指导，认真贯彻落实党的重要会议精神，紧紧围绕推进社会治理现代化的总要求，坚持以人民为中心的发展理念，大力弘扬践行浙西南革命精神，全面厉行"丽水之干"，完善健全共建共治共享的社会治理制度，构建党委领导、政府负责、民主协商、社会协同、公众参与、法治保障、科技支撑的社会治理体系，不断推进社会治理体系与治理能力现代化。[①]例如，丽水市以机关内部"最多跑一次"改革的方法论为指引，运用在社会治理领域，建设县级社会矛盾纠纷调处化解中心，让企业群众矛盾纠纷化解"只进一扇门""最多跑一地""最多跑一巷"。按照建设"整体智治、唯实惟先"现代政府目标，重点聚焦多业务部门协同应用，梳理社会治理中的"繁难杂"场景，着力破解部门职能交叉、群众反映强烈的相关突出问题。各县（市、区）先行探索出一系列基层自治典例，如遂昌探索建立"民事村了"工作法，青田季宅乡创新推出的农村社会管理"季宅模式"，这些举措为丽水成为市域社会治理现代化国家试点奠定坚实基础。

案例一 莲都区联城街道"阳光智治"平台，打造基层社会治理最强大脑

2020年以来，莲都区联城街道紧跟数字化改革趋势，聚焦提升基层治理现代化，以"党建统领、基层智治"为主攻方向，聚焦"乡镇管理痛点、村社治理堵点、基层自治难点、群众需求重点"，探索研发出"党建统领·阳光智治"基层社会治理数字应用平台，成为莲都区首个乡镇（街道）数字化管理平台，主要包括四大板块：村社阳光指数板块、党员红心积分板块、家庭和谐码板块、数据驾驶舱。

一是实现工作闭环管理。建立街道"派单"、村社"接单"、干部

---

① 宋贵伦：《把制度优势更好转化为社会建设效能——认真学习贯彻党的十九届四中全会精神》，《前线》2019年第11期，第34～37页。

"消单"的线上任务交办机制和业务事项全流程管控机制，实现"在线交办""绩效考评"任务闭环。二是实现管理制度集成。构建"系统集成、条抓块统、多跨协同"的精智管理体系，建立"党工委＋村社支部＋微网格"的三级作战联队，形成周例会制度、任务清单销号管理制度、任务交办单制度、村社考评制度等运行机制，形成党建统领基层智治的联城体系。三是实现干部量化考评。通过"一码、一分、一指数"考核办法，运用大数据调度分析，精准实施靶向治理。一码即家庭和谐码，一分即党员红心积分，一指数即村社阳光指数。四是实现结果多元运用。"阳光指数"考评结果，与村干部（网格员）报酬发放、评优评先、干部连任、经费补助、项目安排等挂钩；"家庭和谐码"考评指数与村居安排公益岗位（务工）挂钩，与村居各类优秀推荐、党员发展挂钩，与村民福利、奖励补助等挂钩，作为各级政府与部门补助政策、优秀推荐、政治审查、干部考察、银行授信等的重要参考依据。结果多元运用，有效激发了村社干部工作积极性，群众参与村社事务的主动性。

资料来源：丽水市委改革办。

案例二　深化"民事村了"工作法，打造基层治理新格局

遂昌县应村村是一个小山村，在长期的基层社会治理实践中，探索出一套适合农村基层社会治理的"民事村了"工作法，破解干部难找、事情难办、项目难推等难题，连续20多年未发生刑事案件、火灾、上访事件，99%的矛盾纠纷消除在萌芽状态，是远近闻名的"平安明星"村，先后被评为全省社会管理综合治理先进集体、全国文明村。

一　矛盾纠纷"现场了"，焕发"乡风文明"新气象

依托全科网格、"红色网格"等力量以及"村务群言栏"、党员微信群等渠道，建立线下线上民意收集渠道，并绘制"党旗飘、民事了"地图，实时掌握、及时跟踪、限期销号。集成"老娘舅"金牌调解队，推行"1＋X"组团帮扶机制，创新实践"一格一警"模式，做到"四必访"，确保"矛盾现场"有人员报告、有干部到场、有力量调解、有满意结果，实现大事全网联动、小事一格解决，乡风文明焕然一新。

二　便民服务"代办了"，注入"治理有效"新内涵

坚持实行全年无休"村干部坐班制"。积极运用"互联网＋"，推进

"网上办""掌上办"自助服务终端落地,推广"线上申请、一次办结、零次跑腿、快速送达"服务模式,让老百姓享受改革"红利"。组建"红色跑小二"队伍,帮助村民代办建房审批、老年证、残疾证等各类事项,实现群众"少跑腿、不跑腿",2021 年为群众提供代跑、代办、代理服务超过 500 余件。

三 项目建设"包干了",点燃"产业兴旺"新引擎

探索实行村级项目"包干定责"机制,由村支部书记负总责,村两委干部分别领办、公开承诺、具体落实,村监会全程监督,每月通报项目进度,每半年组织"大家评"。创新"十比"积分制党员纪实管理制度,形成项目攻坚合力。

四 生态价值"转化了",开创"生态宜居"新优势

保护好一方山水,推动生态产品价值的高效转化,在大搬快聚富民安居、一户多宅清理整治等"八大战役"中勇挑重担。全力打造农产品质量安全追溯体系,推进农业种植统防统治、全程溯源、诚信联保"三项行动",基本实现从田头到市场的可控监管,不断提升农旅融合水平,积极拓宽生态产品价值实现路径。

五 富民强村"持续了",更上"生活富裕"新台阶

在全县率先试水村经济合作社股份合作制改革,不断"盘活"村集体资产,形成以"房产租赁、工程承包为主,商业服务为辅"的多元化产业格局,实现"集体资产增值、股民长期受益"。

资料来源:丽水市委改革办。

案例三 青田县"季宅模式"打造基层社会治理鲜活样板

青田县季宅乡创新推出的农村社会管理"季宅模式",于 2020 年 8 月成功创建国家标准化试点,并以优秀等次通过的国家标准化试点验收。2018 年到 2022 年 1 月,季宅乡共调解纠纷 430 起,成功化解 430 起,调处成功率和就地化解率达 100%。

一是构建一张"覆盖全域"的调解网格。

设置村民小组、村、乡三级调解网格,覆盖全域 142 个村民小组,设立调解中心和调解委员会,强化基层调解力量。建立"组内日巡、村级周巡、联合

月巡、重点随巡"矛盾排查工作机制。组建"矛盾及时解"微信群聊，鼓励群众自曝矛盾，调解员接单解决，实现初始矛盾排查化解率达90%以上。

二是打造一批"富有经验"的民间调解能手。

选拔群众公信度高、农村调解经验丰富、有一定理论水平的调解能手，组成100多人的调解人才队伍，建强调解人才库。实施"师徒结对传帮带"行动计划，扎实开展标准化培训，打造出一支懂政策、懂法律、善于做乐于做群众工作的队伍。

三是探索一套"适宜本土"的民间调解方法。

在多年的矛盾纠纷调解实践中，探索出一套以"早介入、清现场、明是非、解怨恨、重结果"为核心的"五步调解工作法"。调解员第一时间介入矛盾纠纷，受理3日内调解员赶赴现场，了解双方诉求，调查分析，还原事实，再通过耐心疏导，解开心结，消除隔阂。案件成功调处后，应用线上ODR司法平台对调解协议及时予以司法确认。

四是创新一项"三调对接"的联动机制。

互动衔接增效能，多方联动解难题，强化服务聚民心。构建以人民调解为基础，人民调解与行政调解、司法调解相互衔接配合的机制。对部分重大疑难矛盾纠纷开展政法机关联合调解，邀请相关职能部门参与调解，形成多方联动、共同发力的调解协作机制。

资料来源：丽水市委改革办。

二 市域社会治理现代化国家试点"丽水实践"的主要内容

丽水，以水为名，临水而建、因水而兴，"绿色青山"是丽水最宝贵的物质财富，理应循水而治，探寻水的本源之初（政治）、净化之功（法治）、浸润之效（德治）、灵动之美（自治）、涌动之观（智治），不断挖掘实践做法，赋予"善治丽水"的新内涵。"浙西南革命精神"是丽水最宝贵的精神财富，要用"浙西南革命精神"为市域社会治理现代化试点工作铸魂、赋能、立根，以"忠诚使命"的责任担当，防范、化解重大社会风险，以市域平安夯实全国平安的坚实基础；以"求是挺进"的精神与时俱进探索创新社会治理方式，充分发挥政治引领、法治保障、德治教化、自治强基、智治支撑作用，提高市域社会治理现代化水平；以"植根人民"的信念发挥社会各方主体积极性、主动性、创造性，建设人人有责、人人尽责、人人享有的社会治理共同体。

赓续红色精神血脉，坚持党建铸魂，充分融合"浙西南革命精神"和"绿水青山"这一丽水最宝贵的精神财富和物质财富，深度挖掘丽水的"水"为主要特质的善治文化，构建"1＋10＋6＋X"的市域社会治理工作架构，打造"善治丽水"。以党建为统领，重点强化平台统筹、区域统筹、服务统筹、力量统筹、责任统筹"五个统筹"，深入实施市域社会治理十大专项工程：一是深入实施红色铸魂工程，构建完善社会治理体系；二是深入实施法治保障工程，全力维护社会公平正义；三是深入实施文明礼治工程，持续净化社会道德风气；四是深入实施自治协商工程，全面激发社会治理活力；五是深入实施数字赋能工程，优化提升管理服务效能；六是深入实施政治安全工程，忠诚守护国家安全底线；七是深入实施治安防控工程，强力提升打防管控水平；八是深入实施民生护佑工程，扎牢织密公共安全防线；九是深入实施生态防线工程，筑牢绿水青山安全屏障；十是深入实施筑基提升工程，完善矛盾纠纷化解体系。进一步完善"六大机制"，即健全统筹协调联动、平安报表管理、平台交流互促、基层典型培育、专班推进、专业团队建设等六项工作机制，谋划一系列解决市域社会治理突出问题的专项行动。丽水试点，不仅着力改革实践，而且聚焦"制度创新"与"理论创新"两大关键，不断夯实市域社会治理现代化改革的制度体系和理论基础，充分发挥"试点"的引领带动作用。

（一）以党建统领为保障，重塑市域社会治理体制

1. 坚持党建引领，凸显党委领导核心作用

深入实施红色铸魂工程，汇聚治理体制优势集成。发挥党委总览全局、协调各方的领导核心作用，加强各级党委对市域社会治理现代化试点工作的总体领导，对本辖区改革的整体部署和统筹协调，构建总览全局、协调各方的党委领导体制，充分体现党领导下各类治理主体协同力量善治优势。以提升组织力为重点，实施"红色细胞工程"，深化"堡垒指数"、"先锋指数"、"规矩指数"和"清廉村居（机关）"建设，把党的政治建设、思想建设、组织建设、作风建设、纪律建设等贯穿市域社会治理各方面全过程。有效发挥党建"穿针引线"作用，积极探索创新社会组织党建

丽水市"县乡一体、条抓块统"县域整体智治改革第二次工作专班会议暨"大综合一体化"行政执法改革推进会 （遂昌县融媒体中心　雷晓云　摄）

品牌建设，各乡镇（街道）、村（社区）"揭榜挂帅"，形成一揽子可复制、可推广的基层治理与群众工作的品牌，如组织开展"社会组织党建好故事""红色公益项目创投""党建品牌大比拼"等活动，实现市域社会治理的最佳效果。

深入实施党建引领工程，推动党建治理深度融合。丽水建立以基层党建工作为核心、纵向治理体系为关键、完备制度为保障、人民群众满意为最高标准的"党建统领＋基层治理"整体架构，搭建从市县（市、区）到乡镇（街道）再到村（社区）党组织领导下的多方协同联动平台，形成"全域覆盖、跨界治理"的党建引领体系。把握村（社区）换届"一肩挑"后基层治理新特点、新要求、新理念、新方法，着力构建"党建统领、组织承载、整体智治、融合集成、唯实惟先、人人负责"的基层治理新格局。进一步完善"五议两公开"制度，全面实行城乡基层党组织领导村务社务的工作机制，全面推行"廊桥说事""阳光票决"等发扬基层民主的程序性制度。推行"民事村了"做法，全面实行村干部和联村、驻村干部基层社会治理问题区域负责制，建立履职"负面清单"，把社会治理的重点工作通过党组织体系链延伸到"最后一公里"。

2. 强调政府履责，明晰政府主导推进职能

强化政府社会治理职能，优化基层政府治理体系，构建职能优化、运行高效的政府负责体制机制。将市域社会治理现代化改革试点作为全面深化改革的重要组成内容，与经济发展、乡村振兴、队伍建设等一体布局、融合推进，推动市域社会治理现代化试点工作融入经济社会发展全过程，社会风险防控贯穿规划、决策、执行、监管各领域各环节，形成问题联治、风险联控、平安联创的良好局面。发挥政府主导作用，立足群众对政务服务需求和办事满意度、获得感，加强和改善社会治理、公共服务，持续推进（数字化）改革，以数字化手段推进社会治理全方位、系统性、重塑性变革，构建区域联动、部门协作机制，提高优质服务共享水平。

深入实施筑基提升工程，完善矛盾纠纷化解体系。结合"最多跑一次"改革与机关内部"最多跑一次"理念，坚持和发展新时代"枫桥经验"，丽水建设县级矛调中心，创新"一门式、一站式"矛盾调节机制，让社会矛盾化解"最多跑一地、最多访一次"。加快出台地方标准，推动"三大功能平台"数据共享交互一体化布局、资源调度合理化配置，牵引打造矛盾纠纷化解"136"工作格局。积极承接"县乡一体、条抓块统"改革创新成果，迭代完善"一中心、四平台、一网格"县域社会治理体系，构建和完善县乡权责、模块化乡镇（街道）职能、集成化事项运行、数字化平台支撑、制度化利益协调等五大体系，不断提高社会治理科学化、社会化、法治化、智能化水平。

案例四 云和打造"街乡共治"鲜活样本

2019年以来，云和县紧紧抓住全国首批乡村治理体系建设试点契机，积极探索建立街道与乡镇、城市与农村协同治理的"街乡共治"社区治理新模式。

一是打造"党建联盟"，发挥党员先锋模范作用。突出党建引领，把工作重心由"服务发展为重"转向"服务发展、强化治理"，以"街乡共治"为主线，建立以居住地为主体的工作支部，让每一名党员都能在社区找到党组织，并发挥积极作用。目前，全县已有15个社区成立了共治联

盟，共吸纳异地党组织 106 个、党员 6000 多名。

二是建立"联席会议"，激发居民参与共治活力。创新"群众参议""民族同心""乡贤恳谈"等多项联商机制，全面听取、掌握居民的意见与诉求。抓好全域统筹，突出联动共治，建立"由流入地街道牵头，流出地乡镇参与"的齐抓共管机制，变"互相推"为"大家管"，密切"街乡"关系，畅通共商渠道，提高基层治理参与度和有效性，共同解决城乡融合进程中社区治理难题。

三是成立"服务中心"，提升社区综合服务能力。在大坪社区成立"街乡共治"服务中心，按照服务内容和方式，崇头、雾溪等乡镇直接派驻工作人员到社区，居住在社区的下山转移村民则可以直接到社区办理社保、产业帮扶、就业扶持等各类社会事务，让群众不再需要回到原籍所在地乡镇办理，真正实现"乡事城办"。

资料来源：丽水市委改革办。

3. 倡导协商议政，体现民主协商独特优势

在一个复杂的组织体系中，上、下、左、右、内、外的协同机制必不可少。社会是一个庞大的巨组织系统，社会治理是一项系统工程，因而要实现健康、有序、可持续发展，整体协同、局部协同、全方位协同不可或缺。在组织学、控制论、信息论及系统论等学科理论中，对协同理论都有涉及。丽水加强市域社会治理领域的协商民主制度建设，政党协商、政协协商、人民团体与社会组织协商等，调动民主党派、无党派人士建言献策的积极性，通过充分民主协商，达到高效社会协同。创新民主协商议事形式和活动载体，推动全市所有村居落实重大事项决策"四议两公开"，深化"村级事务阳光票决"模式，广泛开展村民说事、民情恳谈、百姓议事、妇女议事等各类协商活动，有效通达社情民意、平衡各方利益、化解矛盾纠纷。全方位调动市场主体、社会组织和一切团体的积极性、主动性，实现大家事大家办、大家事商量着办，在和谐互助、积极向上的氛围中建设平安家园。

4. 组织志愿服务，发挥群团组织助推功能

丽水持续深化群团组织体制改革，创新党建带群建制度机制，拓宽群团组织参与市域社会治理的制度化渠道。充分发挥团委、妇联、工会等群

团组织和社会组织参与社会治理的作用，全面推动社会治理触角向下延伸。建立"关心桥驿站"、鲁冰花工作室、畲之韵未检工作室、未成年人关护帮教基地等青少年帮扶教育基地20余个，深入开展"法治丽水·巾帼在行动"活动，健全职工法律服务体系和"零门槛""应援尽援"等法律服务机制，提升群团组织在群众中的影响力、号召力、凝聚力。

加强志愿服务队伍建设，让每一位群众能够投身志愿服务，发挥治理主体作用。健全完善志愿服务制度体系，制定出台《丽水市志愿服务嘉许激励办法（试行）》，上线运行"小园丁"志愿服务平台，通过志愿汇招募、倡议书倡导、志愿者集结号等形式，广泛动员引导全市志愿者和志愿服务组织参与社会管理服务。建立丽水市"小园丁"学院，加快培养一批长期参与志愿服务、熟练掌握服务知识和岗位技能的志愿者骨干。截至2021年底，在各级民政部门注册的志愿服务组织达54个，注册志愿者72.88万人，占常住人口的29.06%，"人人争当小园丁"蔚然成风，"随手做志愿"深入人心。

案例五　丽水"小园丁"助力市域社会治理现代化

2021年建成"丽水小园丁志愿服务平台"，并在6月15日正式入驻"浙里办—志愿浙江"板块，成为全省率先上线浙里办的市级志愿服务数字平台。

丽水"小园丁"现有志愿服务项目17大类47小项，紧贴社会需求，开展灵活多样、社会认同的志愿服务项目。一是助力疫情防控。全力服务大局，全市招募、集结24.9万名"小园丁"志愿者投身防疫宣传、疫情排查、联防联控、物资运送，助力复工复产复耕等战"疫"志愿服务。全市派驻卡点志愿者214.1万人次，发布歌曲、三句半、快板、微视频等文艺作品920多件（篇），有效维护了社会公共秩序。二是突出"红绿"融合。组建"两山"宣讲团，围绕习近平新时代中国特色社会主义思想、实施乡村振兴战略、"丽水之赞""两山"发展、"浙西南革命精神"等重大主题，结合地方戏曲、自编歌曲等多种形式分赴全市宣讲1.5万余场。青田县发布的"90后小宣讲理论"3分钟系列短视频获学习强国、之江思享汇等广泛转载。三是围绕百姓民生。以空巢老人、留守儿童、残疾人为重点服务对象，开展家政服务、文体活动、心理疏导、医疗保健、法律服务、科学普及等志愿服务。组建"小园丁"志愿者创建文明城市市民观察团，围绕环境建设、文明好习惯养成、社区文化建设、未成年人思想道德建设等创建工作开展观察活动，查找短板。成立以白云小区夕阳红巡逻队为代表的"小荷义警"，坚持常年巡逻为社区的平安做出无私奉献。

资料来源：丽水市委改革办。

5. 集聚社会资源，释放社会力量协同效能

市场在资源配置中起主导性作用，市场主体不仅带有传统所述的"自利性"特质，同时亦具有内在的公共性特质，能够在市域社会治理资源配置中发挥着重要作用。因此，在市域社会治理逐步成熟化、现代化的过程中，尤其是在谋求经济高质量发展的背景下，应充分重视市场本身的公共性和自治性，使政府与市场充分形成协作共治。政府与企业的共治关系是市域社会治理中政府与市场协作共治的最主要体现。[①] 丽水不断探索完善政府、市场、社会力量协同治理机制和基层自治机制，充分发挥市场主体和社会组织的作用。

建立政社分开、权责明确、依法自治的社会组织制度，创新完善激励机制，探索完善企业社会责任评估机制，加大政府购买服务力度，制定完善孵化培育、人才引进、资金支持等扶持政策，培育一批拥护党的领导、政治上可靠的规范化行业协会商会、公益慈善组织、城乡社区社会组织，鼓励引导社会组织、企事业单位、广大群众参与社会治理。完善市场主体、社会组织等多元主体参与基层社会治理工作机制，持续加强城乡社区平安类社会组织建设，加大参与社会矛盾、纠纷化解、社会服务类的社会组织培育力度，引导各类社会组织和市场主体参加服务社会、防控风险、化解纠纷等工作，激活社会治理的基层细胞，实现了平安类社区社会组织在城乡社区的覆盖。最大限度地实现政府、市场和社会优势互补、良性互动，形成解决社会治理和平安建设难题的强大合力。

---

① 董妍、孙利佳、杨子沄：《市域社会治理现代化法治保障机制研究》，《沈阳工业大学学报》（社会科学版）2020 年第 3 期，第 200～205 页。

6. 注重发动群众，拓展群众参与治理途径

习近平总书记强调："要贯彻好党的群众路线，坚持社会治理为了人民，善于把党的优良传统和新技术新手段结合起来，创新组织群众、发动群众的机制，创新为民谋利、为民办事、为民解忧的机制，让群众的聪明才智成为社会治理创新的不竭源泉。"① 市域社会治理是以设区的城市为基本治理单位，以城区为重点，覆盖农村、城乡联动，充分发挥市级层面主导作用，在市域范围内统筹谋划和实施的社会治理。人民群众不仅是市域社会治理的受众群体，同样也是参与主体，为更好地拓宽群众参与渠道，丽水不断完善基层群众自治体系与自治机制，构建党领导下多方参与、共同治理、充满活力的城乡社区治理体系，推动实现政府治理和社会调节、村（居）民自治良性互动。例如，缙云县创建"正道讲和团"，努力打造新时代"枫桥经验"升级版。在乡村治理中充分挖掘"草根优势"，吸收热爱家乡事业的乡贤参与矛盾纠纷化解，创新"乡贤＋人民调解"工作模式，成功打造出 18 个"正道讲和团"。截至 2021 年上半年，已吸收 420 余位乡贤加入"正道讲和团"调解员队伍，化解矛盾纠纷 2000 余件。

案例六　遂昌县"信用乡村"试点探索乡村"四治"融合治理格局

信用体系建设是信用浙江建设的核心载体，2020 年遂昌县在蔡源乡蔡和村打造浙江省首个基层社会治理"信用村"，引起了社会的广泛关注。2021 年遂昌县结合数字化改革工作，以列入全省唯一"信用＋乡村治理"场景试点为契机，创新探索信用在乡村治理中的多维度运用，以"信用可量""信用可触""信用可用"的建设思路，推出以"信用＋乡村治理"为主题的"信用乡村"场景应用，深度探索乡村"四治"融合的治理格局。

该应用全面统筹公民诚信意识培养到树立诚信权威的宣传制度、村规民约、遂心分管理办法等系列制度，将社会的公序良俗、文化道德等与乡村治理全面融合，以浙江省公共信用数据为支撑，构建"省信用基础分＋村级基层治理赋分"的遂昌县信用积分体系——"遂心分"，更加精准地实现对自然人"信用画像"和数据动态管理，全面形成了以法治为保障、

---

① 《坚持社会治理为了人民——二论学习贯彻习近平总书记中央政法工作会议重要讲话》，《光明日报》2019 年 1 月 18 日。

以德治为基础、以自治为目标、以智治为手段，实现衔接村民事前、事中、事后全环节的"信用＋乡村治理"体系的建立和运行。

2021年6月上线"浙里办"，现已全县推广，访问量超5万人次，村民反馈归集治理事项2.32万件。探索建立了以信用为载体的全链条、全时空、全方位的可视化乡村数字化治理途径。在乡村普惠金融服务上与宁波银行联名发行"遂心卡"，为1437名村民办理"遂心卡"，1168名村民授信9211万元，累计发放信用贷款3121万元。同时将机制创新、流程再造、业务重塑作为乡村治理模式和"治道变革"的内生动力，进一步优化全县营商环境，以湖山村为代表一批"未来乡村"成为省重大产业项目集聚地，吸引了阿里云、网易、中电海康等20多家数字经济头部型企业和1015家市场主体落地，落地投资14亿元。

资料来源：丽水市委改革办。

（二）以风险防控为中心，优化市域社会治理布局

1. 稳固基础，着力维护国家政治安全

市域社会治理现代化的改革要求以解决市域内影响国家政治安全、社会安定、人民安宁的突出问题为着力点。丽水深入实施政治安全工程，忠诚守护国家安全底线。以深化推进"反制""铸墙""净土""攻心"四大工程为牵引，坚决打好维护国家政治安全整体战、主动仗，确保政治安全风险总体可防可控。深入推进风险隐患摸排化解专项行动，持续关注涉政风险、涉政舆情和涉政重点人动态管控，坚决防止发生"颜色革命"、境外宗教渗透、非法集聚和涉政敏感案事件。深入推进反恐防暴专项行动，健全反恐工作机制，注重加强打防结合、精准施策、标本兼治，加大对"三非人群"的清理力度，深化"防回流、打派遣"工作，落实重点目标防控，持续推进暴恐音视频打击整治。深入推进反邪防邪专项行动，组建核准入库和验收解脱专班，全面铺开攻坚巩固和解脱工作，持续开展邪教问题突出地区专项整治巩固提升行动和网上反邪教专项斗争，以此建立起防控严密的安全体系。

2. 保障平安，完善社会治安防控体系

丽水深入实施治安防控工程，强力提升打防管控水平。坚持专群结合、群防群治，完善立体化、法治化、专业化、智能化社会治安防控体

系。推进"智安小区"建设，重点推动建成全市统一的智安小区应用平台。结合"雪亮工程""智网工程"等建设契机，建立精准高效的打击整治犯罪体系，贯彻落实中央关于"平安中国"建设的指示精神，推进扫黑除恶专项斗争，建立完善扫黑除恶常态化长效化机制。开展严打整治活动，严厉打击盗抢骗、黄赌毒等突出违法犯罪，强化各类特殊人群服务管理。推进社会治安重点部位和突出问题集中整治行动，形成市级统一指挥、部门协作、联合作战、专业治理、精准打击机制。推进立体化治安防控体系建设，建立专兼职平安巡防队伍。丽水云和县聚焦平安建设痛点难点，深入开展"政法铁军组团驻格"为民服务活动，全县 700 余名政法干警、律师分组入驻全县 219 个网格，逐家逐户访民情，组团组队解民忧。

3. 审慎创新，防控新型网络安全风险

互联网的无边界加剧了公共安全风险。网络社会的开放性使散布网络谣言、传播电脑病毒、电信网络欺诈等违法犯罪行为日益增多，尤其是网络诈骗、电信诈骗成为当前公共安全领域的突出问题。丽水加强对共享经济、网络经济的新模式、新业态分析研究，提高对新型风险的识别、预警、防控能力。建章立制，加强对互联网风险管控，形成用网治网的新方式，有效防控新型网络安全风险。全面推行"一警情三推送"机制，完善网络社会综合防控体系，推进"源头净网"专项行动，开展打击防范新型网络诈骗，坚决遏制电信网络诈骗犯罪高发态势，实现发案同比、环比"双下降"。完善新技术新应用安全监管体系，加强网络空间综合治理，稳妥处置各类涉法舆情，持续净化网络空间。提升网上群众服务能力，建立完善的诉求收集、解决、回应机制。

案例七 丽水构建"全民反诈"格局

2022 年以来，全市公安机关深入开展电信网络诈骗犯罪防范打击，积极联合各行业领域推进"全民反诈"格局，成效显现。截至 5 月，全市受理电信网络诈骗案件 1417 起，损失金额 8757.98 万元，同比分别下降36.43%、48.89%，下降幅度均为同类地区最高。

一是发动各行业领域构建新格局。组织召开全市打击治理电信网络新型违法犯罪工作联席会议，出台十五条刚性措施，推动各行业领域构建

"党政主导、综治主管、行业主责、公安主打、社会参与"反诈新格局。市、县两级建立领导小组,制定清单化任务,实体化运作反诈中心,完善畅通公安、银行、运营商合作绿色通道。实行红黄绿"三色预警"管理模式,推动建章立制、督导整治,2022年已对18个乡镇(街道)进行黄牌警告,市平安办对龙泉市剑池街道实行挂牌整治,倒逼各地主动开展专项治理。

二是从重点案件入手实行全链条打击。开展电诈案件专项打击,聚焦从境内到境外,从"跑分客""工仔""枪手"到"金主"的全要素、全环节、全链条精确打击,其中,2022年4月研判掌握一第四方支付跑分团伙,涉及全国26个省区市,串并全国诈骗案件192起,犯罪嫌疑人200余名,涉案资金达2亿元左右;全链条打击"11·11"邮储银行非法入侵计算机信息案件,串并全国5000余起案件。

三是多渠道发力搭建反诈"防火墙"。市县联动、全域发力,构建全民反诈防骗"防火墙"。实行"每案分析、每案预警、每案推送、每案回访"闭环防控链条,每日梳理当天发案,将典型案例制成宣传素材,发动联席办各成员单位进行多形式宣传,并组织开展上门回访。通过每周推送"老倪说反诈"短视频,与滴滴、哈啰等企业联合推出乘车反诈语音播报,推广"莲都反诈金钟罩"手机预警软件等方式,提高反诈宣传的精准度和覆盖面。在与人行、丽水银保监分局联合各商业银行组织金融系统联合开展反诈宣传和防控中,2020年以来全市反诈中心预警劝阻8.04万余人次,避免经济损失398.5万余元。

资料来源:丽水市委改革办。

4. 未雨绸缪,防范化解社会矛盾风险

风险社会背景下,各种矛盾纠纷问题凸显,例如土地纠纷、邻避问题、医患矛盾、债务纠纷、劳资纠纷、非法集资、电信诈骗、P2P等金融诈骗,其中"涉众型"纠纷极易引发群体性事件,市域尤其是基层矛盾化解难度日趋加大。加上以往初访信访化解、消防安全隐患排查、交通安全综合治理、食药品安全监管等安全问题,给市域社会治理带来诸多新挑战。[①]丽水健全重大决策社会风险评估制度,加大对易引发群体

---

① 张永新:《加快推进长春市域社会治理现代化探析》,《长春市委党校学报》2020年第1期,第50~53页。

性事件矛盾纠纷排查力度，加强重点利益诉求群体稳定工作，探索建立常态长效的矛盾化解体系，加强社会心理服务体系建设，推进矛盾纠纷多元调处化解。坚持发展新时代"枫桥经验"，健全人民调解、行政调解、司法调解等联动调解制度。①做好信访矛盾化解工作，落实领导干部接访下访和包案制度，创新"最多访一次""最多跑一地""最多跑一巷"改革。持续推进力量资源整合、服务功能集成、工作流程优化，打造矛盾纠纷全量掌握、调解资源全面整合、调解机制更加完善、协同应用更加高效、矛盾风险闭环处置的社会矛盾纠纷调处化解体系。

案例八　聚焦源头 协同共治 创新探索
——丽水市三措并举防范化解矛盾纠纷成效显著

2022 年 1～5 月，丽水市共调解基层矛盾纠纷 20658 件，调解成功率达 86.1%。其中，成功化解处置公安部、省委政法委、省公安厅交办信访件 1052 件，提前完成信访积案"清零"工作目标。

一是聚焦源头，强化矛盾调解"预防＋"。畅通源头治理渠道。对矛盾纠纷类警情实行"一警情三推送"，开展源头化解。落实警情、案情"清零"。针对矛盾纠纷警情实行提出"一警一对策""日清日结"工作目标，并以周通报的形式倒逼警情处置更加高效规范。开展"信访周会商"。每周公安局党委班子集体"会诊"上周重点初访信访件，约谈被投诉较多的派出所负责人。加强对信访投诉件的逐案研究力度，深入排查化解信访投诉件的矛盾纠纷。

二是协同共治，凝聚矛盾调解"合力＋"。引导部门协同参与。建立以基层派出所为支撑、多部门协同配合的矛盾纠纷化解体系，因地制宜开展矛盾纠纷化解工作。发动社会调解力量。发挥乡贤有威望、知情况、善调和等优势，以人情关系为纽带缓和冲突；发动治安志愿者、民兵等社会力量排查重点人群以及重大不稳定事件，延伸基层重大矛盾纠纷排查"触角"。深化矛盾多元化解。以高标准建设基层矛调中心为牵引，推动社会

---

① 杨峥嵘：《以人民调解为基点构建我国大调解格局的思考》，《中国司法》2019 年第 4 期。

矛盾纠纷有效调处化解。

三是创新探索，提升矛盾调解"质效+"。实施"外籍新娘"管理。创新推出"外籍新娘"积分制管理办法，每个考核周期排名靠前者在社会救济、保障等方面优先予以落实。探索监所社会矛盾化解。针对不同类型案件、不同性格被监管人员因人施策、因势利导将矛盾纠纷化解于看守所、拘留所内。借力数据分析赋能。依托派出所"基层基础警务工作平台"及"矛盾纠纷调处模块"大数据分析，结合日常数据排摸，建立信访重点人员"红、黄、绿"三色管理办法。

资料来源：丽水市委改革办。

5. 关口前移，加强公共安全风险治理

丽水全面落实公共安全属地责任、部门责任、企业责任，着力构筑全方位、多层次的公共安全体系，织密公共安全网络，把好安全风险源头关，坚决守住安全底线。完善事前、事中、事后全程监管机制，加强重点物品、重点场所、重点行业安全监管措施，加强对新经济、新业态分析研究，对危险化学品重大危险源和在用尾矿库的在线监测，提高动态监测与实时预警能力。推进道路交通、消防等安全隐患常态化治理，防范遏制重特大安全事故。建立行业安全稳定风险评估、化解和管控制度，完善公共安全风险监测预警，确保不发生重大公共安全事故、环境事件和农产品、食品、药品安全事故。[①] 完善突发事件应急预案和处置机制，健全市县（区）乡镇（街道）一体化的应急管理综合指挥平台，建立公私部门有序协作的综合性应急救援队伍与应急救援工作机制，构建实战化、扁平化、合成化应急处置模式。构建全天候的自然灾害预警防治体系和防灾减灾救灾工作机制，应对重特大自然灾害侵袭。疫情防控期间，丽水坚持底线思维，以现代化应急管理体系，深入排查疫情防控漏洞，抓实抓细各项防控措施，坚决打好"外防输入、内防反弹"阻击战。

---

① 陈一新：《着眼把重大矛盾风险化解在市域 打造社会治理的"前线指挥部"》，《中央政法委长安剑》2020 年 10 月 22 日。

案例九　标准化统筹　数字化指挥　专业化保障
——丽水市打造自然灾害应急指挥体系"升级版"

2019 年以来，丽水市通过建立完善自然灾害全流程"管控、智控、群控"机制，推进实施应急指挥"标准化、数字化、专业化"。

一是流程闭环管控，实现标准化统筹。发布全国首个《自然灾害应急指挥体系建设规范》地方标准，推动形成统分结合的组织结构、纵横覆盖的责任网络和标准化的处置流程。在灾害防治和应急处置的重点环节，建立了风险防控、隐患整改、预警发布、人员转移、复盘提升和会商、协调、指令、落实等一系列制度，形成应急指挥工作闭环。明确值班值守、应急管理、联动、处置等四大类 15 项具体工作标准，规范工作流程。

二是灾害精密智控，实现数字化指挥。以"网格化、大联动、微治理、精服务"为准则，依托丽水"城市大脑"，通过数据归集和建立数据分析模型，为应急指挥的预警、研判、调度、处置提供信息化、数字化手段，形成跨部门、多领域、智能化的综合指挥平台，已有 12 个单位的 23 个应用系统接入指挥大厅。集成全市应急资源、重点目标、救援力量、人员定位、避灾安置等信息，初步建成应急指挥"一张图"，全市 1056 个避灾安置场所、357 支救援队伍、372 个应急物资仓库、188 个卫生医疗场所、9.78 万路视频监控资源已"上图"。结合应急管理工作实际，梳理可视化指挥调度、三维地图、地质灾害、城市消防、森林防火、危化品安全等 12 个"智慧应急"应用场景，为应急指挥和抢险救援提供了技术支持和决策服务。

三是基础群防群控，实现专业化保障。建立应急救援队伍实行分级响应机制，成立丽水市应急救援联盟和浙闽边界应急救援联盟，深化军地联合实现军地信息资源共建共享和共训共练。全省首个市级应急物资储备中心——丽水市应急救灾中心将建成投入使用；推进乡镇（街道）和行政村重要应急物资标配落地；完成避灾安置场所规范化建设，实现避灾安置场所可视化提升。开展"百镇千村万户"应急入村专项行动，全市 173 个乡镇（街道）健全应急指挥机构、建立综合应急救援队伍。

资料来源：丽水市委改革办。

丽水市莲都区实施"村级事务阳光票决制"打造新时代"枫桥经验"升级版

（丽水市电视台提供）

（三）以"五治融合"为依托，创新市域社会治理方式

1. 筑牢根基，强调"政治"引领作用

2021 年 11 月 5 日，中央政法委秘书长陈一新在第三次市域社会治理现代化试点工作交流会上强调，要进一步认识、发挥和强化政治引领作用，加快推进市域社会治理现代化。并提出了"七点意见"，即把握政治方向、完成政治任务、发挥政治优势、凝聚政治力量、净化政治生态、防控政治风险、强化政治担当。[①] 丽水深入实施红色铸魂工程，推动党建治理深度融合，始终坚持党的领导核心地位，发挥好党组织总览全局、协调各方的作用以及各级党组织的战斗堡垒作用。以党建为统领的理念、统筹整合联动的方法、全面管用高效的导向，探索形成了"党建铸魂，善治丽水"的"1 + 10 + 6 + X"工作架构。

树立正确的政治导向，以满足人民对于美好生活需要和善治社会环境为出发点，明确目标和凝聚共识，以"改革创新、锐意进取"为导向，确定市域社会治理各项重点改革任务。提高各级党委统筹谋划市域社会治理能力，研究确定本地市域社会治理的总体思路、政策导向、目标任务、方

[①] 陈一新：《政治引领应成为市域社会治理重要方式》，《人民法院报》2021 年 11 月 4 日。

法路径，制定出台政策意见。强化党建工作制度化、规范化、标准化建设，以基层党建全域提升引领市域社会治理全面提升。[①] 建立完善系列制度机制，谋划开展系列专项行动，有效破解了社会治理工作条块分割、力量分散、责任虚化等问题，涌现出缙云县笕川村"善治六法"、庆元县"十台合一"、云和县"街乡共治"、遂昌县"信用＋社会治理"等典型经验。

2. 规范引领，发挥"法治"保障作用

习近平总书记指出："推进国家治理体系和治理能力现代化，就是要适应时代变化，既改革不适应实践发展要求的体制机制、法律法规，又不断构建新的体制机制、法律法规，使各方面制度更加科学、更加完善，实现党、国家、社会各项事务治理制度化、规范化、程序化。要更加注重治理能力建设，增强按制度办事、依法办事意识，善于运用制度和法律治理国家。"[②] 丽水市高扬"丽水之干"奋斗旗帜，坚持把法治政府建设与市域社会治理现代化试点创建有机结合起来，突出运用法治丽水建设"六大抓手"，深入实施法治保障工程，全力打造社会治理最优模式，荣获全省首批"法治浙江（法治政府）建设示范市"，连续17年被省委、省政府命名为"平安市"，构建形成平安法治一体推进的生动局面。

一是立法先行，加速释放制度红利。良法是善治的前提，丽水用好地方立法权，积极发挥法治引领和推动作用，围绕市域社会治理急需、满足人民新期待新要求，全面加强市域社会治理领域的地方立法工作，组织开展立法调研、论证座谈、协调意见会，制定出台地方性法规，加快推进立法向城市管理、乡村治理、生态文明、文化传承等重点领域延伸，用法治思维和法治方式破解市域社会治理难题。自2016年开始，相继出台实施1部程序性法规（《丽水市制定地方性法规条例》）、10部实体性法规，有效解决市域社会治理中的突出问题。先后出台《丽水市革命遗址保护条例》《丽水市传统村落保护条例》，为保护红色资源、加强传统村落治理提供有力保障。护航绿色发展。制定实施《丽水市大窑龙泉窑遗址保护条例》

---

① 戴大新、魏建慧：《市域社会治理现代化路径研究——以绍兴市为例》，《江南论坛》2019年第5期，第10～12页。

② 习近平：《坚持和完善中国特色社会主义制度推进国家治理体系和治理能力现代化》，《求是》2020年第1期。

《丽水市饮用水水源保护条例》《丽水市南明湖保护管理条例》，推动"绿水青山就是金山银山"理念落地生根。保障民生福祉，制定出台《丽水市文明行为促进条例》《丽水市物业管理条例》《丽水市城市养犬管理规定》，及时回应群众关切，有效破解治理难题。

二是依法行政，推动权力规范运行。规范依法决策，全面推进乡镇（街道）合法性审查全覆盖，出台《丽水市乡镇（街道）合法性审查工作规范化建设标准》，全市173个乡镇（街道）建立"党政办+司法所+法律顾问"审查队伍模式，实现乡镇（街道）合法性审查力量、审查范围、审查机制全覆盖。落实政府重大决策出台前向人大报告制度，组织实施政府重大行政决策执行情况第三方评估，统一目录化管理与合法性审核。截至2020年底，市、县、乡三级实现重大行政决策目录化管理及合法性审查100%全覆盖。市人大常委会专题听取和审议法治政府建设工作情况，建议提案办理满意率100%。司法建议、检察建议及时回复率100%。出台全省首个一般程序行政处罚案卷评查标准，重点执法领域执法质效评议全覆盖，行政执法案卷合格率达到97%。规范执法活动。全面推行行政执法公示、执法全过程记录、重大执法决定法制审核"三项制度"，出台质效提升专项行动实施方案，组织开展专项监督、开展案件案卷评查。坚持数字赋能智慧执法，推动执法程序规范化、方式多样化、运行高效化，实现"三项制度"100%全覆盖。4964个证明事项实现"无证明化"，占全部事项的66.8%。创成全国第三批社会信用体系建设示范区，在全国261个地级市中的信用状况监测排名跃升至第9位。优化服务供给。统筹推进22个部门1070个行政处罚事项划转，占全部执法领域的64.7%。稳妥推进"一支队伍管执法"，全市"1+8"执法队伍力量一线下沉率达到93.5%，乡镇（街道）下沉率达到57.3%。市县一体化智慧执法平台被列入全省数字法治"一本账"。

三是公正司法，完善制约监督机制。完善执法司法权运行机制和管理监督制约体系，市人大、市政协分别围绕社会治理领域开展专项监督和协商民主专题调研。编制《丽水市深化行政执法监督规范化建设创新实践实施方案》，在市本级和莲都、缙云、龙泉三地试点。深入开展行政执法"三项制度"执行"回头看"和重点执法部门案卷评查，推动实现行政执法"三项制度"100%有效覆盖。完善市域法治保障体系，积极推进公共法律服务体系建设，加快整合各类法律服务资源，推动国家工作人员学法用法，不断健全完善领导干部和公务员"多层施教""提任必考""以考促学"等工作机制。以落实司法责任制为出发点。开展执法司法规范化水平提升年活动问题清单整改，组织开展重点案件评查活动，积极推进涉法涉诉信访积案专项攻坚。评查案件1.2万件，发现一般问题1420件、瑕疵案件566件、错案34件，涉嫌违规违纪违法41人，积案攻坚梳理97件，化解77件，化解率79.4%。以部门联动为结合点。加强行政机关与司法机关的衔接配合，推动行政执法与刑事司法有机衔接。加强纪检监察机关与司法机关的工作衔接，对司法机关工作人员存在执行"三个规定"不到位以及其他苗头性、倾向性问题与纪检监察机关进行双向通报。以行政争议化解为着力点。深入开展行政诉讼发案量和败诉率"双下降"专项攻坚行动，抓好行政争议实质性化解工作，发挥府院检联席会议制度作用，定期加不定期地进行分析研判，会商研究预防和化解行政争议的有效措施。落实行政机关负责人出庭应诉制度，出台《丽水市行政机关负责人出庭应诉工作的指导意见》，指导行政机关规范行政行为，编印行政复议和行政诉讼典型案例40个，市行政机关负责人出庭率达到100%。

四是定分止争，推动矛盾分层过滤。建强一个体系。坚持把"最多跑一次"改革所蕴含的方法、理念、作风延伸运用至社会治理领域，标准化推进县级矛调中心建设，全面集成接访、诉讼、调解、劳动监察仲裁、行政复议和公共法律等服务。高质量抓好"一中心四平台一网格"基层社会治理体系建设，推动实现矛盾纠纷调处化解点、线、面有机融合和县、乡、村纵向贯通，推动矛盾纠纷就地高效化解。织密一个网络。构建以市人民调解协会为"龙头"，县级调委会为纽带，镇街调委会为骨干，村居调委会为基础的四级联动覆盖调解组织网络。探索建立"人民调解＋乡贤团""人民调解＋自联会""人民调解＋志愿队"模式，鼓励社会力量参与调解。2022年以来，全市矛盾纠纷调解成功率达99.79%。做优一套机制。坚持"调解优先、诉讼断后"，建立"纠纷调处、司法确认、诉讼引调、代理诉讼"工作流程，完善诉调、警调、检调、仲调、专调、访调等多种模式联动体系，创新完善联合调处、兜底化解等工作机制，努力把矛盾纠纷化解在成诉、成访之前。2021年全市法院新收一审民商事案件28196件，较2020年同比增加4.3%。

五是精准普法，打造全民守法格局。创新普法模式。贯彻落实丽水市"八五"普法规划，开展公民法治素养提升专项行动，完善分业、分类、分众法治宣传教育机制。常态化开展法治文化建设年活动，推广"法治＋产业"的普法模式，探索"法治＋文旅"等创新普法模式。全市已开展各类法治讲座、法治主题宣传活动千余场。压实普法责任。建立健全普法责任清单发布机制，开展普法责任清单情况考评，压实压细各方责任，印发2022年度单位法治宣传教育责任清单、主题活动计划和重点培育普法项目，明确10项共性清单和60家普法责任单位239项个性清单，62项法治宣传主题活动，17个市本级重点培育普法项目，切实构建社会大普法格局。打造普法基地。积极推进法治文化与传统文化、地方文化、行业文化、校园文化融合发展，打造集普及行业专门知识和普及法律知识的"双普"教育基地，深化"一地一品"法治文化示范点建设，加大宪法、民法典主题公园标准化法治文化阵地创建力度。全市建成各级各类法治宣传教育基地927个，其中以宪法、民法典等为主题的法治公园（街区、广场）33个，青少年法治教育基地71个，依法治校示范校153所。

案例十　丽水法院多跨高效　全力推进"共享法庭"建设

2020年，丽水法院以数字化改革为牵引，积极探索"共享法庭"跨域庭审新模式，帮助老年人、残疾人等互联网应用能力较弱群体畅享跨域诉讼服务，消除数据鸿沟。

一是跨层级联动，共建共享项目资源"零落差"。"共享法庭"由市中院统一研发、集中部署，基层法院负责具体的实战性场景应用，通过需求导向不断优化功能模块设计，实现上下互通、良性互动，项目共建、资源共享。截至2022年4月，已在全市建成"共享法庭"2308个，其中，173个乡镇（街道）实现全覆盖。

二是跨数据集成，全力保障异地庭审"零时差"。创造性运用最新的内网云庭审模式，在基层法院（法庭）低成本组建远程庭审场景，远程证据交换、电子笔录确认等可直接回传至办案办公平台，相应庭审视频数据直接对接数字法庭系统，提高庭审效率的同时，也为自身不具备参与网络庭审条件的当事人就近提供了场所。

三是跨区域协同，持续提升司法公信"零温差"。坚持全域统筹，在共享法庭标准化配备电子签名板、高拍仪、语音识别声卡等技术设备，培训指导专人负责日常运维管理，加强区域间的诉前对接，以高效率的技术保障、高质量的现场指导和标准化的庭审流程，为当事人提供低成本、快时效、高质量的诉讼服务，同时保留审判活动的庄严性、权威性和规范性，以提升人民群众的司法参与感、获得感和幸福感。

资料来源：丽水市委改革办。

龙泉市安仁镇永和义警构筑基层治理平安共同体

（安仁派出所　方春清　摄）

3. 为政以德，借助"德治"教化作用

习近平总书记多次强调"枫桥经验"要顺应时代变化，"以变治变"创新群众工作方法，善于运用法治思维和法治方式解决涉及群众切身利益的矛盾和问题，把"枫桥经验"坚持好、发展好，把党的群众路线坚持好、贯彻好。践行法治的同时，德治的力量同样显耀。古今中外，虽社会制度和时代各异，德彰者概为民众拥戴，甚至可以达到无为而治。德治是中华传统文化的重要智慧，在我国现行多部法律法规中也得到确认和支持。对待优秀传统文化，丽水正在实现创造性转化和创新性发展，使其成

为市域社会治理现代化的重要力量。

丽水市积极探索道德教育感化功能在市域社会治理现代化工作中的运用，深入挖掘和运用好市域内优秀文化资源，大力弘扬和践行社会主义核心价值观，推动浙西南革命精神立根、赋能。深入实施公民道德建设工程，全面激发市域德治能量。推进基层道德规范、诚信体系建设，完善村规民约、居民公约、行业规章、团体章程等各类规则，建立健全监督和奖惩机制，强化市域德治约束。开展全域文明城市创建和全国社会信用体系建设示范区创建工作，走出了一条德治教化赋能社会治理的创新之路。

一是传承革命精神，夯实道德基础。进一步挖掘革命精神，成立浙西南革命精神研究中心和浙西南红色文化研究会，举办"红色浙西南，绿色新丽水"等浙西南革命精神论坛，编写《浙西南革命精神丛书》《浙西南革命精神简明教程》，出版《浙西南革命故事》《浙西南革命遗址》《括苍烽火》等著作。开发《烽火梅岐》《畲乡小红军成长记》等红色研学课程，新编《红色丽水》《战时浙江省会云和》《红色薪火之箬川》教育读本，推动浙西南革命精神融入地方专题教材。进一步宣扬革命传统。编排《畲山黎明》《云和故事》等大型歌舞剧并公演，举办"迎接建党百年，传承红色基因"大学生短视频大赛、"红绿辉映，全面小康"油画双年展，开展"重温浙西南革命，传承红色精神"社会实践等群众性教育活动。加盟"红军长征论坛"，积极推动浙西南革命精神汇入中国革命精神主流。进一步夯实精神阵地。推动浙西南革命根据地纪念馆入选国家级爱国主义教育基地，实现零突破，庆元斋郎、丽水博物馆等13个入选省级爱国主义教育基地，评出62个市级爱国主义教育基地。遂昌刘英粟裕纪念馆、龙泉中共处属特委纪念馆、莲都北乡革命纪念馆相继建成开馆，修缮提升了遂昌挺进师师部旧址、景宁九龙革命遗址陈列馆，不断夯实爱国主义教育示范或实践基地。同时，加强对浙西南革命遗址和文物的保护与利用，在全省第一个、全国第八个颁布了《丽水市革命遗址保护条例》，编制《浙西南革命文物保护利用规划》，发布全国首个红色乡村建设市级地方标准。实施红色乡村振兴三年行动计划，推进庆元斋郎、遂昌王村口、龙泉住龙等红色旅游小镇建设，评选一批红色示范乡镇和红色示范村，多层级、全方位挖掘全域革命老区潜在精神资源，将浙西南革命精神牢牢根植于丽水人民，为提升公民道德素质夯实基础。

二是倡导文明新风，引领道德风尚。不断夯实文明创建成果，2020 年以优异成绩夺得"两连冠"，浙江省文明程度指数测评 2018 年以来连续 3 年全省第一。深化全国文明城市经常化创建，出台《全面推进经常化创建全国文明城市工作的实施意见》。广泛宣传落实《丽水市文明行为促进条例》，开展"致敬百年伟业 共创文明城市"十项重点环境秩序和共享单车整治提升行动，治理噪声污染，惠及百姓民生。出台《丽水市坚决制止餐饮浪费行为行动方案》，大力倡导公筷公勺、光盘行动、文明"一米"线，持续促进市民文明就餐、遏制浪费等文明好习惯的养成。市县联动，统筹推进县域文明创建，指导、推动全域文明城市创建工作。不断拓展文明实践平台。建立新时代文明实践中心、所、站、点四级文明实践阵地 4076 个，阵地覆盖率达 76.9%。创新打造全省首家市级新时代文明实践云中心，将 9 个县级分中心、175 个乡镇实践所、375 个村级实践站纳入云中心实现"一网管理"。

实现市县志愿者联合会全覆盖，做大、做强丽水"小园丁"志愿服务品牌，并正式入驻"浙里办—志愿浙江"板块，成为全省率先上线的浙里办的市级志愿服务数字平台。完成"志愿者和志愿服务""智慧大礼堂"两个模块接入市级"花园云"城市大脑，进一步拓展线上实践阵地。创新推广随手做志愿，出台《丽水市志愿服务嘉许激励办法（暂行）》，引导市民见贤思齐、崇德向善。出台《丽水市见义勇为人员表彰奖励暂行办法》，细化奖励举措，规范开展表彰奖励工作。不断增强文明道德素质。加强社会主义核心价值观建设，举办"秀山丽水·德润处州"道德讲堂、连续 4 年举办未成年人思想道德建设创新大赛、连续 10 年举办未成年人道德文化节、连续 14 年举办社区邻居节。持续推进丽水好人、新时代好少年等评选，切实开展道德模范、身边好人走访慰问，持续擦亮"丽水好人"品牌，已连续举办七届市级道德模范评选，共评选表彰市道德模范 138 名，其中入选全国道德模范（提名）5 名、省道德模范 15 名；评选表彰"丽水好人"531 例，其中入选"中国好人"25 例，"浙江好人"222 例。选树培育先进典型，放大道德资源"正能量"，开展道德模范、身边好人走访慰问、帮扶礼遇活动，切实发挥好各级好人关爱基金作用。持续推进乡风文明建设行动，积极开展"六星文明户""六型文明户（家庭）"创建，强化红白喜事管理，确保红白理事会有人办事、有地方办事、有章程理事，倡导健康文明的生活方式。

三是探索信用赋能，筑垒道德高地。建立互融互促的法德共治体系，健全完善守信联合激励和失信联合惩戒联动机制，开展争创"诚信社区""诚信单位""诚信市民"等活动。紧扣生态信用主题，完善顶层设计，出台生态信用行为正负面清单及"绿谷分"（个人信用积分）、生态信用企业、生态信用村评价管理办法，推出18岁以上户籍人口和常住人口"生态绿码"即个人信用评价等级着色码识别管控机制。健全跨部门、跨地区、跨行业的守信联合激励和失信联合惩戒机制，做好信用融合，强化"绿谷分"应用场景异地扩面数字化支撑。开展"丽水—黄浦"信用战略合作，签订《加强信用联动推动长三角信用一体化战略合作备忘录》，推动建立跨区域信用体系建设合作机制，深化"信游长三角"建设，开辟长三角信用信息专栏，推进两地重点领域信用信息共享。以"绿谷分"为载体，谋划实施"信易住"异地漫游项目，迈出区域信用共建、共享、共融步伐。

拓展价值转换，稳步提升"绿谷分"注册覆盖率，通过绿谷分应用驾驶舱建设，实现数字化建模，不断拓展"信易行""信易游""信易购""信易阅"等16大场景70余项守信激励产品服务。转化生态信用价值，创新推出"生态贷"等金融惠民"信易贷"产品，在云和县试点开展"两山银行"转换机制，通过"两山兑""两山贷"等积分应用，有效推动生态产品价值转换，突出诚信有价，收益共享。因地制宜谋划"信用＋园区""信用＋专业市场""信用＋特色产业"等信用品牌建设。遂昌县在全省率先开展"遂心分"信用体系建设，将环境卫生、生态保护等指标纳入信用乡村治理范畴，构建独具县域特色的信用积分体系，同时开展"信用村"创建，通过绿黄红三色码以及配套的激励约束清单，引导形成社会治理好风气，以"信用＋乡村治理"省级试点建设为抓手，全力打造信用浙江乡村版的最佳实践。

4. 开放共治，注重"自治"强基作用

科学合理有序的社会自治能够使整个社会充满生机、各具形态、异彩纷呈，实现多元发展。党的十九届四中全会强调，要坚持和发展新时代"枫桥经验"。习近平总书记在浙江工作时强调："加强基层基础工作，夯实社会和谐之基。"他还反复强调:"基础不牢,地动山摇。""要牢固树立大抓基层的鲜明导向,坚持抓基层打基础不放松。"基层基础工作做扎实了,各类利益关系就能得到协调,人民群众思想情绪就能得以理顺,各种矛盾冲突就能得到有效疏导,社会治理也就有了牢固的基础。[①]丽水市积极完善基层群众自治机制,发挥自治强基作用,助推市域社会治理建设快速发展。

完善基层群众自治机制,构建党委领导下多方参与、共同治理、充满活力的城乡社区治理体系。推动实现政府治理和社会调节、村(居)民自治良性互动。加强市域统筹,在全市范围内统筹制定区县职能部门、乡镇(街道)在村(社区)治理方面的权责清单,依法确定村(社区)工作事项。加强规范化建设。推进基层群众性自治组织规范化建设,完善村(居)民议事会、理事会、监督委员会等自治载体,合理确定基层群众性自治组织管辖规模和范围。推进"三多"(工作职责、机构牌子、上墙制度)清理和村(社区)减负"双百工程"实践活动,督促各地严格执行涉村(社区)工作事项清单制度。

推进全国乡村治理体系试点建设及省级示范村(社区)创建工作,提升基层社会治理水平。大力开展民主法治示范村(社区)建设。结合法治乡村建设新要求,修订民主法治村(社区)创建指导标准。健全民主法治村(社区)创建评估体系,坚持做到培育一批、支持一批、创建一批、巩固一批。启动实施民主法治示范村五年倍增计划。截至2021年底,全市共创市级民主法治村(社区)1338个。全国首创"街乡共治"模式,破解进城农民融入难题。推进"街乡共治",建立城市与农村、街道与乡镇协同治理机制,加强下山转移农民服务与管理,打破城乡融合壁垒,破解进城农民融入难题。深入开展城乡社区协商工作。在全面推行百姓点事、"两委"提事、居民议事、与会决事、多元办事、公众评事的"六事"协商机制的基础上,积极总结经验,探索出以协商主体多元化、协商全程组织化、协商内容分类化、协商成果项目化、协商推进积分化为内容的社区协商"五化工作法"。推广"一述两评三议事"等经验。健全村

---

① 姚晓明:《习近平加强基层党组织建设思想的研究》,《中共南昌市委党校学报》2015年第5期,第2~5页。

居监督委员会相关制度，全市918个村和205个社区全部成立村（居）务监督委员会，进一步加强促进村（社区）落实重大事项决策"四议两公开"制度。

案例十一 莲都区"村级事务阳光票决制"

创新民主协商议事形式和活动载体，深化"村级事务阳光票决"模式。丰富群众说事、民情恳谈等协商形式，有效通达社情民意、平衡各方利益、化解矛盾纠纷。群众事群众决。"村级事务阳光票决制"是莲都区多年来创新实践的全新基层治村模式，2018年8月，莲都制定出台了《关于推广"黄泥墩经验"加强基层社会治理的实施方案》，在全区推广实施。截至2022年5月，全区已经在208个行政村推广，覆盖率100%，通过阳光票决制实施的村级事务达到了近2500项，票决事项赞成率高达98%。村集体财产处置、公益事业兴办、项目承包方案等涉及村集体、村民切身利益的十大事项列入必须票决内容，真正让群众事群众说了算。数字化创新升级，推行手机端村级事务阳光票决制管理系统，村级事务的信息录入更加便捷，录入人员可以从手机进入系统，录入数据和现场照片，村民只需通过手机上的"清廉莲都"微信公众号或钉钉客户端就可全程查看村里的事务进展情况，"阳光票决"变得更加"阳光"。丰富三治融合，推行"阳光村务"，保障群众对村级事务的知情权、参与权和决策权，消除了群众对村级组织的误解和不信任，丰富了基层社会治理"有事好商量、众人的事众人商量"的制度实践，找到了群众意愿和要求的"最大公约数"，促进了自治、法治、德治"三治融合"。

资料来源：丽水市委改革办。

丽水市域社会治理现代化改革试点，在坚持党的领导和多方参与的前提下，在人民群众和社会组织中不断培养自治理念，建立自律规范体系，充分调动各类人群和组织的内在自觉性、主动性、创造性，能够充分发挥一个人、一个群体、一个组织成长发展的内生动力，促进他们自我培养、自我生长、自我完善、自我约束、自我规范，使社会成员和相关组织体在法治框架内实现个性发展、自主发展，满足各自内在需求和社会期待。加快理顺社会组织党建工作体制，制定出台《关于进一步加强社会组织党的建设工作的指导意见》，推进"两个覆盖"。全市各级社会组织综合党委兜底管理的社会组织264家，通过建立正式党支部、工作支部、派驻党建工作指导员等形式，实现社会组织党的工作100%覆盖。全力推进乡镇（街道）、城乡社区的枢纽型、支持型社会组织建设，实现城乡社区平安类社区社会组织全覆盖。组织开展社会组织年检、"双随机"抽查和等级评估工作，全市3A以上社会组织达173家。实施社会工作专业人才"十百千"素质提升工程，相继举办各类社会工作人才培训，建成乡镇（街道）社会工作站52个。

5. 科技助力，强化"智治"支撑作用

习近平总书记强调，"要运用大数据提升国家治理现代化水平""要建立健全大数据辅助科学决策和社会治理的机制，推进政府管理和社会治理模式创新"。数字化智能化时代，市域社会治理方式方法发生了翻天覆地的变化，数据汇聚、数据治理、数据应用成为改革"先手棋"。丽水结合"花园云＋城市大脑"等智慧城市与数字政府建设，把智能化建设上升为重要的治理方式，推进"智防风险""智辅决策""智助司法""智力服务"，推动市域社会治理体系架构、运行机制、工作流程的智能化再造，加快实现市域社会治理方式现代化。建立实用实效的智治支撑体系，重点深化"雪亮工程"建设，加快人脸、车脸识别与视频监控的融合互动，不断提升深度应用水平；加强市、县两级社会治理综合信息指挥中心和乡镇（街道）"一中心四平台"建设，统筹推进智慧公用事业、智慧公检法司等建设，努力建成全市贯通、科技支撑、数据共享、流程再造、智慧应用的社会治理"智慧大脑"，为市域社会治理现代化插上科技翅膀。

2021年，丽水发布数字化转型三年行动目标方案，搭建"四横三纵"丽水花园云核心架构，建成贯通国家、省、市的数据中心共享平台，完成"花园云"大数据主题库建设，实现与基层治理四平台、业务协同平台、浙里办网上举报、生态信用平台等对接，初步建成"监测—触发—协同—处置—信用"的全流程智慧监测监管体系。组建花园云联合创新实验室，按照"部门提想法、创新实验室联合会诊提办法、技术公司出算法、探索实践成做法"的方式，加快推进集成创新。坚持平台为"基"、场景为"窗"，发挥基层治理四平台省市数据协同、基层网格指挥"神经中枢"的

作用，重点推出污染源企业在线监管、秸秆焚烧协同监管等 12 个"繁难杂"场景多业务协同应用，着力破解部门职能交叉等问题。突出把"雪亮工程"作为试点验收的"入场券"，构建统一交办、每周晾晒、定期督查的迎检准备工作体系，持续推动全市视频监控汇聚联网提质提标。加快智能应用，市视频智能应用统一平台、统一后端、统一门户的系统架构不断深化巩固。

（四）以整体智治为目标，完善市域社会治理运行体系

丽水不断完善"一中心四平台一网格"的市域社会治理体系，畅通县乡综合信息指挥体系，持续擦亮"基层治理四平台"品牌，梳理社会治理"一件事"，进一步完善全科网格模式，夯实构建市县乡"整体智治"格局的基础底座。

1. 加强市级社会治理综合指挥中心建设运营

丽水市全面构建"党建统领 + 市级综治中心 + 县级矛调中心 + 乡镇（街道）四个平台 + 全科网格 + 集成服务"的社会治理新模式。推进市级社会治理综合指挥中心高标准建设和实体化运行，积极对接融入"花园云""城市大脑"，着力打造纵向贯通、横向联通的社会治理指挥体系。着眼数据聚合、关联、激活，加强数字化背景下"平安报表"三色管理法再运用，搭建市域社会治理现代化管理驾驶舱，推动实现社会治理态势可观可感、平安建设状况一目了然。此外，丽水市扎实推进"雪亮工程"建设，整合人脸抓拍卡口、高清车辆抓拍卡口，形成集综合信息指挥平台、公共视频共享平台、应急指挥平台于一体的市、区县两级社会治理综合信息指挥中心。

依托城市管理指挥中心（市社会治理综合指挥中心），建立"1 + 4 + 6 + X"（"1"为市领导；"4"为市委政法委、市信访局、市应急管理局、市大数据管理局；"6"为城市治理六大领域主要职能部门；"X"为会商议题涉及的重点部门）花园云·城市大脑会商机制，每日分析研判基层治理、城市管理、应急指挥、民生保障等各领域存在的问题，着力提高政府市域治理效率。该机制运行以来，相继解决了铁路（高铁）站场及沿线公共安全视频监控建设、少微山紫金大桥出口交通事故频发多发问题等系列焦点问题。

2. 建立县级矛盾调解中心推动争议诉前化解

丽水坚持把县级矛调中心作为社会治理现代化的"牛鼻子"工程，以矛盾纠纷源头治理为根本，探索争议诉前化解机制，着力提升社会治理法治化水平。市县层面，建立县级社会矛盾纠纷调处化解中心，把指挥调度、信访接待、矛盾调处、司法服务等集于一体，"多中心"整合为"一中心"，打造"一站式、一体化"的矛盾纠纷化解"综合体"，实现矛盾纠纷调处化解"最多跑一地"。分类推进县级矛盾纠纷调处化解中心规范化建设。全面推进县级平安办和信访联席办在中心实体化运行，建立完善实体化运作、常态化调处、规范化管理等"三大运行机制"和一人一事一档、分类归口交办、专家团队服务、领导接访联调、市区责任协同等"五个配套机制"，推动中心由"物理整合"向"机制融合"转变。在创新制度设计上，健全智慧治理联动指挥机制，推出在线矛盾纠纷多元化解平台，实现综治中心与同级调解平台的数据互通，上线调解完成率居全省前列。2021年，以缙云县为全市试点，开展推广"浙江解纷码"（线上矛盾调处中心）。

丽水坚持把"141规范提升工作"作为社会治理指挥体系建设的"牛鼻子"工程，推动矛盾调处中心（简称矛调中心）从"实体建设"向"内涵建设"转变。坚持全面管用高效原则，围绕打造成为"重要窗口"的标志性工程的目标定位，分类推进县级矛调中心规范化建设，实现工作平台和部门力量的"精准进驻"。常态化组织专项督查和质效评估，持续抓好矛调协同系统推广应用工作和指标提升工作，目前全市转协同总数暂列全省第2位。不断加强调解组织和调解队伍建设，持续推进矛盾纠纷减存量、控增量，2021年，全市各中心累计接待来访群众6.1万人次，开展调解3.57万件次，其中，来信4122件，较前三年平均值同比下降20.65%；走访1987批3727人次，批次同比下降30.7%，人次同比减少31.4%，较前三年平均值同比下降36.76%；网上信访总量13402件，较前三年平均值下降17.47%。

丽水加快矛调中心信息化建设，不断完善社会矛盾纠纷多元预防调处化解机制，根据省里部署，推进"线上矛调中心"建设及推广应用。统筹推进信访和矛盾纠纷调处化解、社会治理事件处置、社会风险研判"三大功能平台"建设，完善矛盾纠纷"一窗受理—多元化解—闭环防复"，事件处置"预案演练—指挥调度—复盘回溯"，风险研判"数据采集—预测预警—督促整改"的闭环管理机制。持续推广省矛调系统的应用，并加强与"基层治理四平台"双向协同，截至2021年底，省矛调系统录入事项36947个，转协同至信访、法院、司法、人社、"基层治理四平台"等平台事件11078件，其中协同至"基层治理四平台"事件1053件，办结率99.6%。

3. 推进"基层治理四平台"的有效运行管理

丽水在乡镇（街道）层面，深化乡镇（街道）基层治理"四平台"建设（综治工作、市场监管、综合执法、便民服务），实行大党建、大治理、大协调、大执法、大经济（大生态）、大服务等"六大模块"化运行。村（社）层面，以网格为底线，深耕做实网格治理。以信息集成平台和联动指挥平台为"竖线"，搭建"市县社会矛盾纠纷调处化解中心（综合指挥中心）＋乡镇综合信息指挥室＋村社综治工作站＋村社网格＋群众村情通式移动终端"五级贯通的联动指挥平台，完善市县统筹指挥、乡镇（街道）分类响应处置、村社网格实时反馈的线上线下、闭环回路、高效联动的指挥运行机制。加快数字化转型，持续推进基层治理四平台信息系统升级改造，归集人口数据143791条，采集建筑物地址66577条，房屋47789条，建立3类基础数据库和治安警情、消防安全等10个专题库，实行线上线下"有事报事、无事报平安"网格日报机制，有效解决"有效信息上不来、工作任务下不去"等问题，为市域社会治理提供了协同平台、基础数据、综合应用等三大重要支撑。

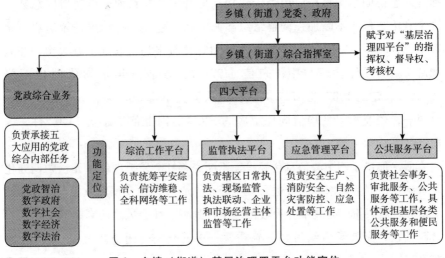

图1 乡镇（街道）基层治理四平台功能定位

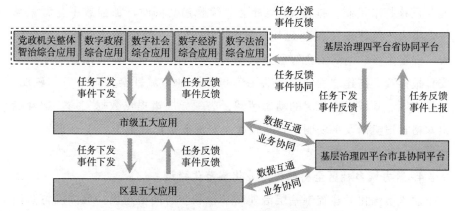

图 2　基层治理四平台对接五大应用

立足丽水"经济加快地、人口流出地、城乡差异大、基础保障弱"等情况，因地制宜、主动作为，扎实推进党建统领基层治理四平台和全科网格建设工作，取得了初步成效。比如，在全省范围率先出台了地方标准《基层治理四平台建设与管理规范》；党建统领基层治理四平台、域外网格、区域派驻等做法得到了省领导及省直有关部门的点赞和肯定；2020 年 1 ~ 5 月，丽水市基层治理四平台上线率为 87.76%（第一名舟山 88.57%），在全省政府数字化转型目标引领清单晾晒指标中排名第 4；截至 2020 年底，全市 173 个乡镇（街道）全部建立了综合信息指挥室，实现公共安全视频监控、视联网、基层治理信息系统的 100% 接入。

当前，丽水推动基层治理四平台从"流程再造"向"实战实效"转变。坚持把"整体智治"作为推动社会治理数字化转型的根本要求，结合基层治理四平台信息系统升级改造，上线丽水市基层治理综合信息平台，有效解决系统版本多、上下不贯通等问题。扎实推进全市统一网格地图绘制和标准地址库建设，全面建立网格、人、房、企、事等社会治理要素动态更新机制。开展内部事件流程优化和功能模块建设，将涉台事项、电信诈骗、人民防线、气象灾害预警等设置为触动神经事项，开发线上"网格日报""网格云代办""个性任务订制"等功能，有效提升社会治理快速响应能力和网格化管理服务水平。

在基层治理四平台信息系统迭代升级上，聚焦提升乡镇（街道）统筹指挥能力，加强业务梳理、系统协同、综合指挥、标准建设、能力支撑，给基层提供好用的工具。目前，已建立线上线下"有事报事、无事报平安"网格打卡机制,排摸 13 类社会风险隐患。同时,加强数字化背景下平安报表三色管理法创新运用,依托网格日报,综合信访动态、社会治安、安全生产、消防安全等重点数据,进行汇总分析,量化形成丽水市平安日报指数。搭建"一机在手、平安可见"的市域社会治理数字驾驶舱,加强市域、县域平安状况的动态感知,为领导决策提供数据支撑。配套推出网格日报机制及平安丽水日报指数,实现数字化背景下"平安报表"三色管理法的创新运用。

4. 着力城乡社区全科网格专业化规范化建设

丽水市深化党建统领基层治理四平台和全科网格建设,巩固疫情防控中行之有效的经验做法,启动城市基层党建提升季行动。优化"社区大党委＋小区网格党支部＋楼栋党小组＋党员"网格体系,以楼幢、楼道为单位建立党员责任区 7200 余个,积极探索线上开单、线下服务的"云＋端"模式和流动党员"双报到、双服务、双积分"双重管理机制,实现党建"根须"扎下去、网格"枝叶"茂起来。依托技术支撑,深化创新基层群众参与自治的实现形式。在农村,全面推广"村情通＋全民网格"式的治理模式,村民通过手机即可参与村务管理和开展政务服务事项,真正打通基层治理"最后一米"。

丽水推动全科网格从"面上覆盖"向"深度拓展"转变。深入实施"红色领航、村格联心"工程,全面推进网格党组织、组团联村(社区)、党员编组联户"三个全覆盖",在全市 18 个乡镇(街道)、26 个村(社区)试点开展党员责任区规范化创建,推动党建网和治理网"双网合一"。加快警务与网格化服务管理机制融合,全市实现城区"一社区一民警两辅警"和农村"一村一辅警"全覆盖。结合村社换届、村规模调整和"多通融合"等工作,进一步优化网格划分、职责分工、事件报送程序,推进工作规范化。建立健全"一岗双责＋责任捆绑＋分工落实"的"一长三员"责任考核体系,着力把网格工作成效作为考核评价基层党员干部的重要依据。结合信访、治安、消防、矛盾纠纷、生产安全等重点指标,建立"有事报事、无事报平安"网格日报机制,提升事件报送精准性。同时,针对网格流转事件,不定期开展抽查晾晒,全面形成"比学赶超"的良好氛围。

在全科网格智能辅助能力提升上,积极探索网格员队伍职业化、社会化建设，做实做强全科网格，把重点放在制度、机制的建设上，健全完善网格管理办法和考核机制，通过升级开发智能工作模块，提升网格工作智能辅助能力。以流动人口风险识别管控和矛盾纠纷排查化解为重点，探索建立"民转刑"案事件防控长效工作机制，部署推进"网格入企、企业入格"工作；推进"云代办"精准服务，深化"乡事城办""红色党建""组团联村"服务模式。例如，景宁县楼栋自治打通治理末梢"有事找楼栋长！"2019年以来，景宁县积极探索推进党建引领小区共建共治模式，打造"社区—网格—楼栋"与"社区党组织—网格党支部—楼栋党小组"双网融合的组织体系，在热心群众、基层党员干部中推选或自荐楼栋管家，实现小区楼栋长全覆盖。截至2021年底，划分城区网格43个，配备专职网格员66名，组建业委会9个，建立网格服务党支部43个，楼栋党小组115个，志愿服务队58个，推选楼栋长721名。

案例十二　庆元同心社区以"1＋1＋N"打通社区治理"神经末梢"

庆元县同心社区是浙江省最大的地质灾害避险搬迁和生态移民安置小区，社区党委从社区实际出发，坚持以党建为统领，探索以"一个网格＋一个服务支部＋N个志愿者服务队"的模式，织密建强社区党组织阵地，提升全科网格治理和服务能力，打通社区治理"神经末梢"。

在社区管理上，实行"六个一"网格管理法，即一个网格一个服务书记、一个网格长，每栋楼一个楼长，每个单元一个协管员，每个网格一个社区干部，每栋楼一块监督牌子。确保每个网格都有党组织、有管理人员、有志愿者队伍、有活动载体。

在社区服务上，落实三大举措。一是推行"6688"网格工作服务法，既对六项个性化服务做到"六必访"，对六项帮扶性服务做到"六必到"，对八项基础性服务做到"八必报"，紧抓工作"八大线"——八项保障性服务。6688网格服务工作法涵盖居民生产生活"全套服务"，实现党群"零距离"、服务"点对点"。二是深化党建促就业联盟，助力居民实现在家门口就业。社区与周边工业园区企业签订《党建促就业联盟协议》，同时在小区打造来料加工一条街，既解决社区企业党建活动单一等短板，又解决居民就业难和企业招工难两大难题。三是建立红色网格志愿者队伍，为居民提供精准化服务。根据居民日常生活需求，结合志愿者特长，建立水电维修、就业服务指导等 13 支服务队，开展各类志愿服务。

在机制建设上，落实民情议事会制度。由楼道长担任民情员，网格服务书记、网格长为观察员，收集和反馈民情民意，及时召开民情议事会，解决难点热点问题。县相关部门和街道联系领导为议事顾问，帮助协调社区自身难以解决的问题。民情议事会制度的建立，使许多问题化解在萌芽状态，一批难点热点问题得到解决。

资料来源：丽水市委改革办。

5. 实施"县乡一体、条抓块统"县域整体智治改革

为增强基层党委、政府的统筹协调能力，不断深化"四治融合"城乡基层治理体系，构建形成"1612"体系与"141"体系衔接贯通，县乡一体、平台融合、数据共享、机制完善、一体协同的县域整体智治格局，丽水实施"县乡一体、条抓块统"改革。构建明晰化的县乡权责体系，实现"一张清单明权责"。梳理编制乡镇（街道）权力清单、政务服务事项清单、"属地管理"事项责任清单，逐项明确县级部门和乡镇（街道）的工作责任、协同机制、履职流程，厘清工作边界。建立包括事项准入机制和事项调整机制在内的清单管理机制，加强清单实施保障。推进基层行政执法改革，实现"一支队伍管执法"。科学设置乡镇（街道）执法队伍。根据乡镇（街道）的现实需求和承接能力，因地制宜、分步分类推动行政执法力量向基层延伸和下沉。推进行政执法权限向乡镇（街道）下放，加强基层执法队伍规范化建设。推进县域行政执法集成改革，推行"综合查一次""信用＋监管"等执法方式。跨领域跨部门跨层级推进基层治理集成改革，实现基层事务集成联办"一件事"。推进基层治理"一件事"场景化应用，建立健全线上线下联动办理机制，实现一体化智能化办理和处置。

构建模块化的基层组织体系，实现"一沉到底强基层"。优化乡镇（街道）功能架构，以"基层治理四平台"为基础，积极探索"基层大部制"运行机制，优化完善部门派驻人员力量统筹管理机制，强化乡镇（街道）的块管力量。围绕"整体智治、数字赋能、高效协同、动态管理、问题导向"的理念，探索建立"乡村振兴编制池"，打通乡镇（街道）编制

横向调剂使用渠道，探索跨层级编制调配机制，促进干部精准化配置。创新县级力量下沉机制。紧扣下沉导向，以"常驻下沉""分时下沉"等模式分类推动部门力量下沉，实行下沉人员备案"锁定"机制。健全"四治融合"基层治理体系。紧扣加强基层政权治理能力建设的目标，持续深化法治、自治、德治、智治乡村治理模式。

与此同时，探索推进"1612"体系与"141"体系衔接贯通，实现县域社会治理"一网智治"。整合县级矛盾纠纷调处化解中心、综合指挥中心等现有资源，协同联通市场监管、综合执法、社会应急联动、"12345"统一政务咨询投诉举报、网络舆情监管等社会治理信息系统数据资源，打造集信访与矛盾纠纷调处化解、社会治理事件处置、社会风险分析研判防控、基层社会治理业务指导等多功能为一体的县级社会治理中心。迭代升级"基层治理四平台"，加强乡镇（街道）综合信息指挥室建设。深化全科网格建设，选优配强网格员队伍，加强网格事件数据质量分析，推进全科网格规范化高质量运行。加快县级数据仓建设，推进治理数据资源按需归集共享，加强信息数据在基层治理决策、服务、执行、监督、评价等方面的运用。

青田县季宅乡邻里建房纠纷调解打造人民调解"季宅模式"

（季宅乡政府提供）

（五）以制度重塑为导向，助推市域社会治理数字化转型

《"十四五"国家信息化规划》提出"构筑共建共治共享的数字社会治理体系"，要运用现代信息技术为"中国之治"引入新范式、创造新工

具、构建新模式，完善共建共治共享的社会治理制度，提升基于数据的国家治理效能，提升社会治理特别是基层治理的现代化水平。2021 年以来，浙江省数字化改革全面启动，打造"1612"工作体系。"1"即一体化智能化公共数据平台（平台＋大脑），"6"即党建统领整体智治、数字政府、数字经济、数字社会、数字文化、数字法治六大系统；第二个"1"即基层治理系统，"2"即构建两套体系，1 套理论体系，推动改革实践上升为理论成果，1 套制度规范体系，推动改革实践固化为制度成果，条件成熟时形成法律法规。借助全面数字化改革的契机，丽水把数字化建设作为市域社会治理模式变革的关键变量，主动融入数字化改革大局，积极承接五大领域数字建设成果，充分发挥科技支撑作用，在"1612"工作体系指引下，以制度重塑推进市域社会治理数字化转型，提高市域社会治理数字化、智能化水平。

1. 运用多跨场景应用重塑社会治理体系

丽水以全面数字化改革为引领，从市域社会治理层面的大场景去谋划，重点聚焦多业务部门协同应用，谋划多跨场景应用深化市域社会治理，具有以下特征。一是立足于市域治理，从餐饮油烟污染、噪声管理、停车协同监管、窨井盖监管等一些城市管理的顽疾小切口入手，具有一定的示范性、典型性。二是从群众信访投诉多的事情入手，聚焦了群众所急所盼所需的事情，通过改革增强群众的满意度和获得感。三是体现多跨协同，形成跨层级、跨部门、跨业务的协同监管与服务，从中找准了最优化、最高效、最节约的路径，比如依托花园云搭建了"多业务协同"这个公共组件，减少了各个系统对接改造的投入。四是解决了部门推诿扯皮、问题交办难、解决难的问题，实现制度重塑。五是实现了闭环管理。从群众举报等途径触发问题到全流程过程处置监管，再到处置结果反馈和部门处置效能的评价，形成了闭环的执行链条。

丽水首批推进解决农药化肥使用监管、污染源企业在线监管、餐饮油烟污染在线监管、秸秆焚烧协同监管、工地（渣土车）智能监管、既有住宅加装电梯数字化应用、噪声管理、停车协同监管、河道砂石资源监管、窨井盖安全监管、背街小巷整治、沿街餐厨垃圾桶管理等"10＋2"即 12 个"繁难杂"场景，着力破解部门职能交叉、群众反映强烈的相关突出问题。"比如渣土车，车在路上是交警管的、跑冒滴漏涉及综合执法局、渣土的性质归属是建设局、渣土车改造标准涉及交通局、改造车的年检还涉及检测中心等。所以，要有一个科学合理的处置流程。"围绕部门间职责交叉、边界不清等"疑难杂症"场景，丽水逐一打造"直通车"来消灭无人管理的问题。对进入"直通车"的事项，根据场景化定责分割，由平台自动向各责任部门流转，打造责任传递"流水线"。

案例十三 "i 丽水"场景化多业务协同应用上线实现市域精细化管理

"i 丽水"场景化多业务协同应用针对市域城乡治理中职责交叉、边界不清等"疑难杂症"场景，根据场景化定责分割，由平台自动向各责任部门流转，打造责任传递"流水线"，彻底打通跨部门协同办理业务链条。自 2020 年 12 月 14 日上线，2021 年完成迭代升级，全年"10＋2"场景共收到 6815 件各类群众报料，按时办结各类报料 6165 件，办结率 90.46%，群众热点难点问题得到有效回应。

场景建设方面，在浙里办服务端已上线"i 丽水"报料应用入口，集成餐饮油烟污染监管、噪声污染治理、停车协同监管等"繁杂难"场景，群众只要随手一拍，报料方便、溯源全面、治理精准，进一步具象化治理责任，提升部门治理能力。创新有奖报料积分奖励模式，"有问题，找'i丽水'""'i 丽水'让你爱上丽水"，既解决了群众报料无门的问题，又守护了群众的"微幸福"。

"一网协同"，部门省力。通过花园云多业务协同平台，将"天眼（雪亮工程）""地眼（物联感知网络）""人眼（'i 丽水'）"发现的问题集成到一个端口触发，从"事件触发—部门流转—处置监管—结果反馈"，在多业务协同平台上自动派发、自动流转，形成了"自动触发、高效流转、及时反馈、创新评价"的闭环执行链条，着力解决部门职责不清、推诿扯皮、交办难、解决难的问题。

"一智集成"，设计省时。创新"繁杂难"场景解决设计机制，在浙里办开设需求征集入口，常态化收集群众需求并自动分析抓取高频需求事项；针对需求组织相关部门进行定期研判，逐一按场景视角进行职能梳理、流程再造；依托一体化智能化公共数据平台建设"技术工具箱"和"公共组件库"，按前、中、后端应用开发功能需求"DIY"式的抓取适配工具，在多应用开发技术组合中找到"最优解"，建立起"需求智能分析、流程定期研判、组件智能抓取、场景集成谋划"的"繁杂难"场景设计生产流水线。

资料来源：丽水市委改革办。

2. 深化党政机关整体智治领域市域社会治理数字化改革

市域社会治理现代化是一项跨部门、综合性的改革，唯有加强党政机关职能部门间的统筹协作，才能有力推动改革。丽水市运用系统观念、系统方法和数字化手段，以"党建统领、整体智治"为主体主线，构建"重大任务＋重大应用＋执行链＋主要领域"四大板块和"抓大事、促改革、定政策、管队伍、创氛围"5 条跑道的体系架构，全力抓好浙里"七张问题清单"应用、浙里"应急处突"应用、浙里基层公权力大数据监督应用、浙里新闻宣传和舆情引导应用等省级重大应用贯通的承接落地，体系化规范化推进党政机关全方位、系统性、重塑性改革，纵深推进市域社会治理现代化。在业务梳理、数字赋能基础上构建的核心业务事件组，以数字化形式映射各领域各部门的年度重点工作和整体运行情况，通过不断拓展深化重要精神、共同富裕、疫情防控、应急处突、问题整改等重大任务的综合集成应用，倒逼推动任务协同单位及相关领域的核心业务数字化迭代升级。与此同时，构建市域社会治理数据资源开发利用机制，不断提升任务数据的完整性、真实性、可视化水平，强化数据分析解读能力建设，推进数据资源集成开发利用，更好地发挥"以数辅策"作用，构建综合集成、协同高效、闭环管理的工作运行机制，加快市域社会治理现代化进程。

案例十四　遂昌县干部实绩考评数字化应用场景

遂昌县干部实绩考评数字化应用场景按照"一件事"理念对干部考评传统流程进行重构再造，通过领导驾驶舱、各乡镇（街道）和部门的系统子驾驶舱，实现干部考评全程可视化。具体操作方面，梳理核心业务，围绕着系统三大目标和七大功能定位，按照五维考评体系，梳理干部实绩考评中五大考评事项（战斗力指数、党建指数、挂帅争先指数、综合考评指数、七张问题清单管控），并进一步拆解为大搬快聚、消除农村集体经济薄弱村、总部经济、全科网格等29项重点工作及119个重点项目的三级业务。建立指标体系，根据不同岗位的职能特点和差异化的发展实际，按照共性＋个性两类考核指标，进行细化和量化。完善规则算法，按照建立的指标体系，采取递阶层次模型制定赋分、加减、乘除、系数、平均、飞单等6种功能算法。构建责任体系，按照五维考评体系详细梳理情况，确定牵头和协同单位。围绕指标体系，确定七大功能的资料来源。

改革取得了成效，一是绘好一份全程"实绩表"，激励干部主动担当。精细化分析、数字化呈现的"实绩表"，让考评变得更加精准透明。纵向条线业务、横向模块业绩的动态排名和奖优罚劣的结果应用，持续激励干部主动作为、争先创优。系统全面投入运营后，县管、单位管、村主职三类干部共6759人将统一被纳为数字考评对象。二是建好一条考评"数据链"，助力组织考场识人。模块化赋分、精准化取数的"数据链"形成了每位干部的数字化档案，实现了干部日常实绩的精准考评，让组织部门即时据实掌握班子及干部工作动态，为科学精准的选人用人提供重要的数据支撑，真正实现以事考人、抓人促事。三是织好一张精密"智控网"，服务发展奋楫争先。界面可视化、预警智能化的"智控网"，让县委、县政府直观掌控全县各项重点工作、重点项目实时进度及排名，使县委、县政府决策指挥、研判分析、统筹调度等方面更加科学精准，形成全力全速推动县域跨越式发展的浓厚氛围。

资料来源：丽水市委改革办。

3. 数字政府领域市域社会治理数字化改革

社会治理是政府五大职能之一，市域社会治理现代化改革试点中，政府作为治理主体发挥着重要作用。丽水以数字化手段推进政府市域社会治理的全方位、系统性、重塑性变革，聚焦"掌上办事之市""掌上办公之市""掌上治理之市"建设目标，以一体化智能化公共数据平台为基础，以数字赋能创造、拓展更多数字政府综合应用，构建整体高效的政府运行体系，优质便捷的普惠服务体系，公平公正的执法监管体系，全域智慧的协同治理体系，助力高水平建成丽水市"整体智治、唯实惟先"现代化数字政府。数字政府领域市域社会治理数字化改革围绕重大需求和多跨场景应用，以改革破题打破瓶颈为核心，在法律法规突破、体制机制创新、政策制度供给、业务流程重塑、数据开放安全等方面找准改革任务，聚焦落实重大决策部署和疫情防控、大花园建设、文化丽水、民生保障、政府效能等重大任务，广泛问需于民、问需于企、问需于基层，强化社会治理、公共服务等职能，高标准打造丽水数字政府综合应用、高起点谋划创新特色应用，健全高效协同、综合集成、闭环管理的市域社会治理改革工作运行机制，建立全领域、全业务、全流程的规范化、模块化、数字化事件执行链。

以打造民生保障应用为例，丽水以市政府工作报告关于民生保障年度重大任务为依据，围绕就业、养老、医疗、教育、体育、文化、旅游、金融、食品安全、交通运输等领域，集成建设天眼守望助力"两山"转化综合智治应用，小流域自然灾害预警场景同应用、云砂管应用、经常化创建全国文明城市数字平台、项目协同管理系统、"益林富农"公益林管理综合应用、大搬快聚富民安居场景应用（易居通）等一批惠民兴业优政智治应用。运用企业安全风险评估、事故知识图谱、管控力指数等大数据分析，实现风险精准识别、高效处置、有效防范，完善优质公共服务资源统筹共享机制，提升民生保障数字化水平和应急管理精密智控水平。

案例十五　龙泉市上线"城事共治"场景应用推进城市精细化管理

龙泉市"城事共治"场景应用以"四端四办四维度"的城市治理闭环流程，实现对城市问题的实时感知、城市运行状态的全面可视监测以及日常管理和应急状态下的联动指挥，推进城市市政基础设施和城市治理违法行为的智能化监管和执法。该应用于2021年3月上线，截至2021年底，共上报城市事件总件数4815件，已办结4421件，办结率为91.82%，城市部件采集41507个（其中214个为智能井盖），AI采集事件数为46565件，结案数为46536件，结案率为99.94%，AI智治数4190件，准确率为82.03%。

一是打造城市治理闭环管理流程。整合社会大众、专职人员、共建部门和智能设备四个事件上报端，通过部门直接办、会商研判办、协调督查办和冻结跟踪办四个办理层级解决职能边界问题，在部门职责、单位区域、行业主管和行政属地四个维度上设定事件处置范围，形成"四端四办四维度"的城市治理闭环流程。如人行道机动车违停事件，改革前需执法人员现场处置，实行"一刀切"处罚，改革后通过 AI 技术赋能的监控球机进行系统自动告警，以短信和拨打语音电话形式提醒车主，监控复核时若车主已自行驶离，事件自动结案，若未驶离，则通知执法人员现场处置。截至 2021 年底，已处理人行道违停事件 33369 起。

二是高效集成事件数据处理信息。对各类事件、数据处置后及时进行归档处理，形成事件处置列表，同时针对数据画像呈现出事件集中高发区域。如地下管道水位预警事件，改变以往事后处置的传统工作方式，通过窨井盖液位仪自动监测水位功能，向管理部门发出预警信息，提前做好防涝工作，有效避免了群众利益受损。目前已处理 19 起水位满溢警告事件。

三是健全数字化项目建设统筹协调机制。出台《龙泉市政府投资数字化项目管理办法（试行）》，明确由市大数据发展中心会同市发改局、市财政局、市公共资源交易中心组建龙泉市政府投资数字化项目评审专家库，为全市政府投资数字化项目提供理论创新指导和智力支撑，针对规划、设计、建设、验收、评估等全过程进行规范化、标准化和动态化管理。

资料来源：丽水市委改革办。

4. 数字社会领域市域社会治理数字化改革

城乡社区构成市域社会治理的最小单元，丽水数字社会领域市域社会治理数字化改革聚焦群众关键小事，以城市大脑（花园云）为支撑，推进一批跨部门多业务协同应用，以未来社区、乡村服务为切入点，推动场景综合集成、落地见效，为社会空间所有人提供全链条、全周期的多样、均等、便捷的社会服务，为社会治理者提供系统、及时、高效的管理支撑，发挥"民生服务+社会治理"双功能作用，让城市和乡村变得更安全、更智能、更美好、更有温度。

丽水在高标准完成省数字社会建设各项任务基础上，迭代提升"婴育、教育、就业、居住、文化、体育、旅游、医疗、养老、救助、交通、家政"等行业的数字化能力，更好实现"幼有所育、学有所教、劳有所得、住有所居、文有所化、体有所健、游有所乐、病有所医、老有所养、弱有所扶、行有所畅、事有所便"数字化服务。在部门核心业务数字赋能的基础上,推动跨业务流程再造、跨部门业务协同、跨行业数据共享,实现数字生活新服务、数字教育新服务、数字养老新服务等多部门多业务协同应用,涵盖未来社区、乡村服务等在内的多场景应用,如"浙丽保"全民健康补充医疗保险场景应用、智慧流动医院、医保防贫应用、绿谷分应用、花园码"一码通丽水"。

案例十六 上线花园码"一码通丽水"场景应用实现便民服务一码到底

花园码"一码通丽水"作为丽水市十方面民生实事项目,2021年已有13个场景实现上线运行。

一是构建一个具备生命力的运行组件。打造一款适合群众使用的应用组件,实现自我变革的强大生命力。花园码"一码通丽水"场景应用主要依托"花园码发码"组件和业务单位承载系统,以"花园码"二维码为唯一标识,实现对个人或各种场景事物的标识绑定。可实现个人数据查询,以及在各场景中享受"健康档案随身带""办事材料免提供""公交出行实时查""入园入馆免登记""养老服务时时通"等一系列便捷服务,同时场景还可根据群众需求完善迭代,最终实现以数据为支撑,场景服务动态迭代的良性循环。"花园码发码"组件自2021年5月上线以来,已累计发码5569张,扫码总量达5003372次。

二是围绕群众需求小切口极大值满足幸福感。根据需求为群众提供精准便捷服务。场景应用中,"浙丽通行码"已投用于丽水市内各地图书馆、博物馆、美术馆、单位、学校、金融、医疗行业等共计5569个点位,累计服务4659458人次,拦截异常信息(健康码红码、黄码)共76660条,实现扫码登记,数据实时抓取,解决人工登记信息不准缺、无法溯源等问题。

资料来源:丽水市委改革办。

5. 数字法治领域市域社会治理数字化改革

丽水以数字化改革撬动法治建设,引领市域社会治理现代化,全面承接省级"1338"整体架构,在政法一体化办案体系、综合行政执法体系、社会矛盾纠纷调处化解体系建设中率先突破，同步推进理论体系和制度体系建设，推动法治建设重要领域体制机制、组织架构、业务流程的系统性重塑，为加快建设更高水平的法治丽水、打造法治浙江示范区发挥重要的引领、撬动和支撑作用。数字法治领域市域社会治理数字化改革中，丽水遵循"宜精不宜多""于全省具有特殊代表性、于全市具有普遍共通性"原则，谋划制定数字法治系统多跨协同场景全市"一本账"。相继点亮市级门户应用20多个，如农村道路交通安全治理"一件事"、域外网格2.0版应用、司法网拍监督应用、"每日平安"动态评价体系建设、"一网通管、两环智治"综合执法智能化提升、检察智能化协同救助、重点人员智能监管（态势分析）服务应用、六小场所管理"平安眼"应用、"信用乡村"应用等。县级门户上线了党建引领·阳光票决管理系统、阳光智治综合集成应用、美丽河湖面治理"一件事"等一批特色应用。

在此基础上，以跨平安和法治领域为切入点，谋划推出包括涉侨矛盾纠纷调处化解"一件事"、涉外婚姻"一件事"、僵尸车治理"一件事"、法律服务掌上办"一件事"等在内的11个平安法治"一件事"综合集成改革。围绕"一网智治"目标，积极推动"最多跑一次"改革向社会治理领域拓展延伸，进一步发挥县级矛调中心的牵引作用、"基层治理四平台"的支撑作用、全科网格的"底座"作用，做强基层治理的内核力量，持续擦亮"基层治理四平台"品牌，不断迭代完善"一中心四平台一网格"基层社会治理体系。建设社会治理"一张图"和"一件事"支撑模块、综合指挥模块建设，推进"智慧丽水""城市大脑"建设，以数字化手段打开点线面相结合、防管控贯通的治理通道，消除社会治理盲区，提升动态治理能力。推进智能治理深度应用，加强数字法治系统建设，做优社会治理线上协同指挥通道，构建市域风险防控体系，提升安全风险防范应对能力。

案例十七　丽水市"农道安"场景应用

丽水聚焦农村地区道路交通安全综合治理，以深挖重大需求为基础，以谋实场景应用为关键，以坚持改革破题为核心，创新研发"农道安"场景应用，于2021年2月底上线，全量排查整治农村地区道路交通安全隐患。

构建"1+2+N+1"的总体架构，即"一端、双平台、N个应用以及一舱"。"一端"即触发端，依托浙里办平台，为群众提供隐患报料、违章处理、救援报警等功能；依托浙政钉平台，为工作人员提供隐患排查、违法处罚、远程执法等功能；依托前端感知系统，自动采集过车流量、交通违法、道路路况等数据。"双平台"即公安内网和政务网的管理和操作平台，主要提供数据支撑。"N个应用"即围绕"管好人、管好车、管好路"三要素，分别研发多项子场景应用，其中"管好人"研发限驾失驾预警打击、非机动车及行人违法抓拍、危险驾驶罪快审快判等9项场景应用；"管好车"研发重点车辆动态监管、缉查布控预警、电动车网格化精准排摸等10项场景应用；"管好路"研发道路安全隐患预警、极端天气预警、事故采集打标分析等5项场景应用。"一舱"即驾驶舱，动态展示隐患点位排查处置、违法行为查处数量统计、重点车辆及人员管控等情况，将本难以量化的具体业务形象化、可视化，实时反映农村地区道路交通安全治理状态，为领导提供"一站式"决策支持。

上线以来，"人车路"各大领域已实时预警风险隐患信息18783条，成功处置可能导致交通事故发生的高危隐患3282次，推动实现预警处置从传统人工判断向机器辅助智能研判的重大转变，改革破解人力不足的现实问题。2022年以来，全市发生农村地区道路交通事故死亡50人，同比下降16.67%，与前三年同期平均数相比下降30.84%。

资料来源：丽水市委改革办。

三 市域社会治理现代化国家试点"丽水实践"的改革经验

市域社会治理现代化国家试点"丽水实践"推出一揽子可复制、可推广的创新举措，为其他地方市域社会治理现代化改革提供有益经验。通过平台统筹、区域统筹、服务统筹、力量统筹、责任统筹实现改革系统集成。聚焦文化传承、聚焦机制创新、聚焦制度建设、聚焦多跨场景、聚焦创新培育保障改革稳步推进。此外，丽水数字化改革的方法论亦成为推进市域社会治理现代化的重要遵循，为其他领域的数字化转型提供良好镜鉴。

缙云检察公益诉讼保护古树名木

（缙云县人民检察院　周晓方　摄）

（一）党建统领"五个统筹"实现改革系统集成

按照"全省一盘棋、市级抓统筹、县级负主责、基层强执行"社会治理体系的要求，坚持"全市一盘棋、市域抓统筹"，丽水率先实践党建统领市域社会治理"五个统筹"做法，重点强化平台、区域、服务、力量、责任统筹，加快实现市域社会治理资源整合、力量融合、功能聚合、手段综合，推动形成党委领导、部门负责、条抓块统、市县联动的工作格局，努力打造市域社会治理现代化的"丽水样板"。

1. 强化平台统筹，推动整体治理

发挥党委总览全局、协调各方的领导作用，构建权责明晰、高效联动、上下贯通、运转灵活的社会治理指挥体系。坚持党建铸魂、数字赋能，聚焦治理平台"散、乱、多"等问题，变碎片化为整体性，扎实推进业务协同、数据共享、工作联动。市级依托城市管理指挥中心（市社会治理综合指挥中心），建立"1+3+X+Y"（"1"为市领导；"3"为市委政法委、市应急管理局、市大数据管理局；"X"为城市治理六大领域主要职

331

能部门；"Y"为会商议题涉及的重点部门）花园云·城市大脑每日会商工作机制，横向构建起共治同心圆，推动解决铁路（高铁）站场及沿线公共安全视频监控建设、重大安全隐患点整改等一批重难点问题。县级推动"多中心"整合为"一中心"，形成了庆元县"十台合一"等一批经验做法，有效提升了服务管理水平。

2. 强化区域统筹，实施跨界治理

针对区域发展不平衡不充分等现象，丽水注重统筹整合市域、县域、乡镇和村社的各项工作，做到全域推进、跨界治理、协同发展。比如，在下山脱贫、大搬快聚等实践中，全力构建全方位、深层次、宽领域的合作体系，探索打造城市"社区"治理共同体、边界地区"毗连"治理共同体、人口外流地"飞地"治理共同体，靶向解决城乡空间结构调整、力量重构带来的治理难题，涌现出"街乡共治""村社联盟""域外网格"等一大批特色亮点。

案例十八　景宁构建"域外网格"探索人口流出较多县社会综合治理新模式

景宁畲族自治县地处浙江西南山区，是中国唯一畲族自治县，素有"九山半水半分田"之称。近年来，随着城市化进程不断加快，该县近40%的人口长期在县域外创业务工。为探索域外人口治理新路径，该县创新发展新时代"枫桥经验"，以全科网格管理模式为基础，在景宁人相对集中的12个省、市、县，建立19个域外网格，探索人口流出较多县社会综合治理新模式。

一是强化顶层设计，科学划分网格。建立景宁县域外网格建设领导小组，负责域外网格统筹构建及涉县域外资源整合，定期会商研究域外网格建设和完善的重点难点问题。并以驻外党支部和异地景宁商会为基础，在外景宁人相对集中地，建立域外网格管理单位，承担域外网格党的建设、平安综治、便民服务等五大类16项信息采集及与县内部门协作联动、在外景宁人诉求处置等职能。

二是建立网格队伍，健全服务机制。实行"1+1+1+X"的网格队伍建设模式，即一个网格配备一名网格长、一名网格指导员、一名专职网格员、若干名兼职网格员，分别由商会会长、驻会党支部书记，商会秘书长

担任，并吸纳在外党员及热心群众参与，打造以乡情为纽带，以服务为导向的域外网格员队伍，依法妥善排查、化解矛盾纠纷。同时，制发域外网格服务清单，为19个域外网格聘任法律顾问97名，推动法律服务、就业培训等35项政务服务向域外延伸。

三是增强数字赋能，建设联动平台。以全省数字法治系统建设为契机，在基层治理四平台综合信息系统总体框架下，建设域外网格2.0版，对接县级社会矛盾纠纷调处化解中心，进一步优化事项处理流程、拓展服务功能，为在外景宁人提供更加精准有效的服务，实现可视化展示和智能化分析，确保域内域外"双平安、双稳定"。

资料来源：丽水市委改革办。

3. 强化服务统筹，注重精益治理

丽水注重把深化"三服务"与创新市域社会治理结合起来，充分发挥各部门各条线的职能作用，做到服务企业更有温度，服务基层更有深度，服务群众更有力度。组织开展市直单位党委（党组）"包乡走村"活动，深入探索经济、生态、平安全方位联系，市、县、乡多层次联动的跨领域治理合作模式。遂昌县推行"组团服务下沉"，成立由律师、行业专家、乡贤等组成的综合服务团队，主动下访接待群众，开展重大复杂信访积案化解指导等工作，变"坐诊"为"出诊"，大幅提高就地化解率。云和县创新"网格云代办"模式。围绕数字赋能基层社会治理的新要求，努力补齐治理体系和治理能力短板，结合"最多跑一次""乡事城办"服务模式的探索实践及四平台系统升级的契机，开发个性化模块，对群众办理村社证明材料类服务事项，实行"乡事城办·网格云代办"服务，实现网格管理的功能提升和村社证明类服务事项"零次跑"，从而提升现代化县域治理体系和治理能力成色。

4. 强化力量统筹，推进协作治理

注重发挥党建凝心聚力作用，把条块力量统起来、把专业力量用起来、把群众力量聚起来，推动形成治理合力。市级组建100人的行业性专家团队，针对一批重点疑难复杂案件实行集中攻坚，成效显著。特别是成立专业调解组织，推行金融类纠纷一站式化解新机制，实现3000余件金融纠纷一地调解、诉前化解。建立标准规范的综治组织体系。加强市、县、

乡三级综治中心实体化、规范化建设，深化社区网格化服务管理工作，构建多网融合、一网统筹的服务管理格局。深入开展系列平安创建活动，健全完善平安建设联动协作机制。例如，云和县矛调中心创新推出了"中心吹哨，部门报道"联动工作机制，即"哨响就到"模式，围绕群众信访矛盾纠纷和重大复杂疑难事件，由中心吹响"集结哨"，各相关责任部门根据工作要求，以县城为界限，分别于20分钟内、40分钟内到达中心开展联合接访、协调处置工作。

案例十九　丽水"跨山统筹"打造"党建联盟"

丽水着眼推进脱贫攻坚同乡村振兴的有效衔接，坚持系统观念，依托"一带三区"发展规划，运用"跨山统筹"理念，探索构建一批集组织共建、产业共兴、基层共治为一体的"党建联盟"，进一步深化"听党话、跟党走、奔幸福"全市域基层党建品牌创建，引领乡村组团式发展。

一是"跨山统筹"组织设置，理顺党建联盟工作体系。紧跟"大搬快聚富民安居"工程、"小县大城、产城融合、组团发展"战略等带来的城乡空间重塑、业态重构，立足城乡一体，及时调整优化基层党组织设置，通过省际、街乡、跨村联盟等形式，织密建强组织体系，为实现绿起来、富起来、强起来提供强有力的组织保障。

二是"跨山统筹"产业振兴，增强党建联盟发展后劲。坚持把增收致富放在突出位置，县乡层面全覆盖组建县乡强村公司，推进"产业链、组织链、人才链"三链融合，充分整合条线政策、职业经理人等要素，以市场化运营模式将每个村庄零散的资源、资金、资产打包入股，实现村集体经济抱团增收。目前，通过产业抱团的形式，为每个村庄带来集体经济增收7.51万元。

三是"跨山统筹"基层治理，保障党建联盟社会和谐。根据党员分布和群众需求，在中心村和空心村党组织建立"强＋弱"联盟92个，在流出地行政村与流入地社区党组织建立"村＋社"联盟43个，依托异地服务党支部在外出群众集中流入地建立"内＋外"的联盟64个，把党员干部资源、服务资源、人才资源进行优化整合，集中开展民事代办、司法调解、政策咨询、爱心帮扶等服务，推动形成城乡共治、强弱共建、内外联动的基层治理新格局。

资料来源：丽水市委改革办。

5. 强化责任统筹，开展清单管理

压紧压实社会治理主体责任、领导责任、监管责任，建立"新任必理旧账、离任不留坏账"的平安报表责任交接机制，用"求是"的办法、"挺进"的作风，构建更加严密的责任体系。特别是聚焦试点工作责任落实，市级成立市委书记任组长的领导小组，全面加强创建工作的组织、协调和领导。试点创建办常态落实"一月一报告、一季一督查、一年一评估"，有效推动工作规范运行。重抓督查考评，重点完善市、县两级督查机制，抓好"问题清单"和"服务清单"销号管理。根据督查情况，每季度组织召开一次点评交流会，及时总结经验、查找短板，并以交办单等形式督促问题整改。丽水市委组织部精准划分党员责任区块。依托网格，按照"规模适度、无缝覆盖、动态调整"原则，以及"延伸到户、延伸到产业、延伸到异地"要求，将7.3万名党员编入2.5万个责任区，确保党员服务到边到底。围绕政策宣传、代办服务、基层治理等8类服务项目，科学设置党员责任清单，确保服务精准投递。

与此同时，丽水市各县（市、区）推出清单管理举措，如缙云县打造"三清单六机制"，深化平安缙云建设。缙云是丽水市人口大县，社情相对复杂，境内交通、人员往来频繁，平安建设工作任务更重、要求更高、挑战更大。缙云坚持"体系化建设、项目化推进、精细化管理、清单化落实"平安"四化"建设法，总结固化工作经验，形成平安建设"三清单六机制"，即责任清单、风险清单、问题清单、化解整治机制、平安月检机制、保分保障机制、对接协调机制、督查督办机制、战时维安机制，用法治思维推进平安创建工作的系统化、制度化、规范化。2015～2018年，缙云县平安考核成绩分别列全省第22位、第21位、第5位、第2位，"三清单六机制"做法已经在丽水全市进行了推广。

（二）创新管理"五项聚焦"保障改革稳步推进

1. 聚焦文化传承，熔铸红色基因软实力

丽水市域社会治理现代化改革中，坚定中国特色社会主义文化自信，

传承源自中华民族五千多年文明历史所孕育的中华优秀传统文化，传承熔铸于党领导人民在革命、建设、改革中创造的革命文化和社会主义先进文化，充分展现善治丽水的治理文化与红色基因。如李阳冰"坐石分水"的故事，以及汤显祖在遂昌做县令期间清正爱民、积极施政的佳话。

红色铸魂亦构成丽水善治的基础。1927 年 1 月，浙西南第一个党支部在遂昌建立，在丽水大地播下了第一颗革命火种，从此，革命星火迅速燃遍整个浙西南。持续 23 年不断的浙西南革命史，为丽水留下了大笔的红色遗产和精神财富。丽水深入挖掘"浙西南革命精神"的重要内涵，提炼为"忠诚使命、求是挺进、植根人民"的十二字表述语。[1] 据统计，丽水现存革命遗址 429 处，5 个县入选全国第一批革命文物保护利用片区分县名单，数量上均位居全省第一；1988 年 5 月，丽水所辖 9 个县均被省政府公布为革命老根据地县，这在浙江全省也是唯一的。[2]

丽水市域社会治理现代化改革，大力弘扬践行浙西南革命精神，忠诚使命守初心，求是挺进保平安，植根人民护发展，全面凝聚起以"丽水之干"担纲"丽水之赞"，以"红色精神"引领"绿色发展"的强大合力。坚定扛起"丽水之干"的使命担当，"群众诉求是平安建设的起点，群众满意是平安建设的根本检验"，作为人民群众安全感满意度连续多年位居全省第一的丽水，向着建设更高质量、更高水平的平安丽水的目标奋勇前进。

2. 聚焦机制创新，增强齐抓共管领导力

丽水深入实施市域社会治理各项工程，成立市级试点工作专项工作组部署指导重点工作，牵头单位开展系列专项行动，各成员单位配合牵头部门完成相关任务，推动形成十大工程牵引作用，整体形成"上下联动、左右互通"格局。加快实现市域社会治理资源整合、能力聚合、方法综合，推动形成党委领导、部门负责、条抓块统、市县联动的工作格局。结合推进方案分组情况，建立市领导联块分线督导评估机制。通过细化工作任务颗粒度，明确工作目标，实现日常管理数字化，效能评估智能化，构建闭环的评估监督体系，建立试点任务智能管理平台、数字化管理评估机制。创新完善平安建设工作协调机制，科学界定各层级、各部门风险管控责

---

① 《"浙西南革命精神"12 字内涵表述语在杭州发布》，中国新闻网，2019 年 6 月 11 日。
② 《"浙西南革命精神"学术研讨会在浙江丽水举行》，中国日报网，2019 年 6 月 20 日。

任，健全平安建设（综治工作）考核评价体系。

3. 聚焦制度建设，提升改革行动执行力

丽水重点以"制度设计更趋完备、制度运行更加有效"为目标，全面加强探索创新和系统集成，全力夯实共建基础、打造共治体系、创新共享机制。在现有机制的基础上，进一步完善市域社会治理现代化试点创建工作，建立组织领导、督查点评、会商研判、联动协调、考核推进、宣传发动等六大工作制度。充分发挥法治固根本、稳预期、利长远作用，构建完善市域法律规范体系和法治实施、监督、保障体系，全面将市域社会治理纳入法治化轨道。用好市域立法权，聚焦矛盾纠纷调处、公共卫生、社区物业等重点领域，制定务实管用的地方性法规。① 深入推进法治政府建设，深化行政执法体制改革和司法责任制综合配套改革，推动行政执法与刑事司法有机衔接，加强执法司法权运行制约监督，依法防范打击处理影响市域安全稳定的突出问题。

与此同时，丽水注重改革创新的规范化建设，如 2020 年 4 月 15 日，市信用办正式印发生态信用行为正负面清单及"绿谷分"（个人信用积分）、生态信用企业、生态信用村评价管理办法。景宁县制定出台全省首个"社会治理操作规程"。县委政法委牵头组织在全省率先出台《景宁畲族自治县"横向到边、纵向到底"县域社会治理工作体系基本操作规程》。该"操作规程"分七章二十条，明确部门职责，规范操作规程。细化、量化工作任务，考核有章可循。推动社会治理工作联动、平安联创、社会联治，保持景宁社会面持续平安稳定。丽水市委政法委将"操作规程"纳入全市"八个排头兵"考核体系，并要求全市参照景宁做法，制定所在地的"操作规程"。

4. 聚焦多跨场景，形成上下联动协同力

丽水谋划好特色应用场景，以"一件事"视角谋划模块建设，组织各地各有关部门在全省统一架构下开发创新应用，进一步提升基层社会治理场景应用开发的整体性、有序性、规范性。打造应用场景工场，破题场景开发模式，以"打造公共组件集、固化应用开发逻辑、优化场景设计流

---

① 陈一新：《着眼把重大矛盾风险化解在市域 打造社会治理的"前线指挥部"》，中央政法委长安剑，2020 年 10 月 22 日。

程、构建场景建设生产线"为切口，通过开发全流程数字化、系统建设标准化、运维保障规范化，实现场景开发从传统"单部门作坊式"向"多部门车间式"转变，真正做到场景上线更便捷、政府投入更省钱、部门协同更高效、制度重塑更聚焦。目前，"流水线"式生产上架油烟、噪声监管等25个应用场景，标准化事件可以 0.5 天完成配置运行，25 个场景共处置 9286个事件，按时办结率达 94.98%，推动解决了社会治理的"繁难杂"问题。市委政法委"网格专项任务订制"、市法院"执行秘书"、市检察院"网络司法拍卖智能审查系统"、市公安局"车辆云"、市司法局"丽水市阳光矫正教育帮扶平台"等已投入业务使用，具备较好的基础。从创新性看，融入更多的丽水特色元素，重点是迭代综合指挥模块和市域社会治理现代化数字驾驶舱，建设"一四一"智控模块、市域社会治理试点任务管理模块，推动社会治理由"制度"、"治理"和"智慧"三个维度纵深推进。

5. 聚焦创新培育，打造丽水特色品牌力

坚持自主创新、亮点精抓和亮点推广，创新基层典型培育机制，以"揭榜挂帅"方式全面加强市域社会治理创新项目培育推广工作，确定 20个市级、37 个县级试点单位，以试点示范不断推动全市基层治理工作提质增效，形成一大批基层典型经验做法。如莲都区的"阳光票决"，龙泉市的"三化治理"与"异地中心"，青田县的"季宅模式"与"红色议事厅"，云和县的"老李帮忙团"与"街乡共治"，庆元县的"十台合一"与"廊桥说事"，缙云县的"正道讲和团"，遂昌县的"民事村了"与"信用＋社会治理"，松阳县的"民情地图"，景宁县的"域外网格"等，达到"典型带动、以点带面、整体推进、全面开花"的效果。组建花园云联合创新实验室，加快数字化建设集成创新，建立常态化学习交流机制，按照"成熟一批、推广一批"原则，及时总结提炼各地治理典型和经验做法，变点成线、扩线成片，变盆景为风景，形成具有丽水辨识度的系列社会治理特色名片、知名品牌。

案例二十　龙泉市溪头村以"三化治理"打造乡村治理样本

龙泉市溪头村坚持共建共治共享的理念，以全民化、全域化、公平化治理为手段，因地制宜走村域治理现代化的路子，从落后村、贫困村、矛盾多

发村发展为社会治理模范村、国家4A级旅游风景区，先后荣获中国人居环境范例奖、全国新农村建设先进集体、全国生态文化村等20余张省级以上金名片。坚持全民化治理，增强村域治理的核心动能。党员带头干，将党员干部"不讲给我上、只说跟我上"等写入村支部议事条例，化制度优势为同心胜势；推行村级项目"共议、共创、共享、共管"机制，邀请村民参与决策，推动村务议事透明化；成立红白理事会、道德评议会，完善村规民约优化"治村经"，积极树立农村新风尚。强化公平化治理，增强村域治理的内在动能。坚持"透明账"，以村务公开推进阳光治村；坚持"公平尺"，合力推进各项工作，确保村事治理无特权；依托青瓷延续传承地、红军入浙第一仗发生地等资源，以举办"乡村大课堂"、建立"道德积分卡"等措施推进精神文明建设；推行党员联户、"帮代办"服务机制，打造"调解七步诗"调解模式，五年来累计代办事项800余件，化解矛盾纠纷115起。突出全域化治理，提升村域治理的绿色动能。推行环境治理"任务融合、党群联合、疏堵结合"机制，打造"百年回望"、美丽庭院、活水进村等共护共治村域"景区"；整合世界最大古龙窑群落等资源，建设特色民宿24家，举办乡村春晚等活动，打造"不灭窑火"青瓷烧制技艺展品牌。

资料来源：丽水市委改革办。

案例二十一　庆元县携手福建三地合力打造"浙闽边界法治乡村走廊"

庆元县联合福建省政和、寿宁、松溪三县，深化法治乡村共建共治共享机制，构建县域依法治理和边界法治乡村建设新格局，打造跨区域一体化和谐稳定发展的省域边界样板。共建工作开展以来，共跨省协调提供各类公共法律服务260余次，设置边界公共法律服务流动站点11个，联合调解纠纷190余件，建设法治阵地30余处。

一是矛盾纠纷联调。建立健全涉边矛盾纠纷联防联调机制，成立涉边联防联调委员会，聘请当地有能力的乡土能人、有威望的老村干部担任调解员、信息员、网格员，定期进行涉边矛盾纠纷隐患摸排上报、交流通报，做到走访联合、矛盾联调、问题联办。目前，已聘请调解员、信息员、网格员106名，互递各类信息280余份，联合开展排查28次，调解纠纷190余件，调解率达100%。

二是法律资源共享。强化浙闽边界公共法律服务体系建设，推动浙闽边界公共法律服务"网上办""掌上办"。加强浙闽边界公共法律服务站点实体化设置,依托边界乡村春晚、农事节、社日节、赶圩日等节庆活动,设置浙闽边界公共法律服务流动站点 11 个,让边界群众就近就便享受两地公共法律服务资源。目前,跨省协调提供各类公共法律服务 260 余次,进行联合普法 24 次,惠及群众 1900 余人。

三是矫正安置互帮。建立跨省流动社区矫正对象联合执法、协助监督管理等制度,动态开展边界地区社区矫正对象脱管漏管和重新犯罪苗头排查,共同防范化解案安全隐患。充分发挥浙闽边界社区矫正中心的功能作用,完善浙闽边界社区矫正对象联合管控机制,加强社区矫正工作交流学习和信息资源互通共享,推动刑事执行和安置帮教更加精准化。目前,已开展联合排查 24 次,消除再犯罪隐患 5 起。

资料来源:丽水市委改革办。

(三)"数字赋能 + 制度重塑"指引数字化改革进行

浙江数字化改革中,形成了一套科学规范的方法论作为改革指引,以"V 字模型"为指引,推动治理体系的数字化重塑、治理能力的数字化提升、运行流程的数字化再造、核心业务的数字化转型、主体关系的数字化整合。

1. 健全工作推进机制,实施综合集成改革

为贯彻落实市域社会治理现代化试点工作和数字化改革工作要求,以创建全国市域社会治理现代化试点城市工作为契机,制定了《丽水市创建全国市域社会治理现代化试点合格城市工作推进方案》,成立了 8 个专项工作组,确定由市委改革办牵头数字赋能专项工作组,开展市域社会治理现代化数字赋能工作。在全省首创政府首席数据官和数据专员制度,制定发布《深化推进首席数据官和数据专员工作制度的通知》。市域社会治理政务服务标准化建设方面,形成现场管理的 5S + 5546 标准和责任共同体,实现了人社、医保等 35 项民生事项办理,延伸服务半径。在跨平安和法治领域,制定了数字法治系统多跨协同场景全市"一本账",推出 11 个县级平安法治"一件事"综合集成改革,收录多跨场景 69 个,7 个场景入选全省数字法治"一本账 S0"目录。

改革中，丽水建立"3 个三"改革推进机制。一是"三张清单"管理、场景应用评价、核心业务梳理三项机制。"三张清单"管理工作机制着眼于市县一体、部门协同、高效统筹，把梳理、分类、运用、反馈、迭代"三张清单"贯穿于数字化改革始终，构建从常态化收集分析重大需求，到体系化谋划开发多跨场景应用，再到规范化闭环推进重大改革落地的"三张清单"管理工作机制。场景应用评价工作机制是针对场景应用建设碎片化、同质化情况比较普遍的现象，制定包括场景活跃度、实用性、牵引性等 12 个一级指标，包括需求导向、问题导向、效果导向等 12 个二级指标的评价工作机制。通过业务与技术、定性与定量、线上与线下相结合，多维度开展场景应用评价，并持续强化评价结果运用。在此基础上，谋划提出 37 个浙丽系列重大应用和 156 项多跨场景应用，形成《丽水市数字化改革重大应用（场景应用）清单》。初步设定了入口端、数据共享率、组件使用率、活跃度、安全等级、制度重塑、贯通性和联动性、影响力等12 项评价指标。二是强化三大抓手。率先实行双周工作晾晒，率先推行市级"揭榜挂帅"，率先出台年度核心指标考核办法。三是用好三种能力。学深悟透数字化改革话语体系，练好"内力"；组建丽水市数字化改革咨询智库，借好"外力"；组建工作组网，凝聚"合力"。

2. 着重核心业务梳理，谋划亮点特色应用

数字化改革的核心内容是以"互联网＋"理念与数字赋能推动业务重塑，丽水梳理市域社会治理改革领域相关部门核心业务，逐层拆解到最具体、最基本的事项，并从治理与服务两个维度加以标识形成业务事项清单，逐一明确支持事项及业务流程的数据指标，实现事项的标准化、数字化，形成可认知、可量化的部门职责体系，即从模块层面、单元层面、事项层面、指标层面确定业务协同关系，以便理顺职责、重构关系与流程再造。

与此同时，不断推进"一库、一图、一平台、一能力"建设，在社会治理一张图建设方面，已编制完成《丽水市社会治理要素统一地址库建设方案》。全力推进社会治理"一件事"支撑模块建设，"基层治理四平台"与多平台业务持续得到拓展和协同，实现了迭代升级。在网格工作智能辅助能力建设方面，排摸 13 类社会风险隐患，不断完善了"有事报事、无事报平安"网格打卡机制。成功运行全市农村地区道路交通安全综合治理

"一件事",构建了"1+2+N+1"的总体架构(即一端、双平台、N个应用以及一舱),基本实现隐患整治生命周期线上流转处置。

丽水对标省级"跑道",突出特色,谋划了"浙丽"系列重大应用(场景应用)37个,多跨场景156项。其中,"天眼守望"在全国生态产品价值实现机制试点示范现场会上作典型应用交流;"共享法庭"被最高法院网及人民日报、新华社、央视等中央媒体报道;"'i丽水'城市精细化智能管理"入围北大城市治理创新奖;缙云"小康码"入选全国数字农业农村优秀案例;庆元县涉外婚姻管理服务"一件事"受到外交部充分肯定并将在全国推广。

案例二十二 丽水"天眼守望"助力"两山"转化综合智治应用

"天眼守望"应用以卫星遥感大数据为基础支撑,综合利用空间大数据、地面物联网和人工智能技术手段,构建形成全域量化的生态产品价值、高效精准的生态环保监测、全面统筹的科学空间治理机制,实现政府治理体系和治理能力现代化。目前,成功预警各类风险隐患2248件,实现生态环境、自然资源高效监管。

一是构建整体架构。构建"一库一图X场景"的架构体系,"一库"即"天、空、地"一体化的生态产品空间信息数据资源库;"一图"即实时监测分析生态状况,形成"大气环境""水环境""土壤环境"等全域生态环境一张图;"X场景"即依托一库一图谋划了GEP自动核算、美丽大花园展示、生态产品交易、重大工程监管、水环境监测预警、大气环境监测预警、固废监测预警、自然保护地监控分析、地质灾害监测预警、规划建设落地监测、耕地变化监测、生态保护红线监测、违法违规建筑监测、森林火灾监测预警、土地开发监测预警、非法采矿监测等16个场景,目前已初步上线14个。

二是进行综合集成。数据集成,依托一体化智能化公共数据平台,集成耦合卫星遥感、社会经济、重大项目、空气质量、气象、水质、水文、地质、林业、规划、耕地等100余项数据类别,对大气质量、水质环境、地质状况、地表覆被等不同要素进行精确感知,建立智能决策的数字化预警算法模型。业务集成,协同发改、生态环境、自然资源和规划、气象、水利、建设、综合执法、应急管理等 20 多个部门，重构"监测—分析—预警—处置—评估"的处置闭环，有力地辅助了灾害险情的科学指挥决策。

三是推动改革突破。GEP"一键核算"，通过算法模型一键计算相关GEP 指标，数据自动入库，自动生成 GEP 核算报表，实现 GEP 变化过程追溯及相关影响因素评估。生态状况"实时监测"，对水环境、大气环境、固废、自然保护区、生态系统空间等进行遥感实时监测服务。环境风险"预警感知"，自动分析生态环境质量变化规律和发展趋势，提前预警感知生态环境变化。环境问题"动态管控"，辅助研判可能存在的生态风险隐患，形成全覆盖、全信息、多尺度、多时相、多元化的统一管控机制。

四是形成制度成果。构建 GEP 市场交易应用平台，推进生态产品政府购买和市场化交易。推动 GEP 进规划、进决策、进项目、进交易、进监测、进考核，出台《生态产品价值核算技术办法（试行）》《生态产品价值核算指南》《丽水市 GEP 综合考评办法》。成立全国首个生态环境健康体检中心——浙西南生态环境健康体检中心。

资料来源：丽水市委改革办。

案例二十三　丽水市智慧执法平台推动市域综合行政体系完善

通过打造全市首个市县一体化智慧执法平台，以"一网通管、两环智治"为核心，实现综合执法一系列改革成果转化、流程重塑和数字赋能。自 2021 年 6 月运行以来，累计开通执法人员账号 2400 个，处置城市管理事件 20.3 万件，无缝对接省系统办理综合执法案件 1.39 万件，实现网上缴款 3993 万元；归集监管对象信息 3.9 万条，处置数字城管、"12345"、"i 丽水"等外部系统移交案件 2.8 万件，解决率为 100%、及时率为98.6%，受理和处置群众举报及信访投诉件 0.82 万件；对市区 2757 只犬只实现线上免疫登记备案，实现犬只备案"零跑次"，市民浙里办自主填报信息，队员通过浙政钉"智管通"线上智治，形成犬类免疫、登记、领养、找寻"一站式"服务和全生命周期管理。

构建"252＋N"的城市精细化管理和执法规范化运行集成应用体系。第一个"2"即两个智治闭环：城市治理事件处置"触发—处置—处置评价""一件事"闭环和综合执法案件办理"监管—处罚—监管评价""一件事"闭环。"5"即5个高频次治理场景：犬类管理、违建防控、共享单车管理、法人主体管理和摊贩管理。第二个"2"即两个决策分析系统：业务驾驶舱和监督考评系统。"N"即N个综合执法业务创新：探索执法文书自动填写、行政裁量智能推荐、电子文书掌上送达、执法案件在线评查、罚没款项掌上缴费等多个综合行政执法创新功能。最后，集成共享公共数据。构建治理数据运用两个模块，通过平台治理数据运用和省市治理数据共享，建立专项治理数据仓，实现对全市域城市管理业务进行量化分析、案件评查以及汇总展示等，形成数字化评价指标体系和智能算法，对各执法队和执法人员的执法状况进行全面评价，形成执法评价画像，为市（县）全域治理提供数据支持和决策支撑。

资料来源：丽水市委改革办。

3. V 字模型持续迭代，优化整体智治体系

V 字模型涵盖了"任务分解"和"综合集成"上下行两个阶段，"任务分解"包括任务定义、任务拆解、形成指标体系、核心业务梳理、找准场景、确定数源等内容，全面梳理党政机关核心业务，从治理与服务两个维度赋予定义，从宏观到微观，实现核心业务数字化。"综合集成"包括确定业务协同流程、确定数据集成流程、业务和数据集成、智能分析、集成流程监控、任务整体画像等内容，再造业务流程，将核心业务组装集成为"一件事"，推进原有业务协同叠加新的重大任务，从微观到宏观，设计标志性应用。

传统科层制部门/机构的行政壁垒造成"信息壁垒""信息孤岛""数据烟囱"，地区间、层级间、部门间数据无法交换共享，业务协同更无从实现。数字化治理的"跨界性、整体性、协同性"特征要求打破传统部门壁垒，推动政务数据资源的无障碍交换共享，从"技术融合"到"数据融合"再到实现"业务融合"。在丽水市域社会治理数字化改革中，市、县两级一体化智能化公共数据平台被列入全省市级数据目录建设试点，共梳理数据目录 8224 个，归集数据 47 亿条，数据共享调用 6.46 亿次，开放数据 5.1 亿条，省市回流数据 1.6 亿条，底座平台支撑作用逐步显现。

丽水从"一件事"视角，持续迭代原有业务协同模型，建立新的系统集成的业务协同模型。同步推进数据共享模型迭代升级，打造一批跨部门

多场景的综合应用，设计一批标志性应用场景，找到"破点—连线—成面—立体"的最优方案，推动整体智治体系的整体性优化和系统性重塑。例如，推进城市管理指挥中心"数字驾驶舱＋每日会商"核心特色应用场景迭代升级。把城市管理指挥中心"数字驾驶舱＋每日会商"作为丽水数字政府建设的核心特色应用场景，坚持智慧智能、实际实效、精准精细，与数字化改革各大系统实现无缝对接，通过数字化生成每日会商需关注指标、需关注事项，突出城市管理指挥异常问题及各领域趋势性问题的会商，形成"每日处置、每周分析、每月研判"的闭环管理执行链。科学构建风险预警预测模型，科学设定预警阈值，对每日经济、民生、生态、平安、舆情、疫情防控等功能模块实行"红黄绿"三色评价。着力打造"一张图"场景应用体系，为市域治理提供数字化地理信息系统支撑。

案例二十四　遂昌县上线美丽河湖面治理"一件事"场景应用提升水域治理效能

美丽河湖面治理"一件事"于2021年6月15日上线，并于7月21日纳入省数字法治"一本账"项目。目前，共协同处置河湖面相关问题228件，单件问题处置时间由3天缩减为3小时，实现处置环节"一站式"办结。该应用入选全省2021年度有辨识度有影响力法治建设成果名单。

一是突出"一网集成"，整合河湖面治理所有事项。通过任务分解以及根据省权力事项库，共拆解出48项最小级任务，包含河湖面治理所有问题。同时，持续拆解细化任务，逐一明确主管单位及所有河湖面治理最小任务事项的责任人，确保责任层层压实压细。

二是突出"一体联动"，重塑河湖面治理处置流程。制定"美丽河湖面"治理协同机制，通过下放权力事项、再造处置流程，科学整合配置人员力量，让绝大部分事件只需在乡镇就能闭环流转、一站式办结，少量疑难事件由牵头部门协调各单位集中处置，不仅实现事件处置轨迹在基层治理"四平台"上全程留痕，极大缩减处置时间、提高处置效率，也破解了以往河湖面治理问题复杂、处置和监管"两张皮"等难题，实现处置全程可管可控。

三是突出"一键达成"，建设一件事数智研判体系。集成融合"一件事"梳理与基层治理"四平台"事件处理数据，快速形成可自动识别上报事件类型、处置队伍、自动组建线上专班的"一件事"智能分派模型，并通过创新引入 AI 智能分析引擎，进行数据分析研判，打造"一件事"数智研判体系，解决县乡界面不清晰、扯皮推诿的问题。

资料来源：丽水市委改革办。

四　市域社会治理现代化国家试点"丽水实践"的阶段性成绩与普遍推广意义

丽水以争创全国市域社会治理现代化试点合格城市为契机，高举"丽水之干"行动旗帜，大力弘扬践行"忠诚使命、求是挺进、植根人民"的浙西南革命精神，牢牢把握全领域、共同体、高效能"三种理念"，有效运用"五个统筹"，不断推动社会治理资源力量由散到聚、以聚促变。重点聚焦"制度设计"与"制度运行"两个关键，对标平安建设和社会治理的新形势新要求，对标全国市域社会治理现代化《试点工作方案》和《评价指标体系》，结合丽水实际，深入实施《平安丽水 2025 行动纲要》，着力实现"四个完善"：完善高效顺畅的社会治理工作制度，增强社会治理分析研判、预测预警和管理决策功能，提升市域社会治理统筹协调能力；完善协调联动的矛盾纠纷化解机制，推进"最多跑一次"改革向社会治理领域延伸，打造新时代"枫桥经验"丽水样板；完善共建共享的平安建设长效机制，建立更加科学有效的平安建设责任体系；完善多治融合的基层社会治理格局，推动社会治理和服务重心向基层下沉，实现党政部门主导、市场社会参与、基层居民自治良性互动。将坚持把强化市域社会治理整体设计与尊重基层首创精神结合起来，不断推进市域社会治理创新，着力形成可复制、可推广的经验做法，为市域社会治理现代化全国试点提供"丽水样板"，在 2021 年 12 月 15 日举行的平安中国建设表彰大会上，丽水市被授牌命名为"平安中国建设示范市"。

（一）丽水市域社会治理现代化的阶段性成绩

1. 捍卫政治安全坚强有力，社会大局保持和谐稳定

丽水践行总体国家安全观要求，统筹发展和安全的关系，加强政治安全能力建设，坚决守住政治安全底线，有效维护社会公共安全。加强源头化解的政策研究，深化社会矛盾纠纷排摸机制，基本实现全覆盖，确保各类风险

发现在早、处置在小；加强党群、干群之间的联系和为民办实事工作的落实，减少矛盾纠纷的发生，促进源头治理到位；实现条块之间的相互协调、融合联动、互相配合，促进平安综治维稳工作取得扎实进展。基层网格的规范化建设，灵通了情报信息，有利于及时掌握社会各领域的不稳定动向，相关部门妥善做好应对。丽水遵照"因地制宜、结果导向、健全机制、完善功能、发挥作用"的总体原则，推广县级矛盾调解中心，针对涉诉矛盾纠纷，建立"纠纷调处—诉讼引调—代理诉讼"服务机制；针对家事、邻里等适宜诉前调解的纠纷，则由基层法院在立案前引调至中心，实现"单部门办理"向"多部门协同办理"转变。打通"访调仲诉"全过程链，实现一站式接待。坚持调解优先，组建专职调解员队伍，实现人民调解、司法调解、行政调解多元力量集成。矛盾多元化解机制日益完善，全市矛盾纠纷问题持续下降，土地纠纷、邻里矛盾、邻避冲突、劳资纠纷等问题得到了及时妥善处置。2021 年，全市四级走访总量较前三年平均值下降 36.76%。

2. 社会治安环境更加清朗，平安丽水建设成效显著

丽水创新完善平安建设工作协调机制，科学界定各层级、各部门风险管控责任，构建风险闭环管控大平安体系，社会风险防控贯穿规划、决策、执行、监管各领域各环节，形成问题联治、风险联控、平安联创的良好局面，2021 年继续创成"全国综治优秀市"。在深入实施《平安丽水 2025 行动纲要》"十大行动"基础上，丽水聚焦安全领域易发多发、群众最怨最烦的问题，打响三大专项整治战役。一是常态化开展扫黑除恶斗争。坚持问题导向，抓实抓好 2022 年"十件实事"，推进常态化扫黑除恶沿着法治轨道走深走实。2022 年 1~5 月，全市公安机关累计打击黑恶团伙 2 个，抓获犯罪嫌疑人 15 人。二是扎实开展部分领域案件高发问题破解战。针对"民转刑"案件、涉疫纠纷等社会治理热点问题，依托大调解工作体系，加大矛盾纠纷源头化解。聚焦电信网络诈骗等治理难点，制定出台《丽水市打击防范电信网络诈骗犯罪"十五条"刚性措施》，坚决遏制高发频发态势。深入开展公共安全风险源头防控，严格落实交通、消防、危爆、寄递物流等重点领域安全生产责任制。2021 年，全市共发生各类生产安全事故 85 起、死亡 58 人，同比分别下降 19.05% 和 12.12%，未发生各类较大及以上生产安全事故。三是扎实开展"历史疑难积案"攻坚战。政法各单位坚持底线思维、运用法治思维，精准发力、破解难题，围绕积案、旧案、老案进行专项攻坚。市委政法委牵头对影响社会稳定的历史陈案进行专项攻坚，2020年100件陈案化解任务已化解99件，化解率为99%。

3. 群众的满意度持续提升，营商环境得到较大改善

丽水把"最多跑一次"改革的精神蕴含到市域社会治理的各方面全过程，构建持续优化的市域公共服务供给体系，推动政务服务数字化智能化供给，努力使服务供给更加便捷高效。通过"最多跑一次"改革向基层延伸，优化村（社区）便民服务中心建设，全覆盖设置镇、村两级便民服务中心（站），以委托授权、综合受理、部门派驻等方式将审批权力、服务事项清单式下放至基层，推动"就近办、掌上办、网上办、马上办、一次办"。充分发挥网格员代办服务机制，利用浙江政务服务网和浙里办App实现网上办、掌上办，真正让老百姓办事"最多跑一次"、跑也不出村（社区）；把市、县、乡三级联村（社区）组团成员以网格指导员和入格团员身份下沉网格，把所有村（社区）"两委"成员以网格长、专兼职网格员的身份下沉网格，把党员以联户包事方式组织起来在网格中发挥先锋作用；通过雷打不动的全体人员进村（社区）入格参与工作，形成"一支队伍战斗在网格"的常态服务机制，群众要办事、有诉求均可以线上线下选择方便进行。

丽水数字化改革中多场景业务协同的推进，不断提升"互联网+"政务服务、监管、督查的成效，打造高效协同的整体政府，创造协同价值，让所有市民都能享受到更加便捷的政府服务。2021年，"10+2"场景化多业务协同应用全部投入使用，并取得初步成效，大部分应用实现数字化、可视化有效监管，部分应用走在全省前列，有效助力文明城市创建和市域社会治理现代化改革。

4. 数字法治体系迭代升级，法治建设走在全省前列

丽水改革之初，已聚焦数字赋能社会治理，升级数字驾驶舱，扎实推进"社会治理一张图"建设、智能化应用场景搭建、掌上基层App迭代以及"雪亮工程"应用。浙江省全面数字化改革启动后，市委政法委围绕主要任务及进度要求，突出方案细化、专班运行、门户建设、重大任务和核心业务梳理、场景认领等五个重点，全力推进数字法治建设，牵头编制了以"1338+N"为主要内容的《丽水市数字法治系统建设工作方案》，持续迭代数字法治综合应用的开发，不断充实门户内容，优化页面设计。立足现有数字化转型成果，重点筛选了一批群众需求大、可复制推广性强、

数字化改革预期效果好的场景应用。将景宁县审判辅助事务三化改革等6个项目作为最佳实践案例进行申报培育。同时，梳理数字赋能社会治理现代化场景应用4个（丽水市委政法委"花园云平安篇"、云和"平安卫士"、松阳"重点人员数字化监管服务"和龙泉"剑瓷长安·红色党建"）。在数字化改革背景下，丽水法治环境更进一步优化，科学立法、严格执法、公正司法、全民守法深入推进，完备的法规制度体系、高效的法治实施体系、严密的法治监督体系、有力的法治保障体系和完善的党内法规体系加快形成，各项工作逐步纳入法治轨道。① 数字法治上线的农村道路交通安全综合治理一件事（农道安）被评为全省首批"十大数字法治好应用"，2022年1～5月，全市发生农村地区道路交通事故死亡50人，同比下降16.67%，与前三年同期平均数相比下降30.84%。

5. 社会治理能力明显增强，共建共治共享格局形成

按照规划建成全国市域社会治理现代化试点标杆城市的目标，丽水发挥党委总览全局、协调各方的领导核心作用，强化政府社会治理职能，打造共建共治共享社会治理格局上"干在实处，走在前列"，坚持以"三大行动"破难清障，推动社会治理效能加速释放，促进社会治理融入经济社会发展全过程。在这一过程中，丽水市域社会治理"七种能力"显著提升，一是提升统筹谋划能力，协同推进市域社会治理现代化与全面数字化改革，整体推进跨层级、跨区域、跨部门、跨系统改革。二是提升群众工作能力，群众自治制度机制作用明显，群众动员能力不断增强，人民群众参与社会治理的制度更加完善、渠道更加通畅。三是提升政法改革能力，政法服务改革持续深化，数字法治建设加速推进，法治运行机制更加健全，维护安全稳定工作日趋完善。四是提升科技运用能力，新一代信息科技应用日益成为市域社会治理核心枢纽，"一张图""一件事"创新涌现，科技赋能市域社会治理成效显著。五是提升破解难题能力，以问题为导向推动改革，定期归集汇总"基层治理四平台"等数据，通过重组矛盾纠纷要素开展分析研判，精准制定风险防范化解措施，切实提高决策的科学性、措施的针对性。六是提升依法打击能力，靶向发力、精准施策，营造安全稳定、公平公正、法治优良的社会环境。七是提升舆论导控能力，构

---

① 胡东：《坚持依法治国和依规治党有机统一》，《学术交流》2017年第11期，第9~11页。

建全方位、多层次的宣传矩阵，运用多媒介多终端精准实现全覆盖，切实提高市域社会治理改革的引导力、影响力与公信力。

（二）丽水市域社会治理现代化改革的推广意义

1. 为加强党的领导和发挥基层党组织作用做出重大实践探索

新时代推进国家治理现代化和市域社会治理现代化，需要进一步加强高层部署与地方对接工作，使中央大政方针指示迅速传导到基层，使全国改革方案在基层落地落细落实。新时代创新社会治理的难点在基层，关键在市域，市域对上承担贯彻党中央、国务院和省委、省政府决策部署的重要责任，对下指导县区、乡镇基层工作，既是组织者、领导者，又是参与者、推动者、实践者。抓好市域社会治理，能够使基层治理提质增效，在省域乃至全域社会治理现代化中发挥牵引和示范带动作用，"一子落而满盘活"，丽水在市域社会治理改革过程中，围绕如何坚持和加强党的领导，充分发挥基层党组织作用，更加巩固10323个党的"战斗堡垒"地位，提供有益探索，形成了系列因地制宜又富有实效的特色基层治理模式。例如，莲都区推行"党建引领、阳光票决"基层自治新做法，推动民事民议、民事民办、民事民管。青田县"红色议事厅"推行社区网格化党支部服务，通过全覆盖收集民意、面对面协商议事、管家团监督保障，形成了"易事马上办、难事共同商"的社区治理新模式，有效推进了社区精细化管理，打通了社区服务的"最后一公里"。

2. 为深刻把握新时代市域社会治理方法论与认识论提供引领

市域往往是一个地区政治、经济、文化、交通、科技和信息中心，拥有资源调配优势和人才储备优势，在本地区治理体制建构、思维理念转型、制度规范设立方面起着示范带动作用，基于资源禀赋优势，市域的治理能力相对高于县域等基层地区，能够引领和带动地方治理现代化。然而，关于新时代市域层面如何深化社会治理改革，如何从改革的对象、主体、客体、系统、组织、机制进行着手，目前学界和实务部门缺乏系统提炼，"丽水经验"正是在这种背景下，以改革试点为任务担当，以创新探索为目标要求，初步建立市域社会治理现代化改革的内涵、目标、思路、举措、项目等逻辑体系，既探讨坚持"五治融合""五治并举"之间的关系与逻辑，即政治是核心、法治是保障、德治是先导、自治是关键、智治是支撑，又在市域社会治理社会化、法治化、智能化、专业化"四化同步"等方面，着力推动市域社会治理现代化改革的系统性、整体性、协同性实践，为深刻把握新时代市域社会治理方法论与认识论提供引领。①

3. 为同类地区推进市域社会治理现代化提供可复制、可推广样本

推进市域社会治理现代化是国家治理现代化的理论逻辑、制度逻辑、实践逻辑在市域范围内的深刻体现，构成"基层治理—市域治理—省域治理—国家治理"整体协同推进过程的一个重要节点。把市域作为完整的治理单元，能够充分发挥城市的枢纽型、引领型作用，加快城乡一体化、基本公共服务均等化的步伐，让治理成效更多、更公平地惠及城乡居民。② 目前，全国层面 30 多个城市进行市域社会治理现代化的改革试点，"百家争鸣，百花齐放"，丽水高举"丽水之干"行动旗帜，有效践行"五个统筹"，持续深化"五项聚焦"，借助全面数字化改革的红利，不断推动市域社会治理资源力量由散到聚、以聚促变，为同类地区的市域社会治理改革提供一整套可复制、可推广、可持续样本。例如，丽水以数字化改革推动市域社会治理现代化，谋划了"浙丽"系列重大应用（场景应用）37 个，多跨场景 156 项。其中，"小流域自然灾害综合防治"多跨场景被列入科技部"重大自然灾害监测预警与防范"重点专项示范工程；"共享法庭"被最高法院网及人民日报、新华社、央视等中央媒体报道；"'i 丽水'城市精细化智能管理"入围北大城市治理创新奖；缙云"小康码"入选全国数字农业农村优秀案例；庆元县涉外婚姻管理服务"一件事"受到外交部充分肯定并将在全国推广。

4. 为有效化解矛盾维护社会安定与建设平安城市呈现新思路

城市人口聚集、规模扩张使得市域已然成为各类矛盾风险的集聚地、发生地。当前，一些突出的、棘手的且具有跨界性、关联性、多发性特点的矛盾问题交织汇聚在市域，极易引发系统性风险问题，市域日益成为防范化解重大风险的关键层级。系统分析、精准掌握市域治理风险形成的规律特点，科学研判、总体把握市域社会矛盾风险态势，有利于提高防范化解重大风险的预见性、实效性。丽水按照《平安丽水 2025 行动纲要》的

---

① 张建：《推进市域社会治理现代化的路径思考》，《福州党校学报》2020 年第 2 期，第 5～8 页。

② 黄新华、石术：《从县域社会治理到市域社会治理——场域转换中治理重心和治理政策的转变》，《中共福建省委党校（福建行政学院）学报》2020 年第 4 期，第 4～13 页。

总体要求，坚持目标导向、民本导向、问题导向、结果导向，不断增强动力、凝聚合力、激发活力、精准发力、尽职尽力，以创新完善共建共治共享体系、平安源头治理体系和社会公平保障体系为抓手，着力提升维护社会稳定、护航绿色发展、社会治安防控、公共安全监管、矛盾纠纷多元化解、基层社会治理、重点人群服务管理、科技信息应用、保障社会公平、平安创新创优十大能力，积极适应平安建设面临的新形势新要求，持续推进丽水由"平安"迈向"长安"。市域社会治理现代化的丽水试点，从防范化解重大风险与调节社会矛盾的全流程维度入手，根植基层实践，为有效维护社会安定与建设平安城市呈现新思路新举措。

5. 为打造"整体智治"政府和推动全域数字化改革贡献力量

习近平总书记多次强调，"没有信息化就没有现代化"。迈向现代化的市域社会治理，必定离不开新一代信息技术应用，助推市域社会治理数字化转型。丽水协同推进市域社会治理现代化改革与全面数字化改革"两大攻坚战"，充分借助新一代信息通信技术（ICT），加快数字政府、数字社会、数字乡村、数字法治、智慧城市、智慧社区建设，积极构建大数据平台和政务云平台，提升市域社会治理数字化智能化水平。整合规划建成市域社会治理"花园云"的平台架构，以"一中心四平台一网格"承接数字化改革五大综合应用的迭代升级为抓手，构建起一套系统完备的数字治理体系支撑市域社会治理现代化改革。应用大数据、物联网、人工智能等技术手段有效防范化解公共安全与社会风险。全面构建一整套与数字政府、数字社会、数字法治相适应的地方体制机制和制度框架，积极构建有利于破除制约改革创新瓶颈、加快实现市域社会治理现代化、符合未来发展方向的制度体系。这些探索创新，有助于形成更加完善的市域社会治理现代化的技术体系和行动框架，有助于为打造"整体智治"政府、推动全域数字化改革提供有价值理论成果和制度依据。

五 丽水及全国迈向市域社会治理现代化所遇困难和制度制约

（一）丽水市域社会治理改革面临的困难与问题

1. 改革创新所需的配套制度建设不完善

"制度设计更趋完备、制度运行更加有效"，既是市域社会治理改革创新的题中之义，也是迈向现代化市域社会治理的必由之路。"制度设计"不仅仅在于文本条文本身，更着眼于制度得以有效运行，打造系统完备、集成关联、整体协同的市域社会治理规则体系，进而推动制度优势充分转化为市域社会治理效能。目前，丽水市域社会治理协同方面的制度仍然不完善，影响着不同主体间共治机制的构建。

首先，社会自治制度不健全，一些自治组织缺乏实际行动，社会治理的能力较弱，无法与其他治理主体进行协作。其次，信息共享制度不完善。各个主体之间信息共享不充分、信息分布不均衡等问题，增加了社会治理的沟通成本，影响协同治理的绩效和水平。最后，跨部门协同治理缺乏相应的法律依据和制度设计，责权利没有明确界定，无法实现协同治理的长效运行机制，尤其是基层治理之中的职责不清，网格化管理被动。基层自治机构和社区管理在职责上存在界定不清的问题，党政部门仍受限于传统管理机制的路径依赖。例如，当前基层广为采用的网格化治理模式，治理思维与方法略显过时，上级部门派发给基层工作任务繁重、各类督察检查考核繁多，一定程度上掣肘了网格化治理效能发挥。此外，推进全面数字化改革构建"整体智治"政府过程中，一些基层同志普遍反映数字化平台、大数据治理等新工具在使用的时候缺乏有效规制，不利于依法治理，亟须建立起一套适应于数字治理的制度规范、监管规则。

2. 各领域改革缺乏系统集成与整体推进

市域社会治理现代化涉及领域多、层级多、部门多、业务多、职能多，是一项典型的系统性、整体性、协同性改革，需要整体推进与精准施策的有机结合。从丽水改革试点工作的推进情况看，部分领域改革推进不均衡、个别领域改革破题低于预期的情况。例如，虽然已经形成改革试点的推进方案，确定了牵头部门，但实际工作中，还存在统筹协调不及时不到位等问题。比如在"数字法治、数字社会和数字政府"的改革工作中，其重点均涉及社会治理，却分别由三个专班牵头负责，在建立跨区域、跨部门、跨层级统筹协调以及系统推进市域社会治理领域数字化改革的机制等方面尚待完善。

究其根源，一方面是各领域改革推进时间有先后，顶层设计的贯彻落实中尚未有一个清晰的改革实施规划，致使改革的"单兵突进"大于"协同作战"。另一方面是一些部门重视程度不足，导致部分领域改革发展达不到阶段性目标。一些地区改革试点"窗口期"意识不强，缺少主动抓、抓主动的认识和决心，导致改革破题少、成果不够多。部分领域改革存在"缩水"现象，在具体推进中，有些部门没有针对改革项目开展深入细致的调查研究，对项目背景理解不深，对改革需求把握不准，对改革举措"前后左右"的密切联系尚未把脉清楚，缺乏解决问题的较真精神和把关能力，导致改革举措脱实向虚。此外，在载体创新上，普遍存在"点上开花多、面上推广少"的现象，缺乏整合思维、创新思维的改革整体推动，带有鲜明丽水特征的市域社会治理现代化品牌仍需进一步发掘提炼。

3. 改革全链条的运行和保障机制不健全

当前改革全流程的运行和保障机制尚不健全，例如督导考核体制机制缺失，市域社会治理现代化要求监督考核和评价的现代化，在传统的指标考核之外，重在加强根据数据分析实现的过程监督和考核，保障监督考核的实时性、真实性和有效性，以更有力推进市域社会治理现代化改革。市域社会治理现有的监督和考核机制多是对政策实施的效果进行考评，丽水目前缺少对社会治理现代化的过程监督和考核，并且仍多采用定性考核方法，缺乏科学、量化的考核标准和评估依据。同时，在评估过程中有关群众意见建议部分的权重仍显不够，不利于监督考核的针对性和以评促改作用。又如，改革创新的生成机制、退出机制与统筹机制等创新管理机制尚不完备，各县（市、区）创新项目"百家争鸣、百花齐放"，那么如何择选可复制、可推广、可持续的创新项目并投入资源，这不仅涉及资源投入方向、资源共享共用，还关系改革大局成败，因此亟须完善创新管理机制。

此外，人才引进与培养机制需要健全，市域社会治理现代化改革，急需大量又红又专的基层干部、网格员、调解员、社会工作者与志愿者等，而当前人才缺口问题十分严重，如何引才、育才、留才，打破职业生涯"天花板"，给予基层人才上升通道，亟须重视。数字化改革领域面临的问题更为突出，各县（市、区）各部门市域社会治理信息化人才匮乏，人才引进、激励机制不健全，各地行动力量配备、事件处置能力和执法力量整合参差不齐，落地处置、指挥调度效能建设亟须强化。

4. 部门间数据共享与业务协同尚不到位

要以数字化理念和技术解决市域社会治理中的难题，实现"整体智治、高效协同",必须在理念更新、系统集成、信息共享、业务协同等方面全方位推进。当前政府各部门并没有实现完全数据共享与业务协同,导致各部门之间的协同性总体较弱,而在社会治理主体之间也存在彼此孤立、联系和交流较少的状况,无法实现多主体协同治理。当前,核心业务数字化基础相对薄弱,据统计分析,市级政府部门梳理出的 3700 项核心业务中,有 1728 项无系统数据支撑,占 46.7%,反映出信息化程度比较低,导致在谋划建设场景应用时存在数据壁垒。在"1612"向"141"贯通方面,部分场景应用因省建或者系统内网运行等,无法与基层治理四平台打通,场景应用无法贯通到乡镇一级。省市县哪些业务要接入基层治理四平台,乡镇(街道)的责任边界在哪里,尚无部门牵头梳理。有的部门对群众爆料的情况解决不及时,仍然存在处理意见为"建议向某某部门反映"的现象,没有真正形成事件从发现到处置、到结果反馈的闭环,也没有实现部门在平台上直接接收问题信息的扁平化管理模式。

究其根源在于部门之间权力划分不清、职责不明确。权力划分不清主要体现在两个层面。(1)从纵向权力线来看,层级之间财权事权划分不够清晰,一方面涉及部分具体事项的时候容易出现权责不清、推诿扯皮现象,另一方面由于缺乏明确的约束管理条例,不同位阶的政府行政权被无形扩大。[①](2)从横向职能线来看,囿于机构设置不科学与机构改革不彻底,同一层级不同部门之间存在权责交叉、职责不明问题,加之市域治理中的跨部门合作缺乏完备制度或有效机制保障,一些领导干部以为市域社会治理非属本部门职责,致使一些市域社会治理问题尤其是牵涉跨部门协作的问题长时间悬而未决。凡此种种,导致丽水试点虽然取得了一定成效,但是部分重点工作的短板问题有待解决。比如,矛盾调解中心作为"牛鼻子"工程,物理整合虽已完成,但在化学反应上成效不足,体现在质效评价部分指标不够理想,如万人成讼率、调解成功率、初信初访化解率等指标在全省排名未在前列。基层治理四平台的"基础桩"作用不够明显。从系统建设看,河长通、食安通"多通融合"在技术对接和跨部门业务协同上还有一定差距。

---

① 董妍、孙利佳、杨子沄:《市域社会治理现代化法治保障机制研究》,《沈阳工业大学学报》(社会科学版)2020 年第 3 期,第 200~205 页。

5. 回应群众需求的数字化场景谋划不足

虽然各县（市、区）对多跨协同场景应用的创新积极性很高，已形成热情高涨的改革局面，但在实际建设中，具有丽水特色的数字化场景创新仍不足，以群众需求为导向的场景谋划还不够，存在创新的同质化情况，可推广、可复制的典型应用场景比例不高，这里面既存在创新宣传推广问题，也存在政府与群众互动问题，致使用户的参与感和体验感不够高。例如，一些功能模块的推广力度并不大，群众知晓率还不高，提供的爆料范围还不够广泛，一些平台线上点击率不足，跨部门资源亟须进行有效整合。

云和县"街乡共治"绘就基层治理最大"同心圆"

（丽水市委政法委　潘志宏　摄）

6. 基层干部数字化改革思维能力须提高

基层干部在推进市域社会治理现代化过程中亟须提升"七种能力"，即必须加强统筹谋划能力、群众工作能力、政法改革能力、科技运用能力、破解难题能力、依法打击能力、舆论导控能力。[①] 当前改革中，存在一些基层干部"本领恐慌"问题，尤其是数字赋能市域社会治理的理念还需进一步提升。少数地方和部门未能准确把握数字化改革内涵，"三张清单"梳理不够精准，部分场景应用还存在"小切口有余，大牵引不足"

———————————

① 陈一新：《推进新时代市域社会治理现代化》，《法制日报》2018 年 7 月 18 日。

"部门味较浓，改革味不足"等问题。少数单位"一把手"牵头主抓的责任落实不到位，存在会议强调多、场景应用谋划少，与牵头部门对接汇报不够等现象。一些地方在思想认识上还不同步，尚未充分理解数字赋能对市域社会治理的重要性，没有从大统筹、大协同、大治理的高度来看待数字化改革所赋予的新任务新要求。

有的部门原来基础好，已经享受到数字赋能的红利，在通过加快数字赋能来推动市域社会治理工作上往往继续快人一拍；有的原先数字化基础比较弱，对于数字赋能的认知、思维、技术上储备不足，推进起来往往力不从心、疲于应付。基层专业人才匮乏，致使业务需求与数字支撑难以实现"同频共振"。例如，作为平台支撑，全科网格在农村地区存在服务半径过长、优秀网格员"一员难求"等问题，在城市社区则面临网格服务力量不足和网格经费保障不足等问题。加之改革职责难理清、数据难归集、业务难协同，场景应用在建设过程中容易走形变样，效果不及预期。数字化场景应用方面，基层部门调动群众参与的意识和能力不足，从系统应用看，公众爆料转事件数和三级以上事件总量偏少，侧面反映公众参与渠道少、县乡平台统筹指挥机制不健全等问题。

（二）全国市域社会治理改革存在的问题

1. 面向市域社会治理现代化的认知理念陈旧

市域社会治理作为一项新改革、新任务，对于地方干部群众治理理念的转变有着较高要求。然而，当前开展市域社会治理现代化改革的过程中，不少地方和部门仍存有老观念、运用老方法，涉及社会治理工作中，仍存在"做自己会做的，而不做自己应当做的"，有时出现治理"真空"，有时又存在交叉治理，甚至存在"文件打架"。一些基层干部还存在"社会治理就是维稳"的老思想，部门领导干部依旧沿用凭经验决策、封闭式决策、一把手拍板的传统方式，统筹使用科学手段、法治方式破解社会治理难题的本领不够。各地在试点创建中存在一定程度的认识误区，有的将"试点工作"等同于"专项工作"，有的存在"坐等过关"的心理，总体创建氛围还不够浓厚。

社会层面，基层群众法律意识淡薄、治理意识薄弱，群众对于市域社会治理现代化的重要性认识不足，主体意识较弱，参与意识不强，行动热情不高。不仅在于群众参与意识和能力问题，而且参与渠道与方式途径不够丰富，且缺乏相应激励保障机制，致使群众参与基层治理、市域社会治理的积极性不高。特别是在社会治理精细化政策的制定过程中，群众参与途径窄，参与程度效率偏低。这一情况说明基层治理的理念、机制、方式、途径亟须跟进社会形势发展需要，匹配人民群众参与治理的热情。

2. 市域社会治理现代化的变革范式亟待明确

"五治融合"共同构成了市域社会治理现代化改革的图景，虽然它们都围绕市域社会治理现代化形态下的治理变革而展开，但是缺乏一套科学统一的理论概念以明确不同领域的相互联系，从而引领市域社会治理现代化变革范式的研究走向深入。同时，当前关于市域社会治理现代化的研究尚缺乏整体的理论建构以形成顶层设计框架，从而指导具体领域变革，使得各地区各部门客观上对市域社会治理如何实现现代化面临的现实问题缺乏解决方法论指引，对诸如市域社会治理理论体系、思想内涵、运行机制、框架结构、工作范式等认识不清和认知不足。此外，随着各领域数字化进程的加深及其对国家治理、政府治理、社会治理的深远影响，传统建立在工业革命基础上的社会治理体系和治理能力已不能应对新技术革命带来的治理挑战，市域社会治理数字化信息化领域不断涌现的新问题新需求事实上体现了整体性制度建构尚存空白。面对数字社会、智能社会形态的演进，一些政府尚未做好思想解放、能力革新、制度变迁的准备。

3. 涉及市域社会治理的法规建设滞后于改革

当前，国家层面尚未出台有关市域社会治理工作的法律法规，地方层面尚未先行先试开展地方性法规或政府规章的专门立法，各地社会治理改革依据的法律法规碎片化地源自行政法规或部门规章，总体上看，市域社会治理改革的法治保障体系不健全。市域社会治理过程中各主体如基层党组织、政府、市场主体、社会组织、人民群众的职责权力、行为规范缺乏明确依据，容易导致治理主体因角色定位不明晰而缺乏参与积极性，更缺少协作共治的基本遵循。不仅在立法层面存在缺失，而且在制度执行层面亦存在问题，缺乏上位法依据的改革制度法律效力有限，组织执行力与制度执行力无形中被削弱，这就在一定程度上弱化了市域社会治理成效。例如，2015年中共中央、国务院出台《关于深入推进城市执法体制改革改进城市管理工作的指导意见》，提出公安机关要依法打击妨碍城市管理执法和暴力抗法行为，对涉嫌犯罪的，应当依照法定程序处理。同年，浙江出台《关于深化行政执法体制改革全面推进综合行政执法的意见》，提出建立综合行政执法部门与公安机关、检察机关、审判机关信息共享、案情通报、案件移送制度，实现行政执法和刑事司法无缝对接。但是，这两个文件仅为指导性意见，并不具备法律强制力，并且这两个指导性文件对于政府职能部门之间如何联勤联动缺乏明确规定，执法界限的划分尚未明晰。①

4. 市域社会治理主体参与度与积极性不够高

市域社会治理现代化的重要评判标准之一是社会自治水平，充分调动市场主体、社会组织、人民群众等各界力量共同参与基层治理，以期迈向党委领导、政府负责、社会协同、公众参与、法治保障的社会治理体制。市域社会治理涉及多元主体，需要整体统筹和系统治理，但在现行行政体系下，形成了自上而下的科层制治理结构，治理体系的运转主要依靠层级间由上至下的权威命令推动，依靠公共部门力量多，发动社会资源力量少，采取行政手段多，运用市场办法少，削弱了公共事务治道变革。一旦自上而下与自下而上的沟通路径出现梗阻，顶层设计和基层探索就无法形成良性互动。总体上看，各地方政府掌握了大量社会治理资源，尤其是权力分配资源，在相关政策酝酿形成之中发挥主要意志作用，一些政策因缺乏充分深入调研，没有问计于民、问政于社，久而久之难以形成共商共治共享的社会氛围。

长久以来，政府承担诸多社会公共事务，造成其他主体误以为市域社会治理完全属于政府职责范畴，与自身无关，尚未明确自身也是基层治理、市域社会治理主体，具有参与公共事务和维护社会秩序的责任道义。公共事务纷繁复杂，仅仅依靠公共部门力量无法有效进行治理，而有效调动市场与社会力量，方能弥补"政府失灵"。作为市域社会治理参与主体的社会组织，本应在改革中发挥重要作用，但目前社会组织参与社会治理能力不足，且改革参与程度不深。例如，市域社会治理改革中的群团组织参与度不够高，社会组织协同合力不够足，多数社会组织习惯行政思维，

---

① 单永杰：《"城警联勤"推进县域社会治理现代化的探索与思考——以湖州市南浔区的实践为例》，《公安学刊》2020 年第 1 期，第 51～55 页。

参与社区管理、反映利益诉求、化解社会矛盾不积极。从内因看，源于社会组织本身发育问题，社会行动力有限；从外因看，政府与社会组织之间的职责划分不清晰，权力边界不明确，掣肘了社会组织在当下改革中的作用发挥。

5. 基层专业力量与资源禀赋匮乏的现实困境

从全国范围来看，社会治理水平呈现区域间发展不均衡的态势。县级地区和后撤县（市）设区的地区受限于职权范围、资源配置能力，整体治理水平不如资源禀赋具有优势的主城区。各城市的核心区之间囿于经济社会发展水平不同，在市域社会治理方面的编制配备、财政投入、队伍建设有着明显差异，致使社会治理水平发展不均衡。在市、县和城市社区中，由于人口密集，商业发达，人才比较聚集，因此政府聘请相关人员组建队伍相对容易。而在一些偏远的乡镇和农村地区，由于人才缺乏，队伍的组建面临重重困难，网格员年龄普遍偏大、基层法律顾问和人民调解专家缺乏，只能靠上级派驻，志愿者人员缺少。乡村地区很难克服先天性资源禀赋之不足，需要地方政府进行改革整体规划与资源统筹调配。数字化智能

景宁县政务服务党建联盟推进区域治理现代化跨省就近办专窗

（景宁县行政服务中心　陈林萍　摄）

化时代,"数字鸿沟"的产生掣肘了市域社会治理现代化发展,一些数字治理水平高的地区,尤其是资金和技术条件充裕的发达地区,能够借助新一代信息技术力量助推市域社会治理现代化,而中西部欠发达地区无力为数字政府、智慧城市的建设与运营支付高昂费用,使不同区域之间、城乡之间市域社会治理水平逐渐拉大。

六 推进丽水及全国市域社会治理现代化的对策建议

(一) 推进丽水市域社会治理现代化的对策

1. 健全数字赋能市域社会治理的制度体系

中央深改委十八次会议上,习近平总书记提出在"原有制度框架内搞好精装修"的要求,作为一项整体性改革的市域社会治理现代化试点,兼具灵活性与非稳定性问题,为确保改革依照既定目标有序推进,以及改革方案创新举措的可复制、可推广、可持续,必须强化制度保障。坚持顶层设计与地方立法有序推进,建立完备规范的市域社会治理法治体系,地方改革探索中要用足用好地方立法权,以地方立法形式为改革创新提供有力支持。[①] 地方政府应遵循法治思维与法治方式,加强与立法部门的协作,及时审查创新方案,应对改革需要制定市域社会治理领域的规章制度,成为各主体参与公共事务治理的基本遵循,确保各项改革在法治轨道上有序进行。同时,职能部门通过建章立制,建立诸如干部容错纠错制度、部门权责清单制度等一揽子配套制度体系,理顺治理主体之间的权责关系,确保改革运行有规可依。

党的十九届四中全会提出"建立健全运用互联网、大数据、人工智能等技术手段进行行政管理的制度规则"。数字技术赋能市域社会治理改革中,应从技术理性向制度理性转变,进一步加强理论体系和制度体系建设,不断深化"政府引导+社会参与+专家集智"的数字化改革理论和制度研究机制,注重"丽水智库"建设,形成市域社会治理现代化与数字化改革理论体系和制度体系的研究合力。强化实践基础上的应用理论研究,

---

① 董妍、孙利佳、杨子沄:《市域社会治理现代化法治保障机制研究》,《沈阳工业大学学报》(社会科学版) 2020 年第 3 期,第 200~205 页。

加强对改革的目标、思路、举措、项目、场景应用等研究，形成一批具有丽水辨识度的理论成果。进一步健全数字化改革项目管理制度体系，编制《公共数据开放与安全管理暂行办法》和配套措施，拓宽公共数据与社会数据的应用合作。研究制定一批有关市域社会治理数字化改革的政策、法规、标准，形成一套科学合理的管理机制，例如，加快平台建设、权责事项、数据治理、运营运维、监管考评、信息安全等重点领域的制度标准规范编制修订，形成标准化体系，做好省标认证同时积极争取上升为国家标准。

2. 加强"五大领域"改革的系统集成水平

要系统打造"五治融合"的市域社会治理现代化实践图景，运用系统集成方法，聚焦实效导向，加强工作统筹，通过搭平台、聚资源、树典型，持续开展社会治理精品项目孵化培育，整体提升市域社会治理现代化水平。以系统思维进行顶层设计，以集成理念抓组织实施，以联动方式保证任务落地。围绕"共建、共治、共享"的治理目标和创新路径，充分彰显多元共治的市域社会治理新格局，体现出以公共性、多元性、协作性为基本特征的治理资源与治理能力整合，扩大治理共同体范围，协同推进跨地域、跨层级、跨部门、跨系统的信息共享与业务协同。强调政治引领作用，坚持和完善党的领导，在市域社会治理现代化改革中实现党的建设与社会治理的有机整合与同向发力。[①] 发挥法治保障作用，形成市域社会治理行动规范和对治理主体的硬性约束。完善执法司法权运行机制和管理监督制约体系，推进各类法律服务资源整合，推动国家工作人员带头学法用法，建设完善市域法律规范体系和法治实施、监督、保障体系。借助德治教化作用，深入实施公民道德建设工程，有序推进道德领域宣传、评议工作和道德规范、诚信体系建设，培育德治的社会软环境。注重自治强基作用，以权责清单制度加强基层群众性自治组织规范化建设，发动群众，群策群力，构筑立体化的基层治理体系。

在数字化改革背景下，强化智治支撑作用，推动信息科技与社会治理深度融合，深化"雪亮工程"和"智安小区"建设，健全在线矛盾多元纠纷化解平台功能，强化社会治理数据资源整合，加快推进丽水特色数字化

---

① 康兰平、丁钦育：《新时期市域社会治理现代化的范式嬗变与路径创新》，《理论观察》2019 年第 12 期，第 86~88 页。

重点应用，运用数字赋能增强市域社会治理数字化水平。全面推进
"1612"体系与"141"体系有机衔接。一方面，迭代升级"141"体系，
提升承接"1612"能力。聚焦治理服务两个维度、线上线下两个重点，有
序推动"基层治理四平台"先装满、再突破。同时，围绕两大体系相互贯
通的目标要求，采取"自上而下"和"自下而上"相结合的方式，积极探
索承接数字化改革"1612"体系的实现路径。另一方面，进一步强化丽水
市花园云（城市大脑）功能作用，拓展现有"一张图"，以"未来社区"
"未来乡村"为落脚点，围绕人的全生命周期持续提升"一件事"，进一步
扩大市域基本功能系统的覆盖面；推动部门应用依托"花园云"平台和基
层治理四平台、村社全科网格贯通联动，加快"1612"向"141"贯通。

3. 完善改革全链条全过程的运行保障机制

打造共建共治共享的市域社会治理现代化局面，完善责任体系，实现
从"条块分割"到"纵横联动"的转变，市场层面实现从"政府管理"
到"市场主导"的转变，社会层面实现从"单兵作战"到"社会共治"
的转变。亟须构建一套科学、系统、合理的改革全流程运行机制，确保改
革执行不走样，如期实现规划目标。一是准入机制，对于创新项目要经过
充分论证，哪些能够启动、哪些不宜开展，必须遵照可复制、可推广、可
持续的标准综合考量。二是监管机制，对改革重点领域和关键环节实施全
过程监管，避免改革走样。三是评估机制，进展到一定阶段的改革创新举
措，需要及时进行效果评估，以便确认改革资源投入的有效性。市域社会
治理数字化改革方面，建议淡化核心业务数字化率、核心业务上线运行率
等难以量化操作的指标要求，重点考核重大应用开发建设、贯通情况以及
活跃度，市县谋划特色应用使用覆盖范围、活跃度等。四是退出机制，
对于经过试验认证失败的创新项目，应及时予以退出，以免占据大量行
政资源。例如，加强对矛盾纠纷调解中心、基层治理四平台有关运行管
理机制建设，推动部门融合，改进评价方式，加大抽查晾晒力度，切实
拧紧责任链条。除此之外，构建标准化机制与推广机制，丽水改革的经
验做法，需要按照标准化工作要求，进一步探索改革事项在环节、流程、
推进、把关方面的规范化做法，打造集成改革"丽水标准"，形成清晰
完整的流程图与文本指南，并向上形成省标乃至国标，为改革经验复制
推广提供便利。

4. 按照"整体智治"要求助推跨部门协作

要全面加强社会主体之间的相互联系和上下联系,必须形成完善的整体协同治理理念。根据整体性治理理论,通过打通政府机构的"上、下、左、右",构筑一套有序整合及一致性行动的协作机制,以便有效解决当前政府相关机构社会治理职能碎片化与裂解性局面,增强行政资源、市场资源、社会资源的利用效率。借助移动互联网、云计算等新科技红利,构建面向市域社会治理现代化的行政机构与职能体系,运用权责清单制度理顺部门间职权,打破部门界限、职责壁垒,突破条块分割的传统科层体制,将不同政府机构之中有关社会治理事务的职能部门有机整合,形成联合的、专业的、协作的治理机制。

在新的体系下,构建一体化、智能化的市域社会治理平台与公共数据平台,加快做好项目管理子系统、云基础设施平台、公共数据平台以及运营运维子系统与省级相关系统的对接,形成省市一体化的数字资源管理系统,持续扩面提升数据高质量供给,扩大公共数据按需归集和管理范围,加强共享域建设,共用数字能力,形成跨层级、跨部门共建共治共享和数据循环利用的机制,支撑重大改革应用,以期最大化整合和释放现有资源价值。通过数字赋能,建立一套系统化、集约化的社会治理资源指挥调度机制,统筹政法委、应急管理局、市场监管局、民政局、生态环境局、公安局等职能部门资源,动员市场力量与社会力量积极参与,实现市域社会治理资源的集约化配置、系统化整合,致力覆盖管理盲点和真空,杜绝管理交叉与推诿,在市域范围内形成社会稳定综合治理的强大合力。①

5. 深化多跨协同场景应用以回应民生期盼

围绕群众关注的难点、痛点、热点,抓住市域社会治理重点领域和主要业务,统筹推进数字政府、智慧城市、智慧社区、数字乡村建设和未来社区、未来乡村创建工作,聚焦问题,坚持把"群众好用、政府管用"的导向贯穿始终,找准改革切入点,加快迭代升级。按照民生服务"一件事一次办"要求梳理核心业务,还原业务场景,形成业务清单,构建跨部门业务协同模型。以实现跨部门、跨系统、跨地域、跨层级高效协同为目标,全面推

---

① 杨小俊、陈成文、陈建平:《论市域社会治理现代化的资源整合能力——基于合作治理理论的分析视角》,《城市发展研究》2020年第6期,第98~103页。

进部门间业务协同流程再造，运用数字中台技术推动集成办理，实现跨部门、多业务的综合集成创新。探索新技术应用场景与赋能机制，如将"AI人工智能技术＋VR虚拟现实技术"用于不见面审批、智能导办和无感通办，对"12345"政府热线进行大数据挖掘分析，主动识别办事堵点问题，以"区块链＋政务服务"保障数据开放共享安全，构建集数据中台、技术中台、业务中台于一体的数字中台架构促进部门业务协同。建设"领导驾驶舱"，实现市域社会治理各领域数据"一屏统览"，循数治理为决策工作提供科学依据。

建立回应民意的综合平台和回应民意的工作闭环。学习借鉴杭州市"民呼我为"数字平台的做法，系统集成"i丽水"、"12345"和"基层治理四个平台"等载体，有效整合部门资源，打造丽水的回应民意综合平台。平台建设要站在用户的角度呼得便利、要从流程设计呼得有效，要呼出机制，将落实具体的"一事一议"打造形成政府为民办实事的样板，体现数字化改革为民、亲民、便民的服务实效。综合平台要对受理和收集的建议和问题，统一梳理分析并分发至相关职能部门办理，通过线上线下结合、上下条块贯通、政府群众互动，实现民意需求实时掌握、办理进展实时查询、办理结果实时反馈、群众评价实时呈现。

庆元"十台合一"打造县域社会治理大平台"庆元模式"
（庆元县社会治理综合信息指挥中心提供）

6. 提升基层干部数字化改革的思维与本领

数字人才是以数字化改革助推市域社会治理现代化的基本保障，一方面，要加强对于数字人才的引进，为扎根基层服务的数字人才提供良好的发展机会和生活保障。另一方面，要加强对于现有基层干部的数字化知识培训，信息社会技术革新日新月异，要不断进行人才的持续培养，使其能够始终保持较高的数字素养。提升基层干部数字治理水平，应注重基层干部思维和能力提升，发挥领导者之于数字化改革的作用，培养基层干部"互联网＋"的思维理念，即用户思维、平台思维、跨界思维、数据思维。将办事企业群众的用户体验度、获得感作为数字化改革与市域社会治理现代化建设效果评价标准；从"地方本位""部门本位"思维转变为"合作共治"思维，搭建主体间合作平台，推进业务协同整合；让领导干部心中有"数"，从关注技术应用转向重视数据治理，即信息化项目设计与建设过程均充分考虑数据是否可以共享、选取何种共享方式、需要哪些部门相关数据等，同时应具备隐私保护与数据安全意识，强化数据运行流程的监管。培养基层干部基础信息技术的使用能力，激发全市从事数字化治理专业人员自主学习的内生动力，学好、弄通、悟透、践实全面数字化改革与市域社会治理现代化改革精神，充分吸收外地先进经验，结合全市实际创新运用。

（二）推动全国市域社会治理现代化的建议

1. 打造"五治融合"的市域社会治理现代化实践图景

坚持"五治融合"，政治是核心、法治是保障、德治是先导、自治是关键、智治是支撑，"五位一体"融汇市域社会治理合力。迈向现代化国家治理、省域治理、市域治理、基层治理的新征程，倡导党委、政府、市场、社会、群众等多元主体协作共治，综合运用行政、法律、经济、道德、技术等多样化方式，靶向发力、精准施策。第一，夯实政治根基与推动群众自治相嵌合。党委应在市域社会治理现代化进程中统筹全局、精心谋划，政府要结合具体规划组织实施、狠抓落实。探索在党建引领下，如何构建一个统一领导、多方参与、良性互动的市域社会治理组织体系，更好地把党的理论优势、政治优势、制度优势、密切联系群众优势转化为社会治理效能。增强基层群众参与社会治理的主体意识，引导基层群众通过切合实际、富有成效的协商机制形成整体合力，寻求市域社会治理"最大公约数"，实现"民事民议、民事民办、民事民管"。第二，推动法治与德治相结合。法治是市域社会治理现代化的重要规范，德治是市域社会治理现代化的伦理根基，二者相辅相成、相得益彰，既充分发挥法规制度的权威优势，又强化社会主义核心价值观的思想引领，以法治的刚性与德治的柔性相结合，共同构筑社会良好秩序。坚持法治保障，在落实依法治国方略下，健全完善法律制度、建立自治自律规则、发扬伦理道德与传统文化美德、形成包括有益宗教信仰因素在内的市域社会治理规范体系。① 第三，促进智治与服务相融合。市域社会治理要借助智慧城市、数字政府建设契机，推动市域社会治理体系架构、运行机制、工作流程的数字化转型。坚持以人为本，民生民本导向，构建起工作重心、公共资源、治理资源下沉以及普惠均等、精细高效的服务与治理体系；发挥大数据等先进技术的迭代优势，建立智能化科技支撑体系，提高预警、预测、预防各类风险隐患能力，提供均等社会安全服务。

2. 注重改革标准化，促进顶层设计与基层探索有机结合

用好"枫桥经验""余村经验"等创新做法，促进一些基层探索的有益经验上升为顶层设计，加快市域社会治理标准化体系建设，务必确保精准施策，各地区在制定与实施市域社会治理改革过程中，加强实地调研与智库专家咨询，重视政策执行的跟踪督导，因地制宜、因时制宜，切勿脱离实际情况搞"一刀切"，避免追求"快速见效""先斩后奏""层层加码"的传导机制，克服急功近利的工作方式。注重市域社会治理现代化改革过程中的创新管理，研议如何改善市域社会治理质量，提升实际运作效率，协助各部门完善治理架构和进行改革，推动跨部门、跨地区协作项目，打造协同创新生态链，形成持续创新的有效机制，推动在重要领域和关键环节实现突破。实际操作时，应对市域社会治理现代化创新实施全流程管理，围着改革创新（动议）发起、改革创新（风险）评估、改革创新（方案）实施、改革创新（成果）应用、改革创新（结果）评价、改革创新（举措）优化的整个过程和各个环节，通过构建创新激励

---

① 张建：《推进市域社会治理现代化的路径思考》，《福州党校学报》2020年第2期，第5～8页。

机制、风险监控机制、执行保障机制、绩效评价机制等，激发市域社会治理各类主体行为的积极主动性，运用制度化、规范化的管理程式，为实现市域社会治理现代化改革创新各项举措的可复制、可推广、可持续提供强有力支撑。

3. 做好法律法规"立改废释"工作，保障改革有序推进

习近平总书记强调，提高城市治理整体能力要强化依法治理。总书记的论述既为深化市域社会治理改革指明方向，同时强调了法治保障机制在市域社会治理改革中的重要地位。要坚持依法行政、依法创新，秉持法治理念，运用法治思维，凡属重大改革或决策必须于法有据，对于没有上位法或相关政策支撑的行政措施，必须在实施前经过科学性、合法性论证，绝不能领导"拍脑袋决定"和"凭经验决策"，以及限定期限必须完成，以此保障改革科学、有序实施。改革越入纵深，越是要健全市域社会治理法治体系，国家立法机关层面应加强市域社会治理改革的跟踪调研，对于现实存在的重点难点问题，及时做好法律法规"立改废释"工作。地方政府层面有效运用地方立法权，就市域社会治理创新举措和薄弱环节展开立法，破解改革"中梗阻"问题，确保改革创新可复制、可推广、可持续。调动行政执法与司法资源，结合市域社会治理执法司法的特点，加强行政监管、综合执法、公正司法，形成高效正义的市域社会治理法治实施体系；整合行政监管、行政执法、纪检监察、法律监督等制度资源，加强对公职人员履行市域社会治理职权的全覆盖监督，保障市域社会治理法律法规统一正确实施，维护市域社会治理的法治权威，形成规范严密的市域社会治理法治监督体系。[①]

4. 充分调动市场社会力量，构建跨界协作治理行动体系

市域社会治理现代化的目标旨在遵循党建引领、政府负责、社会参与、人民中心的基本逻辑下，发挥"市域"承上启下的枢纽性、全面发展的统筹性、协同参与的联动性优势，使城市作为空间范围主体的治理构成要素不断激活优化，以各级党委和政府、市场主体、社会组织、人民群众为治理主体，建设人人有责、人尽其责、共同享有的社会治理共同体。要

---

① 徐汉明：《市域社会治理现代化：内在逻辑与推进路径》，《理论探索》2020 年第 1 期，第 13~22 页。

倡导多元主体合作关系，通过政府与市场、社会之间的权力融合、资源整合、有序互动达到善治要求。在这一过程中，社会组织要加强自我管理、自我服务能力建设，不断完善组织制度，改变以往发育不完善的问题。政府要加强引导和规制，通过规范社会组织的政策体系构建，从法律法规层面保障社会组织参与公共事务治理的权力。与此同时，政府综合运用财政、税收等工具，积极引导和鼓励民营企业、慈善机构、志愿组织参与到市域社会治理实践中来，形成"政府主导、市场辅助、社会协同"多元供给模式，丰富市域社会治理现代化资源的总量和层次。①

以数字化转型为依托，发挥数字社会"自治强基"作用，调动群众线上线下参与社会综合治理的积极性，丰富群众依法参与市域社会治理的方式和渠道，形成推进市域社会治理智能化的合力。例如，政府通过移动互联网、大数据、云计算等新技术，搭建主体间在线合作平台，建设线上线下融合的政府与市场主体、社会组织服务网络，拓展各类主体参与市域社会治理的渠道，构筑共建共治共享的市域社会治理氛围。

5. 加大各类资源倾斜力度，激发基层干部干事创业热情

推动社会治理重心向基层下移，把更多编制、资源、服务下放到基层，进一步夯实巩固基层治理根基。为基层放权赋能，要建立明确清晰的权责体系，推行清单管理制度，厘清不同层级、部门、科室、岗位之间的权责边界，将县乡权责关系明确化、规范化、制度化，突出对基层降压减负，降压不降担当，减负不减责任。省市级部门向基层放权赋能，着力解决"文放实不放、明放暗不放、前放后不放"与"放得下、接不住、接不好"等问题，把编制、资源、服务连同权限及技术协同下放到基层，保障基层有人、有财力、有技术承接下放事权。赋予基层一定的自主权，允许基层进行自主探索，保障其享有与基层治理职能相匹配的权力和资源，构筑更好地服务群众的基层组织体系，形成简约高效的基层社会治理架构。

健全基层干部的激励机制，充分发挥制度激励效力，该奖励的奖励，该提拔的提拔，完善失职追责、尽职免责机制，让基层干部在社会治理工

---

① 杨小俊、陈成文、陈建平：《论市域社会治理现代化的资源整合能力——基于合作治理理论的分析视角》，《城市发展研究》2020年第6期，第98～103页。

作中有明确的导向，获得更好的支持、更多的空间。要落实干部带薪休假、津补贴、职务职级等待遇保障制度。在基层切实推行职务与职级并行制度，实施工资报酬年度动态增长机制，工资待遇应与市（县）域经济发展水平挂钩，建立干部健康档案，落实体检、休假、休息制度，重点保障落实基层干部尤其是困难地区干部的福利待遇，增强干部的荣誉感、归属感、获得感。加强对基层一线干部的关爱和包容。要对奋战在一线的基层干部多一些关心爱护、多一些理解包容，开通留言通道，让基层干部能够说出自己的困惑、压力和希望。建立谈心制度，鼓励领导干部多与基层干部交流谈心，及时了解基层干部的心理诉求和工作状态，及时为基层干部凝聚干劲、提振精神。

报告执笔：刘祺（中共河南省委党校副教授）

第六部分

济南市医保大健康平台推动
"三医联动"研究

医药卫生体制改革是维护人民群众健康福祉的重大民生民心工程，三医联动是深化医药卫生体制改革的关键，是实施健康中国战略和提高人民健康水平的内在要求。近年来，山东省济南市创新搭建互联网医保大健康平台，充分发挥医保在支付、定价、采购等方面的职能作用，以及医保连接医疗、医药领域供需双方的优势，统筹整合医保、医疗、医药优势资源，推动医保医疗医药"三医联动"改革，探索出了以"互联网+"推动"三医联动"改革、更好地保障人民健康的有效路径和新模式。济南市医保大健康平台坚持系统改革思维，深入实施流程再造，推动"互联网+医疗健康"融合发展，做大做强医养健康产业，更好地满足广大人民群众日益增长的健康服务需求，取得了较为显著的阶段性成效，为全国其他地区推动"三医联动"改革乃至整体医药卫生体制改革提供了较好的参考与借鉴。

习近平总书记指出，人民健康是社会文明进步的基础，是民族昌盛和国家富强的重要标志。医药卫生体制改革是维护人民群众健康福祉的重大民生民心工程，三医联动是深化医药卫生体制改革的关键，是实施健康中国战略和提高人民健康水平的内在要求。通过医保体制改革、卫生体制改革与药品流通体制改革联动，遵循客观规律，立足实践创新，破解改革难题，全方位、全周期维护和保障人民健康，大幅提高健康水平。

党的十八大以来，我国医药卫生体制改革深入推进，在一些重点领域和关键环节取得了突破性进展，改革更加注重整体性、系统性、协调性，构建理念逐步明晰，制度框架日渐成熟，权责关系日益明确，改革成效不断显现，人民群众的获得感、幸福感和安全感不断增强。在改革探索过程中，各地涌现出一批可总结复制并示范推广的典型案例和成功做法，为各地相互交流借鉴和全国深入推进改革积累了丰富的样本经验和实践支撑。

近年来，山东省济南市创新搭建互联网医保大健康平台，充分发挥医保在支付、定价、采购等方面的职能作用，以及医保连接医疗、医药领域供需双方的优势，统筹整合医保、医疗、医药优势资源，推动医保医疗医药"三医联动"改革，探索出了以"互联网＋"推动"三医联动"改革、更好地保障人民健康的有效路径和新模式。医保大健康平台坚持系统改革思维，深入实施流程再造，推动"互联网＋医疗健康"融合发展，做大做强医养健康产业，更好地满足广大人民群众日益增长的健康服务需求，取得了较为显著的阶段性成效，为全国其他地区推动"三医联动"改革乃至整体医药卫生体制改革提供了较好的参考与借鉴。

一 "三医联动"改革的时代背景、现实要求和实践进展

"三医联动"是医保、医疗和医药三个领域改革的联动推进,用深化改革的办法在破除以药养医、开展分级诊疗、发展社会办医、完善医保支付制度等主要方面迈出更大步伐,打造具有中国特色的医疗卫生服务体系和健康保障体系。随着医改进入深水区和攻坚期,不可避免地会触及更多的深层次体制机制矛盾和痛点、难点、堵点问题,利益格局调整更加错综复杂,由于医保、医疗、医药三大领域改革具有较强的整体性、系统性和协同性,"三医联动"改革协调力度不够,医改深入推进受到一定程度的制约。其中医保改革是"三医联动"的基础,也是制约深化医改的"牛鼻子",需要战略谋划和统筹实施。

2020 年 4 月 25 日,山东省互联网医保大健康服务平台正式启动
说明:第六部分照片均由济南市医保局提供。

(一)"三医联动"改革的时代背景

医药卫生事业关系亿万人民的健康保障,关系千家万户的幸福生活,是十分重大的民生问题。深化医药卫生体制改革,加快医药卫生事业发展,更好地适应人民群众日益增长的医药卫生服务需求,不断提高人民群众的健康素质和水平,是促进经济社会全面协调可持续发展的必然要求,是维护社会公平正义、提高人民生活品质的重要举措。"三医联动"是最

具时代性、体现规律性、富有创造性的医改方略，聚焦难点、堵点，贯穿改革始终。早在医疗保障制度改革初期，"三医联动"便被正式提出并付诸实施，当时被称为"三改并举"。为了更加突出医改的行业属性和时代特征，后来改称为"三医联动"，并一直沿用至今。

1. 医疗卫生服务体系建设率先突破

2009 年被称为新医改的元年。《中共中央 国务院关于深化医药卫生体制改革的意见》的印发，标志着我国正式启动了新一轮的医药卫生体制改革。该文件提出要建设覆盖城乡居民的公共卫生服务体系、医疗服务体系、医疗保障体系、药品供应保障体系，形成"四位一体"的基本医疗卫生制度，同时四大体系相辅相成、配套建设、协调发展，首次构建成我国医药卫生体制的"四梁八柱"，"三医联动"改革初显雏形，并作为改革关键举措加以推进。为配合该文件的贯彻落实，2009 年国务院印发了《医药卫生体制改革近期重点实施方案（2009—2011 年）》，明确提出了加快推进基本医疗保障制度建设、初步建立国家基本药物制度、健全基层医疗卫生服务体系、促进基本公共卫生服务逐步均等化和推进公立医院改革试点五项改革，旨在着力解决群众反映较多的"看病难、看病贵"问题，落实医疗卫生事业的公益性质，增强改革的可操作性，突出重点，带动医药卫生体制全面改革。"三医联动"不仅体现在实施方案中，而且被列入重点改革任务。

（1）新医改初期的突破口是医疗卫生服务体系改革。为了更好地落实《中共中央 国务院关于深化医药卫生体制改革的意见》和《医药卫生体制改革近期重点实施方案（2009—2011 年）》，2010 年开始原卫生部、国家发展改革委等多个部门先后出台了多项改革举措。原卫生部、中央编办、国家发展改革委、财政部和人力资源社会保障部联合印发了《关于公立医院改革试点的指导意见》，试点内容包括完善公立医院服务体系、改革公立医院管理体制、改革公立医院法人治理机制、改革公立医院内部运行机制、改革公立医院补偿机制、加强公立医院管理、改革公立医院监管机制、建立住院医师规范化培训制度、加快推进多元化办医格局等方面。改革试点以医疗领域为主，同时带动医保和医药领域改革，促使公立医院切实履行公共服务职能。在此基础上，开始尝试推进县级公立医院综合改革和城市公立医院综合改革。2012 年，国务院办公厅印发了《关于县级公立医院综合改革试点意见的通知》，提出统筹推进管理体制、补偿机制、人事分配、价格机制、医保支付制度、采购机制、监管机制等综合改革，建立起维护公益性、调动积极性、保障可持续的县级医院运行机制，统筹县域医疗卫生体系发展。2015年县级公立医院综合改革全面推开，《国务院办公厅关于全面推开县级公立医院综合改革的实施意见》提出要更加注重改革的系统性、整体性和协同性，在全国所有县（市）的县级公立医院破除以药补医，以管理体制、运行机制、服务价格调整、人事薪酬、医保支付等为重点，统筹推进医疗、医保、医药改革，着力解决群众看病就医问题。2015年《国务院办公厅关于城市公立医院综合改革试点的指导意见》印发，提出要加快推进城市公立医院改革，充分发挥公立医院公益性质和主体作用，着力推进管理体制、补偿机制、价格机制、人事编制、收入分配、医疗监管等体制机制改革，统筹优化医疗资源布局、构建合理就医秩序、推动社会办医、加强人才培养等各项工作，为持续深化公立医院改革形成可复制、可推广的实践经验。

（2）"三医联动"始终发挥统领作用。2012年国务院印发了《"十二五"期间深化医药卫生体制改革规划暨实施方案》，提出要进一步深化医疗保障、医疗服务、公共卫生、药品供应以及监管体制等领域综合改革，着力在全民基本医保建设、基本药物制度巩固完善和公立医院改革方面取得重点突破，增强全民基本医保的基础性作用，强化医疗服务的公益性，优化卫生资源配置，重构药品生产流通秩序，提高医药卫生体制的运行效率，加快形成人民群众"病有所医"的制度保障。2015年李克强总理针对深化医药卫生体制改革工作电视电话会议做出重要批示，要求牢牢把握保基本、强基层、建机制的基本原则，以公平可及、群众受益为出发点和立足点，坚持医保、医药、医疗"三医联动"，用改革的办法在破除以药养医、完善医保支付制度、发展社会办医、开展分级诊疗等方面迈出更大步伐，在县级公立医院综合改革、实施城乡居民大病保险制度等方面实现更大突破，在方便群众就医、减轻看病用药负担上取得更大实效。2016年《国务院深化医药卫生体制改革领导小组关于进一步推广深化医药卫生体制改革经验的若干意见》印发，提出要建立强有力的领导体制和医疗、医保、医药"三医"联动工作机制，为深化医改提供组织保障。2016年《人力资源社会保障部关于积极推动医疗、医保、医药联动改革的指导意见》印发，提出实行"三医联动"是深化医改的基本路径，要以医疗服务体系改革为重点，充分发挥医疗、医保、医药职能部门作用，加强协同合作，增强改革的整体性、系统性和协同性。

2. 医保体制改革的重要性日益突出

2016 年，习近平总书记在全国卫生与健康大会上强调，要把人民健康放在优先发展的战略地位，以普及健康生活、优化健康服务、完善健康保障、建设健康环境、发展健康产业为重点，加快推进健康中国建设，努力全方位、全周期保障人民健康。要着力推进基本医疗卫生制度建设，努力在分级诊疗制度、现代医院管理制度、全民医保制度、药品供应保障制度、综合监管制度 5 项基本医疗卫生制度建设上取得突破。2016 年国务院印发了《关于整合城乡居民基本医疗保险制度的意见》，提出整合城镇居民基本医疗保险和新型农村合作医疗两项制度，建立统一的城乡居民基本医疗保险制度，明确提出了统一覆盖范围、统一筹资政策、统一保障待遇、统一医保目录、统一定点管理、统一基金管理等"六统一"的要求。综合医改试点省要将整合城乡居民医保作为重点改革内容，加强与医改其他工作的统筹协调。2019 年，国务院办公厅印发了《国家组织药品集中采购和使用试点方案的通知》，提出选择北京、天津、上海、重庆、沈阳、大连、厦门、广州、深圳、成都、西安 11 个城市，从通过质量和疗效一致性评价的仿制药对应的通用名药品中遴选试点品种，国家组织药品集中采购和使用试点，探索完善药品集中采购机制和以市场为主导的药品价格形成机制。同时要求政策衔接、"三医联动"。2019 年，国务院深化医药卫生体制改革领导小组印发了《关于进一步推广福建省和三明市深化医药卫生体制改革经验的通知》，介绍了福建省和三明市深化医改的主要经验，包括建立高效有力的医改领导体制和组织推进机制，深化医疗、医保、医药"三医"联动改革，创新薪酬分配激励机制，强化医疗机构监督管理，改革完善医保基金管理，上下联动促进优质医疗资源下沉等。并指出要探索中医和西医治疗同病同支付标准。2020 年《中共中央 国务院关于深化医疗保障制度改革的意见》印发，提出要坚持以人民健康为中心，加快构建覆盖全民、城乡统筹、权责清晰、保障适度、可持续的多层次医疗保障体系，通过统一制度、完善政策、健全机制、提升服务，增强医疗保障的公平性、协调性，发挥医保基金战略性作用，推进医疗保障和医药服务高质量协同发展。上述政策文件的出台和实施，使"三医联动"进入了新的发展阶段。

3. "互联网 +"助力医改取得新成效

2018 年《国务院办公厅关于促进"互联网 + 医疗健康"发展的意见》印发，提出了促进互联网与医疗健康深度融合发展的一系列政策措施。一是健全"互联网 + 医疗健康"服务体系，从发展"互联网 +"医疗服务、创新"互联网 +"公共卫生服务、优化"互联网 +"家庭医生签约服务、完善"互联网 +"药品供应保障服务、推进"互联网 +"医疗保障结算服务、加强"互联网 +"医学教育和科普服务、推进"互联网 +"人工智能应用服务等 7 个方面，推动互联网与医疗健康服务的融合发展。二是完善"互联网 + 医疗健康"支撑体系，包括加快实现医疗健康信息互通共享、健全"互联网 + 医疗健康"标准体系、提高医院管理和便民服务水平、提升医疗机构基础设施保障能力、及时制定完善相关配套政策。三是加强行业监管和安全保障，其重点是强化医疗质量监管和保障数据安全。该文件明确了支持"互联网 + 医疗健康"发展的鲜明态度，突出了鼓励创新、包容审慎的政策导向，明确了融合发展的重点领域和支撑体系，也提出了安全监管的硬性要求，为下一阶段的"互联网 + 医疗健康"大发展奠定了坚实的制度基础。

为更好地贯彻落实《国务院办公厅关于促进"互联网 + 医疗健康"发展的意见》，国家卫健委等相关部门积极出台配套政策和措施。2018 年国家卫健委印发了《互联网诊疗管理办法（试行）》、《互联网医院管理办法（试行）》和《远程医疗服务管理规范（试行）》3 个文件，根据使用的人员和服务方式将"互联网 + 医疗服务"分为远程医疗、互联网诊疗活动、互联网医院三类，明确了互联网医院和互联网诊疗活动的准入程序，以及互联网医院的法律责任关系，让群众能够在家门口享受到便捷的优质医疗服务。2019 年国家医保局印发了《关于完善"互联网 +"医疗服务价格和医保支付政策的指导意见》，提出要合理确定并动态调整价格及医保支付政策，支持"互联网 +"在实现优质医疗资源跨区域流动、促进医疗服务降本增效和公平可及、改善患者就医体验、重构医疗市场竞争关系等方面发挥积极作用。2019 年国家发展改革委印发了《关于促进"互联网 + 社会服务"发展的意见》，提出了以数字化转型扩大医疗服务资源供给、以网络化融合实现医疗服务均衡普惠、以智能化创新提高医疗服务供给质量、以多元化供给激发医疗服务市场活力、以协同化举措优化医疗服务发展环境等政策举措。2020年国家卫健委印发了《关于深入推进"互联网+医疗健康""五个一"服务行动的通知》，聚焦"一体化"共享服务、"一码通"融合服务、"一站式"结算服务、"一网办"政务服务、"一盘棋"抗疫服务等5方面内容，推动"互联网+医疗健康"便民惠民服务向纵深发展。同时还总结提炼了11个省（区、市）"互联网+医疗健康"便民惠民服务经验做法，主要包括优化老年人挂号就医、围绕便民惠民推进数字化转型、深化远程医疗服务、运用信息化为基层赋能减负等内容，供各地在工作实践中参考借鉴。

（二）"三医联动"改革的现实要求

"三医联动"旨在使医保、医疗、医药领域的运行机制和治理主体的行动策略协调统一、相互支持，从而共同促进改革目标的顺利达成，其本质是重塑"三医"领域的制度环境和行为规则，为治理主体提供具有内在一致性的激励约束机制，促使"三医"在特定改革目标的实现过程中达到制度耦合状态，根本目标则是维护和增强人们身体健康。现实背景下，随着医改的不断深化，"三医"各方在医改方向、目标、政策手段上存在一定冲突，甚至各自为政、互相博弈，联动改革的必要性和紧迫性日益凸显。

1. 提高政策协调与管理效能要求"三医联动"

医药卫生体制改革难在关系错综复杂，相关利益方较多。医改覆盖医疗、医药、医保等领域，涉及作为服务提供方的医院、医生和药品供应商，作为服务接受方的患者和家庭，以及作为医保服务购买方的参保单位、参保人和政府，各方利益诉求不同，利益表达方式也不同，相互之间存在利益冲突甚至相左。如果医改利益各方坚守自身利益、各行其是，在利益调整中不愿协商、不能妥协，那必然造成政策不协调，带来资源分散和管理低效能，从而使得改革效果大打折扣乃至互相抵消。要想顺利实现改革目标，必须寻求公共利益最大化和政策最大公约数，医保、医疗、医药等领域的各项政策措施必须相互呼应、相互协调、相互配合，形成方向一致的政策合力，"三医联动"必不可少。

2. 推动部门参与和协同改革要求"三医联动"

医药卫生体制改革所触及的问题大多是根深蒂固的体制机制性问题，深层次改革的突出特点就是需要医保、卫健、发改、财政、药品等相关部门沟通协调、联合作战，单个部门孤军奋战、单兵突进的效果肯定不够理想，甚至举步维艰、事倍功半。这不仅因为体制机制问题是牵一发而动全身的综合性复杂问题，需要各部门一致行动、共同努力，而且问题的表象和原因彼此交叉、互为因果，破解部门改革遭遇瓶颈和难点的关键往往由其他部门掌握，如果不厘清关系、理顺思路，改革将面临无处下手、无路可走的窘境。正因如此，中央反复强调医药卫生体制改革的整体性、系统性和协调性，单一部门关门搞改革是违背医改规律的，也是根本行不通的，"三医联动"是必然选择。

3. 破解医院改革和管理难题要求"三医联动"

我国公立医院实质上处于绝对主体地位，抑制了医疗服务供方市场的竞争性，医疗服务是供方即医生主导的市场，公立医院的超常发展和创收经营抑制了患者选择，导致过度医疗服务和过度检查的普遍化。同时公立医院实行事业单位编制管理，享受财政补贴与经费保障，并且具有对应的行政级别，日常运行和业务管理趋于行政化，距离与社会主义市场经济体制相适应的管办分离等改革目标差距甚远，导致定点管理、协议管理、团购谈判等医保运行机制失灵或功效打折，激励约束机制难以充分发挥应有作用。我国医生实行人事管理制度和薪酬分配制度，医生的职业发展与事业单位编制、职务岗位设置捆绑起来，从而使医生依附于上层、依附于单位，这样不仅进一步巩固了公立医院的垄断地位，较大程度上削弱了基层医疗资源，使合理医疗必需的分级诊疗体系建立不起来，而且使医保的支付作用和买方主导优势因缺乏执行主体而大为衰减。另外，计划经济时期形成的价格管制政策在进入社会主义市场经济后并无根本改变，导致药品和医疗器械的价格存在虚高乱象，不当的政府管制和加成政策难以解决问题。有效解决医疗机构的过度诊疗、价格虚高、约束偏软等问题，客观上需要加快推进"三医联动"改革。

4. 发展"互联网+医疗健康"要求"三医联动"

目前"互联网+医疗健康"的政策效益逐渐显现，已形成部门协同、上下联动的良好发展态势。全国7700余家二级以上医院建立起了预约诊疗制度，提供线上服务，建成互联网医院超过 1100 家。"互联网＋医疗健康"在很多医疗机构逐步从可选项变成了必选项，互联网医疗已经成为医疗服务的重要组成部分。疫情防控促使"互联网＋医疗健康"快速成长，让患者的就医习惯、医师的诊疗方式发生了改变。新型医疗关系下将衍生出新的规则，只有在一定的制度法规和监督监管下，"互联网＋医疗健康"才能良性运转并长远发展。同时，新形势也将带来新风险，如何有效规避风险需要引起医院及医务人员、医保部门和医药部门的高度重视。新风险具有跨行业、跨部门、综合性、系统性等特点，只有"三医联动"才能有效应对。

（三）"三医联动"改革的国内实践代表性进展

医药卫生体制改革进入深水区，改革成果亟待巩固，制度障碍亟须破除，"三医联动"改革在理论层面和实践角度均已成为各方共识，也是进一步深化医改的重中之重内容。在国家各项政策的大力推动下，全国各地积极探索、锐意创新、大胆突破，涌现出以福建三明为代表的一批"三医联动"改革创新实践新模式。

1. 福建省三明市"三医联动"综合改革模式

2012 年，面对医保基金可能"穿底"的危局，福建省三明市坚持问题导向，持续深化医药、医保、医疗"三医联动"综合改革，改革医院和医生收入分配制度，破立并举，系统推进，在破解公众"看病难、看病贵"方面取得明显成效，实现了医院、医生、患者、医保基金的多方共赢。三明市主要做法体现在六个方面。

一是改革整体联动。三明市委、市政府高度重视医改工作，坚持人民至上、敢为人先，党政一把手亲自抓医改且一抓到底，由一位政府负责同志统一分管医疗、医保、医药工作，统筹协调"三医"联动改革，开展药品集中带量采购，降价腾出的空间主要用于调整医疗服务价格，并及时纳入医保支付，总体上不增加群众负担。同时层层压实责任，将医改工作列入各级政府的绩效考核主要指标，并建立起常态化督导检查考核机制，对工作不力、进度滞后的，约谈相关责任人并限期整改落实。

二是完善医改经济政策。全面落实政府对公立医院的投入责任，将基本建设等大额支出纳入政府预算管理，公立医院基本建设、大型设备购置等投入、合规的遗留债务等统一由政府负责。建立医疗服务价格动态调整机制，改革以来先后9次调整医疗服务价格，涉及数千项次，从而更好地体现出医务人员医疗技术的劳动价值，也使公立医院收入结构得到了较大优化。实行按疾病诊断相关分组收付费改革，医保结余资金主要补偿给医院，从而极大地提升了医院参与改革的积极性和能动性。

三是健全医院内部激励和约束机制。全面深化医院薪酬制度改革，实行全员目标薪酬制、年薪计算工分制，坚决切断个人薪酬与科室收入之间的利益联系。实行党委书记、院长和总会计师年薪制，年薪由政府财政预算安排，根据年度绩效考核的结果来确定发放。医务人员收入逐年增长，人员支出占公立医院业务支出的比例由改革前的25%提高到2020年的46%，公立医院运行中支出结构也得到了较大优化。同时，强化对医疗机构的监督管理，每年对医院主要责任人和相关的其他责任人进行绩效考核，对医院运行情况进行监测、分析和评价，考核结果与激励机制挂钩。

四是推动医疗资源下沉。推动建立紧密型县域医共体，在每个县组建总医院，整合医疗卫生资源，健全健康绩效考核评价的机制，引导医疗卫生工作重心下移、资源下沉，促进医防协同，建立健全健康"守门人"制度。同时将医保基金、基本公共卫生服务经费和政府补助经费，统一打包给总医院，实行结余留用，合理超支分担，促进从"以治病为中心"转向"以健康为中心"。

五是严抓"治药"控费。深入实行药品（耗材）联合限价采购，在药品（含耗材、中药饮片）零差率的基础上，按照"一品两规""两票制""四通用"原则，实施药品和医用耗材（试剂）联合限价采购，并建立起药品耗材联合限价采购"三明联盟"。同时持续加强监管，一方面对一些药品进行重点监控，建立企业黑名单制度，另一方面将控制大处方、大检查纳入医院和医生的年度考核，对门诊处方费用、医院大型设备检查阳性率和大型医疗设备检查费用占医疗总费用比例等指标进行严格管控，持续规范医院用药行为。

六是改革医保制度。在强化医保在药品限价采购、配送结算、药品价格谈判等方面主导作用的基础上，持续深化医保支付方式改革，先后实行部分单病种付费、按床日限额付费和DRG付费等复合式医保支付方式改革。积极探索医保打包支付，将医保基金总额包干给医共体，推动内部重视疾病预防和管理，促进向以健康为中心转变。同时积极推行医保便民惠民，在二级以上公立医院设医保服务站，在千人以上行政村设村卫生所并开通医保报销端口，实现医保报销一站式服务。

三明"三医联动"改革取得显著成效，医改经验得到上级和社会的广泛认可。改革以来，三明市医保基金由 2011 年缺口 2.08 亿元变为 2020 年累计结余 6.9 亿元，药品耗材支出累计相对节约 124 亿元，医务性收入累计相对增加 25 亿元，药品耗材收入占比由 2011 年的 60.08% 下降到 2020 年的 32.31%，下降了近一半；而医疗服务性收入占比则由 2011 年的 18.4% 上升至 2020 年的 41.45%，增长了 1.25 倍。22 家县级以上公立医院的医生人均年收入从改革前 2011 年的 5.65 万元增长到 2020 年的 16.93 万元，增长了近 2 倍；护士人均年收入由 2011 年的 3.93 万元提高到 2019 年的 10.09 万元，增长近 1.6 倍。2021 年 3 月，习近平总书记到三明市沙县区总医院视察时，称赞三明医改体现了人民至上、敢为人先，其经验值得各地因地制宜借鉴。2021 年 6 月，国务院办公厅印发了《深化医药卫生体制改革 2021 年重点工作任务》，将进一步推广三明市医改经验排在各项任务之首。目前，三明市已被国务院医改领导小组秘书处认定为全国深化医药卫生体制改革经验推广基地，三明医改经验将向全国推广和复制，三明医改经验将为全国解决看病难、看病贵的难题提供新的样板参考。

2. 浙江省瑞安市县域"三医联动"改革

近年来，浙江省瑞安市贯彻"健康中国""健康浙江"建设战略部署，坚持以医共体建设重构分级诊疗格局、以医保医药改革重构医疗利益格局、以智慧医疗手段重构就医就诊格局，推动"以治病为中心"向"以健康为中心"转变，破解群众看病难、看病贵、看病繁问题。主要做法体现在三个方面。

一是坚持体系改革先动，把医疗机构从"各自为政"变成"一家人"。聚焦聚力"多头管医""权责分散""资源配置不均"等问题，以医共体建设为主抓手催生县域医疗机构物理、化学"两大反应"。"物理反应"就是以"2＋27 机构"建设实现体制上的物理整合。建立党政领导负责医共体管理委员会，实行医疗、医保归口一个市领导分管，早在机构改革前一年就设立实体化运行的医保办，整合全市政府办医疗机构，构建以瑞安人民医院和瑞安中医院为总院的"2＋27"医共体架构。"化学反应"就是以

"3个统一管理"实现机制上的化学融合。采取集团化管理模式，推动人员、财政财务、卫生资源统一管理。在人员管理方面，实行编制备案制，推进岗位管理。在财政财务方面，落实"两个允许"，突破工资总量限制，实行院长年薪制；建立专项补助与付费购买相结合、补偿与服务资金绩效相挂钩的基层补偿新机制。在卫生资源方面，建立医共体智慧医疗平台，搭建五大医学共享中心，开通预约、付费、结算、随访和健康信息查询服务等云端服务，实现患者踩点就医、移动支付、实时报销。

二是坚持医保改革驱动，推动医共体从以"看病挣钱"为中心转向以"防病省钱"为中心。以支付方式改革为杠杆，扭转医共体经济运行模式，让医院主动引导就医秩序、控制医保总额、提升医保资金绩效。重点采取三大举措：第一是实施医保总额预付制度。以上一年度医保支出为基数，分别给予城镇职工、城乡居民医保10%和8%的增长系数，确定年度医保预算总额，打包给两大医共体，实行"结余留用、超支分担"，变医保病人医疗费用增长为医院成本支出，倒逼医院主动控费。第二是实施住院按DRG支付。创新实施DRG支付"两分开、两步走"模式，即医疗管理端开展DRG评价绩效，医保支付端上线简易版DRG支付系统，813组病种采用相对价值法协议结算。开发本地化、开放参与的DRG谈判协商支付工具，分步实现精细管理。第三是实施城乡居民医保全域按人头付费。根据前三年数据测算，赋予医共体分院不同的付费标准和增长率，促进基层健康管理。同时，制定首诊和转外病种目录，实行差异化报销，引导群众合理有序就医。

三是坚持药、价、保联动，把"患者医疗费用降下来"，"医务人员收入提上去"。按照"总量控制、结构调整、有升有降、逐步到位"原则，瑞安市在医保改革驱动腾出空间的基础上，突出向存量要空间、向结构调整要效益，推进药、价、保改革联动。实施向使用环节要空间的服务价格调整方案，医院减少药品耗材使用，通过资金平衡池换回医疗技术服务项目提价空间，把降低药品耗材费用的主动权交还医方，有力提升精准性、实效性。开展监测指标全达标绩效评价，调价后的第一个季度，医共体均次费用等13项监测考核指标全部达到目标，医疗服务中药品耗材使用减少，含金量更高。调价与医保支付方式改革政策产生叠加效应，较好地实现了医药联动。

3. 上海市"三医联动"系统集成改革

上海市推进医保、医疗、医药联动改革系统集成，加强政策和管理协同，利用药品耗材集中采购后的降价空间，完善医疗服务价格动态调整机制，优化公立医院绩效薪酬制度，健全公立医疗机构公益性运行机制。上海市主要做法体现在六个方面。

一是深化公共卫生服务体系改革。完善重大公共卫生应急管理体制机制，完善平战结合、联防联控机制，推动建立多源数据、多点触发的实时监控和主动发现机制，实现基于多部门大数据的全市公共卫生应急指挥管理实时化和一体化。强化医防协同，提升社区疾病防控能力，确保传染病防控、慢病防治、健康管理等重点公共卫生任务高效完成。做实社区卫生服务中心的平台网底功能，完善由"居住社区"向"功能社区"拓展。

二是协同推进深化医药服务供给侧改革。深化药品集中带量采购改革，积极稳妥地承担国家联采办日常工作，带头落实国家组织药品集中采购中选结果及配套措施，发挥示范引领作用。鼓励和推进药品集中议价采购试点，鼓励公立医疗机构以医疗联合体、单体或自愿组成采购联盟等形式对未纳入集中带量采购的药品等，开展带量、带预算的药品集中议价采购，作为集中带量采购的有效补充，提高挂网议价规模效应。坚持"以量换价、分类采购、综合竞价、支付协同、三医联动"原则，小切口、摸路径，在先行试点的基础上稳步推进高值医用耗材集中采购。依托医药采购阳光平台，建立医药价格和招采信用评价制度。

三是推进医疗服务价格改革。建立完善医疗服务价格动态调整机制，按照"总量控制、结构调整、有升有降、逐步到位"的原则，适时调整一批医疗服务项目价格，持续优化医疗服务价格结构，提高手术、诊疗、护理等体现医务人员技术劳务价值的项目价格，降低检查检验项目价格。完善新增医疗服务项目和可另收费医疗器械价格管理，探索建立符合市场规律的定价机制，发挥医疗机构、医务人员的积极性。

四是完善医保精细化管理机制。深化医保支付方式改革，稳步实施大数据病种分值医保付费和按 DRG 付费试点，有序扩大试点范围。推进以区域性医疗中心为核心的大数据病种分值付费体系、提升三级医院优质医疗资源使用效率为核心的 DRG 付费体系、强化家庭医生签约服务制度为核心的医联体内按人头付费体系、建立符合精神康复护理等长期住院特点为核心的按病种床日付费体系，探索部分中西医诊断明确、疗效评价一致的中医优势病种多元复合付费体系。研究适当扩大医保支付项目范围，有效执行国家药品目录增补和调整要求。持续推进医保账户购买商业医疗保险产品，探索推出普惠型商业医疗保险产品对高额医疗费用进行保障，降低患者实际自付费用负担。

五是加快推动智慧医疗创新发展。推进"互联网＋医疗"改革创新，优化就医模式。提升"互联网＋医疗"基础设施，推进医疗要素准入改革，为患者提供部分常见病和慢性病在线复诊服务，促进预约诊疗、有序转诊的分级诊疗制度建设，市级医院、区域性医疗中心、社区卫生服务中心全面探索开展互联网诊疗服务，打造覆盖诊前、诊中、诊后的线上线下一体化医疗服务模式。积极培育"互联网＋"药品流通新模式，探索线上电子处方流转、线下送药上门服务，强化线上线下一体化监管。推进医疗付费、出生、医疗费报销"一网通办"，实现业务流程革命性再造。

六是构建优质高效协同的医疗卫生服务体系。推进建立健全现代医院管理制度试点，推进院区一体化管理，实现整合式一体化高质量发展，放大市级医院优质资源辐射效应。开展二、三级公立医院绩效考核，完善绩效考核办法，探索增设市级医院临床研究、支持区域性医疗中心建设、检验检查结果互认和科研成果转化等考核内容，引导医院加强临床研究和成本管控，提升核心竞争力和科技成果转化能力。优化整合型医疗服务供给，加快区域性医疗中心建设，探索构建以家庭医生制度为基础、区域性医疗中心为核心、市级医院提供管理人才和技术支撑的整合型医疗服务体系。积极推进紧密型医联体一体化改革，强化医联体内人员、资源、考核、管理、信息等的一体化管理，实现规模效益和协同效应。

二 医保大健康平台推动"三医联动"创新实践主要内容

近年来，山东省济南市坚持深化思想观念变革，用好改革"关键一招"，积极探索发展所需、民心所向的真招实招，推动济南经济社会发展迈上新台阶。济南市直面群众看病就医难题，把增进民生福祉作为事业发展的根本目的，以问题为导向，以群众满意为标准，协同推进医疗、医保、医药"三医联动"改革，积极建设"幸福医保"，推动全市医疗资源的合理配置，以一个个创新之举、一项项惠民政策、一件件利民实事，持续提升民生的温度和幸福的质感。以系统集成改革建设互联网医保大健康平台，推动"三医联动"获得新突破，成为济南市推动医药卫生体制改革的重大创新举措。

（一）医保大健康平台推动"三医联动"改革背景

推动医疗、医保、医药"三医联动"是深化医改的基本要求，但多年来"三医联动"的改革合力和叠加效应发挥得还不够充分，医疗、医保、医药之间"联而不动"以及一些领域、环节上各行其是的被动局面仍然存在，成为影响医改进程有序推进和医改效益充分释放的关键制约。

1. 医疗资源分布不均衡

一是空间上分布不均衡。医疗服务的专业人才和先进技术迅速向中心城市、大型医院汇集，并且对小城市和低等级医院产生强大的"虹吸效应"，导致基层医技人才短缺和医疗服务能力不强，特别是边远地区弱医少药问题十分严重。尤其是基层的全科医生数量缺口较大，双向转诊的实施效果不佳。同时受过往就医习惯的影响，群众大多倾向于直接到大城市、大型医院就医，导致大医院人满为患、小医院门可罗雀的现象普遍存在。

二是结构上分布不均衡。慢性病患者服务效率较低，高血压、糖尿病、冠心病等慢性病群体的病情相对稳定，但需定期前往医院取药控制病情，每次就诊只需要简单的续方取药，但挂号、候诊、交费、取药等全部环节与初诊一样，"排队2小时、就诊2分钟"的现象挤占了医院大量医疗资源。受取消药品加成、医保总额控制等因素影响，大型医院对慢病管理缺乏积极性。特别是疫情期间，受隔离政策影响，无法及时前往医院取药对患者生命安全产生严重威胁。

三是过程上分布不均衡。医疗机构健康服务能力还有待提高，普遍存在重治疗、轻预防的现象，对群众健康管理与科学用药指导不够。医疗机构对于疾病的超前预警作用发挥得不明显，没能全面发挥临床医学对于疾病早预防、早发现、早治疗的作用，尤其体现在作为卫生资源重要组成部分和医疗保健服务提供主体的综合医院中，不利于疾病源头治理。由于疾病预防相关措施见效慢，各类机构对此缺乏动力，优势资源大多集中用于重症、危重症患者的救治工作，有价值的预防技术未能引起足够重视。家庭签约医生作用未充分发挥，服务可及性有待进一步加强。

2. 医药供需衔接不顺畅

一是处方流转不畅通。处方包含着患者、医生、医院、药企、支付方及监管方的各项诉求，处方背后是诊疗方式、诊疗规范、支付方式以及各方对利益和风险的综合评估。目前各家医疗机构信息系统条块分割、管理分散、标准不一，数据标准和共享机制建设滞后，缺乏统一高效的信息集成和处方流转平台，医疗数据应用分析不够。不同医疗机构之间的处方流转平台联通度不高、各自为战，彼此无法做到互联互通，也未形成与定点医药机构的有效衔接，无法实现处方自由流转。

二是群众购药不方便。现行医保支付模式下，仍以医院开方后院内取药为主，群众选择余地较小，医药分开没有真正实现。同时，一些基层医疗机构药品不全，且配送不及时、不足的问题比较多，一些乡镇卫生院只具备输液所需药品或中草药，一些常用药数量不足，患者只能在卫生院看完病后再拿着处方到附近药店去买药。

三是中药材采储缺乏统一标准。随着现代科技的发展与人民生活水平的提高，对中药产品的要求也逐步提高，传统中药房逐渐暴露出诸多问题。在药品采购及饮片加工方面，由于缺乏统一管理，采购及饮片制作标准不一，从事人员水平参差不齐，药材质量无法得到保障。在药品储存方面，传统库房的温度、湿度、通风、光照等基础条件不够完善，容易产生药品过期、受潮、霉变、鼠虫侵害等后果。在药房开方、审方、调剂方面，由于优质的医师资源缺失，各药房开方审方水平差距较大，容易发生药不对症的情况。与西药相比，同一种中药材之间存在较大质量差异，在中药材的采购、储存、使用过程中，缺乏统一的质量标准和溯源体系。同时由于市场混乱、环境污染、不规范种植等，中药材市场上以次充好、违法炮制、染色增重、价格混乱等情况已成为目前影响中药质量安全的突出问题。

3. 医保基金使用效率低

一是价格结构不合理。药品的生产、流通、使用是一个复杂的生态链，牵涉到方方面面的利益。药械集中带量采购覆盖范围不够广，大部分药品从厂商到群众中间流通环节过多，药械价格虚高的问题依然存在，最终都由医保基金来买单。近年来，国家出台各种政策大力整治药价虚高问题，包括医保目录谈判、竞价准入、集中带量采购、整顿医药代表、修订出台《药品管理法》等，但打破既有利益格局、让药品回归治病功能的难度仍然非常大。同时，医疗服务价格重检查检验、轻手术诊疗，无法充分体现医务人员的劳动价值，导致以药养医现象难以彻底根除。

二是基金监管压力较大。在利益驱动下，违规操作侵占、挪用、骗取医保基金现象时有发生，不合理用药、超量用药，过度诊疗、重复诊疗、延迟出院等过度医疗服务行为难以根除，此外挂床住院、冒名划卡就医、为非定点机构代划医保卡、上传信息与实际不符等问题也依然存在，严重威胁到医保基金的长期可持续发展。近年来，各级医保部门加大对医保基金使用乱象的整治力度，但由于医疗服务的专业性、医疗服务信息的非对称性等，医保部门的监管手段和监管能力相对有限，各地套取、骗取医保基金的现象仍时有发生。

三是多层次保障体系不够完善。完善的多层次医疗保障体系应以基本医疗保险为主体、医疗救助为托底，补充医疗保险、商业健康保险、慈善捐赠、医疗互助等共同发展。而目前基本医疗保险责任过大，各方面都把解决看病贵、化解个人医疗费用负担重等问题的焦点集中在基本医保上，甚至把超出基本医保支付能力的保障责任也交给基本医保来承担，使得基本医保制度的可持续面临越来越大的安全隐患。商业保险与基本医保衔接不够紧密，长期护理保险仍处于探索阶段。

4. "三医联动"改革协调弱

一是价格形成机制不健全。受多方面的制约，"三医联动"改革难以突破利益藩篱，各地难以下决心去牵医保管理体制、支付方式改革这个"牛鼻子"。医保部门作为参保人的代理和医药服务的购买方，但过去仅行使简单的筹资和资金支付职能，以协商谈判方式促进医疗服务和药品价格合理形成的主体作用发挥不明显，对医疗服务供需双方特别是对供方的激励和制约作用尚未显现出来。

二是支付方式改革滞后。目前复合式、多元化的医保支付方式还不完善，任何一种单一的支付方式都存在弊端，简单"以收定支"的医保资金总额预付制管理比较粗放，总额预付指标根据历史情况测算，有时会出现一定误差，超额部分由医院负担，给医院带来资金压力，个别医院以医保总额不足为由推诿医保患者，既加剧了医患矛盾，又给医保部门带来了不良影响。

三是监管机制有待完善。随着参保人数不断增长，定点医疗机构数量逐年增加，医保基金结算金额、主体持续扩大，医保经办人员数量有限、专业水平不高、人工审核效率低、综合监管不健全等问题更加突出。同时，现行医保监管以事后为主，不能及时发现和解决问题。

5. "互联网 + 医疗健康"面临多重制约

一是缺乏规范的行业标准。互联网医疗服务准入门槛、从业规范、监督管理等相关标准并没有建立，没有明确医疗机构、医生与网络平台之间的责任划分等，远程诊疗过程中上下级医疗机构之间权责利关系，以及上级医疗机构收费标准、医疗事故责任划定等也没有明确。互联网问诊迅速增长，但监测指标是否具备医疗上的科学性与准确性，所采集数据能否真正反映用户的健康状况，目前还缺乏统一规范。很多互联网平台多采用"用户提问 + 医生回答"的轻问诊模式，提问方式缺乏统一及科学的标准，患者对自身病情的描述也不一定准确，容易造成医生诊疗方案的偏差，大大增加了医疗事故或医疗纠纷等风险。另外，互联网医疗服务实行信息公开、共享，会给患者个人信息泄露带来潜在风险，特别是大数据开发有可能造成个人信息泄露，亟须建立与信息开放相匹配的信息安全保障体系。

二是缺乏有效的医疗监管。互联网医疗作为新兴业态，当前正处于迅速发展阶段，服务水平参差不齐。作为直接关系人民身体健康和生命安全的特殊服务，互联网医疗需要更多的法律法规监管、制约和支持，需要尽快出台相关的法律法规和有效的监督管理机制规范互联网医疗行为，保障互联网医疗的服务质量。

三是未实现信息共享互通。数据互联互通、信息资源共享尚不能实现，是制约互联网医疗服务发展的主要瓶颈。目前绝大多数地方的医疗机构之间存在"信息孤岛"的现象，患者检验检查结果不能共享，不同级别医疗机构之间相互转诊、居民电子病历数据库、区域信息平台等难以实现互联互通。主观上，各医疗机构为了各自利益不愿将患者相关信息共享、公开。客观上，技术标准不统一，不仅各医疗机构使用的信息系统不同，标准化水平低，相互之间难以实现连接，而且各医疗机构的基础数据库标准也不统一，病种编码、收费代码等各自为政，即使互联互通，也难以实现信息共享。

四是医疗大数据挖掘有待研究。传统的临床科研数据分对照组和实验组，但是真实的医疗大数据收集状况并不理想，真实的病人情况各不相同，如何利用现有的数据来开展大数据服务应用于临床研究仍是面临的问题。而且，传统的医疗数据是以临床为中心的业务数据，现在结合互联网、健康物联网以及气象环境、基因等数据，这些资料来源多元化，如何进行规范化处理并挖掘出非结构化数据的价值也是难题。

6. 新冠肺炎疫情防控催生新要求

近两年来，受新冠肺炎疫情影响，宅经济、线上新经济快速发展，群众对网上就诊、线上购药、在线医保支付结算的需求急剧增加。2020 年 3 月 2 日，国家医保局和国家卫健委联合发布《关于推进新冠肺炎疫情防控期间开展"互联网＋"医保服务的指导意见》，将常见病、慢性病线上复诊服务纳入医保基金支付范围，鼓励定点医药机构提供"不见面"购药服务。2020 年 3 月 5 日，党中央、国务院下发《关于深化医疗保障制度改革的意见》，对提高信息化服务水平、推进医保治理创新、支持"互联网＋医疗"等新服务模式发展等提出了明确要求。2020 年 6 月 20 日，习近平总书记在中央全面深化改革委员会第十四次会议上指出，要高度重视新一代信息技术在医药卫生领域的应用，重塑医药卫生管理和服务模式，优化资源配置、提升服务效率。

（二）医保大健康平台推动"三医联动"主要改革做法

2020 年以来，随着"互联网＋医保"支付政策、技术以及监管手段的不断成熟，山东省济南市充分发挥医保在支付、定价、采购等方面的职能作用，以及医保连接医疗、医药领域供需双方的优势，在山东省医保局的大力支持下，坚持政府主导、市场化运作，推动组建了山东互联网医保大健康集团，搭建了互联网医保大健康服务平台，打造产、学、研、销、采、储、配、送、付、算一体化闭环式融合发展的服务共同体。深入实施流程再造，通过一个健康门户、一个数字平台和八大创新服务板块，以数字化生态的跨界成长能力打通、打破原有痛点和壁垒，着力构建"互联网＋医保＋医疗＋医药"综合医疗保障服务体系，打通医疗服务的全链条大循环，满足不同群体多层次、多领域、多样化的健康服务需求，探索出了以"互联网＋"推动"三医联动"改革、更好地保障人民健康的有效路径和新模式。同时，充分发挥互联网平台对传统产业的赋能和效益倍增的机遇，培育互联网医保大健康产业新业态，实现医疗卫生事业与大健康产业的互动发展。

医保大健康平台坚持以问题为导向，以医保支付为驱动，通过互联网平台企业将医疗服务各个主体排列组合，发挥其连接、赋能、提质、增效的作用，整合互联网医院、线上诊疗平台、医药电商、慢病管理中心等功能，衍生出多种合作模式，努力蹚出一条整合医保、医疗、医药资源服务大健康发展的新路子，为群众提供网上问诊、咨询服务、复诊购药、慢病续方、医保支付结算、帮办代办、送药上门、出行帮扶等一体化、专业化服务。

互联网医保大健康服务平台架构

1. 线上线下结合开展慢性病管理创新

线下方面，互联网平台企业与医疗机构进行合作，在医院内建设慢病服务专区、设立慢病药房，将慢病患者的就医问诊、慢病续方、复诊复查、购药取药等全部集中到一个区域，连通医院 HIS，实现医院电子处方对慢病药房进行流转，解决群众多窗口跑路、排队等现象。线上方面，基于医保电子凭证和人脸识别，通过手机 App、微信小程序等方式，为慢病患者打通复诊渠道，医保信息可即时核验，近 3 个月历史用药信息调取仅需0.02秒，实现医保认证、复诊核验、在线处方、送药到家等关键环节的无缝衔接。通过线上互联网医院和线下慢病服务中心结合的方式，让患者复诊购药时间由2~3小时缩短到10~30分钟，医院门诊压力分担20%~25%，慢病医保基金使用效率提高10.2%，有效降低群众就医负担。同时，医生为每位患者建立个性化健康档案，通过调取患者历史诊疗和用药信息，用以辅助诊疗，避免不必要的重复检查和配药，给予患者更加全面的健康管理，并发症发生概率明显减少。推动由传统的保障疾病诊疗向全流程健康管理方向转变，增强了医保改革获得感。

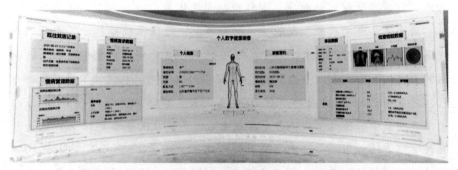

个人数字健康画像

专栏1　创新慢病管理模式，"方便""安全"两手抓

为满足更多老年人群、慢病人群用医用药需求，济南互联网医保大健康平台积极与各区政府、医院探索医保管理慢病服务新模式。

2021年7月22日，济南市第八人民医院慢病服务中心在济南市钢城区正式启用。中心设有慢病诊室、慢病药房、慢病管理区等功能区域，为慢病患者提供诊疗、购药、医保结算等"一站式"服务，使慢病患者复诊购药流程大幅缩短，这是互联网医保大健康集团携手该院共同打造的慢病服务新模式，也是钢城区卫健、医保系统围绕"数字强省"和"健康山东"在医保管理和服务模式上做出的新探索。与以往慢病管理中心不同的是，新的慢病中心管理模式按照线上线下公平的原则和医保支付政策，根据服务特点完善协议管理、结算流程，积极探索信息共享，可更高效地实现处方流转、在线支付结算、送药上门一体化服务，是济南市医保局便民利民的又一重大创新举措。

慢病中心的建立不但满足了城镇职工、城乡居民的购药用药需求，同时也进一步减轻了医院的负担。大医院就医人多，门诊压力大，患者就医需求多样化，慢病专区的设立使得慢病患者的就医问诊、审核、缴费、取药等全部集中到该区域，改变群众到院就诊多窗口跑路、排队等现象。同时，现场有医护人员、健康管理师对患者建立健康档案、健康宣教、答疑解问，并配备血压计、血糖仪、身高体重一体机等设备免费检测，多媒体电视循环播放健康教育知识和线上复诊购药流程。通过专科医师、全科医师、健康管理师组成"三师共管"服务模式，实现线上＋线下、院内＋院外的"防诊治管健"的数字化全程慢病管理体系。

门诊慢病患者以老年人居多，行动不便，通过系统抓取近三个月内在线下医院的就医用药记录，患者足不出户便可享受到在线复诊开放、医保结算、送药上门服务。济南市目前有 12 家公立医疗机构设立了慢病服务专区，覆盖了 27 万慢病人群。自 2020 年开始，累计服务慢病人群 21 万人次。济南市中心医院慢病服务专区成立后，已累计服务患者 11 万人次，分担医院门诊压力 20%～25%，患者到院就医时间由 1～2 小时下降至 10～30 分钟。患者在家即可在线复诊开方，送药到家，大大方便了老年人和失能半失能人群。对于老百姓关心的用药价格和用药安全问题，医保大健康平台也创新建立了"人工＋智能 AI"审方平台，结合历史诊疗及医保数据统一审方，确保用药安全；保持同品同厂同规同价同报销比例，并由华润、上药等大型商业配送，全程物流追溯。

资料来源：济南市医保局。

2. 高效实现互联网医院医保在线支付

从开设互联网医院、纳入医保定点，到患者身份验证、复诊确认，再到医保在线结算，济南市通过互联网医保大健康服务平台开创性地构建了互联网医院医保在线支付结算的完整闭环，实现了基于互联网的医疗流程再造，这也成为行业判定互联网医院真正打通医保在线支付的"黄金五步"。根据规定，医疗服务要纳入医保，必须经过立项、定价、支付这三个基本环节。支付是互联网医院发展的重要一环。由于我国互联网医院尚处于机遇期和介入期，支付体系由个人自费的支付方式占主导。尽管个别地区出现过有小范围尝试，医保支付的缺席一直被视为行业发展的瓶颈。

2019 年国家医保局发布了《关于完善"互联网＋"医疗服务价格和医保支付政策的指导意见》，首次构建了互联网医疗纳入医保支付的整体框架。目前，互联网医疗医保政策尚未在全国全面铺开，仅部分省市出台了相关政策或具体的项目、价格，山东省是全国首个全面开放支持互联网诊疗在线医保结算的省份。

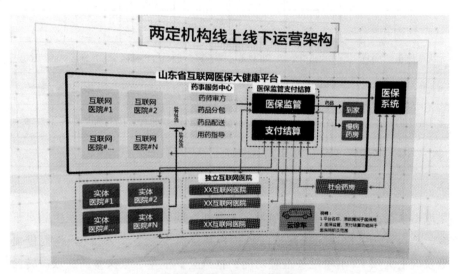

两定机构线上线下运营架构

基于医保电子凭证和人脸识别，实现安全前提下的医保在线支付结算一体化服务，是大健康平台落地的第一项服务。2020 年 4 月 25 日，山东互联网医保大健康服务平台上线启用，并开出全国首张平台型互联网医院医保电子结算单，济南微医互联网医院成为平台首家开通在线医保支付的平台型互联网医院，济南市天桥区的景女士成为平台首个受益者，体验到了便捷的线上复诊、医保购药服务。

3. 运用新一代信息技术为基层医疗赋能

为解决基层地区医疗服务需求，医保大健康平台依托互联网医院，结合各地实体医疗机构打造了基层医联体，利用"一站（基层工作站）、一车（医保健康服务车）、一包（智能巡诊包）"构建起"网格化"基层数字健康服务体系，提升了基层医疗服务能力。其中，在村卫生室建设"智能医生工作站"，配备智能辅助诊断系统，将 50 种常见病做成标准化的诊疗，协助基层医生为居民提供诊断建议；以"医保健康服务车"为载体，

济南市医保电子结算单				编号：SD2020042500001			
济南微医互联网医院							
姓名：××× 性别：女 医保类型：退休职工普通门诊统筹 社会保障号码：3701***********321							
项目规格	数量	金额/元	首先自付比例	项目规格	数量	金额/元	首先自付比例
脑心通胶囊	2	57.90	0.0				
本次总费用：57.90元 本次报销金额：46.32元 本次账户支付：11.58元 本次现金支付：0.00元							
本次目录外：0.00元 乙类首先自付：0.00元 本次起付钱：0.00元 个人账户余额：82.74元							
累计统筹报销：2736.54元 累计个人负担：596.18元 累计起付钱：400.00元 门统额度累计：1153.29元							
合计（大写）：伍拾柒元玖角 57.90元（不含快递费）							

山东济南开出全国第一张平台型互联网医院医保电子结算单

集成七大类53小项检查检验项目，开通线上问诊和医保支付，医生随车下乡，把医、药、检送到居民家门口；为基层医生配备"云诊包"，提供血糖仪等七大项13小项检查检验功能，搭载公共卫生、家医签约、双向转诊等系统模块，提升医生工作效率，给予基层医疗机构数字化支撑和远程支持。另外，探索建设数字健共体项目，通过把公共卫生、家庭医生与慢病管理服务有效融合，充分发挥基层医生"健康守门人"的作用。开展线下与线上、院内与院外、全科与专科相结合的健康管理服务，织密医疗健康服务网底。

专栏2　便民流动医院，"方便""专业"双管齐下

为真正打通医保"最后一公里"，为解决基层地区医疗保障需求，医保大健康平台依托互联网医院，利用"车（医保健康服务车）、包（云诊包）、站（医生工作站）"构建起"网格化"基层数字健康服务体系。医保健康服务车能完成七大类53小项检查检验，还创造性地实现了医保结算服务，云诊包方便基层医生携带上门为群众进行健康检查和随访，医生可直接根据体检结果对现场体检发现的异常情况及时向本人或其家属进行反馈，同时老年人身体有不适也可现场向医生问诊，医生根据病情给予指导

意见。春节期间，为照顾留守儿童和老人，医保大健康也多次将医保健康服务车开入偏远地区，为儿童与老人送上"健康新年礼"。同时，为进一步提高基本公共卫生服务水平，让居民切实体会到数字健康的福利，医保大健康还积极与各区社区卫生服务中心联合组织开展数字健康体检活动，将健康服务车开到老百姓家门口，利用"互联网＋医疗健康"技术，通过智能化、细致化的服务，做实、做透公共卫生服务，从而全面改善百姓公共卫生服务体验，得到了参与群众的广泛关注与支持。

资料来源：济南市医保局。

4. 创新"互联网＋医疗健康"多样化服务

医保大健康平台以医保支付为驱动，吸纳医药、医养、保险、金融等服务机构进驻，开通了微信公众号、电话呼叫中心、医保健康服务车、线下服务机构等六大服务通道，为群众提供专业化的互联网医保大健康融合服务。依托呼叫中心，连接全市各类长期护理机构，对护理药械开展集中配送，以家庭为中心，以社区为依托，以社区卫生机构和长期护理机构为载体，培育"群众点单、服务上门"的"网约护理"新业态，让老百姓特别是居家养老行动不便的老年人足不出户，即可享受优质、安全的医疗护理、出行帮扶等服务。针对老年人、慢病人群、失能半失能人员及困难群众，医保大健康平台开通热线电话（9516960）、微信公众号、数字健康服务车等渠道和载体，提供医保政策咨询、慢病复诊开方、在线医保结算、药品免费配送到家、移动巡检到家、护理服务上门等惠民服务，形成"送医＋送药＋送护＋送检＋送保"上门一站式服务模式，打造帮办代办"蓝马甲"服务团队。

专栏3　搭建呼叫中心系统，"政策""服务"一个电话全知晓

随着参保人就医服务多样化，对医保服务也提出了更新更高的要求，单独靠政府本身很难解决这些问题，需要进一步发挥大健康平台的力量。为给参保人提供更加便利的帮办代办服务，医保大健康平台成立了专业化的呼叫中心，呼叫中心依托平台建立了统一的医保电话咨询服务平台，对外咨询服务电话95169000提供7×14小时电话服务。

呼叫中心的创建目的是为参保单位及参保人员提供高效专业的医保咨

询、查询等服务。同时，为参保群众尤其是失能、半失能人群及60岁以上老年人和慢性病人群提供健康咨询、慢病复诊、购药医保结算、药品配送到家、长护服务预约等服务，实现真正意义上的"一站式"医保帮办服务。

目前医保大健康平台已承接山东省直、济南市医保政策咨询服务、全省一卡（码）通行电话咨询服务，还承担了济南市274家长护机构上门服务电话预约服务，以专业化、标准化、规范化的服务能力，为实现"智慧医疗，惠民医保"贡献力量，在电话端实现送医保到家的目的。

资料来源：济南市医保局。

新冠肺炎疫情防控期间，互联网医保大健康集团积极履行社会责任，面向参保人陆续推出"送医到家、送药到家、送护到家、送检到家、送保到家"服务，联合百名名医在线义诊，让患者少跑腿，在家里就能享受到专业的医疗健康服务。大健康平台还为旅居海外的山东华侨华人、留学生提供疫情防护指导，并向基层医生、全科医生、医养健康技能人员提供远程培训。在此基础上不断拓展服务功能，向集药品采购储备、应急保障服务和全生命周期健康管理于一体的综合服务延伸。

5. 建设医保业务智能监控平台

为管好群众的"救命钱"，医保大健康平台以医保知识库为基础，结合人工智能、大数据分析工具，积极研发线上线下相结合、事前事中事后全流程的智慧医保监控系统。通过事前事中监控、事后审核、监控分析、大数据风控等系统建设，着力打造涵盖就医全流程、全链条的监管体系，对医师开具处方和检查项目等各个方面进行全流程监管，可实现基于大数据应用的实时监控、智能分析、双重稽核、智慧管理的多维度智能控费。在医院端，大健康平台部署事前事中监管系统，将医保审核关口前移，阶段性提供报告，并且所有监管数据留痕，在医疗行为发生前进行介入提醒，事中进行干预提示，将不合理、不合规的行为控制在医保结算之前，能有效减少大处方、大检查现象，大大降低了医保基金事后结算的违规风险，并且能有效规范诊疗行为，从单纯管制向监督、管理、服务相结合转变，将监管重点从医疗费用控制转向医疗费用和医疗质量双控制。事后通过大数据风控，对参保人就医过程中产生的就诊和医保结算信息，根据预先定义审核规则进行自动过滤筛查，生成疑点信息推送至监管人员处进行人工复核。通过上述措施，医保大健康平台推动基金监管从抽单审核向全方位、全流程、全环节的智能监控转变。截至2021年底，济南市108家医院已接入事前事中监管平台，章丘区成为全省首个所有医疗机构全部接入智能监管平台的区县，未来全市上千家机构将全部上线。

专栏4　医保智能监控，看好人民"救命钱"

2021年4月23日，济南章丘区门诊慢性病线上服务专区正式上线医保大健康平台，开展门诊慢性病复诊开方、线上医保支付、快递药品到家的"互联网＋医保"创新服务。章丘是济南市第一个事前事中医保智能监管系统全覆盖的区域，已实现区内所有定点医疗机构上线智能监管系统，通过信息技术手段，规范诊疗行为，从单纯管制向监督、管理、服务相结合转变，将监管重点从医疗费用控制转向医疗费用和医疗质量双控制。

2020年以来，国务院先后印发文件要求加强医保智能监控管理，看好人民群众的"看病钱""救命钱"。根据国家医保局信息化建设标准要求，结合国家、各省市规划特点，济南医保大健康平台打造智慧医保产品家族"1＋1＋N"体系，即1个智慧大脑平台，1个基础保障平台，N个可插拔、可拓展的子系统。目前已建立山东省全省医保数据分析平台、山东省全省互联网医院医保监管平台、济南市全市医保事前事中监管平台等医保中心端平台。

资料来源：济南市医保局。

6. 开展商业健康保险供给侧革新

医保大健康平台利用信息集成的技术优势，实现医保商保数据互通、监管一体，打通政府部门和商业保险机构的数据壁垒，打造医保商保一体化服务，增强商业保险公司的风险防控能力。2020年，济南市指导商业保险公司开发与基本医保紧密结合的商业健康保险"齐鲁保"，参保人可使用医保个人账户资金购买商业健康保险，因其参保门槛低、保障范围广、报销额度高等优势受到群众普遍欢迎，当年投保人数达71.6万人，参保率达8.9%，更好地满足了参保人多层次健康保障。有关数据显示，齐鲁保参保人最小年纪为 18 天，最大年纪为 103 岁，53.9% 的参保人主动为家人投保，9% 的用户在第一次购买保险后会再次为家人投保。2021 年，"齐鲁保 2021"全面升级，已有山东省直和济南市参加基本医疗保险的 76 万多人同时参加齐鲁保，比上一年增加近 5 万人，成为基本医疗保险的有力补充。

7. 推动中医药产业数字化升级

一方面，医保大健康平台建设扁鹊智慧中药房，实现在线复诊、线上开药、医保结算、中药代煎及配送等"线上＋线下"一站式服务。项目整体充分利用现代"互联网＋中医 AI＋工业 4.0＋物联网"技术，无缝连接医疗机构 HIS 系统为患者进行智能诊疗，使中药产品质量得到全方位保障。另一方面，推动 14 个省中药（材）采购联盟与三明采购联盟（全国）中药（材）分部合并落地济南，涉及全国 19 个省、86 个城市、9547 家医疗机构，济南成为全国中药（材）联盟采购及"买全国、卖全国"的中药（材）交易基地，开启中药（材）标准化、数字化交易，推动"扁鹊标准、济南价格"成为中医药行业国际通用标准。

平台建立中药（材）质控溯源、质量保险、合量议价、交易结算、仓储配送五大核心体系，第一是质控溯源体系，通过对中药（材）从种植基地到患者家里全链条各环节的数字化记录和管理，实现全程标准化溯源和质控；第二是质量保险体系，引入人保、太保等知名保险公司联合开发质量保险，如饮片发货货品与事先封存的样品存在质量等级不符情况，由保险公司进行先行赔付；第三是合量议价体系，由联盟成员地市逐品种申报采购饮片等级和规格，合量之后通过梯度议价确定联采价格，并实行价格保密机制；第四是交易结算体系，提供全程在线的交易结算服务，并支持医保基金直接支付货款，同时引入供应链金融服务解决企业、医疗机构、医保"三角债"问题；第五是仓储配送体系，在济南等重点城市建立储运中心，确保饮片的"稳价"供应。五大体系将有力推动中药（材）标准化种植、加工、配送、服务等全产业链融合发展，培育中药（材）网上交易新业态，确保中药（材）联盟采购"保质、提级、稳价"。从实质上突破中药（材）质量不稳定、价格波动大等制约中医药高质量发展的核心瓶颈，创立国际化中药（材）的质量标准体系。

三 医保大健康平台推动"三医联动"的主要成效和经验

济南市通过互联网医保大健康平台推动"三医联动"改革创新，充分体现了改革的担当、勇气和智慧，部分领域和改革举措在全国开了先河，实现了治理提效、患者满意、医院发展、产业聚集多方共赢的良好局面，能够为全国同类型城市或地区深入推进医改提供较好参考和借鉴，这在其他地区纷纷到济南参观学习中得到了较好印证。

（一）治理提效："三医联动"改革不断走向深入

一是国家政策在改革实践中得到全面贯彻落实。通过对公立医院、社会药房的一体化管理，门诊检查和药房配药的分流和协作，医保大健康平台实现了诊疗、开方、医保审核、结算、取药的"一站式"服务，并将发展成熟、符合条件的互联网医疗费用及时纳入医保支付体系。推动慢性病诊疗服务模式创新，开展线上线下相结合的慢性病互联网预约挂号、复诊、续方、药品配送等服务，既极大地方便了患者，又使得医疗服务更加高效、更为经济、更有人情味。

二是为"互联网＋医保"探索出了切实可行的发展路径。济南市及时完善"互联网＋医疗"配套支持政策，围绕精准化服务、精细化管理，较早出台了可执行、可操作的医保支付细则，做到了全省首家、全国领先。济南市建立了适合互联网医院发展的医保支付方式，将定点互联网医院纳入医保支付监管范围。在初期费用据实结算的基础上，逐步探索按病种、按人头付费等支付方式。对于线上复诊费、远程会诊费等诊疗费用，由医保经办机构按规定拨付给互联网医院。通过医保的支持，为"互联网＋医疗"及互联网医院的发展注入了"强心剂"。同时，加强了对互联网医院诊疗服务的管理。明确了参保人在互联网医院就医的流程，督促互联网医院及其执业医生和药师严格遵守互联网诊疗管理、互联网医院管理、远程医疗服务管理和基本医疗保险有关规定，严格落实互联网复诊、续方等服务医疗收费价格和医保支付政策，建立药品追溯和服务质量评价体系，全面加强互联网医院服务管理，不让医保管理存在"真空地带"。

三是有效提升基金监管效能。医保基金使用实现智能监管一体化，助推医生诊疗行为更规范。通过应用智能监控系统，对医师开处方和开具检查项目等各个方面进行事前提醒、事中预警和事后审核的全过程监管，实施有力的约束和规范，大处方、大检查现象明显减少。

四是"三医联动"真正形成闭环。坚持政府主导、企业参与、市场化运作的原则，以山东省医保大健康平台作为政府深化医改、服务民生试点的第三方专业服务平台，整合各方资源，发挥各自优势，积极探索创新医疗、医保、医药"三医联动"管理机制。首先，把门诊慢病用药从医院进行剥离，对用药品种进行规范统一，形成量采优势，通过合量议价压缩采购价格。其次，依托医保智能监控平台，逐步规范和提升医生的诊疗水平。最后，通过对药品合量议价采购和医生诊疗行为的规范，切实提高医保基金使用效益。节约的费用一部分继续支持医疗能力提升和强基层建设，"三医联动"形成良性运转，通过"小切口"创新推进了面上改革的大突破。

（二）群众满意：医疗服务更加优质高效

一是群众就医更加便捷。首先是少跑腿。门诊慢性病复诊购药手续大大简化，对有特殊需要的患者延长处方量，充分保障了患者购药需求，有效改善了过往慢病患者每月一次往返医院复诊、购药的局面。其次是少排队。患者就诊取药等待时间明显缩短，解决了排长队问题，病人就诊取药时间由以前的近两个小时缩短为30分钟。最后是省心力。对于年老、体弱、行动不便的慢病患者，常常需要家人陪伴或代为就医购药，牵扯了家庭巨大的精力，依托医保大健康平台，患者或家属可通过互联网医院在线进行复诊和用药续方，随后根据自身实际情况，选择就近药店取药或送药上门，为慢病患者提供了极大地方便。

二是医疗费用有效降低。首先，通过实现医疗机构、社区卫生服务机构之间信息的有序共享和互认，可以让病人避免不必要的重复检查和重复配药，有效降低群众就医负担。其次，通过信息技术的使用，病人可以在线浏览和下载检查报告、咨询健康知识、预约医疗卫生服务等，降低群众因获取医疗卫生服务的交通成本、时间成本支出。

三是健康管理更加科学。利用技术手段和互联网健康大数据，科学地进行健康管理，有利于将百姓的健康管住管好，从而使老百姓不得病、少得病、得小病，在更广阔、更宏观的层面为减轻群众负担和医保有效控费做出应有的贡献，让百姓共享医疗卫生发展成果。通过医保大健康服务平台，居民可以方便地通过网络进行查询，了解个人健康档案、历次就诊和医学检查记录以及各项医疗卫生服务政策、办事程序等。同时，老百姓通过实施预约服务、远程咨询会诊、转诊等服务，使有限的医疗资源发挥更佳的运行效能。

（三）医院发展：医疗资源配置更加科学合理

一是有效解放医院医疗资源。线下在大医院设立慢病管理专区，将慢病患者的就医问诊、慢病续方、复诊复查、药品配送等全部集中到一个窗口，解决群众多窗口跑路、排队等问题；线上依托平台提供"一站式"服务，引导参保人逐步实现从线下就诊到线上复诊的分流。依托"互联网＋医保"服务新模式，在更好地服务慢病患者的同时，解放医院线下医疗资源，让医生将更多精力放到急诊、大病等临床治疗上来。

二是有效提升基层医疗服务能力。依托医保大健康平台，让医疗数据跑起来，让电子档案活起来，更好地服务于健康管理，解决家庭医生签而不约的问题。平台绑定的数字健康服务车，不仅推动了优质医疗资源"沉得下、用得起"，提升村卫生室和乡镇卫生院医疗服务水平，也打通了群众就医、问诊不便的"最后一公里"。远程心电可以让百姓在村卫生室做检查，县级医院负责诊断，再通过互联网将结果回传至村卫生室，指导村医提供诊疗服务，从而真正实现"小病不出村，大病不出县"。

三是扩宽医院服务范围。依托大健康平台连接互联网医院，将医院服务范围由线下扩展到线上，打破时空限制，让优质医疗服务可以覆盖更广泛的地区，特别是地理位置偏远、医疗水平相对薄弱的地区。大健康平台深化医疗服务供给侧改革，为医院发展打造新的线上增长点。

（四）产业聚集：健康产业发展更加集成高效

一是引入优质资源形成示范效应。济南市政府和山东省医保局联合推动筹建，推动微医集团（浙江）、济南高新控股发起，联合国内外部分央企、上市企业共同组建，加大健康产业建设投入，通过引导平台企业、行业龙头企业、省内外优秀企业整合开放资源，构建多层联动的产业互联网平台，带动中小微企业开展医养健康线上服务。该平台是全国首个"政府支持、国有控股、整合优势资源、市场化运作"的开放式综合服务平台，项目总投资 100 亿元，首期注册资金 10 亿元，将撬动全省超 300 亿元健康产业资源，打造全省健康产业高地，孕育"资源＋资金＋平台＋产业"融合发展的新业态，打造山东省大健康产业发展的新引擎和互联网医保大健康服务的"航空母舰"，助力山东省新旧动能转换发展。

二是"互联网＋三医联动"推动产业整合升级。互联网医保大健康服务平台通过整合优势资源，实施流程再造，构建"互联网＋医保＋医疗＋医药"综合医疗保障服务体系，点燃数字健康经济引擎。大健康平台按照"政府主导、市场化运作"的模式落地，以济南为中心，在互联网诊疗、医保控费、药械集采、慢病管理、医养融合等方面构建"互联网＋医疗健康＋生态产业"融合发展的服务基地，满足群众多样化、多层次服务需求的同时，推动数字健康发展。

三是完善配套构建产业链条。济南市医保局充分发挥医保杠杆作用，不断打造健康消费新生态，以医保驱动平台创新服务作为数字健康产业升级的引擎，以落地当地的健康产业为实体依托，通过医保大健康平台引入上游药品、耗材生产企业和药械配送企业，中游商业保险企业，下游医疗护理和医疗康养产业等，以平台的业务与技术需求解决为触发点，发挥辐射带动效应。目前，大健康平台已接入济南市中心医院、山东省立三院等互联网医院 11 家，定点药店 1200 家，与 400 多家医药生产企业，顺丰、中国邮政等物流企业，上药、华润等商业配送企业，以及十多家金融机构完成对接，推动形成覆盖医药健康产品研发、制造、医药物流、连锁药店等较为完整的医药健康产业链条。

四是形成中医药创新发展优势。山东互联网中药（材）交易平台以质量监控和中药材全流程溯源为特点，充分发挥医保支付驱动作用，支持中药材采购联盟开展中药的互联网采购，构建起跨区域中药材交易的数字化服务体系，有力地助推中医药产业化、现代化。截至 2021 年底，全国 19 个省、86 个地市、9547 家医疗机构，以及全国 2000 余家饮片企业进行注册开展交易。

（五）经验启示

1. 始终坚持党的统一领导

医药卫生体制改革涉及医、患、保、企等多方主体的利益，问题复杂、专业性强，是一个世界性难题，也是一项重大民生工程。我国在世界范围内推动医改的独有优势，就是党的统一领导。济南市委、市政府始终将人民健康放在优先发展战略地位，坚持保基本、强基层、建机制的基本原则，坚持统筹推进、突出重点、循序渐进的基本路径，全面推进医改向纵深发展。没有党对医改的统一领导，面对利益调整和体制机制矛盾，医改难题很难破题。

2. 始终坚持以人民为中心

人民健康是民族昌盛和国家富强的重要标志，济南市委、市政府深入实施健康中国战略，始终坚持以人民健康为中心的发展理念，奋力践行党全心全意为人民服务的根本宗旨。医保大健康平台建设坚持以人民健康为中心，以人民是否需要作为医改方案的根本依据，以人民获得感作为推动改革实施的根本准则，以人民健康提升作为评价改革成效的根本标准。

3. 始终坚持问题导向

济南市在建设大健康平台推动改革攻坚中精准把握问题所在，坚持用小切口推动大改革实现新突破，做到群众看病就医哪里有堵点，医改就打通哪里。推动改革之前，各部门广泛开展调研，以实事求是的态度全面、系统、精准地谋划改革方案，制定工作蓝图，增强改革方案的战略性和针对性。推进改革过程中，大健康平台对新情况新问题及时查漏补缺，制定相应工作方案，出台相关政策举措，切实提高改革成效。

4. 始终坚持系统化思维

医改是一项系统性工程，需要系统化思维来谋划和推进。济南市强化系统化思维，聚焦资源碎片化、政策不协同等问题，加强大健康平台的顶层设计和战略谋划，通过务实有效的路径和举措，解决医疗、医保和医药领域的深层次矛盾和结构性问题，推动全面深化改革举措在"互联网＋医疗健康"方面的系统集成、集中落实，着力提升"三医联动"的创新性、探索性和引领性。

5. 始终坚持技术创新驱动

随着"互联网 +"的迅速发展，济南市充分把握这一时代机遇，积极推动"互联网 + 医疗健康"服务新模式新业态不断创新，加大新技术和健康大数据推广应用，为方便群众看病就医，满足群众多元化健康服务需求发挥了重要作用。医保大健康平台积极探索创新实践"互联网 + 医疗""互联网 + 健康管理""互联网 + 医疗保障"等"互联网 + 医疗健康"服务，提升了患者就诊方便性和就医及时性。

6. 始终坚持精细化管理

互联网医疗是新生事物，又是关系群众生命健康安全的重大事项，容不得半点马虎。济南市坚持既要敢闯敢试又要坚守医疗安全这一底线，从精细化管理上要效益。为了筹备平台的组建，济南市相关部门及平台建设集团深入研究、反复磋商，从而达到规范政策适用、明确权责边界。经过集中攻坚，济南市医保、卫健、财政、发改等 8 部门联合出台了《济南市促进互联网医保健康服务发展的若干措施》，在全国范围内较早地细化落地了"互联网 +"医保支付的相关规则，为大健康平台建设打下了坚实的基础。

打造就医全流程掌上医保结算模式

四 大健康平台推动"三医联动"改革的现实困难和体制制约

医改是世界性难题，牵一发而动全身。我国的医改当前已进入攻坚期和深水区，每一步改革都涉及多方主体的利益调整，如何充分调动各方主体参与的积极性和能动性，是摆在各级党委、政府面前的重大课题。互联网医疗的医保支付仍处于起步阶段，后续还需政策的持续铺开以及信息化服务的持续支撑。济南市通过互联网医保大健康平台，坚持目标导向和问题导向，统筹宏观体制和微观机制，以系统集成的方式方法较好地推动了"三医联动"，取得了十分显著的改革成效，但仍面临着一些亟待解决的现实困难和体制制约。

（一）互联网医疗服务面临现实难题

由于覆盖面广和涉及领域多，互联网医疗服务总体上处于政策驱动、技术成熟、业务规范的发展阶段，仍面临一些基础性短板的制约，呈现出"政策要求多、落地方法少""各方意愿强、实际操作难"的发展局面。互联网医疗服务机构不断进行业务探索和创新，但普遍反映尚未找到持续平衡稳定的运营模式，主要集中在发展空间、政策落实和配套工作等方面。

1. 数据信息共享机制尚不健全

各级各类医疗机构之间的医疗数据信息基础标准不一致，数据接口不统一，信息化水平不同步，加上大多数医疗机构开放共享数据信息的积极性并不高，导致共享机制仍主要停留在纸面上，改革进程比较缓慢。相较于公立医院，第三方机构受数据信息资源缺乏的影响更大，因此对数据信息共享的需求也更为迫切。

2. 相关费用纳入医保体系还不完善

政策层面已经规定将互联网医疗服务符合条件的相关费用纳入医保支付，但如何界定互联网医疗服务的成本并进行成本核算，如何构建费用支付机制并协调确定合理的经济社会效益，还需要不断改革与探索。目前各地主要参照线下普通门诊诊查费来确定医保支付标准，但由于价格偏低且难以覆盖互联网诊疗额外成本，实体医疗机构和第三方机构无法获取与提供互联网医疗服务相匹配的经济收益，从而影响到开展互联网医疗服务的积极性和持续性。同时，对于跨统筹区域的异地互联网医疗服务缺乏顶层设计。

3. 相关制度规范和监管机制滞后

互联网医疗服务属于跨领域融合发展的新生事物,涉及诊疗服务、技术应用、信息安全和伦理道德等方面,不确定性风险比较大,目前相关制度和配套措施仍在研究制定中,尚难跟上互联网医疗服务发展的客观需要。实体医疗机构在加强内部规范后尚且存在很多医疗风险和伦理风险,若贸然扩大在线诊疗,必将产生更多更大的不可预期性。针对电子化医生资质认证和身份识别、患者个人信息的可控授权访问等客观问题,目前在信息和数据安全方面缺少操作层面的制度规范,大多数互联网医疗服务机构也不敢贸然大范围地对接医疗健康数据,云病历、云医疗信息系统等仍处于概念层面和探索阶段,大规模的成熟化实践应用还需要一段时间。相比传统线下医疗,互联网医疗存在很多独特性质,目前缺乏相应的诊疗规范,同时跨区域提供医疗服务的需求更为强烈、比例也会更高,这给现行以属地为主的监管体制带来较大挑战。

基于疫情防控的客观情况和特殊需要,相关部门出台了一些有针对性的政策措施,有力推动了互联网医疗服务的发展。但也有部分机构担忧,疫情防控进入常态化后,随着医疗机构线下业务的逐步恢复,患者重新选择传统就诊路径,互联网医疗服务将有可能出现回落。外部环境和发展形势的不确定性增加,影响到相关主体发展互联网医疗服务的预期和信心。

(二) 医保管理面临现实挑战

1. 医院信息"孤岛"现状短期内难以打破

目前各医院均自行开发 HIS 系统,但各医院之间信息系统相对封闭,导致数据标准、数据格式、系统规范不统一,造成医疗数据难以共享。参保人在一家医院的就诊信息不能在其他医院共享,重复检查造成医疗资源浪费,同时也给医保基金监管带来难度。医联体改革、分级转诊必须以各级医院之间医疗信息的互联互通共享为基础,若不能打破各医院之间的信息"孤岛"现状,参保人将很难从中受益。

2. 实体卡和电子卡的数据标准统一难

目前各医院的就诊卡、社保卡和电子社保卡普遍共存,2019 年 11月国家医保局正式启动医保电子凭证,将其作为参保人员身份识别和待遇结算线上支付凭据。同时为促进医疗信息的互联互通共享,卫健部门要求各医院大力推进电子健康卡的使用，目前各医院正在进行电子健康卡和就诊卡绑定的系统改造工作。诸多实体卡、电子卡由不同部门发放，功能大同小异，但数据标准却不统一，各种卡之间缺乏信息衔接。对于医院来说，增加一种支付介质就需要改造本院 HIS 系统，增加医院成本支出。对于医保部门来说，拓展支付渠道增加了管理成本和运行风险，既要及时调整政策、改造信息系统，还要向参保人做好宣传和推广应用工作。

3. 线上支付渠道安全监管存在难度

不同于实体卡片，线上支付方式更为灵活，但线上支付渠道众多，而且各渠道的身份验证、待遇认证、密码校验方式也多种多样，这给医保基金支付的监管工作带来新的难题。医保部门不但要改造信息系统兼容适应各种支付渠道，还要对医保基金支付过程进行严格把控。目前，各支付渠道没有统一的接入标准，医保部门要协调各线上支付平台，研究安全保障措施，确保医保基金支付安全。

4. 医保大数据的应用考验信息安全

医保数据库已沉淀了各类医药机构近 20 年历史数据，数据价值很高，如何用好、管好医疗大数据是一项新的课题。不但要防止信息泄露，做好安全保密工作，还要确保数据分析精准，才能为医保决策提供有效的数据支撑。目前各地区自行开发智能监管系统，对医保数据的分析应用也多种多样，国家层面对医保大数据应用尚缺乏统一管理，对个人医疗信息安全也缺乏相关法律约束。

（三）互联网医药存在现实困境障碍

1. 互联网销售医药存在质量安全隐患

互联网销售处方药存在参差不齐的现象，难免会出现一些假冒伪劣药品，严重影响甚至威胁人民群众的生命安全。严格来说，网络销售处方药必须配备专业的执业药师在线指导，执业药师全面负责处方的审查、调配与监督，同时指导患者合理使用药物。但是目前绝大多数实体药房和网上药店没有配备足够甚至几乎没有配备执业药师，而且现有执业药师的水平有高有低，在指导患者合理用药上发挥的作用非常有限。同时，公众对网络购药不像医院购药一样有足够信任，因为医院有药品检查人员，对药品的存放条件、保质期等都有明确规定，互联网销售药品虽然可能不会销售过期的药品，但是很可能利用消费者的疏忽心理来销售临近过期的药品，网络处方药销售带来的类似安全隐患问题足以引起各方的担心。

2. 互联网销售医药行业责任认定标准缺失

目前大医院的电子处方尚不对外开放，互联网平台和药店在传递与审核处方时，仅靠视频、图片、传真等作为凭证，很难确定处方的真实性和合法性，且难以验证开方者是否具有处方权。处方信息真实可靠性低，互联网上可能出现大量虚假处方。当前我国关于互联网销售医药的第三方平台和实体药店的职责尚不够明确，对处方药质量安全的监控效率不高，容易出现药品质量危害和纠纷等问题，不利于保障患者权利。在药品配送过程中，有可能出现未能按照要求妥善存储、运输过程中出现破损、药品被替换等风险隐患，对此尚未有比较明确的责任认定规定。

3. 互联网销售医药便利性不够

目前互联网销售处方药未能完全与医保系统挂钩，通常销售处方药的成本比较高，大多数群众享受基本医疗保险待遇，如果互联网销售处方药普遍采用在线自费支付方式，那将给社会公众带来极大地不便。与医保系统的对接不够完善，也是互联网销售医药受限的一个关键因素。另外，互联网销售医药对特殊群体的考虑还不充分。当前需要处方药治疗的慢性病患者大多为中老年人，他们对网络药品销售的认知度和利用率都相对偏低，受众人群广泛但实际应用率不够。

4. 互联网销售医药的监管难题尚待破解

互联网药品交易服务由审批制更改为备案制，在带来机会、提供便利的同时，也带来了相应挑战，给行业监管带来很大难题。互联网具有隐蔽性、辐射性和虚拟性等特征，难以有效调查和收集证据。有些非法网站在无销售许可证的情况下销售药品，传播非法药品信息以及药品造假等，并想方设法避开监管部门的检查，给人民群众健康安全带来重大隐患。同时对于含特殊药品复方制剂，如镇咳类的药、感冒药、含麻黄碱类复方制剂等，如果管理不善导致其从药用渠道流失，则会被滥用或用于提炼制毒，给全社会造成的危害更大。

医保健康服务车集成七大类53小项检查检验项目，开通线上问诊和医保支付

云诊包提供十二导心电、血糖仪等七大项13小项目的检查检验功能

五 对济南市深入推动"三医联动"的政策建议

为了充分发挥医保大健康平台推动"三医联动"的样本示范作用，为全国"三医联动"探索出可持续、可广泛推广的经验路径，未来一定时期，医保大健康平台需要广泛聚焦运行中面临的突出问题和体制机制障碍，继续坚持以人民健康为中心，坚持问题导向、目标导向、价值导向，深入推进供给侧结构性改革，做大做强做优互联网医保大健康平台，让改革红利更加惠及人民群众，为全国"三医联动"改革树立济南典范，形成济南样本。

（一）加快推进"三医联动"改革

1. 构建更加高效的分级诊疗制度

一是加强基层医疗服务能力建设。加快推进基层医疗卫生机构标准化建设，在新建和改建住宅区规划配建卫生服务设施。按照两个允许的要求，提高基层医疗卫生人员待遇。加强以全科医生为重点的基层人才队伍建设。二是做实医共体，县域内以县级医院为龙头着力推进"六统一"（统一人事管理、统一财务管理、统一资产管理、统一业务管理、统一药品耗材目录、统一药品耗材企业配送）的紧密型医共体建设。三是做细家庭医生签约服务。拓展健康管理等签约服务内容，提升签约服务质量。

2. 持续推进公立医院综合改革

一是要完善公立医院管理体制，坚持党对一切工作的领导，充分发挥公立医院党委的领导作用，规范公立医院内部治理结构和权力运行规则，健全现代医院管理制度，发挥专家治院作用，提高医院运行效率。二是要完善医疗服务价格形成机制，逐步提高医疗服务收入，充分体现医务人员的技术价值。三是要转变公立医院发展方式，严禁公立医院举债建设和违规配置大型医用设备。引导公立医院尽快实现由规模扩张、经济效益提升向内涵建设、特色发展转变。四是要加快推进薪酬制度改革落实公立医院分配自主权，公立医院在核定的薪酬总量内进行自主分配时，向关键和紧缺岗位、高风险和高强度岗位、高层次人才、业务骨干和做出突出贡献的医务人员倾斜，向人民群众急需且专业人才短缺的专业倾斜。五是要对公立医院进行绩效考核，重点考核公立医院收支结构优化情况，合理检查、合理诊断、合理治疗、合理用药等医疗服务规范情况。对"药占比"改革指标不搞"一刀切"，既要反对诱导性过度用药，也要反对不合理过度控药。

3. 支持社会资本优先进入特色化高端医疗服务市场

一是要大力拓展社会办医发展空间，全面放开对社会办医疗机构的规划限制，鼓励社会资本建立品牌化专科医疗集团、举办有专科优势的大型综合医院，重点引进高水平高层次社会办医疗机构。二是要支持医生集团健康发展，引进高层次医学人才，为打造济南国际医疗康养名城提供高端人才支撑。三是要全面简化医疗机构审批，精简审批材料和程序，缩短审批时限，提高审批效率。

4. 完善全民医疗保障制度

坚持以收定支、收支平衡、略有结余的原则，统筹基金当年结余和累计结余控制在合理范围。建立医疗保障水平与济南市经济社会发展水平相适应的医疗保障机制。根据经济发展水平、居民收入状况、医疗消费需求等情况，调整政府补助和企业、个人缴费标准。不断深化医保支付方式改革，加快推进以临床路径管理为基础的按病种付费改革，明确医保支付和个人自付比例。全面推行以按病种付费为主，按人头付费、床日付费、总额付费等多元复合式支付方式改革。充分发挥医保调控引导作用，完善差别化的医保支付政策，引导合理就医流向。加大医保基金对基层医疗卫生机构和中医的支持力度，进一步拉开各级医疗机构之间患者报销比例。

5. 进一步健全药品供应保障制度

完善药品供应保障机制。加强药物经济学评价，研究落实对通过一致性评价的仿制药生产企业支持政策。增加用于艾滋病、结核病防治的特殊药物免费供给。结合健康扶贫、慢性病患者健康管理及家庭医生签约服务，加强特定人群的基本用药保障。完善药品、器械、耗材采购机制。落实医疗机构在药品采购中的主体地位，开展以依托省级采购平台的集中采购和医疗卫生机构自主采购相结合的采购方式。鼓励医疗机构采购配备使用低价药和常用药。严格落实药品采购"两票制"。

6. 提高综合监管效率和服务水平

深化"放管服"改革，推进"证照分离"改革，完善公共卫生场所许可、营利性医疗机构设置审批及消毒产品生产企业卫生许可审批事项的实施办法，加强事中事后监管，措施落实到位。加强对医疗卫生与健康领域综合监管，切实提升监管效能。构建多元化监管体系，建立健全以政府监管为主导，行业自律、社会监督和第三方参与为补充的多元化监管体系。强化信息化对监管的支撑，充分发挥协管员作用。

7. 进一步探索公共卫生和医疗机构发展新模式

要以重大基建项目为抓手，持续完善医疗卫生服务体系。市精神卫生中心、市传染病医院、市中医医院东院区等重大公共卫生项目建设要体现公益性，加大财政投入力度，确保尽快取得实质性进展。加强与名校名院的深度合作，拓宽平台，全力推进医教研结合，打造区域性整合医疗中心和临床精品特色专科，全面提升医疗服务能力和办院水平。

8. 加快推进中医药事业传承发展

支持中医药特色优势发挥，细化对中医医院的财政投入倾斜政策，按规定将中药院内制剂纳入医保支付范围。不断提升中医药服务能力，加强中医临床高层次人才培养，深入推进五级师承教育、薪火传承 231 工程和

"名医工程",设立专项资金实施扁鹊传人培育计划。

9. 强化信息化对医改的支撑作用

推进济南市"省市县"三级全民健康信息平台建设,全部医疗机构实现信息互联互通。加快推进以居民身份证号为主索引的实名就医。积极发展"互联网＋医疗健康",整合线上线下资源,积极开展医疗机构全流程"刷脸"就诊新模式,推动诊间结算、就诊提醒、结果手机端查询、信息推送等便捷服务,让"信息多跑路、群众少跑腿"。加强基于大数据的医疗卫生机构综合监管和医改监测评估。

10. 进一步丰富平台政策咨询服务

完善医保咨询服务,将服务电话95169000升级提供7×24小时电话服务。利用智能化话务系统、知识库系统、质检监控系统,为全市参保单位和参保人员提供应答及时、咨询有效、解决率高的专业化医保咨询、查询以及帮办等服务。同时,充分发挥平台优势,为全市参保群众尤其是失能、半失能人群及60岁以上老年人和慢性病人群提供在线问诊、电话问诊、医保购药、药品配送到家等一站式服务,力争做到一号拨打,一次办好,为医保服务标准化、规范化、便利化建设贡献力量。健全医保查询服务,呼叫中心受理医保电话咨询服务来电中,医保个人信息查询诉求占有一定比例,为充分发挥热线答疑解惑、化解矛盾、服务民生的作用,在确保参保单位、参保人员数据信息安全的前提下,呼叫中心可提供涉及个人信息数据查询服务,使呼叫中心真正实现"一站式"医保帮办服务热线。增强医保帮办服务,为贯彻"医保经办服务扁平化、高效化、智能化"的工作要求,呼叫中心在核实来电者信息后可为参保人员提供异地就医备案登记、医保卡口头挂失或解挂、医保关系转移等适合在电话场景办理的业务。加强医保智能知识库建设,呼叫中心通过电话服务参保人,逐步梳理医保知识,分门别类,并通过人工智能服务,逐步建设全市医保知识库。在大健康服务平台设立济南市医保政策知识专区,将老百姓常见的医保政策进行宣讲,并以群众喜闻乐见的方式,传播医保知识。

(二) 加快"三医联动"改革的实施保障

1. 强化使命担当

深化医药卫生体制改革工作,为人民群众提供全方位全周期健康服务，是解决人民群众最关心、最直接、最现实的利益问题的重大民生工程。要深刻把握中央关于深化医改的总体方向和目标要求，坚持以大卫生、大健康理念统领医改工作，注重医改的系统性、整体性、协同性，投入更大精力、破解更多难题，不断满足群众对卫生和健康的多样化、差异化、个性化需求和不同群体对看病就医感受的分层化、分众化需求，坚定不移地把医改向纵深推进。

2. 回应群众期盼

当前，医改工作已经进入深水区和攻坚期，深层次的体制机制问题逐步显现，众多"硬骨头"任务广泛触及。应当看到，济南市基层卫生不强，公立医院不"精"，医疗、医保、医药"三医"联动不畅等问题依然突出，看病难、看病贵的问题还远远没有得到有效解决，广大群众很不满意。全市基层医疗机构诊疗比例明显低于全国平均水平，市、县级公立医院人才流失问题严重，综合实力与驻济省部属医院的差距也在不断增大。必须始终坚持群众导向，群众关心什么就改什么，哪些地方群众不满意就改哪些地方。要着力在保基本、强基层、建机制、惠民生上下功夫和求突破，着力在解决看病难、看病贵上精准发力。要紧紧围绕建设全省医养结合示范市、打造国际医疗康养名城的目标，坚持卫生事业公益性，完善财政补偿机制，多措并举降低群众就医费用，切实解决看病贵的问题，让群众真正得到实惠，不断提升获得感、幸福感。

3. 加强协作联动

坚持改革的系统性、整体性和协同性。医疗、医保、医药是医改的"三驾马车"，每个领域都存在深层次的矛盾，很多问题交织在一起。必须统筹医疗、医保、医药各项改革，建立整体协调的机制，形成"三医联动"的改革合力和叠加效应。按照省里深化医改的意见，由一个市政府分管负责同志统一分管医疗、医保、医药相关工作，统筹推进"三医联动"。各级医改工作机构要落实职责分工，配齐配强工作人员，切实加强对医改工作的组织实施和统筹协调。

4. 强化督查考核

医改是一项长期而艰巨的任务，不能一蹴而就。要健全医改工作领导体制和工作机制，尽快调整医改领导小组人员组成，及时研究解决医改工作中的突出问题。要强化责任分工，各级党政主要领导负总责，市医改办要严格落实责任分工，将医改任务完成情况纳入全面深化改革考核，抓好方案的组织实施、协调调度和督查督办。各级各部门要互相配合，切实履职尽责，细化工作措施，努力完成各项任务，确保医改各项举措有效落地，把医改这项民生大实事、大好事真正办好做实。

5. 正面宣传引导

营造全社会共同关注的良好社会氛围。坚持正确舆论导向，加强政策解读，合理引导社会预期，使医改获得群众的充分理解和支持，医改理念更深入人心。及时总结先进经验，复制推广优秀改革成果和典型案例，为深化改革营造良好社会氛围。

（三）促进互联网医保大健康服务平台发展的具体政策

1. 完善互联网医院配套政策

完善互联网医院准入管理政策。明确互联网医院审批流程、医师准入要求、诊疗范畴、诊疗规范、互联网医院监督管理等内容，详细规定互联网医院建设的基本要求，包括诊疗科目、科室设置、人员、房屋、设备设施及规章制度等内容。建立互联网诊疗监管体系。明确建立互联网医疗服务监管平台等监管要求，研究制定互联网诊疗监管细则，从医疗机构监管、人员监管、业务监管、质量安全管理、监管责任等方面进一步细化监管要求，规范互联网诊疗行为。

2. 建立完善互联网诊疗药品管理

规范互联网医院处方管理。明确医务人员可通过互联网医院为部分常见病、慢性病患者在线开具处方，处方必须有医师电子签名，经药师审核后，医疗机构、药品经营企业可委托符合条件的第三方机构配送。推进药品网络销售及监督管理。积极推行零售药店等药品经营企业与医疗机构融合对接，发挥社会力量为患者提供用药指导、购药、送药等服务。不断完善药品网络销售监管规章制度，强化药品网络销售监督检查，开展药品销售违法违规行为专项整治，加大药品网络销售行为监测，加强互联网销售药品监管，保障公众用药安全，净化互联网销售药品市场环境。

3. 运用互联网技术推进医疗服务升级

鼓励医联体内医疗机构利用互联网技术，加快实现医疗资源上下贯通。鼓励三级医院通过互联网医院与偏远地区、基层医疗卫生机构进行数据资源共享和业务协同，促进优质医疗资源下沉。持续推进医联体网格化布局管理。明确每个网格由一个医疗集团或者医共体负责，为网格内居民提供疾病预防、诊断、治疗、营养、康复、护理、健康管理等一体化、连续性医疗卫生服务。开展城市医联体网格化建设试点。构建互联互通的信息平台。通过开展医疗数据中心建设，不断健全居民电子健康档案、电子病历、全员人口等数据库，探索推动跨部门、跨行业、跨层级的健康医疗大数据开放共享。统筹协调全民健康保障信息化工程建设，进一步推进政务信息系统建设共享总体规划和全民健康信息标准建设。充分应用电子健康档案，推进信息系统整合和数据共享，优化医疗服务流程，提高服务效率。充分发挥行业协会的桥梁纽带作用，汇聚高等院校、龙头企业、地方政府等各方资源，鼓励信息技术服务围绕监管需求开展智能化、数字化工作，提高数据分析和处理能力。

4. 多措并举提高互联网诊疗安全性

开展互联网诊疗的医师、护士必须取得执业资格且具有 3 年以上独立临床工作经验，医疗机构对医师、护士进行电子实名认证。明确互联网诊疗只能开展常见病、慢性病复诊，医师要掌握患者的病历资料，确定患者在实体医疗机构明确诊断后方可进行互联网诊疗。医疗机构开展互联网诊疗应为患者建立电子病历，在线开具的处方必须有医师电子签名。医疗机构开展互联网诊疗活动必须全程留痕、可追溯，并向监管部门开放数据接口。扩大远程医疗网络覆盖范围，提升网络服务能力和医疗系统互联互通能力，为协调推进互联网医疗安全提供技术保障。

5. 加强互联网医学教育与科普服务

高度重视"互联网＋"医学教育工作，鼓励利用信息化手段扩大优质医疗教学资源共建共享。积极运用远程医疗服务实现技术推广，积极完善远程医疗服务网络，通过开展远程会诊、远程查房、远程病例讨论、远程培训等方式，有效推进三级医院的对口帮扶工作，持续帮助受援县医院提高医疗服务水平和可及性。积极探索政府主导、部门合作和全社会参与的健康科普教育工作模式，大力普及健康科普知识。建立健康知识和技能核心信息发布制度，通过开发和制作多种健康素养宣传材料，利用传统媒体和新媒体进行推广。建立网络科普平台，实施科普精准教育，利用互联网提供健康教育、"三减三健"信息推送、健康知识查询等便捷服务，普及健康生活方式，提高全民健康素养。

6. 加强互联网医疗服务监管

互联网诊疗实行实名制，鼓励有条件的医疗机构通过人脸识别等人体特征识别技术加强医务人员管理。将互联网诊疗纳入医疗质量控制体系，互联网医疗服务纳入卫生健康行政部门对实体医疗机构校验考核，形成线上线下一体化监管，确保医疗质量和医疗安全。研究制定互联网诊疗监管规范性文件，从医疗机构监管、人员监管、业务监管、质量安全管理、监管责任等方面进一步细化监管要求，规范互联网诊疗行为。加强互联网诊疗数据监管，完善各项制度，切实保障个人信息和网络安全。加强"互联网+医疗健康"相关数据管理，制定实施关键信息基层设施保护办法、数据出境管理办法及配套标准。加强互联网个人信息保护。完善个人信息保护相关法律法规，组织开展个人信息保护专项治理工作，采取宣传活动，提升公众个人信息保护意识和技能，提高个人信息安全。组织实施网络安全检查，开展重要数据和个人信息保护专项整治，强化隐私保护，确保医疗质量和数据安全。成立学协会加强行业自律，发挥行业学术组织功能，通过发布行业倡议书和公约的形式，规范线上诊疗行为，推动互联网医疗健康规范发展。

六 对全国层面深入推动"互联网+医疗健康"的政策建议与思考

新时代全国必须立足新发展阶段、贯彻新发展理念、构建新发展格局、推动高质量发展。全国各地必须继续用足用好改革关键一招，向改革要动力，通过改革解决发展中的现实问题。具体到深入推动"互联网+医疗健康"改革实践，也是如此。

（一）加快发展"互联网+"医疗服务

培育壮大互联网医疗服务机构，推动互联网医疗服务高质量发展，符合医疗健康发展趋势，有助于更好地实施健康中国战略，更好地提升居民健康水平。要以保障人民健康为中心，坚持问题导向和目标导向，顺应医疗服务行业发展规律，统筹谋划、分类施策，充分释放互联网医疗服务机构的潜力和活力，推动互联网医疗服务行业规范有序发展。

1. 明确功能定位，重点推进优先领域发展

"互联网＋医疗健康"涵盖医疗服务、公共卫生、家庭医生签约服务、药品供应保障、医保结算等方面，从当前医疗卫生领域补短板强弱项的突出需求和互联网医疗健康的阶段性特点来看，应将公共卫生服务和家庭医生签约服务作为政府优先关注领域加以重点推进，以更好地发挥互联网的信息技术优势。其他方面的互联网医疗服务根据环境条件的完善来逐步向纵深推进，当前发展重心应放在弥补线下传统医疗服务的短板与不足上，最终形成线上线下医疗服务融合发展、互促共进的良好格局。

2. 深化"放管服"改革，激发各类主体参与互联网医疗服务

进一步推进医疗服务领域"放管服"改革，激发各类市场主体活力，优化增量，盘活存量，为互联网医院发展奠定实体医疗机构的坚实基础。鼓励和支持高等级医疗机构、医联体牵头医院等实体医疗机构，采取自建、联建、与第三方机构合作等多种形式，设立互联网医院，并切实承担好主体责任。

3. 搭建共享平台，有序推进数据信息共享

加快推进统一权威、互联互通的全民健康信息平台建设，尽快实现与国家数据共享交换平台的对接联通。国家层面率先搭建好相关数据信息共享平台，并建立起数据信息共享机制，同时通过合理利益机制鼓励和引导地方、社会机构的数据信息进行联网共享。完善数据信息安全保护制度，对相关违法违规行为实施严格惩戒。

4. 健全医保制度，细化实化互联网医疗服务费用医保支付办法

进一步完善互联网医疗服务纳入医保体系的实施办法，明确互联网医疗服务的成本核算机制，在补偿合理成本支出的基础上，允许获取合理收益。在实体医疗机构、互联网医疗服务机构和医生之间建立起科学的利益分配机制，实现各方收益与贡献的总体匹配。统筹设计好互联网医疗的医保异地付费机制，建立健全互联网医疗服务的医保监管和控费机制。

5. 完善制度体系，加强行业规范建设和有效监管

制定出台互联网医疗服务的诊疗规范，推进在线治疗的标准化管理。建立健全互联网医疗服务的技术应用规范，制定技术风险防控体系，实现技术安全应用。建立健全行业主管部门牵头、相互业务部门参与的互联网医疗服务行政监管机制，在分领域监管的基础上实现联合监管。支持互联网医疗服务建立行业监管，加强行业自律建设。

（二）构建线上线下一体化基层社区医疗服务

建立分级诊疗制度，构建有序的就医格局是破解"看病难、看病贵"的有效路径。为了更好地推行分级诊疗，构建线上线下一体化基层社区医疗服务是发展趋势及方向。凭借互联网技术支持及医疗信息支撑，有效促进优质医疗资源纵向流动，提高基层医疗机构的医疗服务能力和诊疗水平，提升基层的承接能力，实现"基层首诊、双向转诊、上下联动、急慢分治"的分级诊疗就医新格局。此外，依托"互联网＋"家庭医生服务，可在社区卫生信息平台中嵌入慢性病管理的线上复诊和电子处方系统，方便家庭医生对签约患者进行网上复诊，从而减轻省市医院对慢性病患者的就诊压力。

（三）有序发展互联网医院

第五代移动通信技术的逐渐覆盖，使得"互联网＋医疗"提质升级、高速发展。5G 技术不仅提高了数据传输速度和高效连接，也极大地改善且升级了信息传递的容量与效率，使医生能够同时研究和分析大量病人的医疗数据，消除与患者的时间损耗与距离障碍。未来，"互联网＋医疗"应立足于患者的根本需求，以实体医院及线下医疗资源为核心，通过互联网技术，使患者的就诊过程及体验更加便捷，进而达到"普惠医疗"的效果。目前 5G 技术的应用偏向于远程会诊等基础性应用，今后 5G 技术要加强对传感技术、人工智能等的交互发展。

（四）有序推进医保制度改革

深化医疗保障制度改革，推进医疗保障和医药服务高质量协同发展。不断提高城乡居民医保人均财政补助标准，实施重大疫情医疗救治费用保障。组织开展医保药品目录调整，发布《基本医疗保险用药管理暂行办法》，基本形成医保药品目录调整机制。推进疾病诊断相关分组付费（DRG）国家试点城市进入模拟运行，启动按病种分值付费（DIP）国家试点，推进紧密型县域医共体支付方式改革，从慢性病开始逐步扩大医保"互联网＋"支付范围，扩大门诊费用跨省直接结算试点范围。各地普遍建立医保经办机构与定点医药机构之间的谈判协商机制。

（五）完善"互联网＋"医保管理服务

不断健全医疗保障支持"互联网＋医疗健康"发展的机制。支持远程医疗服务、互联网诊疗服务、互联网药品配送、上门护理服务等医疗卫生服务新模式新业态有序发展，促进人工智能等新技术的合理运用。提升医保智能监管能力，积极探索将按疾病诊断相关分组付费、按病种分值付费等新型支付方式、"互联网＋医疗健康"等新模式、长期护理保险等纳入智能监控范围，实现智能审核全覆盖，加强对定点医疗机构临床诊疗行为的引导和审核，实现基金监管从人工抽单审核向大数据全方位、全流程、全环节智能监控转变。完善"互联网＋医疗健康"医保服务定点协议管理，健全"互联网＋"医疗服务价格和医保支付政策，将医保管理服务延伸到"互联网＋医疗健康"医疗行为，形成比较完善的"互联网＋医疗健康"医保政策体系、服务体系和评价体系。

（六）推进"互联网＋医疗"与商业保险紧密结合

医疗事故不仅会给患者及家属带来不可预见的伤害，也会引起医闹、医暴等不良事件，给患者及医院带来巨大的人身和经济损失。"互联网＋医疗"作为一种虚拟网络下发生的电子化医疗服务，更易出现发生医疗事故的风险。此时医院或企业与商业保险相结合，为"互联网＋医疗"服务模式下发生的医疗事故购买保险。一旦发生医疗事故，保险公司不仅给予患者及时的经济补偿，也可以减少医疗事故对"互联网＋医疗"服务的负面影响，保障其良性发展。此外，医院或企业与商业保险相结合，购买相关的信息安全保险。服务中一旦发生信息泄露，保险公司可以赔偿患者、医院或企业相应的险金用于患者维权、医院或企业维修信息通道等，进一步增强"互联网＋医疗"服务的保障水平。

（七）推动"互联网＋医疗健康"系统发展

加快全民健康保障信息化工程项目建设，推进业务子系统建设。深入推进"互联网＋医疗健康""五个一"服务行动，推行"一体化"共享服务、"一码通"融合服务、"一站式"结算服务、"一网办"政务服务和"一盘棋"抗疫服务。进一步完善智慧医院顶层设计，加强远程医疗网络能力建设，推进远程医疗网络改造升级和提速降费。各地进一步扩大互联网护理服务试点覆盖面，重点针对高龄或失能老年人、康复期患者等，扩大护理服务供给。

（八）加强"互联网＋"新技术推广应用

1. 夯实互联网医疗发展新基建

打造"互联网＋医疗健康"服务的基础支撑条件，通过智慧医疗主题数据库、数据标准体系、数据资产管理、数据监管体系等，实现区域医疗健康信息互联互通、应用协同，为居民提供全生命周期健康医疗管理服务和公共卫生服务。统筹建设县域医共体信息化系统，推动城市医联体和县域医共体内上级医疗机构和基层医疗卫生机构信息系统融合，逐步实现区域内医疗资源信息共享，提升医疗卫生机构协同服务水平和能力，为广大居民提供连续性、高质量的互联网＋医疗卫生服务，推动分级诊疗落地。推动医院信息化智慧化建设，鼓励医院基于互联网新技术的智慧医疗服务转型升级，提升医疗机构信息化应用水平，优化医疗资源配置模式，积极衔接线上线下服务流程，推动互联网医疗服务开展，提升服务效能。积极推动互联互通及电子病历能力双提升，达到医院信息互联互通标准化的测评等级要求，实现覆盖诊前、诊中、诊后、全程的互联网诊疗服务。

2. 加快"互联网＋"新技术应用落地

积极探索区块链技术与互联网医疗创新融合，探索构建患者主导的医疗数据共享机制，充分利用区块链分布式共治、不可篡改、不可抵赖、可追溯、智能合约等技术特性，进一步促进健康档案和电子病历的构建、共享、调阅和流转等应用，实现医疗数据安全流动和授权访问，搭建互联网医疗的信任基础，实现信任就医、安全就医。加快5G技术与互联网医疗融合应用，充分利用5G网络高速率、大容量、低时延及高可靠的技术特性，与医疗机构5G网络融合，提供远程会诊及高清手术指导、移动医护、远程急救等创新应用，丰富医疗服务手段，优化服务流程，提高服务效率。加强人工智能在互联网就医平台的合理利用，充分利用人工智能技术手段，实现患者诊前分诊时快速引导、线上问诊时进行预诊处置、患者就诊过程中辅助医生给予智能化诊断及合理用药指导、智能随访等功能，为广大群众提供个性化、精准化、智能化的医疗健康服务，提高医疗机构诊疗效率和能力。

3. 创新互联网医疗服务新模式

持续推进互联网＋医疗模式创新，推动互联网诊疗复诊服务范围扩大到医联体或专科联盟内的医院可跨越互认首诊病人。推进各级医疗机构线上支付，推广医保移动支付。推广"云存储、云应用"模式，提升医疗机构信息化升级。鼓励多元化互联网医院建设，除单体医院建设互联网医院以外，积极鼓励面向医共体、医联体及城市医疗机构基于分级诊疗的区域互联网医院建设，并统筹建设统一的互联网医疗公共服务平台，支持医院接入，多渠道为群众提供便捷高效的互联网诊疗服务。加大"互联网＋医卫"建设力度，重点开展重点传染病、慢性病的智能监测，提高重大疾病防控和突发公共卫生事件应对能力，研究区域重点疾病谱变化趋势，为卫生健康领域全行业管理提供数据支撑和决策支持，全面推进行业治理体系和治理能力现代化。继续加强互联网家庭医生签约服务，支持家庭医生在线为签约居民提供健康咨询、预约转诊、慢性病随访、健康管理、处方延伸等服务。加强上级医院对基层的技术指导，探索并形成线上考核评价和激励机制，提升签约服务质量和效率。发展"互联网＋"健康信息管理服务，加强居民医疗健康信息管理，发展覆盖全生命周期的医疗健康信息服务，实现居民个人健康医疗信息的归并、一人一档、连续记录、动态更新、共享共用。加强"互联网＋"医学教育和科普服务，建立医疗健康教育培训云平台、健康科普平台，聚集健康科普、教育资源，提供在线课程，开展全民健康教育与健康素养知识宣传，为群众提供健康科普知识。

报告执笔：邢　伟（国家发改委社会发展研究所社会事业研究室主任、副研究员）

研究协助：王　东（济南市医疗保障局办公室主任）

孙京猛（微医集团副总裁、山东省互联网医保大健康服务平台项目负责人）

褚兴鲁（济南市医疗保障局办公室二级主任科员）

图书在版编目（CIP）数据

系统集成改革推进高质量发展 / 潘治宏主编 . -- 北
京：社会科学文献出版社，2022.12
ISBN 978 - 7 - 5228 - 0944 - 1

Ⅰ.①系…　Ⅱ.①潘…　Ⅲ.①中国经济 - 经济体制改
革 - 研究　Ⅳ.①F121

中国版本图书馆 CIP 数据核字（2022）第 198489 号

系统集成改革推进高质量发展

主　　编 / 潘治宏

出 版 人 / 王利民
责任编辑 / 陈　颖
责任印制 / 王京美

出　　版 / 社会科学文献出版社·皮书出版分社（010）59367127
　　　　　　地址：北京市北三环中路甲 29 号院华龙大厦　邮编：100029
　　　　　　网址：www. ssap. com. cn
发　　行 / 社会科学文献出版社（010）59367028
印　　装 / 三河市龙林印务有限公司

规　　格 / 开　本：787mm × 1092mm　1/16
　　　　　　印　张：27.25　字　数：435 千字
版　　次 / 2022 年 12 月第 1 版　2022 年 12 月第 1 次印刷
书　　号 / ISBN 978 - 7 - 5228 - 0944 - 1
定　　价 / 168.00 元

读者服务电话：4008918866